Sophiens Reise Von Memel Nach Sachsen, Volume 6...

Johann Timotheus Hermes

Sophiens
Reise

von Memel nach Sachsen.

Sechster und lezter Theil.

Leipzig,

bey Johann Friedrich Junius. 1776.

Vorrede
des sechsten Theils.

Jm Buch selbst habe ich das gesagt, was unter andern Verhältnissen, ich in einer Vorrede gesagt hätte. Diese schreibe ich nur für die Schwachen unter meinen Lesern, und für meine Freunde. Ich bitte Beide, „an den Folgen, die mein „Buch für mich haben wird, kein Aergernis „zu nehmen," — ich seh sie; und scheue sie nicht. Unter andern wird, entweder Prometheus und Deucalion 2c. oder Götter, Helden 2c. oder Socrates und Töllner 2c. vermuthlich nunmehr wieder aufgelegt wer-

a   den,

ben, damit auch mein geringer Name drin
prange; denn freilig, ich gesteh es, ich
habs den Herrn wol darnach gemacht!
Wer über ein solches, oder ähnlichs Beginnen meiner Widersacher, oder vielmehr der
Widersacher meiner Moral, in der Stille sich freut, oder wer es auspofaunt,
dessen Freude werde ich — nicht stören; zufrieden, daß die Herrn — böse wurden.

H.

———

Inhalt.

Inhalt

des sechsten Theils.

3   Fortsezung.

5   scinde-

Fortſezung.

I. Brief.

I. Brief.

Fortsezung der Erzälung des Herrn
Pastor Gros.

Nachdem ich in die Zahl der Studenten
aufgenommen war, fuhr ich in meinem
Studieren fort, mit einem Fleiß, zu welchem
ich alle meine Kräfte unmenschlich spannte. Zu
meinen Beweggründen war ein neuer gekommen:
ich wolte, weil ich Gaben hatte, die grössesten
Lichter der Welt verdunkeln, und damit anfangen, daß ich den B a y l e in einem Wörterbuch,
wie seines ist, hinter mir zurükliesse; denn mir
standen alle Bibliotheken offen, (ein Umstand,
ohne welchen kein Gelehrter etwas rechts werden kan) und mehr, dachte ich, bedürf es nicht
für einen Mann, wie ich war. Ich hörte bei
den besten Lehrern alles, was mir brauchbar
war, und hörte fast alles frei, weil ich die Freundschaft aller Lehrer hatte. So hatte ich beinah
zwei Jahre zugebracht, als ich merkte, daß mein

VI Theil.   A   Geld

Geld beinah erschöpft war; denn ohne meine
Sparsamkeit hätte es so lange nicht zureichen
können, weil in Göttingen alles (freilig minder
als das Gerücht sagt, aber doch sehr) theuer
ist. Ich lies jezt die Arbeit liegen, die ich angefangen hatte, diese: mein System in Ordnung
zu bringen. Ich unterlies das, sage ich, um
noch etwas Geld verdienen zu können; denn
daß der Irthum nicht in Ordnung gebracht
werden kan, das merkte ich erst ganz spät. Ich
merkte es erst, als ich an eine Abhandlung kam,
bei welcher ich hätte anfangen sollen, nämlich
als ich beweisen wolte, „daß Gott keine Offenbarung geben könne.“

Ich hatte bis jezt alle Art des Gottesdiensts
unterlassen, weil, wie ich schon gesagt habe, ich
mit überspannten Kräften studierte. Wenn mir
etwas vorkam, welches auf die christliche Religion Beziehung hatte, das las ich ungefehr so,
wie ein Arzt, der erst Rechtsgelehrter war, juri-
stische Schriften lesen würde. Ich merkte jezt,
und wie konnte es bei einer solchen Gottesver-
gessenheit anders seyn? ein schrekliches Zunehmen meiner Hize; ich merkte, daß ich, mehr als
je, neidisch, argwönisch, lieblos, wilkühn, hochmüthig, rachsüchtig, geizig, leichtsinnig und
beissend ward. O ich wäre alles geworden,
was ein Böswicht seyn kan: wollüstig, wenn
ich Zeit gehabt hätte, unmäßsig zu seyn; ein
Dieb, wenn ich weniger angebornen Stolz gehabt

habe hätte; ein Spieler, wenn ich hätte müſ-
ſig ſeyn können; ein Meuchelmörder, wenn ich
furchtſam geweſen wäre. — Ich erſchrak,
wie ich dieſe meine Ausartung merkte; und
glaubte den Schauplaz verändern zu müſſen, um
andre Rollen ſpielen zu können. Dies koſtete
mich gar keine Ueberwindung. Meine Habſelig-
keit beſtand noch in einem Mantelſak: dieſen
nahm ich, und ging zu fus, aber durch lange
Umwege, nach Holland; denn ich nuzte unterwegs den Aufenthalt in Hamburg, Lübek,
Bremen, und beſonders Braunſchweig.
Ich beſchleunigte zulezt meine Reiſe, weil ich
merkte, „daß der Müſſiggang, der oft unver-
„meidlich war, und die Unordnung meiner Le-
„bensart mich Verſuchungen ausſezte, welchen
„ich nichts, als einen eigenmächtigen Entſchlus,
„gut zu ſeyn, entgegenzuſezen wuſte.“ In den
erſten Tagen meines Aufenthalts in Leiden,
die ich (ziemlich fruchtlos) anwandte, Zutritt zu
den Gelehrten zu ſuchen, führte mich der Durſt
in ein öffentliches Haus, und die lange Weile
ins Billardzimmer.

Fortsezung.

Ich spielte, und verlor einen Ducaten. Verdrieslich sezte ich mich an ein Tischgen. Der Zufall wolte, daß es ein Schachtisch war. Herr Leff* *, den ich hier zuerst und zulezt gesehn habe, der sich aber damals, ich weis nicht mehr wie? nicht Leff **, nannte, bot mir eine Parti an. Ich nahm sie an, und sah mich bald im Verlust; und weil meine Umstände nicht erlaubten viel zu verlieren, so frug ich, um meine Mahsregeln nehmen zu können, mitten im Spiel: „Wie hoch geht es?“

„Ich spiele nie um Geld,“ antwortete er mir, mit einem hochmüthigen Lächeln, welches, weil es ihm natürlich seyn kan, ich nicht hätte übel auslegen sollen.

„Halten Sie mich für einen Bettler?“ rief ich ungestüm.

Der Mann hat eine königliche Gestalt; „Gar „nicht,“ (sagte er mit vieler Würde) „aber ich „spiele nie um Geld, ohne deswegen zu besor„gen, daß mich jemand für einen Bettler halten „möchte.“

— Ich hielt es für beschimpfend, daß er mir dies sagte. Seine Kleidung, sein Ring, seine Wäsche war reich; ich dagegen war nur reinlich geklei-

gekleidet, und mein Kleid war sehr schmal besezt. Ich sezte mein Spiel unmuthig fort.

„Das Spiel macht Ihnen kein Vergnügen,“ sagte er, „laſſen Sie uns aufhören. Ich kan „Ihnen meine Geſeze nicht vorſchreiben; aber „ich kan ihnen folgen: ich ſeze nie Geld aufs „Spiel.“

„Und ich,“ ſagte ich mürriſch, „bitte Sie, um „einen Ducaten zu ſpielen;“ — denn ich glaubte überzeugt zu ſeyn, er halte mich für einen Men- ſchen, der nicht zalen könne. Ich wolte dieſen Ducaten verſpielen, um mit Ehren aus der Sache zu kommen, die, weil ich laut war, einige Fremde herbeigezogen hatte.

„Sehr gern,“ antwortete er; „nur Eine Be- „dingung laſſen Sie ſich gefallen: ich zahle mei- „nen Verluſt, aber ich nehme meinen Gewinn „nicht.“

— Ich ſchwieg, ſehr aufgebracht, ſtill, und legte meinen Ducaten bereit.

Er that das auch, und ſagte: „Ich habe in „ähnlichen Vorfällen Verdrüslichkeiten gehabt: „meine Herrn, laſſen Sie ſich es gefallen, Zeu- „ge zu ſeyn, daß ich mich deutlich erklärt habe.“

— Ich ſah, daß ich hier eine Rolle ſpielte, die nicht die günſtigſte war.

„Was haben Sie für Grundſäze?“ ſagte ich ſpöttiſch.

„Grundſäze, mein Herr, die ich niemand „aufdringe. Geben Sie ſich den Ton nicht,

„der

„der nur unter Leuten herrscht, die gegenseitig
„eine gewisse Art der herabsezenden Vertrau-
„lichkeit gehabt haben. Meine Grundsäze sind
„mein Gesez; da“ (er zeigte auf sein Herz) „da,
„wo ich von ihnen Rechenschaft geben mus, sind
„sie gerechtfertigt; sie binden nur mich: aber
„sie binden mich, glauben Sie mir das immer
„auf mein Wort, sie binden mich in allen Fäl-
„len.“

— Mein Herz war viel zu ungezogen, viel
zu sehr unter den Händen der blossen Natur
erwachsen, als daß ich ohne Bitterkeit den
Werth dieses Fremden hätte fühlen können;
denn ich fühlte ihn: aber mir schien dies alles
Uebermuth zu seyn. Ich verbis meine Empfind-
lichkeit, spielte fort — und verlor die Parti.

Ich warf meinen Ducaten hin.

Er sah mich sehr prüfend an, legte mit dem
kältesten Blut den seinigen dazu, indem er eine
Schale Thee foderte, und sagte zur Jungfer,
die ihm diesen brachte: „da, Rebecca, Spiel-
„geld!“

Dies muste nichts gewönlichs seyn, denn
Rebecca sah ihn befremdet an.

Ich fuhr auf: „Wie komm ich dazu, hoch-
„müthiger Mann, von Ihnen so ausgesezt zu
„werden?“

„Sie suchen Händel, mein Herr; diese fin-
„den Sie bei mir nicht: aber sonst alles. Was
„begehren Sie?“

„Quitte

„Quitte ou double.“

„Auch das; aber auf eben diese Bedingung.“

— Wir spielten: ich sehr hizig; Er mit merklicher Aufmerksamkeit auf ein Concert, welches jezt im nächsten Sal aufgefürt ward.

Ich verlor: „quitte ou double!“ rief ich wieder.

Ohne zu antworten, zog er an, sah gleich nachher in seine Uhr, und sagte: „ich habe nur „noch eine Stunde.“

Fortsezung.

Ich gab mir die äusserste Müh, zu gewinnen; denn ich konnte nur 6. Ducaten zalen, weil die alles waren, was ich bei mir hatte. Und doch war ich so hochmüthig, mich beleidigt zu finden, als er sein Spiel zu vernachlässigen schien. Ich beschwerte mich drüber.

„Es scheint,“ sagte er, „daß Sie mich für „furchtsam halten? Sind Sie das gewont?“

— Dies lezte sagte er mit einem so vesten Blik, daß ich ganz aus der Fassung gebracht ward.

„Lassen Sie ihn, lassen Sie ihn,“ sagte ihm hier ein alter Mann; „das ist ein wilder Mensch.“

Ich verstand die holländische Sprache noch nicht, und bisher war die Unterredung franzö-

A 4   sisch

8

fisch gewesen: aber aus der Aehnlichkeit mit derjenigen Art plattdeutsch, die in meinem Vaterland gesprochen wird, errieth ich hier den Verstand. „Mein Herr," sagte ich zu diesem Holländer, „ich versteh die hiesige Sprache nicht."

„N'importe!" *) antwortete er mir, indem er, sorglos, wie seine ganze Nation, seine Pfeiffe an unsern Wachslichtern anzündete. — Herr Leff * * erklärte mir die holländischgesprochnen Worte. Es verdros mich, für einen wilden Menschen gehalten zu werden; ich sah, daß ich vor Allen gedemüthigt ward; und eine unangenehme Erinnerung brachte mir die Worte des Grafen zurük: „die Welt hält uns für Schur-„ken." Mein Herz war so voll! Ich werde hernach von diesem Vorfall noch reden: lassen Sie mich jezt nur sagen, daß es mir hier zum erstenmal wichtig ward, so viel Menschen, auch ganz im Vorbeigehn, als ein Freidenker ins Gesicht gefallen zu seyn. Vielleicht hatte mein Blik etwas auszeichnendes, das bei allem Anstande der Sitten, bei aller Richtigkeit meiner wissenschaftlichen Einsichten, ein verwarlosetes Herz verrieth, und ein Herz, das unter den Christen fremd war! — O Mutter, in wie tiefem Grade bin ich ein Elender gewesen!

Ich beschwerte mich zum zweitenmal über Herrn Leff * *, der bis dahin noch ganz unangelegentlich gespielt hatte.

„Wollen

*) d. h. „das thut nichts."

»Wollen Sie durchaus verlieren? Gut!«

Mein erhostes Herz kühlte sich durch ein hö-
nisches Lachen; denn mein Spiel stand sehr gut.

Empfindlich gegen den Laut meines Lachens,
sah er mich an, und sagte: »Ihr Herz ist sehr
»voll. — bei einer Nichtigkeit.«

— Ich schwieg, weil ich mich auf den Triumpf
freute, mit welchem ich beim Schlus der Parti,
die er jezt verlieren solte, mich rächen zu können
hofte. — Ich merkte von jezt an, daß seine
Wangen sich rötheten, und war froh, ihn böse
gemacht zu haben. Ich legte jezt den Angrif
an, welcher entscheiden solte, als er mit einer
Verbeugung sagte: »matt!«

Die Umstehenden lachten. Fast ohne zu wissen, was ich that, ohn an meine Unmöglichkeit,
noch eine Parti zu bezalen, zu denken, schob
ich mein und sein Geld, das nun zwölf Ducaten ausmachte, zusammen, und rief zum drit-
tenmal: »au double.«

»Da Sie im Verlust sind: so könnten Sie
»so sagen;« sagte er, »da ich aber Ihnen nur
»noch diese Stunde versprochen habe: so kön-
»nen Sie nicht so sagen.«

Indem er mit der grössesten Gelassenheit dies
sagte, und nur für die unterstrichnen Worte
den Ton hob, büfte er sich, und stand auf.

Ich habe oft bemerkt, daß die falsche Ehrbe-
gierde etwas thut, welches uns plözlich in Verwirrung bringt. Ich sprang auf, nahm die 12.

A 5   Ducaten,

Ducaten, und sagte mit drohender Stimme:
»Erklären Sie sich mit Ja oder Nein, ob Sie
»dies Geld nehmen werden?«

»Laſſen Sie uns leiſe reden; die Billardge-
»ſellſchaft fodert das von unſern Sitten, und
»die Geſellſchaft im Concertſal erwartet es von
»unſerm Gefühl.«

»Rund heraus,« ſchrie ich, »werden Sie
»das Geld nehmen?«

(leiſe) »Ich werde das Geld nicht nehmen;
»ich nahm nie mein Wort zurük.«

Er nahm ſo ſorglos Tabak, indem er dies
ſagte, daß der böſe Grund meines Herzens ganz
erſchüttert ward. Ich ſcheute mich jedoch, un-
geſittet zu ſcheinen, und ging ans Kamin, um
zu überdenken, was ich zu thun hätte, während
der Zeit, daß er ſich noch im Zimmer aufhielt,
wo er von der Rebecca für ein Goldſtük Münze
aufzalen ließ. Gleichwol litt mein Herz ſoviel
unter der Empfindung, der (vielleicht nicht genug verdekten) Ueberlegenheit dieſes Menſchen,
des höniſchen Lächelns Einiger in der Geſellſchaft (zu meiner Schande mus ich bekennen,
daß es nur junge Thoren waren) und der Verlegenheit, was ich nun mit dieſem Gelde machen
ſolte, daß ich mich ungeſtüm umkehrte, und
ihm mit nachdrüklichem Ton ſagte: »Was wird
»aus dieſem Gelde, mein Herr?«

»Alles, was Sie wollen,« antwortete er.

»Herr

„Herr, Sie müſſen es nehmen.‟

„Mus ich? — Ich mus freilig wol, wenns
„anders hier ſtill werden, und die Geſellſchaft
„nicht Sie und mich gleich beurteilen ſoll.‟

— Ich verbis dies, und gab ihm das Geld.

„Wollen Sie ſo gütig ſeyn, mich zu begleiten?‟
ſagte er, „denn unſre Rolle iſt noch nicht aus.‟

— Ich nahm dies mit Freuden vor eine Aus-
fodrung an. Der alte Mann, der mich einen
wilden Menſchen genannt hatte, folgte uns.

Fortſezung.

Nihil morum principatu ſpecioſius reperies.

VAL. MAX.

Es war etwas Mondſchein. Uns begegnete
ein Bettler, der auf der Geige ſpielte, und
dazu eine Mittelſtimme ſang oder pfiff. „Komm
„her, Clas,‟ ſagte Herr Leff** zu dieſem Menſchen; und zugleich zu mir: „Können Sie ohne
„Verlezung Ihrer Denkungsart Ihr Geld zu-
„rüknehmen?‟

„Uebermüthiger! halten Sie mich für einen
„Bettler?‟

(ungeduldig) „Was reden Sie ſoviel vom
„Bettler? Es iſt gar nicht rühmlich, Verach-
„tung zu befürchten. Antworten Sie auf mei-
„ne Frage.‟

„Nein,

„Rein, ich nehme das Geld nicht wieder.“

„Clas, nun sollst du auf einmal ein Capitalist
„werden; zäl.“

— Clas lies sich die 12 Ducaten in die Hand
zalen: aber ich weis nicht, ob er seiner Sinnen
mehr oder weniger mächtig war, als ich. Nicht
irgendein vernünftiger Gedanke, sondern ein ko-
chendes Blut wars, das mich bewog, zu ruffen:
„Herr, ziehn Sie!“

„Ziehn? o! denken Sie nicht dran; wir sind
„nicht in Jena:“

Rusticus haec aliquis tam turpia praelia
quaerat,

Cuius non ederae circumiere caput. *)

(das heißt: eine so bäurische Balgerei schikt
für Gelehrte sich nicht.).

„Sie konnten überdem,“ fuhr er fort, „vor-
„aussezen, daß ein Sonderling, der kein Spiel-
„geld nimt, sich den Zweikampf nicht erlauben
„kan.“

— Ich fing voll Wuth an, mit niedrigen Namen ihn zu reizen.

Er faßte mich sanft bei der Hand, indem er
vor einem sehr schönen Hause stillstand, und sagte: „Nicht, um den Philosophen nachzuahmen,
„der in ähnlichem Fall eine Laterne anbot, son-
„dern um Sie näher kennen zu lernen, sage ich
„Ihnen, daß ich hier wohne. Sie verbinden
„mich, wenn Sie hier eintreten.“

— Be-

*) PROP.

— Bestürzt und unwillkürlich that ich es.

Indem wir ins Vorzimmer traten, gab ihm ein Bedienter einen Brief, mit Bitte, ihn unverzüglich zu öfnen. Er that das, indem er uns ins Zimmer führte, und schien erschroken zu seyn. „Dieser Herr,“ sagte er, indem er die Thür in einer und den ofnen Brief in der andern Hand hielt, „kennt mich wenig: aber doch ge„nug, um Ihnen sagen zu können, wie unsre „Sache sich endigen wird.“ Er bükte sich, und verlies uns.

Der alte Mann foderte eine Pfeiffe, so sorglos, wie ich ungeduldig war.

„Nun,“ (rief ich, wie der Bediente hinging, einen Wachsstok zu holen) „und wie wird sich „unsre Sache endigen?“

— Er bükte sich, indem er mir den Rüken zukehrte, ins Kamin: „Nicht mit dem Degen,“ sagte er, indem er seine Pfeiffe anrauchte, „auch „nicht mit Pistolen: sondern vernünftig und „friedlich; oder“ (hier richtete er sich in die Höh) „mit Stokprügeln, wenn Sie nämlich ihn an„fallen.“

Ich schämte mich, so gemishandelt zu werden; der Ausspruch des Grafen fiel mir wieder ein, und ich fühlte, wie sehr ich es verdiente, nach den elenden Grundsäzen behandelt zu werden, die in allen meinen Handlungen jedermann in die Augen fielen. — Gleichwol erboste ich mich aufs heftigste; um so mehr, da dieser Mann zu

zu alt war, und zu würdig aussah, als daß ich
mich thätlich hätte rächen können. Ich begnügte mich, ihm verächtlich zu sagen: »Es ist ein
»Glük für Sie, daß Sie ein Holländer sind.«

»Aber Herr,« sagte er mit einem sehr freimü-
thigen Lachen, »warum soll ich das bemänteln,
»was doch im grunde keinen andern Sinn als
»diesen haben kan? Aber das glauben Sie mir,
»daß ich keine Händel zulassen werde.« (hizig)
»Ich werde zwischen beide hinspringen . . . . .«
— Ich wuste nicht, was ich dem Mann antworten sollte. Er war unbewafnet — mir fiel
eine Stelle eines Römers ein, welche mich scham-
roth machte. *)

Jezt traten Bediente hinein, welche Wein und
ein kleines Abendessen brachten; und ihnen folgte Herr Leß**.

So freimütig er uns die Stühle zeigte, so
fremd sagte ich ihm, ich könne mich nicht überreden, daß er diesem Herrn aufgetragen haben
solte, so mit mir zu reden, als jezt geschehn sei.

Er klopfte ihn auf die Achsel, und sagte lächelnd: »Hat der gute treuherzige Alte einen
»Ton genommen, der Ihnen misfällt, mein Herr:
»so

---

*) Die, da Pacubius seinen Sohn hindern wolte,
den Hannibal zu ermorden: Et alia auxilia de-
sint, me ipsum ferire, corpus meum opponentem
pro corpore Annibalis sustinebis? Atqui per meum
pectus petendus ille tibi transfigendusque est.

LIV.

„so wird er der Erſte ſeyn, der Ihnen bekennen
„wird, daß ich nichts Beleidigendes billigen kan.
„Aber die Sache ſelbſt — ich bin gewis, daß
„ſie an ſich Warheit, und ganz in meinen Grund-
„ſäzen iſt.“

„Ihr Grundſaz wäre alſo, einen Zweikampf
„auszuſchlagen?“

„Ihn ſo auszuſchlagen,“ fiel er mir ein, „wie
„ichs verweigern würde, mit einem lüderlichen
„Menſchen in ein verdächtigs Haus, oder mit
„einem Straſſenräuber auf Diebswegen zu gehn.
„Das Laſter“ (indem wir auf ſeinen Wink uns
ſezten) „mag Galanterie, oder Liſt, oder Muth
„heiſſen: ſo iſts immer das Laſter; und wenn
„Könige dies Laſter befölen: ſo iſts unter der
„Würde eines Manns, wie ich gern ſeyn wolte, Königen in dieſem Fall gehorſam zu ſeyn.
„Dies befremdet Sie (ich weis nicht, aus wel-
„chen Gründen): aber Sie ſind hier in dem
„Fall eines Menſchen, der beim Aufblättern ei-
„nes Buchs eine ſeltſame Stelle findet. Er leſe
„wenigſtens die Vorrede, oder den Conſpectus
„des Buchs: vielleicht hört dann ſeine Befrem-
„dung auf. Gönnen Sie mir einige Stunden
„beim Glaſe Wein“ (indem er mit einer bitten-
den, und doch freien, Miene einſchenkte) „viel-
„leicht werde ich ſelbſt alsdann die Einleitung
„zu meinen Grundſäzen; aber erſt laſſen Sie uns
„von andern Dingen reden.“

—Er

— Er las uns drauf eine politische Neuig-
keit aus seinem Briefe vor, die sehr angelegentlich war, und unsre Unterredung äusserstunter-
haltend machte. Kaum war das Tischgen weggenommen, als er seinen Stuhl meinem näher
rükte. „Ich seh," sagte er, „daß wir sehr ein-
„stimmig denken. Ich kan also voraussezen, daß
„Sie in dem, was zwischen uns vorgefallen ist,
„so wenig als ich, etwas Beleidigendes finden.
„Ich zwar konte mich für beleidigt halten, da
„Sie sich soweit vergessen haben, mir zu befeh-
„len. Ziehn Sie! so riefen Sie; und ich könn-
„te fragen, aus welcher Macht Sie so bestim-
„mend gegen einen Mann sich ausdrükten, den
„Sie jezt zuerst sahn, und welchen keine Art des
„Vertrags, selbst kein Zufall, von Ihnen ab-
„hängig gemacht hatte? Ich könnte Ihnen sa-
„gen, daß ich einen grossen Theil meines Glüks
„drin seze, nur sehr wenig Menschen gehorsam,
„und nur um des Gewissens willen gehorsam
„seyn zu dürfen. Aber eine Unterredung von
„dieser Art würde so unfruchtbar, und in der
„That so zweklos seyn, daß sie eben dadurch, und
„zumal in meinem Zimmer, unschiklich wird.
„Uns fehlt also nichts als das, in Absicht unsrer
„Grundsäze uns besser zu verstehn. Vertheidi-
„gen Sie, wenn Sie wollen, die Rechtmässigkeit
„des Spielgewinnsts, oder die Pflicht, eine Aus-
„foderung anzunehmen: so glaube ich, daß wir
„in sehr kurzer Zeit fertig seyn werden. Denn
(indem

(indem er seine Hand auf meine legte) „in der
„That, ein Mann, der soviel Verstand, und so-
„viel wissenschaftlichen Verstand hat, wie ich
„an Ihnen bemerke, kan wol nur sehr wenig zum
„Behuf einer Sache sagen, von welcher er wissen
„mus, daß sie nichts als die Mode, diesen Schuz
„der Narren, für sich hat.“

— Sie sehn, liebste Mutter, daß die Art dieses Manns ist, beissend, und wenn er das nicht
thut, nachdrüklich; und in beiden Fällen mit
einer ganz furchtlosen Freimüthigkeit, zu reden.
Ich habe in den Papieren, auf welche ich mich
beziehe, die Art der Verwirrung beschrieben, mit
welcher ich ihn anhörte. Sie war sehr merklich, und legte in meiner Sele einen Grund, auf
welchen meine nachmälige Besserung gebaut worden ist.

Es war natürlich, daß ich nicht sogleich antworten konnte. Er fuhr demnach fort: „Ich
„muthe Ihnen freilig da etwas zu, das nicht
„leicht ist. Erlauben Sie mir das leichtere,
„das: Ihnen meine Meinungen, zunächst die
„vom Zweikampf, zu sagen. Das, was man
„davon in guten Büchern findet, können wir
„übergehn. Was kan der Zweikampf anders
„seyn, als entweder eine Erfindung der Ehr-
„sucht, oder der Rachsucht? Ist er das erste:
„so darf ich vielleicht nur fragen: ob das Ehre
„bringt, daß ich die göttlichen, das Leben eines
„Menschen betreffenden, Geseze, übertrete, oder

VI Theil.　　　　　B　　　　„mich

„mich in die (auch bei der gröſſeſten Fertigkeit
„im Fechten oder Schieſſen) unvermeidliche Ge-
„far ſeze, ſie zu übertreten?“

„Von welchen Geſezen reden Sie?“ rief ich.

„Ei nun, weil es der Müh werth iſt — von
„den beſten und heiligſten; von den geoffen-
„barten: ich glaube, daß, ſeitdem die Welt
„dieſe hat, es die Müh nicht mehr belohnt, von
„den natürlichen Geſezen viel zu reden, die ein
„jeder weis, und deren Gewicht ein jeder fühlt.“

„Ich will Ihnen offenherzig geſtehn,“ (antwortete ich,) „daß man meinem Bedünken nach
„viel verdirbt, wenn man einen jeden, der uns
„in der Chriſtenheit vorkomt, ſo geradehin als
„einen Menſchen behandelt, der die geoffenbar-
„ten Geſeze angenommen hat.“

Er ſah bedenklich aus: „Aber,“ ſagte er,
„ich glaube theils, daß man einen Menſchen
„nicht höher ehren kan, als wenn man ihm zu-
„traut, er habe die Offenbarung geprüft —
„und angenommen . . . .“

„Sie machen da einen Sprung. Von der
„Prüfung bis auf die Annahme iſts noch ſehr
„weit.“

„Soll ich das Compliment wieder zurüknch-
„men, das ich Ihnen gemacht habe? ich hielt
„Sie für einen Chriſten, weil ich Ihnen zuviel
„Verſtand und zuviel wahre Freiheitsliebe zu-
„traue, als daß Sie es nicht ſeyn ſolten.“

—Ein

— Ein Theil deſſen, was Herr Leſſ** hier ſagte, war neu: ich war ſehr beſchämt, und machte — ich Heuchler — machte eine Verbeugung.

Er fuhr fort: „Stehn Sie noch auf den „Gränzen des Gebiets, wo die geoffenbarten „Geſeze gelten: ſo darf ich hoffen, daß Sie als „ein aufmerkſamer Wandrer da ſtehn, der for- „ſchend, und ſo weit, wie ſein Blik trägt, in das „ganze Gebiet hinein ſieht; denn daß Sie eine „Anhöh erſtiegen haben, das habe ich ſchon ge- „merkt. Ich will alſo hoffen, daß ich noch ei- „nige Worte ſagen darf. Ich geſteh nämlich, „daß ich einen Sprung gemacht habe: zwiſchen „der Prüfung und Annahme des Chriſtentums „geht noch was vor. Gleichwol kommen wir „geſchwinder zum Zwek, wenn ich Sie bitte, mir „ſelbſt zu ſagen, was das iſt, das auf die Prü- „fung folgen mus?“

„Ueberzeugung, mein Herr.“

„Sie haben die Chriſtentumslehre geprüft.“

„Ich habe ſie ſcharf, aber weniger als die na- „türliche Religion und die Einwürfe gegen die „Offenbarung, geprüft.“

„Kannten Sie die Offenbarung ſchon?“

„Ich kann ein jedes Blatt der Bibel auswen- „dig; ich habe mehr gethan: ich bin mit dem „theol. Syſtem aufs genauſte bekandt.“

— Wer ofnete hier mein Herz, geliebte Mutter? Wer gab ihm Vertrauen zu einem Mann, mit dem ich mich jezt schlagen wolte?

Er sah mich befremdet an, und sagte endlich: „Auf diese Art können Sie nicht mit Beruhigung „sagen, daß Sie die Christentumslehre nicht „solten geprüft haben. Ich hoffe, Sie lasen die „Shaftsbury, Morgan, Tindal, Par„vis, und Andre, nicht um betrogen zu werden; „nicht um sich selbst zu betrügen: nicht um das „Gewissen zu entkräften. Ich traue Ihnen auch „zuviel Sitten, feinen Geschmak, Achtung für „sich selbst, und Ehrliebe zu, als daß ich glau„ben könnte, Sie hätten französische, oder nach „ihnen nachgeahmte, unreine Schriften gelesen. „Sie lasen also die Gegner, um sie zu prüfen: „und da musten Ihnen alle Augenblik Stellen „der Schrift einfallen. Gestehn Sie mir also, „ich bitte Sie, daß Sie die Lehre des Christen„tums geprüft haben.“

„Ich kan es nicht läugnen,“ sagte ich mit welchem Herzen. — Dem alten Mann (der, wie ich schon in der Unterredung bei Tische gemuhtmaßt hatte, ein Gelehrter war) standen die Thränen hell in den Augen.

„Und,“ sagte Herr Leß**, „Sie sind nicht „zur Ueberzeugung gekommen? Sie, der diesel„be gleich nach der Prüfung sezt?“

— Ich schwieg betrübt still.

„Was

„Was fehlte Ihnen denn noch?“ fragte Herr Leff**.

— Hier, o Mutter, wich mein tükisches Herz aus. Ich sah in die Uhr, die auf seinem Tisch stand, und sagte: „es ist spät...“

„O, warlich nicht zu spät, für eine Angelegenheit, wie diese ist!“ sagte der Alte, indem er, bewegt, aufstand. Er legte die Hand schwer auf meine Schulter. „Halten Sie es mir zu „gut, lieber Sohn,“ sagte er, „daß ich Ihnen „die lezte Frage noch einmal vorlege: Was „fehlte Ihnen noch, um nach der Prüfung zur „Ueberzeugung zu kommen?“ Zugleich nahm er aus Herrn Leff** Bibliothek ein Buch heraus, welches er offen hielt, und so auf meine Antwort wartete.

Fortsezung.

Ich kan das,“ sagte ich, „nicht anders, als „durch die Erzälung meiner ganzen Geschich- „te beantworten, und diese ist...“

„Ich gesteh, ich bin sehr begierig, sie zu erfa- „ren: aber noch viel begieriger, Ihnen, liebster „Sohn, zu zeigen, was Ihnen fehlte.“

„So zeigen Sie es mir denn.“

„Die ernste redliche Uebung dessen, was „Sie gelernt hatten, und jezt nicht läugnen

„konnten.

„konnten.‟ Sie gingen auf mühsamen Wegen zur
„Untersuchung der Warheit, (denn dahin, hoffe
„ich, gingen Sie) aber Sie verfehlten den be-
„quemsten, den kürzesten, und, daß ich alles sa-
„ge: den einzigrechten Weg. Hier steht er:‟
— und augenbliklich fand und las er die Worte des Erlösers: „So jemand will den Willen
„deſſen thun, der mich gesand hat: der wird in-
„ne werden, ob diese Lehre von Gott sey, oder
„ob ich von mir selber rede.‟ — Er fuhr fort:
„Wolten Sie, liebenswürdiger Jüngling, dieſen
„Weg nicht noch betreten? Ich bin jung gewe-
„sen, ich bin gelehrt, schön und gesund gewesen,
„wie Sie; ich habe die Freuden der Freund-
„schaft, sogar die der Liebe genoſſen. Ich bin
„aufs angenehmste die Welt durchgereiset. Ich
„bin von jeher reich gewesen. Aber ich betheu-
„re Ihnen auf mein Gewiſſen, daß nur erst,
„seitdem ich mit äusserstem Ernst das Christen-
„tum nach allen seinen, Gott weis es, nicht
„peinlichen, Verpflichtungen übe, ich mich mei-
„nes Daseyns rühmen und freuen kan. — Ge-
„stehn Sie es, Sie misbilligen die falsche Ehr-
„begierde und die Rachsucht.‟

„und alles,‟ fiel ich, gerührt, ihm ein, „was
„die Würde des Tugendhaften entehrt.‟

„Nun, welch eine schöne Anlage! Vermut-
„lich sind Sie hier fremd. Hat eine nicht genug
„geprüfte Art der Menschenfurcht Sie bisher
„abgehalten, diesen Weg, auf dem es freilig un-
„vermeid-

»vermeidlich ist, daß man nicht in die Augen
»fallen solte, zu betreten: so haben Sie einen
»Ruf, Holland als eine rimam elabendi *)
»anzusehn, durch welche Sie sich aus der Welt
»(die dann Ihrer nicht mehr werth ist) heraus-
»schleichen können. Und wenn Sie dann inne
»werden, was (so hoffe ich) der geheime
»Wunsch Ihres Herzens schon lange begehrt
»hat, dann können Sie wieder hervortreten. Sie
»werden dann sagen, was ich in Deutschland
»mit so froher Entzükung habe singen hören:
»Ich will zu deinen Ehren alles wagen!«

Die Miene dieses Manns, die Schönheit der
lateinischen Sprache, sein Ton, mehr noch die
Sache selbst, sein Alter und dann (wenn ich
mich so ausdrüken könnte) die mir fühlbare
Athmosphäre seines edlen Herzens: das
alles wirkte mit einer so sanften Gewalt auf
mich, daß ich nichts weiter thun konnte, als
von meinem Stul aufspringen, und diesen rechtschafnen Mann mit stillem Weinen umarmen.

»O« sagte er, »wie viel froher wird unsre
»Umarmung in jener Welt seyn, wenn ich der
»Mann seyn solte, der Sie zur Gerechtigkeit
»weist!« — Die ganze Stellung seines Körpers, und seine freudenvolle Gestalt — wie soll
ich ihn? es war etwas Siegendes drin!**)

B 4   Jezt

*) Schlupfloch.

**) Haec corpore vultuque ita laeto, ut vicisse iam
    crederes, dicebat.   LIV.

Jezt kam Herr Leſſ** wieder ins Zimmer. „So?“ ſagte er zu dem Alten, als er uns beide mit den Schnupftüchern vor den Augen ſah, und die ofne Bibel erblikte, „finde ich Sie wie-„der in Ihrem Lieblingsgeſchäft?“ (zu mir) „Sagen Sie, mein Herr, habe ich nicht einen „vortreflichen Freund?“

„Ja,“ ſagte ich mit vollem Herzen, „den ha-„ben Sie; und iſt Ihre Geſinnung ſo wie ſeine: „ſo wünſche ich Ihnen Glük, und geſteh, daß „ich es nicht ohn einen gewiſſen Neid thue, den „man vielleicht entſchuldigen kan.“

— Er trat mit einem vertrauten Weſen zu mir, und ſagte: „Ich bin überzeugt, daß er Sie „mit eben der Freundſchaft lieben wird, die er, „ſo jung ich bin, mir geſchenkt hat, weil ich ihm „nicht bergen konnte, daß ich in ihm das gefun-„den hatte, was ich ſuchte.“

— Der Alte bükte ſich, und Herr Leſſ** leg-te die Hand deſſelben in meine, und ſagte, in-dem er feierlich, aber ſehr froh, ausſah: „Erläu-„ben Sie mir, der Mittler eines ſo ſchönen „Bündniſſes zu ſeyn.“

— Der Alte umarmte mich, ich küſſte ſeine Wange mit ſoviel Ehrerbietung, als wäre ſie ſeine Hand.

„Meine Freundſchaft“ ſagte Herr Leſſ**, „darf ich Ihnen wol nicht anbieten, eh ich weis, „ob Ihre Ehre befriedigt iſt?“

„Scho-

„Schonen Sie meines gebrochnen Herzens,“ antwortete ich; „lassen Sie mich alles bis morgen überdenken.“

„Ich bedaure,“ daß ich Sie nie wieder sehn „werde.“

— Der Alte sah ihn bestürzt an.

„Ja,“ sagte ihm Herr Leff** „mein Vaterland ruft mich. Hier sehn Sie den Brief. Ich „reise morgen früh um 9 Uhr ab.“

— Ich sah, daß der Brief deutsch war, und schließe also, daß Herr Leff** ein Deutscher ist. „So nehmen Sie dann,“ sagte ich, und umarmte ihn, „ein Herz an, das von jetzt an suchen „wird, Ihrer werth zu werden, das aber noch „sehr hohe Anforderungen zu berichtigen hat.“

— Der alte Mann sah ins Camin, und weinte; schien auch nicht zu hören, was ich sagte. (Erst am folgenden Morgen fand ich, daß ich mich nicht deutlich genug ausgedrukt, ja gar zweideutig geredet hatte) — Ich nahm jetzt sogleich Abschied und erbat mir die Erlaubnis, um acht Uhr früh wieder zu kommen. — In der Verwirrung vergas ich zu fragen, wo der Alte wohne?

Mit vollem Herzen legte ich mich jetzt schlafen, erwachte aber bald so krank, und ward stufenweise so merklich schwächer, daß ich erst gegen den Mittag des folgenden Tags auf die gestrige Begebenheit mich besinnen konnte. Sie wissen noch, daß heftige Gemüthsbewegungen mich immer krank machten.

B 5   Gegen

Gegen Mittag schikte ich zu Herrn Leß**. Er
war schon fort, und hatte diesen Zettel an mich
bei seinem Wirth gelassen:

❊   ❊   ❊

„Mein Herr,

„Gern wolte ich das, was Sie gestern von
„der Berichtigung sehr hoher Anforderun-
„gen sagten, so auslegen, wie Christen das
„deuten müssen; gleichwol ists sehr begreif-
„lich, daß Sie es Grundsäzen zufolge gesagt
„haben können, die Sie bis dahin gehegt
„hatten. Mein Herz geht mit Freuden zur
„ersten Mutmaßung zurük, weil ich bis 11.
„Uhr Sie umsonst erwartet habe. Ist meine
„schöne Vermutung falsch: so wird mein
„Freund Ihnen sagen, an welchem Ort der
„Welt ich anzutreffen bin. In kurzem dürf-
„te Hamburg dieser Ort seyn. Ich wün-
„sche mit wahrer Leidenschaft, Sie wieder zu
„sehn; ich sage das ohne Furcht, und mit
„dem allerfreundschaftlichsten Mitleiden.“

❊   ❊   ❊

Dies Briefchen, liebste Mutter, habe ich nicht
abschriftlich sondern aus meinem Gedächtnis
hergesezt, denn die Urschrift hat unter meinen
Papieren, so wie (freilich seltsam genug) der un-
terzeichnete wahre Name des Herrn Leß**, aus
meiner Erinnerung sich verloren.

Ich

Ich war zu krank, als daß ich das Edle dieses Briefs hätte ganz fühlen können. Meine
Krankheit schien langwierig zu werden. Ich
hatte wenig Geld; und um deffen zu schonen,
entsagte ich aller Pflege: aber eben dadurch
ward meine Krankheit wütend, zumal da nur
sehr spät die Tochter meines Wirths mich bere-
den konnte, einen Arzt anzunehmen. Diese
Krankheit war ein hiziges Brustfieber. Im Anfange derselben, da meinem Gemüth die Begebenheiten auf Herrn Leff** Zimmer noch gegenwärtig waren, freute ich mich, jezt eine Zeit der
stillen Muhsse vor mir zu sehn, die ich zum Nie-
derreissen meines unseligen Lehrgebäudes anwenden wolte: aber — so fürchterlich gros ist die
Macht des schon gewohnten Unglaubens! ich
fing bald an, diese Anläffe unter einem ganz andern Gesichtspunct anzusehn. Herr Leff** schien
mir sehr bald ein frommer Grossprecher zu seyn;
der Alte war mir ein Mann, welchen der Ge-
nus des frölichen Lebens abgenuzt hatte, und
der jezt das in seinem Geschlecht war, was eine
Bethschwester in dem andern ist; und meine
Rührung und übrige Empfindung sezte ich sehr
sorglos auf die Rechnung meines von je her alzu-
empfindlichen Herzens. Weit entfernt, an mich
und an die Ewigkeit zu denken, brachte ich so die
ersten vier Wochen meiner Krankheit zu; theils mit
Studiren, (denn ich hatte die Bekantschaft eines
Bücherreichen Gelehrten gemacht;) theils, als
mei-

meine Augen von der Hize der Krankheit ergriffen
wurden, vertrieb ich mir die Zeit mit Bemerkung des Wachstums der Liebe, die meines
Wirths Tochter gleich in den ersten Tagen, welche ich in ihrem Hause zubrachte, gegen mich
gefaßt hatte, und welche sie, weil sie ein tugendhaftes Mädchen war, zu bestreiten suchte. ——
Diese Jungfer war eine Deutsche, und nur erst
vor einigen Jahren mit ihrem Vater nach Holland gekommen.   Sie hatte viel Verstand; und
ihre schöne Unschuld machte sie so liebenswerth,
als ihre sehr angenehme Bildung.

Fortsezung.

Ihre Frömmigkeit hatte jenen quengelnden
Ton, der in einigen Gegenden Deutschlands
herrscht: im grunde aber war ihre Gottesfurcht
aufrichtig.

Anfangs belustigten mich die Beobachtungen,
die ich über den täglichverschiednen Stand ihres
Herzens machte; und ich rathe jedem Frauenzimmer, welches soviel Güte des Herzens, als diese,
hat, ihre Liebe jedem zu verbergen, der nicht so
denkt, als sie.   Die Liebe macht in den Augen
eines Menschen, welcher ihr Gegenstand nicht
ist, gegen den Ernst des Christentums einen Abstich, der diesem leztern höchstnachtheilig werden
kan.

lau. Ich an meinem Theil hatte, so sehr schön
dies Mädchen war, in meinen Empfindungen
nichts erwiederndes, es sei, daß meine Krankheit alzuschmerzlich, oder daß mein schon längst
gefaßter Entschluß, mein Herz auch gegen die
unschuldigste Liebe zu verschliessen, ernsthaft genug gewesen war; doch hatte ich zuviel Achtung
für dieses Frauenzimmer, als daß ich ihrer zarten Neigung gespottet hätte. Ihr Vater, ein
überausreicher Wittwer, war so ganz ins Geld-
sammlen vertieft, mithin in der Aufsicht über
seine Tochter so sorglos, daß sie den grössesten
Theil ihrer Zeit bei mir zubrachte. Er verschloß
sein Geld und seinen übrigen Vorrat so unzugänglich, daß sie oft voll Leidenschaft weinte,
mich nicht so, wie sie wünschte, verpflegen zu
können. Wann dieses Frauenzimmer bei mir
war, war Music und Lesen unsre Beschäftigung,
so oft der Gegenstand der Unterredung sich er-
schöpfte; aber in meinen Einsamkeiten sank ich
betäubt in die Betrachtung meines hofnungs-
loszerrütteten Wohlstands. Mein Geld war
nun gänzlich aufgezehrt, und auch meine Freundin hatte ihre kleine Casse theils durch baare
Vorschüsse erschöpft, die sie auf Bitten, welche
mir sehr schwer ankamen, mir gethan hatte,
theils durch Bezalung verschiedner Aerzte, die
immer bis an den Augenblik des Tods mich be-
suchten, und dann mich als einen Rettungslo-
sen verliessen.

Bei

Bei einem wiederholten Anfall der Krankheit, der nun mein Leben abzureissen schien, frug meine Wohlthäterin: ob ich denn nicht einen Geistlichen begehrte?

Ich Elender hätte, auch wenn ich gesünder gewesen wäre, dies verneint; jezt aber that ich es voll Schmerz und Ungeduld, mit einer so bittern Art, daß das gute Kind erschrak. „O „Herr Feind,“ (sagte sie weinend, aber mit derjenigen seltnen Art zu weinen, welche ein Frauenzimmer verschönert) „sind Sie so unglüklich, „keine Religion zu haben? Sie, der so viel Tu„gend, und eine so reine Tugend, hat? Ich Ar„me! was habe ich gemacht!“

— Ich antwortete nichts.

Sie trat ins Fenster mit stiller Wehmut; wandte sich nach mir um, und sagte mit gerungnen Händen: „Sie sterben ganz gewis; für das „gegenwärtige Leben habe ich Sie verloren; aber „für die Ewigkeit mus ich Sie retten; ich mus „einen Geistlichen ruffen lassen.“

— Zu schwach, als daß ich hätte reden können, und durch diese Anrede zu sehr erschüttert, winkte ich verneinend. Ich weis vom damaligen Zustande meines Gemüths nur das, daß meine Phantasie jenen widrigen Geistlichen, bei welchem ich in Schweden gewesen war, mir vorstellte, und mit ihm den schon gewohnten Haß gegen alle Geistliche in meine Empfindung brachte. Christine (so hies dieses würdige Frauen

Frauenzimmer) lies sich nicht hindern: sie schikte zum nächsten Prediger (weil sie die Lebensgefar für dringend hielt). Aus Achtung für sie, verbarg ich meinen Verdrus.

Er kam, oder vielmehr sein Wanst kam vor ihm, ins Zimmer. *) Seine Gestalt misfiel mir. Ich schlos, (freilig zu schnell und lieblos, aber doch nur alzurichtig) daß er ein elender Mann seyn müsse. Er verblies sich, zündete sich eine Pfeiffe an, die er da fand, und sprach, ohne sich um mich zu bekümmern, mit Christinen von seinem Hauswesen und von seinen Kindern mit so niedrigen Scherzen, daß ich dem guten Kinde leicht ansah, sie sei über das Betragen dieses Manns betrübt. Sie entfernte sich, und nun legte er seine Pfeiffe weg, stellte sich vor mir hin, sprach mit schallender Kanzelstimme den Namen des Erlösers, und fing an, mir die Worte: »dieser nimmt die Sünder »an,« erklären zu wollen, aber in einem so elenden, abgeschöpftem, Geschwäz, daß ich (mit einer bedeutenden Miene) ihn ansah. Dies brachte ihn — ich will nicht sagen: aus seiner Fassung; denn er hatte keine gehabt; sondern: aus seinem Träumen; so, daß er seinen lezten Sontagstext und eine Menge evangelischer Trostsprüche zu recitiren anfing, und endlich einen Krankenkelch hervorzog.

»Bemüha

*) Montani quoque venter adest abdomine tardus.

IVV.

„Bemühn Sie sich nicht weiter,“ sagte ich,
und suchte mich nach der Wand hinzu wenden.

„Wollen Sie nicht communiciren?“

„Durchaus nicht!“

„Warum bin ich denn gerufen?“ und so ging
er hinaus, und sagte auf der Treppe zu Christinen: „der Mensch ist ja verrükt; schlafen Sie
wohl!“

Fortsezung.

Diese Scene, geliebte Mutter, stellt sich mir
sehr oft vor: und wie reich ist sie! Wie
ists möglich, daß Obrigkeiten, wenn sie menschi-
liche Empfindungen haben, einen Prediger einsezen können, ohn vorher an ein Sterbebett ihn
geführt, und so seine Fähigkeiten für einen so
wichtigen Theil seines Amts geprüft zu haben?
Ich mache diese Anmerkung, weil, unmittelbar
nach diesem Auftritt, Christine, durch edles Wohlwollen gegen die Menschheit bewegt, einen zweiten Geistlichen rufen ließ. Unglüklicher Weise
war ihre Magd zu dem ersten besten gegangen.
Er hatte kaum die Thür geöfnet, als er (wenns
möglich ist, noch unbändiger, als jener) schrie:
„Verflucht sei, wer nicht alle Worte des Gese-
zes erfüllt.“ Nicht mich, sondern den Himmel
meines Betts sah er an, fuhr fort, ähnliche Stellen

len zu häuffen und schlos mit der Stelle 5 Mof. 28. 16-28, welche er ganz herfagte, so geläufig, daß man fah, dies ganze sinnlose Geschrei sei eine Declamation eines auswendig gelernten Formulars. —

So war ich in einer meiner entscheidendsten Stunden zween Selsorgern in die Hände gefallen, deren Einer zum Richtstul Gottes mich hintrösten wolte, ohne zu untersuchen, ob ich ein gebrochnes Herz hatte; da hernach der andre mich eben dahin fluchen wolte, ohne zu fragen, ob ich bisher in Versiokung gelebt hatte: und das thaten beide, weil es ihnen so einfiel, oder vielleicht weil es ihre Gewonheit so war.

»Halten Sie,« sagte ich zum lezten, »mit »Ihren Beschwörungen ein; Sie sind ohne mein »Vorwissen gerufen worden, und ich werde mich »Ihres Amts heute nicht bedienen.«

»Morgen denn?«

»Ich hoffe: niemals.«

»Gut;« (indem er vor Zorn hochroth ward) »ich bringe mich niemand auf.«

— Welche Menschen, geliebte Mutter! War meine Sele ihnen so nichtswürdig, daß der Eine mich für aberwizig hielt, und der andre sich auf eine so niedrige Art erboste, anstatt daß unser Amt fodert, nachzugebn, bis man findet? *)

Chri-

*) Worte der Schrift.

VI. Theil.   C

Christine kam herein, und sah mich mit milden Thränen des Mitleidens an. „O mein geliebter Freund,“ sagte sie, „Sie haben eine erlöste Sele, wie ich; und diese jammert mich.“

— Ich seufzte; vielleicht weil ihr Ton, in welchem eine unwiderstehlichstarke Leidenschaft war, mich rührte.

„Schlagen Sie mir,“ sagte sie, „jezt meine lezte Bitte nicht ab: erlauben Sie mir, Ihnen vorzubeten.“

— Ich glaubte, sie würde aus irgendeinem Buch mir vorlesen: aber meinem Herzen wär was grössers bestimmt. Sie kniete, und mit welcher Inbrunst und Andacht! vor einem Stul nieder, und betete, leise ohne Thränen; in einem ihr ganz fremden feierlichen aber bringenden Ton. Ihr schönes Herz, voll reiner Liebe zu mir, voll Furcht, mich jezt zu verlieren, erstikte fast unter dem Zwange, ben sie sich anthat, und durch welchen sie das unmöglichscheinende leistete; das: ihrer Liebe und ihrer Besorgnis nicht mit einem Wort zu erwähnen. Sie redete mit Salbung, und sprach Worte, unter deren Gewicht mein Herz zerbrach. Sie schlos mit Ausdrüken und Wendungen einer ganz kindlichen sanften Bitte; hielt inne, und sprach dann, da sich ihre zurükgehaltnen Thränen auf einmal ergossen, mit einer vesten Stimme: „Amen!“ Sie sprang hierauf auf, und indem sie ihre Augen

gen troknete, trat sie mit Bliken eines frommen
Mitleidens an mein Bett.

Ich ergrif ihre Hand, die ich küssen wolte:
ich war aber zu schwach, sie zu führen.

Sie zog sie zurük, und sagte: „Ich suche mehr
»als einen galanten Dank: versichern Sie
»mich, daß Sie Ihre Erhaltung nicht durch
»Härte verhindern wollen.“

— Da ich nicht mehr sprechen konnte: gab
ich ihr durch Zeichen zu verstehn, daß ich das
Leben wünschte. Und, liebe Mutter, ich wünschte
es jezt. So hart mein Herz war: so hatte es
doch diesem gewaltigen Gebet nicht widerstehn
können. Ich hatte gefühlt, daß ich ein nichts-
würdigs, unseligs Geschöpf war. Die Zukunft,
die vor mir stand — nie hatte meine Sele so
gewis gewust, daß es für sie eine Zukunft gäbe!
diese nahe Zukunft stellte meinen geschwächten,
schon beinah unthätigen, Gemüthskräften nichts
als eine Dunkelheit dar, die leer, aber um so
viel grauenvoller, war. Strafen zu erwarten,
oder Schonung zu begehren, dazu war meine
Sele schon allzuerschöpft: was konnte also, aufser der Verlängerung des Lebens, noch ein Gegenstand meiner sterbenden Begierde seyn? und
während meinem Amt habe ich gefunden, daß
dies genau der Zustand der meisten Sterbenden
ist; so, daß ich dann zwar weine, aber mich
nicht wundre, wenn ich oft auf gar keinem Wege ihrem Herzen beikommen kan.

C 2

Soviel

Soviel konnte ich Ihnen vorläufig, von dieser schreklichsten meiner Stunden sagen.

Es war spät, und also verlies mich Christine. — Nun weis ich nichts weiter, als daß
ich gegen Anbruch des Tags — erwachte; und
mein erstes war ein unmähssiger Blutsturz. Der
Krampf, welcher ihn erregte, war der heftigste
seiner Art. Aeusserstkraftlos sank ich nun hin;
und mit meinen lezten Kräften hatte sich auch
zugleich mein Abscheu vor dem Tode verloren.
Mir war so wohl, wie, in der kurzen Zwischenzeit
der Betäubung, einer unter dem Fluch Gottes
abscheidenden Sele seyn mus — bis sie plözlich lernt ohne Beihülfe der Sinnen denken —
und verzweifeln.

— In diesem Zustande verlor ich allerdings
wieder mein Bewustseyn, und weis nichts, als
daß mir die Hände, Arme und Füsse stark ge-
rieben wurden. Ich schlug die Augen auf (aber
mit solcher Beschwerde, als hätte ich das noch
nie gethan) und sah, denn es war jezt Tag,
einen Arzt an meinem Bett stehn. — Ich übergeh hier sehr viel; es sey genug, Ihnen zu sagen, daß ich der Gefar ganz entrissen, und
merklich gesund warb.

Aber jezt zeigte sich mehr Noth, als vorher.
Ich war ohne Geld: aber so ganz ohne Geld,
und in solcher Unmöglichkeit, mir etwas zu verschaffen, daß ich ein Schauern fühlte, wenn ich
an alle Zalungen dachte, die ich zu thun hatte.

Hiezu

Hiezu kam, auſſer den Bedürfniſſen eines er-
ſchöpften Körpers, der qualvollſte Hunger: und
dieſen konnte ich nicht ſtillen, weil Chriſtine
wir nichts, als das geben konnte, was unten
übrig blieb. Daher hatte ich die Kraft auszugehn, noch nicht, als ich ſchon ganz geſund war;
und überdem hatte ich, weil ich keinen Schlafrok hatte, mein Kleid, um doch bedekt zu ſeyn,
in der Krankheit oft angezogen, und es ſo abgenuzt, daß ich das redende Gemälde zu des Boi-
leau Beſchreibung eines Armen war, qui

Paſſe l'été ſans linge, et l'hyver ſans manteau.

Dann beneidete ich aus meinem Fenſter Alle,
die ich geſund und bekleidet gehn ſah.

Fortſezung.

Ich zergliedre Ihnen dies Elend, um Sie zum
Mittleiden aufzufodern: ſo dringend nämlich meine Noth war, ſo merklich höher ſie täglich ſtieg: ſo hatte ſie auf meine Sele keinen
Einfluß, auſſer den, daß ich ihn, (und überhaupt jedes ernſthafte) Andenken, durch unab-
läſſiges Studieren, zu unterdrüken ſuchte. Ob
dies Verhängnis von Gott kam? ob ich bei-
trüge, die Abſichten des Höchſten in Erduldung
meiner Noth zu befördern, „dies,“ ich verſichre
es Ihnen mit Erſtaunen, wie dies möglich ge-

C 3 weſen

wesen ist, „dies,“ sage ich, „fiel mir seit dem
„lezten Ausbruch der Krankheit nie ein!“

Und doch trug mich die göttliche Langmut,
und bewahrte mich!

Eines Tags, da Christine mir früh einen,
irgendwo eroberten, Caffe brachte, wurden meine Lebensgeister so rege, daß ich (welches schon
lange nicht mehr geschehn war) mit ihr sprach.
Ihre Liebe zu mir war, nach dem Maß meiner
Genesung, im Herzen dieses unschuldigen Mädchens gewachsen. Ich bemerkte, (doch ohne
damals zu wissen, daß eine schöne Farbe, die
ich in der Krankheit bekommen hatte, schuld dran
war) daß sie mich mit wohlgefälligem Lächeln
ansah. Ich wagte etwas: Ich sah sie bittend
an, und sagte: „Wolten Sie wol, liebe Chri-
„stine, eine Bitte mir erlauben?“

— Sie ward sehr roth, und ihr ganzes Gesicht zeigte eine wirksame Beschämung: „Gern
„will ich das: aber, o Herr Feind, was werden
„Sie bitten?“

„Ein Darlehn von Einem Ducaten.“

— Ihre Farbe veränderte sich; und ich schrieb
das mit Bekümmernis der Unmöglichkeit zu, in
welcher sie, wie sie schon oft bezeugt hatte, sich
nunmehr befand, mir zu helfen. „Ich weis,“
fuhr ich demnach fort, „daß ich noch nichts ab-
„gezalt habe: aber ich bin ein ehrlicher Mann...“

»O Herr Feind! ich weis das. Ich habe
»nichts: aber ich werde sehn — ich werde sor-
»gen — wenn — wenn . . . .«

— Sie verdekte hier ihr Gesicht, und weinte.
Ich wuste nicht, was ich sagen solte.

»Ach!« fuhr sie fort. »Sie kennen mein Un-
»glük nicht: Herr Feind, ich bin — wird Ih-
»nen was drän liegen, daß ich es Ihnen sage?
»ich — ich bin Braut.«

»Braut?« Ich sagte dies ohne Theilnehmen;
denn ich wiederhole, daß ich die Liebe (vielleicht
nur, um über alle Menschen mich zu erheben)
wie verschworen hatte: aber ich sagte es vielleicht mit einem lebhaften Ton.

»Also ists Ihnen nicht gleichgültig? ists mög-
»lich? warum traute ich Ihnen denn dieses
»Theilnehmen nicht zu? und — Eine Ver-
»lobte bin ich zwar nicht; aber mein Vater
»dringt mich, die Hand eines Scheusals anzu-
»nehmen. Ich will Ihnen, mein einziger, mein
»edler Freund, einen Ducaten verschaffen,
»wenn — wenn Sie mich retten wollen!«

»Wie könnte ich das, liebe Christine?«

»Können Sie das nicht?« sagte sie stotternd;
die Farbe ihrer Wangen flog schneller an, als
vorher; und sie würde sehr zornig geworden
seyn, wenn dies unschäzbare Herz nicht so ganz
voll Tugend gewesen wäre. »O Herr Feind!«
fuhr sie fort: »bitten Sie Gott, daß er Sie
»nie

„nie eine Fehlbitte thun lasse: ich merke, daß
„Sie noch nicht wissen, wie bitter das ist.“

— Sie gieng zur Thür, indem sie dies sagte;
und an dem sanften Ton ihrer Stimme merkte
ich, „daß sie bis jezt ein Vertrauen zu mir ge-
„hegt hatte, von welchem ich mir bewust war,
„daß ich es nicht erregt, und auf keine Weise
„unterhalten hatte.“ In diesem Bewustseyn
merkte ich in mir ein wahres Gefühl der Tugend,
und ein so warmes Gefühl derselben, daß ich
gedrungen ward, jezt der Tugend einen Sieg
über mich zu verschaffen. „Sezen Sie sich,
„Christinchen,“ sagte ich, „und hören Sie mich
„aus ofnem Herzen reden.“

Sie sezte sich mit einer reizenden Lebhaftigkeit: aber diese verwandelte sich bald in sicht-
bare Angst. Sie konnte nicht stille sizen; das
Klopfen ihres gepresften Herzens ward merklich;
ihre Füsse und Hände zitterten, und ihre Augen
hatten eine unstäte Richtung.

Ich denke oft, mit grosser Betrübnis, an diesen Auftritt. Er mahlte mir alles sichtbar
der Pein, der quälenden Schande, die ein Mädchen empfinden mus, die über ihr Herz nicht
wacht, und so hingerissen wird, einer Mannsperson Erklärungen zu thun, welche die ganze
Einrichtung der Verhältnisse (ich möchte sagen:
die, der ganzen Natur) verbietet. Die Liebe
hat etwas erniedrigendes. Personen meines
Geschlechts müssen, wenn ihr Herz nicht ein
Fremd-

Fremdling in ihnen war, gestehn, daß sie dies
Erniedrigende fühlen; so sehr, daß sie, auch bei
der redlichsten und reinsten Liebserklärung sich
selbst albern gefunden haben; so sehr albern,
und das in so anschauender Kentnis, daß sie
wünschten, diese beschämende Rolle so bald
als möglich zu endigen. Wer meine Geschichte
nicht weis, würde freilich aus dieser Aeusserung
muthmahssen, daß ich das Gewaltige, (oder wie
Romanen es nennen: das Schöne, das Bezaubernde) der Liebe nicht empfunden haben
mus. Mir, und benenjenigen Frauenzimmern,
die die Gabe der scharfen Bemerkung haben, ist
diese Anmerkung wahr. Was mus nun in dieser, meinem Geschlecht, welches doch auch in
den tiefsten Demütigungen übermüthig ist, peinlichen Stellung, ein Frauenzimmer empfinden,
wenn sie die ersten Aeusserungen der Liebe macht?
Und trägt sich das nicht bei weitem öfter zu,
als mans gewönlich denkt? Ein solches Frauenzimmer weis, daß, in Vergleichungen beider
Geschlechter, das ihrige allemal unter das unsrige gesezt wird; und nun fühlt sie, daß sie sich
noch tiefer herabsezt — so tief, daß, (ich mus
das sagen) es nicht zu bewundern ist, wenn sie
in eben dem Augenblik ihre ganze Würde
verloren zu haben glaubt, und, in Betäubung
oder Verzweiflung, alles Gefühl der weiblichen Sittsamkeit oft unwiederbringlich ver-

E 5   liert,

tiert. O! könnte ich dies allen jungen Mädchen sagen!

Ich suchte jezt dieses würdige Frauenzimmer
um so mehr zu beruhigen, da ich mir vorge-
nommen hatte, ohne Zurükhaltung mit ihr zu
reden, und fuhr dann fort, nachdem ich auf
meine Frage erfaren hatte, daß ein Rechtsgelehrter, den ich oft im Hause sah, derjenige
war, welchen ihr Vater ihr aufdringen wolte.
„Ich bedaure Sie von ganzem Herzen,“ sagte
ich; „nicht deswegen, weil Sie gezwungen
„werden könnten, einen Erzböswicht zu heira-
„ten, (denn im grunde wird das doch in die-
„sem freien Lande hintertrieben werden können)
„sondern deswegen, daß Sie einem Menschen
„entsagen müssen, den Sie liebzugewinnen in
„Gefar ste'r . .“

„den ich unterbrach sie, „schon von gan-
„zem Herzen . . .“

— Sie hielt inne.

„Es ist natürlich,“ fuhr ich fort, als wüßte
ich nicht, was sie hatte sagen wollen, „es ist
„natürlich, daß sich unser Herz zu einem Men-
„schen neigt, den wir im Elende sehn; die Nei-
„gung wird stärker, wenn wir Gelegenheit ha-
„ben, in seinem Elende ihm zu helfen. Das
„ist unser Fall gewesen, liebe Christine. Ein
„elenderes Geschöpf, als Ich, konnte Ihnen nicht
„vor Augen kommen. Sie musten, als eine
„Deutsche, noch mehr an meinem Schiksal theil-
„nehmen,

„nehmen, da Sie sahn, daß auffer Ihnen nie-
„mand, auch Ihr Vater nicht, sich des unglük-
„lichen Landsmanns annahm . . .‟

„Drüken Sie, Herr Feind, mich nicht alzu-
„tief nieder . . .‟

„Sie sehn mein ofnes Herz; wollen Sie:
„so will ich es verschliessen.‟

— Sie schwieg, und verbarg ihre Thränen.

„Sie wissen,‟ fuhr ich fort, „daß unsre
„Grundsäze verschieden sind. Heißt gut luthe-
„risch soviel, als: sehr redlich; heissts: so
„gut, als die Natur durch Fleis gut gemacht
„werden kan: so bin ich so lutherisch, als Sie;
„denn L u t h e r war einer der besten Menschen,
„und ich halte es für rühmlich, nach ihm ge-
„nannt zu werden. Diese Art des Luthertums
„fodert Dankbarkeit; und die habe ich im höch-
„sten Grade gegen Sie. . .‟

— Sie faßte sich: „Sind Sie nur in sofern
„lutherisch: so sage ich Ihnen frei, daß Sie mir
„es nicht genug sind. . .‟

„Lassen Sie mich erst ausreden. . .‟

„so sind Sie nur ein guter Mensch, und für
„mich müssen Sie mehr: Sie müssen ein Christ
„seyn.‟

— Sie ging mit einem leidenden, fast bittern, Wesen nach der Thür: „für mich, Herr
„Feind, das heißt, wenn Sie mich retten wol-
„len. Mehr will ich nicht sagen; ich wolte
„nicht mehr sagen.‟

Ich

— Ich ergrif ihre Hand: „Hören Sie mich;
„wir müſſen ſonſt beide unruhig ſeyn. Sie ha-
„ben meine Dankbarkeit gemerkt: Sie haben
„ſie für Liebe gehalten. Haben Sie ſie ſo ge-
„ſehn, wie ſie wirklich iſt: ſo haben Sie wün-
„ſchen können, daß ſie Liebe ſeyn möchte. Ge-
„ſtalt, Stand, Glük, das alles haben Sie
„überſehn. Die Verfolgung, unter welcher Sie
„ſtehn, komt dazu: und ſo iſt nichts unaus-
„bleiblicher, als daß Sie wünſchen müſſen, un-
„ter meinem Schuz Ihren Verfolgern entfliehn
„zu können. . .‟

Ich lies nicht zu, daß ſie mich unterbrochen
hätte, obwol ich ſah, daß ſie auf Dornen ſtand.
Um dieſe peinliche Lage ihr zu erleichtern, lies
ich ihre Hand los, nachdem ich ſie zu einem
Stul geführt, und mich neben ihr geſezt hatte.

Ich fuhr fort: „Eben ſo unausbleiblich wür-
„de es ſeyn, daß ich ganz Ihre Geſinnungen,
„und ganz Ihre Wünſche, in Abſicht aller Zu-
„kunft, haben müſte, wenn ich nicht, in Abſicht
„der Freiheit, minderunglüklich, als Sie, ernſt-
„licher, als Sie, überlegte. Ich bin unbe-
„ſchreiblich arm, folglich auſſer ſtande, für Ihr
„Fortkommen zu ſorgen. . .‟

— Ich weis nicht, ob ſie den Doppelſinn
dieſes Worts mit Fleis ergrif; „Fortkommen?‟
ſagte ſie; „ich will zufus gehn.‟

„Dazu bin ich vielleicht zu matt; wenigſtens
„bin ich unbekleidet, und wir müſten Beide be-
„fürch-

»fürchten, daß ich für einen Bettler aufgegriffen
»würde.«

— Sie legte, in äufferster Verlegenheit, die
Hand an die Stirn, und ich wartete, daß sie
etwas sagen solte.

»So bin ich denn also verloren?« rief sie
endlich.   Nachdem sie sehr schwermütig nachgedacht hatte, fuhr sie fort: »Herr Feind, ich
»kan noch einige Kleider verkaufen, ich kan Sie
»dann kleiden...«

»Bedenken Sie, eh ich dies beantworten kan,
»wohin solte ich Sie bringen? und was sind
»Sie hernach anzufangen gesonnen?«

— Sie erröthete und schwieg.

Hier glaubte ich mehr sagen zu müssen: »As
»mein Schiksal müssen Sie das Jhrige durch-
»aus nicht binden.   Sie haben in mir den ehr-
»lichen Mann gesucht und gefunden.   Als ein
»solcher, sage ich Jhnen freiheraus, daß ich an
»kein Bündnis des Herzens, und noch viel we-
»niger an eine Heirat, denken kan, bis ich auf-
»höre, ein Bettler zu seyn.   Ich bin kein Christ;
»aber ich bin Mensch genug, um niemand un-
»glüklich machen zu wollen, am wenigsten eine
»Person, die ich mit so inniger Werthschä-
»zung...«

Mein Herz fühlte hier plözlich, daß es sich
für stärker gehalten hatte.   Es war fast ein
Verstummen, was mich unterbrach.

Man

Man kan es Chriſtinen verzeihn, daß ſie hier
ſchwächer war, als ich: „O!“ rief ſie, „retten
„Sie mich! dieſe Hände ſollen uns nähren: ſie
„könnten, ſie würden es thun, wenn auch kein
„verhaſſter Menſch“ (ſie nandte hier den Namen
ihres Liebhabers, den ich nicht mehr weis) „mich
„drünge, mich ſo bald zu erklären.“

Fortſezung.

Hier, oder niemals, war es Zeit, alles zu ſagen; vielleicht hielt ich es für Stolz, was
jezt in mir vorging; — kurz, ich ſagte: „Auch
„dann, Mademoiſelle, wäre ich ein Bettler; und
„ein Bettler will ich nur für mich ſeyn.“

— Verzeihn Sie es, liebſte Mutter, dem
guten Kinde, daß ſie hier noch etwas ſagte.

„Nennen Sie ſich nicht ſo verhaſſt,“ rief ſie,
ſtotrernd, „Ihnen fehlt nur ein Kleid, um ſo-
„gleich in eine Welt einzutreten, wo Ihre Ge-
„lehrſamkeit Sie ernähren kan. Ueberlaſſen
„Sie es mir, die Sorge für Ihr Kleid zu . . .“

„Nichts,“ rief ich voll Unmuth; „ich nehme
„von Ihren Händen nichts mehr an.“

— Ich wandte mich ins Fenſter, indem ich
dies ſagte: aber ein Blik, der jezt auf dieſe angenehme, und in der gegenwärtigen Bedrü-
kung ſchnelleinnehmende, Perſon fiel, lies mich
ganz

ganz empfinden, was ich verlor. Dennoch be-
hielten Hochmuth und Stolz die Herschaft;
jener, indem, um durch die strengste Enthalt-
samkeit mich unter den Menschen auszuzeichnen,
ich beim Entschlus zum ehlosen Stande blieb;
und Stolz, indem ich eine Person, der ich mein
Glük verdanken solte, zu entfernen suchte.

Sie stand mit einer edlen Art, indem ich mich
wandte, auf, und sagte, mit einem Herzen, welches brach, und also in seiner natürlichen Gestalt erscheinen muste: „Wäre Ihre Behand-
„lung eines weiblichen Herzens so fein, wie
„ich sie vermutete: so würde ich noch viel uner-
„träglicher fühlen, daß ich beschimpft bin.“

— Ich schämte mich hier vor mir selbst, und
eilte ihr einige Schritte auf dem Gange nach,
der zur Treppe führte: aber sie kehrte sich zu
mir, und rief, leise, aber ganz untersagend:
„Ich verbiet' Ihnen durchaus, mir zu folgen.
„Ich bin nicht böse:“ (mit Thränen) „aber ich
„bin darüber, daß Sie kein Christ sind, und
„daß Sie mich, mich von einem Falk aufge-
„triebne Taube, — daß Sie mich nicht retten
„wollen, daß Sie mich lähmen, und so mich
„ihm hinwerfen, darüber bin ich . . . .“ (sie
hielt inne) „untröstlichbetrübt.“

— In demjenigen Stande meines Gemüths,
welchen Sie nun leicht sich vorstellen können,
überlegte ich jezt, ob ich dieses Frauenzimmer
retten könne: aber ich sties auf lauter Unmög-
lichkei-

lichkeiten; da überdem gleich nachher die Magd
mir sagte: Christinens harter Vater habe ihr
Zimmer verschlossen, so daß es ihr nun ganz unmöglich war, sich Geld zu schaffen. — Er selbst
sprang jezt in mein Zimmer, um mir zu sagen,
daß ich meine Stubenmiethe nicht ihr, sondern
in seine eigne Hände übergeben solte.

Dieser lezte Umstand erinnerte mich dran, daß
ich nächstens gemahnt werden könnte. Ich
überdachte alles mit dem grössesten Ernst; ich
gesteh, daß mein Herz eine Neigung zum Gebet
äusserte: aber wie hätte ein so abgöttischer
Mensch, als ich war, unterlassen können, ausser Gott Hülfe zu suchen? Ich suchte sie mit aller derjenigen Pein, mit welcher ein so eigen-
mächtighandelndes Herz sich selbst bestrafen
muß. Sie kam: aber nicht durch mein Zuthun.

Ein Mensch, der ohne weitere Umstände mich
frug, ob ich ein Buchbindergesell sei, und dem
ich ohn Erröthen antwortete, ich versteh dieses
Handwerk, führte mich zu einem Gelehrten, bei
welchem ich in kurzer Zeit so viel verdiente, daß
ich alles, nur noch kein Kleid, bezalen konte.
Weil dieser Mann alles nur in Pappe und ohne
Schnitt binden lies: so konte ich in meinem Zimmer ganz unbemerkt arbeiten, indem ich beinah
gar kein Handwerkszeug brauchte.

Aus falscher Scham hatte ich bisher unterlassen zu fragen, wer so liebreich gewesen sei,
mir diesen Verdienst zuzuwenden? — Ich erfun-

es

es mir zu bald. Christine, die immer aus meinem Wege gegangen war, schrieb mir in einem Handbriefchen, »sie melde mir mit Betrübnis, »daß der Mann, bei welchem Sie mir Arbeit »zu verschaffen das Glük gehabt habe, jezt ge-»storben sei: sie bäte mich jezt, im Ernst auf »eine bleibende Einnahme zu denken; indem sie »mir nicht für einige Nachsicht ihres Vaters stehn »könne.«

Dieser Tag war sehr traurig für mich. Ich sann aufs neue nach, und ward bei allem frucht-losen Ueberdenken so bitter, daß ich den Aus-ruf, über welchem ich mich ertapte: »Gott er-»barme sich meines Elends!« fast zurük nehmen wolte.

Und dieser langmüthige Gott schikte mir eine zweite Hülfe.

Ich sah einen Mann unter meinem Fenster hingehn, der auf Befehl des Gelehrten, für welchen ich gearbeitet hatte, mir hatte zur Hand seyn müssen. Ich frug ihn, wovon er jezt lebe?

»Vom Teichgraben,« sagte er, »und das »rathe ich Ihm auch.«

Er führte mich zum Aufseher der Teiche, und ich trat in diese Arbeit ein: das heißt, ich ward ein Taglöhner. Ich hatte Stärke und Gesund-heit genug zu dieser Arbeit; theils aber reichte sie nur hin zu den täglichen Bedürfnissen, theils schwallen meine Füsse, da ich nicht gewohnt

VI Theil.   D   war,

war, im Wasser zu stehn. — Den ersten Theil
der Nacht wandte ich zum Studieren an; und
mir schienen wenige Stunden zum Schlaf hinreichend, weil ich immer sehr müde war.   Ich
war jezt zwar sehr gesund: aber ich wuste vorher, daß das nächtliche Studieren das aller-
gefärlichste, was einen jungen Menschen treffen kann, über kurz oder lang mich niederwer-
fen müste. — Auch hier erbarmte sich der Gott,
den ich durchaus vergas.   Eines Tags sah der
Director dieses Geschäfts, daß ich einem Zu-
schauer eine kleine Münze gab, und ihn an meine Arbeit stellte, um den Arbeitern, die in einiger Entfernung einen Teich aufführten, auf
ihre Bitte zu rathen. „Ich habe Euch," sagte er, „für einen Teichgräber gehalten: aber
„ich seh, daß Ihr mehr leisten könnt; es scheint,
„daß Ihr etwas vom Wasserbau verstehk!" —
Seine Vermutung war recht; denn ich habe das
meiste gelesen, was hierüber, und besonders über
den Teich- und Schleusenbau geschrieben ist.—
Lassen Sie mich alles abkürzen.   Ich gewann
das Vertrauen dieses Manns, und ward aus
einem Menschen, der den ganzen Tag weder
sich troknen, noch sich erholen konte, Aufseher
beim Teichbau.   Meine Beschäftigungen waren so, daß ich immer ein Buch in der Hand
haben, und bei Regenwetter gar zu hause bleiben durfte.

Ich

Ich sahs einst auf einem hohen Teich, und
übersah den Frülingsmorgen. Unter mir standen die Arbeiter im Teich. Im Gefühl des
Wohlthätigen der Natur; erquikt durch den Gesang der Vögel; durch das prächtige Schauspiel
der Schiffe auf der nahen See zu grossen Empfindungen bereitet; durch die Lesung eines Ur-
teils über den 104ten Psalm *) heitergemacht,
dachte ich: »Wie unvergleichlich bist du glükli-
»cher als diese Leute, deren Genos du warst.«—
Ich theile gern meine Freude mit. Ich rief einen stillen und angenehmen Menschen aus dem
Teich herauf, gab ihm eine Kleinigkeit, und
sagte ihm mit Freuden, was ich jezt gedacht
hatte.

»Aber Herr Teichinspector,« sagte er, »wars
»nicht schon ein grosses Glük Teichgräber zu
»seyn? Haben Sie,« (hier drükte er mir bewegt
die Hand,) »haben Sie Gott gedankt, der Sie
»gesund gemacht — lieber Herr, gesund, und
»so zum Teichgräber, und so zum Teichinspe-
»ctor gemacht hat? Sie haben oft, um mich zu
»trösten, Ihr Unglük und Ihr Glük mir erzält:
»aber das hat mich immer sehr gekränkt, daß
»Sie in diesen Erzälungen, gar nicht des lieben
»Gottes gedacht haben.«

— Ich habe hernach erfaren, daß dieser
Mann nicht ganz aus eigner Bewegung, sondern auf Bitte der Christine, die mich allent-

D 2 halben

*) S. Batteux.

halben beobachten lies, so redete.   Jezt war
diese Ermanung mir vollkommen gleichgültig;
ich kan mit Warheit sagen, daß sie mich nicht
rührte, nicht beschämte, nicht verdros.   Daß
ich ein Feind des Christentums wär, das machte mich in der That zu einem Gottesverächter;
wäre es möglich, in der That ein Gottesläst-
ner zu seyn: so wäre ich auch das geworden,
wenigstens ist der lezte Schritt unsäglichfürch-
terlich, welchen ein Mensch nun noch thun kan,
wenn er ohn Hofnung auf Gott, ohne Zutrauen, ohne Dankbarkeit, ohne Furcht vor
Gott sein Leben zubringt, oder mit einem Wort,
„ohne Gott in der Welt lebt,“ *) wie ich damals!

Ich hatte eben nichts übrig: aber meine Einnahme reichte doch hin, einige Bücher anzu-
schaffen, von welchen ich wuste, daß sie für
Christinens Geschmak waren; denn mein Herz
drang mich, ihr meine Dankbarkeit zu zeigen.
Wir hatten uns seit der lezten Unterredung gegenseitig gemieden.   Ich wolte diese Bücher
heimlich iu ihr Zimmer tragen: aber der Zufall
wolte, daß ich sie da antreffen muste.

*) Worte der Schrift.

Fort-

Fortsezung.

Sie war eben beschäftigt, dem jungen Mann,
den man ihr aufdringen wolte, das lezte
Nein zu schreiben. „Sie erschreken mich,“ sagte
sie, „durch Ihren Eintritt:“ — aber sie sagte
das mit einem Errothen, und überhaupt auf eine so herzliche Art, daß über ihre ganze Person,
und besonders in ihren Augen, eine Anmut sich
verbreitete, welche ganz ungewohnte Eindrüke
auf mein Herz machte.

Ich legte ihr die Bücher hin, welche ich selbst,
und sehr schön, gebunden hatte: aber ich that
das so links, und was ich dabei sagte, verun-
glükte so offenbar, daß ich voll Beschämung ihr
Zimmer verlies.

Mein Stolz erneuerte seitdem täglich das
Andenken an diesen Vorfall; ich empfand mit
Verdrus, daß auf meinen philosophischen Kopf,
ein Frauenzimmer eben die Wirkung haben konnte, welche es im Kopf eines Laien äussert: aber
die Sache ging weiter: der Hang meines Herzens zu Christinen, ward unvermeiblich.

Ich konnte sie im Hause nie sehn: ich folgte
ihr also in die Kirche. — Gleich nachher erhielt ich ein Zettelchen von ihr, wo sie mit der
Schonung, welche sie einem Gelehrten schuldig
war, aber mit dem Ernst und der Würde einer

D 3   wahren

wahren Christin, mir schrieb: sie wisse, daß ich
den Prediger, den ich heute gehört habe, ver-
achte; er sei auch wirklich der schlechteste unter
allen; und sie selbst würde ihn nie hören, wenn
sie nicht, aus Gehorsam gegen ihren Vater, es
thun müßte. Sie könne also nicht anders, als
glauben, daß die Absicht meines Kirchengehns
sehr unwürdig seyn müsse; aus der Bemühung,
sie in der Kirche zu sprechen, könne sie solche errathen. Sie wisse zwar nicht das Eigentliche
meiner gegenwärtigen Einnahme, merke aber,
daß ich im stande seyn müsse, eine Frau zu ernären. Wenigstens sei ich jezt bekleidet; folglich fielen alle Einwendungen, die ich sonst gemacht hätte, iezt weg. Sie nähme beides zusammen: den heutigen Beweis meiner Neigung gegen sie, und die iezige Lage meines
Glüks. Nun sage sie mir, daß sie aufs neue,
und jezt so, daß sie keine Rettung mehr sähe,
verfolgt würde. Sie bäte sich also meinen
Schuz aus: „aber,“ sezte sie hinzu, „nicht dem
„ehrlichen Mann, sondern ausschließend dem
„Christen, kan ich mich ergeben. Lassen Sie
„sichs jammern: bezeugen Sie mir bei dem Gott,
„den Sie als Freidenker, und ich als Christinn,
„anbete, daß Sie ohne Vorurteil die Gründe
„meiner Ueberzeugung anhören, und wenn
„sie stark genug sind, sich zum Christentum
„bekennen wollen. Und sie sind, ich weis es,
„sehr stark. Ich bin von einer Französinn, da

„meine

»meine Mutter tod war, und mein Vater nicht
»auf mich achtete, mit Eifer im römischen Be-
»kenntnis erzogen worden. Eben dieser Eifer
»brachte mich zur ernsten Prüfung der Lehre, und
»so verwarf ich sie. Ich bin hernach zur herrn-
»hutschen Gemeine getreten, und habe auch da
»nicht gefunden was ich suchte. Ich kam dann
»über mystische Schriften, die mich ganz ver-
»wirrt, doch aber mich von der Nothwendig-
»keit der Andacht überzeugt haben. Zulezt bin
»ich bei den Quakern und Mennoniten umher
»geirrt, und dann durch unaufhörlichs Lesen
»der heil. Schrift, unter dem Beistande, wel-
»chen das allerernstlichste und sehnlichste Ver-
»langen nach Warheit verdiente, zu derjenigen
»Erkentnis gekommen, bei welcher ich einzig,
»aber auch ganz vollkommen, mich beruhigen
»kan. Hier haben Sie einige Bogen, die ich
»für Sie aufgesezt habe. Suchen Sie keine
»Gelehrsamkeit drin, keine Schulwissenschaft.
»Der ersten bedarf derjenige nicht, der im Ernst
»zu Gott kommen will; und der Schulwissens-
»schaft konnte ich bei dieser Arbeit entbehren,
»weil ich die Staatenbibel vor mir hatte. Aber
»Warheit werden Sie finden; oder es müßte im
»ganzen Inbegrif des Wißbaren, nichts wahr
»seyn. Suchen Sie keine Declamationen; die
»Warheit ist zu eigentümlich stark, als daß sie
»solcher Beihülfe bedürfte: aber, wenn in diesen
»Bogen mein ganzes Herz spricht; wenn ich aus

D 4 nder

„der Stärke Sie fasse, welche ein im Schreiben
„geübtes Frauenzimmer sich zutraun darf: so
„können Sie mir das eben so wenig verargen,
„als ein Mensch, der ins Feuer fällt, unwillig
„seyn kan, wenn er mit eben soviel Anwendung
„von Kraft ergriffen wird, als das Gewicht
„seines jezt hinsinkenden, Körpers, und die Näh
„der Gefar fodert. Lesen Sie diese Bogen bald,
„und benennen Sie mir dann eine Stunde zur
„Unterredung."

— Ich weis nicht, liebste Mutter, ob ich
Ihnen die Art meines Verfarens werde erklären können? Ich habe Ihnen gesagt, daß ich
ein Feind der christlichen Lehre war, von welcher ich jezt nichts mehr glaubte, weil ich, seit
meiner Genesung, in einem Leichtsinn gelebt hatte, von welchem ich nicht begreife, wie er sich
eines vernünftigen Menschen bemächtigen kan:
Er ging so weit, daß ich an keine einzige derjenigen Personen mehr dachte, die mir sonst lieb
gewesen waren; daß ich vor den allerhülfslosesten
Elenden ungerührt vorüber ging; keinen Befehl meiner Vorgesezten mehr befolgte, sondern
alles nach meinem Kopf machte; Arbeiter, die
etwas versahn, ohn einiges Gefühl des Mitleidens prügeln lies; eben so, ohne Gefühl, nach
einem Menschen schos, der mich gefodert hatte,
und den ich, zum glük, verfehlte; ja daß ich sogar anfing, über die Religion zu spotten, welches ich (obwol nur aus Achtung gegen diejenigen,

gen, die anders dachten) nie gethan hatte. Ich
empfand also jezt, so unermüdet auch sonst mein
Studieren war, eine solche Widrigkeit gegen
jede Art der Untersuchung der Religion, daß
ich Christinens Aufsaz mit Verachtung und Unwillen wegwarf, ohne ein Wort drin zu lesen.

Ich hatte indessen Gelegenheit, jedoch in Bei-
seyn ihres Vaters, Christinen oft zu sehn. Es
sei nun, daß ihr Brief, oder das Unwiderstehliche ihrer Reize, mich gefesselt hatte, oder daß
ich in den Jahren war, wo man so viel Empfänglichkeit zur Liebe hat: ich war so von ihr
eingenommen, daß ich mit lebhaftem Ernst drauf
sann, sie zu heiraten, wobei denn, wie Sie
leicht denken können, alle meine Grundsäze hin-
fielen. Es war beides gleichleicht: entweder
sie hier zu heiraten, da mein Amt und ihre Arbeiten vor der hand uns hinreichend ernären
konnten, oder, sie zu entfüren; und bei Betrachtung dieses lezten Falls überraschte ich mein
Herz auf einer Tüke, die ich, nicht, weil sie wider Gott war, sondern nur deswegen verab-
scheute, weil noch ein kleiner Rest von Ehrliebe
in mir geblieben war — eine Entdekung, die
ich mit grosser Zufriedenheit dann und wann
gemacht hatte, wenn ich das Anstekende der niedrigen Gesellschaft fühlte, zu welcher ich jezt gehörte. Es war vielleicht kein böses Zeichen, daß
es mich verdros, von Christinen, wegen des
Schimpflichen meines Kirchengehns, bestraft zu

D 5   seyn:

seyn: aber ich dachte, von ihrer Neigung alles erwarten zu können. — Ich benandte ihr einen Tag zur Unterredung in einem Garten. Sie erschien, von ihrer Magd gefolgt.

Einfach, aber mit der glüklichsten Wahl der Farben, gekleidet, bezauberte sie mich beim ersten Anblik. Sie war voll von der lebhaftesten Hofnung, mich als einen zurükkehrenden ansehn zu dürfen. Sie drükte mir die Hände, und sah, mit Weinen, nach dem Himmel. So stark aber die Gewalt war, mit welcher dieser rührende Auftritt auf mein Herz wirkte: so bitter war mirs doch, mit einer Person beisammen zu seyn, deren Herz, bei aller Bezaubrung der Liebe, doch voll Christentum war. Ich verwarf in diesem Augenblik, den Entschlus, sie zu heiraten: und nun, da die Ehre mein Herz nicht mehr hielt, drang alles hinein, was in ein böses Herz bringen kan.

»Ich darf doch, mein theuerster Freund,« sagte Christine, »alles von der Lesung der Blätter hoffen, die ich, ich denke mit Thränen, für »Sie geschrieben habe?«

»Ich bin bereit, beste Freundin, alles für »Sie zu thun . . .«

»O! nein, nein, nichts für mich: aber für »Ihre Sele . . .«

— Hier war in meinem Herzen ein verwirrter Streit: ich war so hämisch, daß ich gern gelacht hätte, als sie von der Sele sprach; ich wünschte,

wünschte Narr genug zu seyn, um das Daseyn
der Sele zu läugnen: aber die, jezt schon zu
starke, Neigung zu einer so unwiderstehlichlie-
benswürdigen Person, herschte in meinem ganzen Wesen.

Ich nahm eine beruhigende Miene, und sagte:
»die Augenblike sind kostbar; wohin soll ich Sie
»führen?«

»In mein Vaterland . . .« antwortete Sie,
und hielt an; »aber,« fuhr sie fort, »in Ihrer
»Rükkehr mus durchaus nichts seyn, was auf
»mich Beziehung hätte.«

— Ich war Verräther genug, um zu thun,
als verstünde ich dies nicht. »Ich darf also,«
sagte ich, als wäre ich gerührt, »von Ihnen
»nichts hoffen?«

— Eine sanfte Röthe gos sich über ihre
Wangen: »alles . . . alles, hätte ich beinah
»gesagt: aber erst mus ich, so völlig, wie das
»in Ihrer Gewalt ist, überzeugt seyn, daß mein
»Herz bei Ihnen nicht in Gefar ist. Ich darf
»hoffen, daß ich, unter Ihrem Schuz, einst die
»Besitzerin von einigen tausend Dukaten seyn
»werde; und, diese will ich sehr gern Ihnen über-
»geben: aber mein Herz kan ich nicht anders,
»als auf Ihr christliches Gewissen, Ihnen hin-
»geben. Welche Gewisheiten wollen Sie mir
»zur Erfüllung der Bedingungen geben, auf
»welche ich ganz die Ihrige seyn will?«

»Welche

„Welche begehren Sie?" rief ich verwirrt;
„sodern Sie keine Feierlichkeiten, denn dazu
„haben wir nicht Zeit."

— Sie sah mich mit unbeschreiblicher Wehmut an. „Herr Feind," sagte sie, „wer Sie
„kennt, weiß, daß Sie (ich glaube, aus Grund-
„säzen einer schönen Erziehung, oder aus Na-
„tionalstolz) ungewönlich über Ihrer Ehre
„hälten: können Sie mir auf Ehre versichern,
„daß Sie ein Christ sind?"

— Dies hies, mich auf der einzigen Seite,
wo ich noch Gefühl hatte, angreifen. Ich küff-
te ihre Hand: „Mademoiselle, gönnen Sie mir
„einige Augenblike Bedenkzeit, für meine Ant-
„wort."

— Ich ging, aus dem Gartenhause, in ein
Gebüsch.

Mein Herz ward hier zerrissen, aber nicht
von Reue, nicht von Sehnsucht, nach der Rükkehr zu Gott: sondern von wilden Empfindungen, deren wildeste zulezt den Sieg erhielt. Ich
beschlos, Christinen zu sagen: „sie säh, daß die
„Ehre mir über alles geh. Ich sei zu sehr ein
„Mann von Ehre, als daß ich, bei diesem mei-
„nem theuersten Kleinode, beschwören wolle,
„das Christentum anzunehmen. Ein jeder An-
„drer würde kein Bedenken tragen, durch Ver-
„pfändung desselben sich in den Besiz einer sol-
„chen Person zu sezen: es sei also wol unläug-
„bar, daß sie mir durchaus trauen könne, zumal
„da

„da ich dies hohe Pfand ihr ganz gern zur Ver-
„sicherung anböte, daß ich Sie in Befolgung
„ihrer Meinungen niemals stören wolle.“

Mit diesem Entschlus ging ich aus dem Gebüsch, wo ich in der That über eine Stunde zugebracht hatte, und überlies mich in Absicht alles übrigen der Hofnung, daß es bei der damaligen vorzüglichgrossen Annehmlichkeit meiner
Person, und bei glüklichem Gebrauch der französischen Sprache, welche sie bis zur Schwärmerei liebte, und deren feinsten Accent ich mir
eigengemacht hatte, leicht seyn müsse, ein so
ganz für mich eingenomnes Herz ganz zu über-
wältigen. Sehr viel versprach ich mir auch von
den bescheidnen Liebkosungen, die ich wagen wolte. — Indem ich in Eine Thür des Garten-
hauses trat, näherte Christinens Magd sich der
andern, um mir diesen Zettel zu geben.

„Nicht ein weibliches Erschreken, sondern
„ein Grauen, welches meine ganze Natur
„fühlt, entfernt mich von Ihnen — und
„auf immer. Sie können bei so dringenden
„Auffoderungen, und (mit Dank gegen den
„Gott, der meine Gestalt gebildet hat, sage
„ich es) bei Anlässen, deren Stärke Sie
„fühlten — da können Sie sich bedenken,
„ob Sie ein Christ werden wollen? Hätten
„Sie weniger Verstand, weniger Gelehrsam-
„keit,

»keit, und weniger Güte des Herzens: so
»würden Sie jezt mir minderabscheulich seyn:
»so aber haben Sie alzuviel Verschanzungen
»überstiegen, als daß Sie nicht, wie die
»Schrift sagt, aus Ihrer eignen Vestung
»entfallen, und nun des Mitleids unwerth
»seyn solten. — Suchen Sie mich nicht auf:
»ich bin in Sicherheit, in meines Vaters
»Hause — das heißt, im fürchterlichen Ab=
»grunde, der aber jezt mir nicht mehr fürch=
»terlich ist. Ihre Sachen werden Sie, mit
»meinem Pettschaft versiegelt, im Hause des
»Oberteichinspectors finden. Haben Sie
»noch einige Ihnen wahr scheinende, Ehre;
»so richten Sie mich nicht zu grunde, durch
»unedle Bekanntmachung meines Namens.
»Christine.«

Ich war jezt so wütend, daß ich der Magd
ins Gesicht schlagen wolte: aber sie entwischte;
ich wolte ihr einen Fluch nachschiken: aber diese
Narrheit begieng ich nicht, weil ich über mich
selbst zu lachen anfing.

Fort=

Fortsezung.

*Vt vetus gubernator, littora, et portus, et quas
tempestatum signa, quid secundis flatibus, quid ad-
versis ratis poscat, docebit.*

QVINT.

Ich ging, meine Sachen am angezeigten Ort
abzuholen: aber gleich nach der ersten Aufnahme gewann dieser Mann mich so lieb, (denn
ich war jezt in demjenigen Alter, wo man viel
leichter, als jemals nachher, gefallen kan *)
daß ich in seinem Hause bleiben muste. Ich erzälte ihm meine lezte Begebenheit, so gut ich konte; ohne lügen (denn von dieser Bosheit, und
von jeder Art der Befriedigung sinnlicher Lust
ist mein Herz immer frei geblieben) aber freilig
konnte ich, nur durch künstliche Verschweigungen, dieser Geschichte das Nachtheilige beneh-
men.

Jezt ging mirs ausnehmend wohl: ich hatte
hinlängliche Einnahme, und Freiheit, Vorlesungen der hiesigen Lehrer zu hören. Ich war
nun ernsthaftgenug und gleichförmiggenug beschäftigt, um Christinen vergessen zu können,
die ich auch niemals zu sehn Gelegenheit hatte.

Mei-

---

*) Und wie weibisch ists, wenn ein Mann sich nicht
drein finden kan, daß diese seine Epoche verging.

Meinen Wohlthäter sah ich nur des Morgens
beim The, ging dann aus, und kam nie vor
zehn Uhr abends nach hause.

Einst da ein ungestümer Abend mich früher
nach hause trieb, ward ich zum Abendessen gebeten, und fand die Hausgesellschaft schon am
Tisch. Ich hatte wol gemerkt, daß mein Wirth
ein vortreflicher Mann war; heute fand ich das
mehr, als jemals. Nach dem Essen sagte er mir
leise: „Ich bemerke, Herr Feind, daß Sie in
„keine Kirche gehn; doch da ich finde, daß Sie
„wol kein Verächter der Religion seyn können:
„so sind Sie vermutlich nur ein Separatist; ich
„werde Sie dann hoffentlich nicht ärgern, wenn
„ich es mit den Meinigen so halte, wie ichs ge-
„wohnt bin.‟

— Ich konnte nur durch eine Verbeugung
antworten; denn schon standen alle mit gefaltnen
Händen. Er betete; auf mich hatte nichts in
seinem Gebet Beziehung: aber diese Handlung
war mir unerträglichverhaßt. Er hatte mir
während dem Essen die Verfertigung einer Anzahl Modelle von Schleusen, Wehren und Brü-
ken aufgetragen, und mir eine ansehnliche Bezalung, und seinen Tisch, angeboten. Ich hatte
beides angenommen. Wärend dem Gebet bereute ich dies, weil ich der Erbitterung, welche
durch diese Andacht in mir gewirkt ward, mich
nicht gern öfter aussezen wolte: aber ich konnte
nicht mehr zurükziehn; ich fühlte überdem die
Noth-

Nothwendigkeit, auf die Sammlung einiger
Baarschaft jezt zu denken.

Bei diesem Gebet muste ich forthin alle Abend
gegenwärtig seyn. Es war immer (wenn ich
vom Gebet so reden dürfte) ein Meisterstük
der heiligen Beredtsamkeit; sanft, und doch voll
ausserordentlicher Erhebung; feurig, und doch
ganz in der Denkungsart der heiligen Verfasser,
folglich sehr edel, und (wie ich jezt sagen kan)
sehr gründlich. Oft ris mich die Reinigkeit der
Liebe zu Gott, die diesen Mann beherrschte,
sanft hin; oft rührte mich seine tiefe Demut,
sein zarter Dank, und die Stärke des Glau-
bens, so, wie das sehr Angelegentliche in seiner
täglichen Fürbitte für alle Menschen, die er ie-
desmal nach andern Classen in sein Andenken
vor Gott nahm: *) aber plözlich verhärtete
dann die unmenschliche Bitterkeit, die ich immer
stärker fühlte, mein Herz.

Endlich, da ich, dieses mir so unleidlichen
Frohndienfts ganz müde, mich einst schlafen legte, fiel ich drauf: „als Philosoph zu untersu-
„chen: wodurch diese unwiderstehliche Bitter-
„keit eigentlich erregt würde?“ Diese Untersuchung,

---

*) So war jedes Abendgebet des sel. Herrn B. W***
in Berlin. Wer je sein Zuhörer war, wirds wol
nie vergessen — wird wol nie begreifen können, wie
die Verfasser des Sebaldus Nothanker die Asche
dieses Manns den Bübereien preis geben konnten.

VI Theil.   E

suchung, aus welcher ich, zu meiner Befremdung gar kein Resultat erhielt, vertrieb den
Schlaf. Ich kleidete mich an, und las bis zum
Morgen eine giftige Schrift, in welcher die christliche Religion kurz abgefertigt, aber die Lehre
von der Erlösung mit soviel Spott, Grimm
und Schadenfreude verworfen ward, daß ich
mir gestehn muste, von dieser Art noch nichts
gelesen, wenigstens nichts ähnlichs bis zu diesem Grade getrieben gesehn zu haben. *)

Ich schlug das Buch zu, und ging an meine
Geschäfte, aber bis zur Betäubung voll, von
diesen Gedanken.

Ich hatte diesen Nachmittag Muhsse, und las
dasselbe Buch noch einmal, und mit mehr Theilnehmen, als ich sonst je bei ähnlichen Schriften gemerkt hatte. Es war mir noch einestheils gewönlich, ein aufmerksamer Beobachter
meiner selbst zu seyn. Ich sann also nach, warum dieses Buch mich mehr fesselte, als andre?
und kam nach langem Nachdenken drauf, „es
„müsse zwischen der Denkungsart des Verfassers,
„und zwischen der meinigen etwas gleichförmi-
„ges seyn.“ — Dies suchte ich nun, und fand
nichts gleichförmiges, sondern grosse Verschie-
denheiten: der Spott war sehr ungesittet, die
Trug-

*) Denn damals war man noch nicht drauf gefallen,
neueste Offenbarungen Gottes zu schreiben.

Trugschlüsse nicht genug vermieden, die Einwürfe übertrieben, Thatsachen geläugnet — und bei allem Scharfsinn herschte doch überall eine Seichtigkeit, die iezt mehr, als bei der ersten Lesung, mir in die Augen fiel.

»Was ist denn« sagte ich endlich ungeduldig zu »mir selbst, »das Band, welches zween so ver» »schiedne Geister hier bindet?« und in demselben Augenblik ward ich es gewar: es war der Has gegen die Person des Erlösers.

Diese Entdekung, ich gesteh es, hatte für mich etwas Befremdendes, welches ich wol nicht beschreiben kan: aber schreklich war sie mir nicht; o! sie führte vielmehr eine Art der Genugthuung bei sich: doch nahm ich mir vor, »in »der Untersuchung weiter zu gehn, und zu be» »stimmen, woher dieser Has komme, von wel» »chem ich mir nicht Rechenschaft geben konnte, »obwol ich sah, daß er bei mir und meinem »Verfasser das Vorstechende war.«

Diesen Abend war mir das Gebet meines Wirths unerträglich.

Der folgende Tag war ein Sonntag. Ich wandte ihn zu der beschlossnen Untersuchung an, in dem vesten Vorsaz, »alsdann wider das Chri» »stentum zu schreiben,« welches ich noch nie gethan hatte. Oeffentlich wolte ich iezt schreiben, wenn ich nur erst das Dunkle dieses grimmigen Hasses gegen die Person des Erlösers helle genug gesehn haben würde, um diese Gesin-

E 2   nung,

nung, von welcher ich nun einſah, daß ſie ſchon
ſehr lange meine Hauptgeſinnung geweſen war,
vor aller Welt rechtfertigen zu können. — Wie
glüklich, theuerſte Mutter, iſt für mich, und
für diejenigen, für welche ich einſt ſchreiben
werde, dieſe entſezliche Unternehmung gewandt
worden!

Ich ſtrengte vergebens allen meinen Scharf-
ſinn an, bis er ſtumpf ward. Was ich fand,
und mit Müh fand, ſchien mir zu klein, als daß
ich auf dem Wege meiner Unterſuchungen, es
hätte zum Wegweiſer für den übrigen Theil des
Wegs aufſtellen, oder zum Denkmal ſezen können, ich ſei ſchon bis hieher geweſen. — Ich
merke, daß ich hier wol kaum deutlich genug das
ſagen kan, was in mir vorging; genug, ich
ſchämte mich vor mir ſelbſt, bei ſo fleiſſigfortge-
ſeztem Studieren mich jezt zum zweiten mal ſo
unfähig zu finden.

Ich muſte jezt zum Abendeſſen gehn. In
unſrer Geſellſchaft befand ſich heut ein Kind
von drei Jahren. Mein Wirth hatte den
Grundſaz, „man müſſe in Gegenwart eines ſo
„kleinen Kinds nie laut beten;“ ich war alſo
ſicher, daß das Gebet heute, wie im Beiſeyn
dieſes Kinds immer geſchah, wegfallen würde.
Dies machte, daß ich ganz ohne Zwang bei ti-
ſche ſeyn konnte; es brachte mich auf den Einfall, zu erforſchen, „was dieſer Mann für eine
„Urſache da finden würde, wo ich heute verge-
„bens

„bens eine gesucht hatte?" Heute lies ich mich also zum erstenmal in eine die christliche Religion betreffende, Unterredung ein; denn bisher hatte ich aus Achtung gegen ihn, und aus Sorge für meinen Glüksstand, nie theilgenommen, wenn so etwas vorgefallen war.

Er konnte seine Bestürzung nicht bergen, obwol er sie nicht wörtlich bezeugte; doch kamen wir bald so weit, daß ich ihm sagen konnte: „ich wünschte wol zu erfaren, woher es komme, „daß die Schriftspötter bei einer allgemeinen „Widrigkeit gegen die geoffenbarte Religion doch „ganz vorzüglich und mehr als alles andre, die „Lehre von der Erlösung bestritten?"

Er antwortete mir geschwind: „Meine Neu„gier geht noch weiter. Gesezt diese Lehre sei „falsch, und die Person des Mittlers erdichtet, „oder etwas noch ärgers: so weis ich nicht, „warum man beide nicht so behandelt, als Mu„hammets Lehre, und den Propheten selbst, als „das Goldmachen und den Erfinder desselben, „als das Judenthum und Moses? Diejenigen, „die sich für klüger halten, als den Mahomet, „Trismegist und Moses, verlachen ihre „Lehre und ihre Person. Das äusserste, was „sie thun, (und was wol eigentlich nur den „Moses trift) ist ein beissender Spott. War„um gehn nun die Feinde der Religion so un„mässig weiter, und warum erbittern sie sich so „gegen die Person des Erlösers? warum ver-

E 3

„spot-

„spotten sie ihn so unsäglich hämisch? warum
„lästern sie ihn so unmenschlich? warum geht
„ihr Grimm so weit, daß die bloße Erwänung
„seines Namens, daß ein Blik auf seine rüh-
„rende Gestalt am Kreuz sie oft beinah rasend
„macht? warum das alles, da doch, aufs we-
„nigste gesagt, sein moralischer Character der
„allerwohlthätigste ist? Sagen Sie mir, wel-
„che Analogie treffen Sie in der Natur für
„diese fremde Erscheinung an? und wenn Sie
„keine finden: ist sie denn natürlich? das heißt,
„kan ein Mensch, als Mensch drauf fallen, so-
„viel Grimm gegen einen, wenigstens Unschul-
„digen, zu fassen?‟

Ich fühlte, theuerste Mutter, daß dies, und
besonders der Gedanke der drei lezten Fragen,
mein Herz von allen Seiten ergrif, und mich
desto stärker durchdrang, je weniger ich in meinen heutigen Untersuchungen bis dahin gekommen war.

Er merkte es, und es schien: er bemerke es
mit Freuden. „Lassen Sie uns sezen,‟ fuhr er
fort, „es scheine (aus welchen Gründen weis
„ich in der That nicht) einem Freigeist unmög-
„lich, daß es Teufel giebt: so frage ich, woher
„komt denn diese Erscheinung, von welcher Er,
„wie Sie und ich, gestehn mus, sie widerspre-
„che aller Analogie, und sei also nicht natür-
„lich? Er wird nun gestehn, daß ein böserer
„Geist, als die menschliche Sele, daseyn mus,
„weil

»weil die Sele diese Erscheinung hat, die nicht
»aus ihr selbst kommen kan, und doch aus ir-
»gend einem Verhältnis gegen ein andres We-
»sen, das kan nur heissen: aus der Wirkung
»irgendeines Geists, kommen mus.   Nehmen
»Sie diesen Has gegen die Person des Mittlers
»als ein Stük aus dem Character dieses frem-
»den Geists an; giebts einen Gott: so kan die-
»ser Character nicht der ursprüngliche dieses
»fremden Geists seyn: er war also einst besser.
»Solte es nicht heraus zu bringen seyn, wen
»er als die Ursache seines Falls ansieht? ohne
»Zweifel denjenigen, gegen welchen er seinen
»Has zeigt und verbreitet: die Person des
»Erlösers.   Ich glaube, diese Hypothese dürf-
»te nicht höher getrieben werden, wenn es der
»Offenbarung zuwider wäre, zu fragen: ob
»nicht der Teufel unter den Geistern einer der
»obersten war? das heisst: ob er nicht die höch-
»ste Freiheit hatte? ob er nicht das Verhältnis
»des Erlösers in der Gottheit, gewust, oder
»erfaren haben kan? ob er nicht erst Neid, und
»dann Empörung gezeigt haben kan? ob also
»(ich will alle hier noch zwischen zu sezende
»Fragen Ihrem Scharfsinn überlassen:) ob al-
»so nicht die Muth, die unter seinem Einflus
»(welchen man ihm und unsrer Sele, als Gei-
»stern, doch wol nicht absprechen kan) gegen
»die Person des Erlösers sich zeigt, in der
»That ein Beweis für das Seyn des Erlö-
E 4   »sers,

„fers, mithin für die Warheit seiner Lehre
„ist?“ Er erklärte sich über diese Meinung
deutlicher, aber mit wenigen Worten, und
brach dann diese Unterredung ab, indem er
sagte: „ich rede immer ungern von Religions-
„sachen mit Männern, die mehr Philosophische
„Gelehrsamkeit haben, als ich; denn ich schä-
„me mich, ihnen das sagen zu müssen, was Men-
„schen ihres Standes wissen, und was sie selbst
„oft andre lehren.“ — Wir standen hier vom
Tisch auf und trennten uns.

Fortsezung.

In meinem Gemüth herschte von dieser Stunde an eine Unruh, welcher ich nicht loswerden konnte. Ich war bei der Empfindung
derselben so ungewönlich ernsthaft, daß es mir
nicht einfiel, Zerstreuung zu suchen; ja ich
glaubte sogar eine dunkle Ahndung zu haben,
daß ich die Eindrüke dieser lezten Unterredung
und derjenigen Untersuchungen, durch welche
sie war veranlaßt worden, nie verlieren würde.
Weiter hatten sie mich zwar nicht geführt: aber
das ist wahr, daß ich jezt ein Grauen empfand,
so oft ich auf einen Gedanken traf, der die Erlösung oder ihren Urheber, angrif.

Ich

... Ich beschlos nach Verlauf einiger Tage, diesen Gegenstand forthin ganz zu übergehn, sowie ich das immer in Absicht auf dasjenige gethan hatte, was in andern Wissenschaften mir unergründlich schien. Ich hielt zwar das, was mein Wirth mir gesagt hatte, damals wie jezt, nur für Hypothese: aber das blieb doch immer wahr, daß dasjenige, was man sonst noch als den Grund des Hasses gegen die Person des Erlösers angeben könnte, der Stolz, eine vielzuspäte Folge böser Grundsäze ist, als daß er etwas so unnatürlichs, als Erste Ursach, hervorbringen könnte.

Jezt geschah es einst, daß ich an einem Tage, auf welchen ich mich, als auf einen Ruhtag gefreuet hatte, sehr früh in meinem Fenster sas. Die Aussicht dieses Zimmers war unvergleichlich. Mein Frühstük bestand aus einem Thee von seltner Güte; und einer Pfeiffe Canaster, dessen Balsam alle meine Lebensgeister wekte. Meine Kleidung war bequem und schön, und der Aufpuz meines Zimmers im schönsten Geschmak. Aus allen diesen Gegenständen entstand ein Gefühl meiner Sinnlichkeit, das sanft genug war, um an die wirklichselischen Freuden zu gränzen: kurz, ich fühlte in allen Seiten der feinsten Empfänglichkeit, daß ich glüklich war. — „Aber „die Gesundheit,“ sagte ich, auf einmal zu mir selbst, „ist doch bei diesem allen mein höchstes „Gut!“ Ich sagte und dachte dies so lebhaft,

E 5   daß

daß ich über mich selbst erstaunte. Mit jedem
Blik auf die vor mir liegende Landschaft, und
auf mein Zimmer, und mit jedem freien Odem-
zuge schwoll meine Brust auf; und mein Herz
hob sich immer mehr. Es entstand eine so ver-
mischte, und doch so anhaltendzunehmende, Rührung in mir, daß Thränen aus meinen Augen
fielen. Alles, was in meiner Natur reiner Empfindungen fähig war, regte sich; und mein ganzer Zustand ward immer mehr und mehr eine
überaus feierliche Erhebung zu Gott. Ich
schob mein Tischgen zurük, und warf in meinem
niedrigen Fenster mich auf meine Knie. — Was
ich hier sagte, das werden Sie in meinen Papieren finden; genug die höchste Lebhaftigkeit
meines Danks für meine jezige so vollkommne
Gesundheit gos ein Feuer in alle meine Selen-
kräfte. Die ganze Reih von Wohlthaten, die
ich nachher genossen hatte; das gegenwärtige
Glük meiner ganzen Lage, zu welchem ich sie vereinigt sah; die Reue über meine bisherige Undankbarkeit, indem ich mit Schreken, und mit
einer fast sinnlichen Empfindung des Schmer-
zens, mir vorwarf, daß ich bisher nicht einmal
einen Gedanken des Danks gehabt hatte; die
Prüfung der Thaten, zu welchen ich meine Gesundheit bisher angewandt hatte; der Abscheu,
mit dem meine Gleichgültigkeit, mein Leichtsinn,
meine Lieblosigkeit, und die ganze Summe meiner elenden Handlungen, sich mir darstellte;
das

das alles erfüllte mein, bis dahin freches und hochmüthigs, Herz, mit Furcht und Demut, indem an der andern Seite eine, freilig sehr entfernte, Hofnung und eine Art des Zutrauens sich äufferte, die ich so sehr gern mir eigen gemacht hätte. Ich betete, dann ohne Worte, dann mit lauten (aber weil ich hoch und abgesondert wohnte, unten unhörbaren) Worten; eifrig, und doch ohn Enthusiasmus, ja ohn irgendeine Ausrufung, auffer im Anfange, da die Freude, gesund zu seyn, mir zu stark ward. Zulezt verstummte ich. Nicht Reue, daß ich kein Christ sei (denn an das Christentum dachte ich noch nicht, glaube auch jezt nicht, daß ich schon dran denken konnte) sondern Reue, daß ich kein Mensch gewesen war: das wars, was die ganze Erhebung meines Gemüths unter einer Last von Traurigkeit niederschlug, und meinen Mund verschloß.

Diese Traurigkeit verlies mich nicht wieder; sie nahm noch an eben diesem Tage merklich zu: aber so schmerzlich sie war, so empfand ich doch, „daß sie von dem bittern Unmuth jeder „andern Art des Grams nichts hatte.“ Wenigstens war nichts feindseligs gegen die Menschen in dieser Betrübnis: „dagegen aber wand„te sich mein ganzer Unwillen gegen mich selbst,“ und ich fühlte, daß ich das verdiente.

Gleichwol waren die folgenden Veränderungen in meiner Gemüthsfassung schneller, als sie
vielleicht

vielleicht bei andern sind. Die demütige Beschämung blieb; ja sie nahm zu, und gab mir
ein äusserstfeines Gefühl des Wohlthuenden in
allen, auch den kleinsten, Erleichterungen des
Lebens: aber täglich ward mir der Gedanke
peinlicher, "du bist auch des allergeringsten nicht
"werth!" — Es kan Schwärmerei zu sehn
scheinen: aber ich weis, jezt wie damals, gewis,
es war nicht Schwärmerei, daß ich ein köstlichs
Glas Wein, mit Thränen, über dem Gedanken
niedersezte: "je suis un usurpateur!" *)

Indessen blieb meine Gesundheit stark: aber
fast bei jedem motus vitalis dachte ich an meine
lezte Krankheit; und dann schlug mich eben so
oft der Gedanke zu boden: "Es ist wol nicht
"möglich, daß diese Gesundheit noch lange dauern
"solte!" — So unaufhörlich auch mein stilles
Trauern war: so mächtig war doch die Sehnsucht, nur irgendeinmal wieder zu beten: nur
die scheue Furcht vor Gott, und die Gewisheit,
daß ich ihm im äussersten Grade misfällig war,
widerstanden allen diesen Erhebungen des Herzens — auch den plözlichsten, so, daß ich kaum
seufzen konte.

Ich ward es endlich müde, so unaufhörlich
zurükgestossen zu werden, zumal da auch der reb-
lichste Fleis, in dem, was gute Werke genant
wird, mich nicht tröstete; denn je mehr ich gutes that, z. B. meinen Arbeitern alles erleich-
terte,

*) d, h. "Ich würde das mit Unrecht an mich reissen!"

terte, die Bekümmerten tröstete, den Leidenden
thätlich half, in meinen Geschäften übermässig
viel leistete: desto mehr fühlte ich, daß das seit
meinen Kinderjahren meine Pflicht, meine beinah niemals geachtete Pflicht, gewesen war.

In diesem bangen Ueberdruß fing ich etwas
an, was ich, weil ich mir nicht traute, bisher
nicht gewagt hatte: ich las die heilige Schrift.
Ich ward hiezu nicht durch einen merklichen Trieb
gedrungen; sondern die Veranlassung dazu war,
daß ich mich von ungefehr auf einen Brief besann, welchen Sie, theuerste Mutter, als ich
noch in Schweden war, mir schrieben, und in
welchem Sie Klagen, die das Herz zerreissen,
mit der Stelle Ps. 119, 92. schlossen. „Die
„Schrift,“ sagte ich, „sei was sie wolle; hat sie
„für meine Mutter Trost gehabt; so hat sie viel-
„leicht auch Trost für ihren unglüklichen, von
„Gott entfallnen, Sohn.“ Ich hatte Ihre
kleine Handbibel. Es war natürlich, daß ich
beim Aufschlagen derselben auf Stellen treffen
muste, welche Sie unterstrichen hatten, wenn
Sie in Stunden der Schwermut durch dieselben
getröstet worden waren. Dies waren durchaus
evangelische Stellen: aber ich überschlug sie,
weil sie mich zu derjenigen Untersuchung zurük-
wiesen, welcher, wie ich jezt gesagt habe, ich
sorgfältig auswich, indem das Evangelium mir
eben so dunkel war, als der erwähnte Has gegen alles, was dahin gehört.

Ich

Ich hatte in grosser Schwermut das Buch einigemal zugeschlagen, und wolte jezt (o! ich weis noch, mit welcher Verzweiflung) es zulezt weglegen, als mir die von Ihnen starkausgezeichnete Stelle 2 Cor. 4: 3, 4. in die Augen fiel. Sie schrekte — sie erschütterte mich: aber sie erinnerte mich aufs allergegenwärtigste an eine Rede, welche der oberste meiner Lehrer zu Klosterbergen über diese Worte gehalten hatte. —

❋   ❋   ❋

Hier übergeh ich sehr viel, und bezieh mich auf meine Papiere. Das sei genug, daß ich von nun an täglich mehr einsah, theils wie unbegreiflich blind ich gewesen war, theils wie boshaft ich mich vom Licht weggewandt hatte. Ich fing die Untersuchung alles dessen aufs neue an, was uns in Absicht der Person des Erlösers offenbart ist; und da meine Untersuchung jezt wenigstens so ernstlich war, als meine wissenschaftlichen Untersuchungen es bisher gewesen waren; da überdem durch die äusserstprüfende Lesung der Tolandschen und Collinschen Werke, zu welcher ich mich jezt noch einmal gezwungen hatte, ein starker Ekel gegen jene hämischen Verdrehungen der Lehre in mir entstanden war; da endlich die Reue über mein bisherigs Betragen theils einen unüberwindlichen Has gegen alles Böse in mir gewirkt, theils meine unabläßige Unruh eine sehr innige
Sehn-

Sehnsucht nach einigem Frieden des Herzens in mir regegemacht hatte: so las ich die Lebens-geschichte des Mittlers mit sehr gesammletem Gemüth, und zulezt mit einer (mir anfangs nicht sehr merklichen, aber endlich) wehmüti-gen Anrufung Gottes.

Mein Gemüth ward, jemehr ich dies fortsez-te, immer stärker mit einem Gram erfüllt, der etwas sanftes hatte, welches ich sehr genau, aber mit sehr langsamen Erfolg, untersuchte, und wovon ich zulezt fand, daß es »eine ehrfurcht-»volle Abhänglichkeit an die Person des Erlösers, »Bewunderung desselben« — aber zugleich eine scheue und sehr niederdrükende Wiederholung des Gedankens war: »ich habe kein Theil an »ihm!«

Ich kam, früher als man es aus diesen An-lagen erwarten könnte, zu der vesten, aber un-tröstlichbekümmernden, Ueberzeugung: »daß es »durchaus nicht bei mir steh, das Misfallen »Gottes zu heben, welches ich aufs allerdeut-»lichste, und mit durchausunsäglicher Reue, ge-»warward.«

Bis soweit hatte ich kommen müssen; was nun noch in mir vorging, nun, da alle meine Verschanzungen einstürzten, und ich selbst, mit ganz stillem, aber starkem, Eifer, sie vollends niederris, das können Sie sich leicht vorstellen; Sie werden auch leicht einsehn, daß ich das nur in vielen Bogen, und dann doch nur sehr un-

voll-

vollständig, beschreiben kan. Die Hauptsache
war, daß ich »mit eben soviel philosophischer
»Schärfe, als innerer, grauenvoller Empfindung«
sah, daß die Bitterkeit gegen das Evangelium,
ganz gewiß weniger durch meinen Stolz, als
durch eine fremde, unselige Gewalt in mir entstanden, und durch die abscheulichen Schriften
genährt war, welche ich so begierig gelesen hatte.
Das Lesen der »heiligsten Biographie,« deren
ganzer Inhalt Ap. Gesch. 10, 38. so schön gefaßt
wird, erfüllte mein Herz mit dem sehnlichsten
Verlangen, nach der vollen Freudigkeit das
Evangelium anzunehmen: und »die Empfindung
»meiner innern Bedürfnisse, verbunden mit einer
»nochmaligen Prüfung der Anfänge der christli-
»chen Kirchengeschichte,« vermehrte täglich diesen
Trieb. Ueberzeugt war ich, so stark als ein
Mensch, welcher bei einer scharfen Untersuchung
ehrlich seyn will, nur je überzeugt seyn kan: was
ich aber jezt sagen will, weis ich nicht zu erklären: »ich scheute mich, mit meinem Hauswirth
»von demjenigen zu reden, was in mir vorging,
»obwol sein Abendgebet dasjenige war, was
»meinen Bemühungen, zur Erkentnis zu kommen,
»immer neues Leben, und meinen guten Entschlüssen
»neue Thätigkeit gegeben hätte.« Und doch war
mein Herz zu voll! ich merkte, daß ich jemand
haben müste, mit welchem ich meine Bekümmernisse theilen könnte. Ich erfur, daß Christine
Mittel gefunden hatte, sich noch einige Freiheit
zu

zu erhalten. Ich schrieb an sie: ich bat sie
„dem zu vergeben, welcher im wahren Ernst
„bei Gott Vergebung suchte, und daß sie mir
„eine Zusammenkunft erlauben möchte, von wel-
„cher sie sich im Voraus versichern müsse, daß
„sie Angelegenheiten beträfe, welche ihrem christ-
„lichen Herzen immer, so wie jezt mir selbst,
„die wichtigsten wären.“

„ — Sie antwortete mir erst nach Verlauf einiger Tage: „ich würde selbst gestehn, daß
„nach demjenigen was vorgefallen wäre, es ihr
„zu schwer wäre, sich mit mir zu unterreden:
„sie verwiese mich auf den Aufsaz, den sie mir
„gegeben hätte, indem sie von derjenigen Ange-
„legenheit, von welcher ich rede, mir nichts an-
„ders sagen könne, als was sie schriftlich mir
„gesagt habe.“ Sie schlos mit einigen herzli-
chen, aber sehr ernsthaften, Wünschen für die
Rettung meiner Sele.

Ich sah, daß sie nicht anders verfaren konnte, und suchte nun ihren Aufsaz in allen meinen
Papieren: aber vergebens. — Daß in dieser
so ganz veränderten Lage, mein Herz von der
Liebe zu diesem vortreflichen Frauenzimmer frei
war, das können Sie leicht ermessen: das aber
kan ich nicht bergen, daß bei der erst erhöhten, und
jezt getäuschten, Hofnung, eine so wichtige
Schrift zu finden, der Wunsch, sie zu sprechen,
sehr heftig ward, und daß er sich in ein ge-
heimes Verlangen verwandelte, mit einer Ehr-

VI. Theil.   F   stinn,

Sinn, die so beständig sich gleich blieb, auf
immer verbunden zu seyn. — Ich schrieb
noch einmal an sie; ich hoffe, daß ich von diesem lezten Umstande nichts erwähnt habe:
das aber weiß ich; daß ich, sehr dringend, sie
bat, „den Aufsaz, der vermutlich in ihrem Hause
„geblieben sei, mir zu schiken."

Auf diesen Brief habe ich nie Antwort erhalten. — Dies ging mir nah: aber in der
Hauptsache lies ich mich nicht stören, und,
„von Gott selbst unterstüzt, und nun genug er-
„weicht, um mich meinem treuen Freunde, oh-
„ne Zurükhaltung, zu entdeken, kam ich zum
„frölichsten Bekenntnis des Evangelii. Dies
„alles läßt hier sich nicht sagen.

* * *

Schon lange hatte ich den Entschlus befolgt,
mich ausschliessend der Gottesgelahrheit zu wiedm-
en; ich hörte in diesem Zwek die besten Vorlesungen: aber ich merkte, daß die holländischen Gelehrten, bei aller, ihnen vorzüglich eignen, Stärke in den Sprachen, und in der
heiligen Critic, doch in der Auslegungskunst,
das nicht leisteten, was ich suchte. Mein Fleis,
und die grosmüthige Bezalung der Beiträge, die
ich zu Marins vortreflichem Wörterbuch lie-
ferte, sezten mich in den Stand, nach England
zu gehn, um, nicht zu meiner Ueberzeugung,
sondern

sondern zu meiner Bevestigung, die Stüzen der
Religion da kennen zu lernen, wo sie, in so tiefen Untergrabungen, umsonst angegriffen ist.
Eben so stark reizte mich auch die gegründete Erwartung, daselbst mehr thätiges Christentum
und Andacht zu finden. Indem ich mit Ein-
paken beschäftigt war, fand ich Christinens Aufsaz unter meinen Papieren. Mit welcher Aem-
sigkeit las ich ihn! Er war ein Meisterstük des
Scharfsinns, und des Eifers für die gute Sache. Der Vortrag war der einzige seiner Art,
und die Sprache des Herzens erhöhte die Gewalt, die ohnhin durch die ganze Schrift herrschte.
Ich hatte aus dieser Lesung allen Segen, der
davon zu erwarten war, und diesen in desto
grösserm Mahs, je empfindlicher ich es bereute,
diese Bogen nicht eher gelesen zu haben. Sie
sollen von diesem allen einst selbst urteilen.*)

Dies beschäftigte mich einige Tage. Nachdem ich jezt, aus vollem Herzen, an Christinen
geschrieben, aber wieder keine Antwort erhalten
hatte, reisete ich ab.

Ich ging nach Oxfort, über London.
Ganz ausserordentlich mißfiel mir London. Ich
hatte das Laster, in seinen häslichsten Auftrit-
ten, hie und da gesehn; und was ich nicht gesehn hatte, das hatte meine Sele, als sie noch

F 2   alle

*) Wir werden diese Bogen in der versprochnen Schrift
liefern.

alle ihre Kräfte wider Gott wandte, mit un-
seliger Fertigkeit, sich vorstellen können: aber
die Zügellosigkeit dieser, schon seit Jahrhunder-
ten losgeketteten, Stadt, erfüllte mich mit
Grauen!

Gedrungen, durch ein starkes Verlangen,
nach der nächsten Vereinigung mit wahren Christen, meldete ich mich bei dem lutherischen Prediger zum Abendmal. Stellen Sie sich selbst
vor, wie die Zubereitung zu dieser grössesten,
aller heiligen Handlungen, seyn musste, da ich,
in so vielen Jahren, ein Verstoaner gewesen
war!

Zwo grosse Störungen, durch welche ich vorher durchbrechen musste, bekümmerten mich aufs
äusserste. Ich verlor mein ganzes Geld, bis,
auf einige Gulden, bei einem Brande, in welchem ich mein Haus antraf, als ich abends zu
hause kam, indem ich zwar den grössesten Theil
meiner Sachen, aber nicht eine Weste rettete,
in welcher ich, durch einen unvermeidlichen Zufall, mein Gold hatte! — Ich hatte dies
beinah verschmerzt, als in der lezten Hälfte dieser mir so wichtigen Woche, unter Umschlag an
mich, dreissig Ducaten einliefen. Die Hand der
Aufschrift war verstellt: aber sie war es nicht
genug, um nicht die edelmütige Christine zu verraten. — Ich konnte nicht antworten; denn
ich sah keine Möglichkeit, einen Brief sicher in
ihre Hände zu bringen, da ich meine Bekandtschaft

schaft mit ihr durchaus verschwiegen hatte; ich weis auch nicht, wie sie meine Wohnung hatte erfaren können?

So sehnlich mein Verlangen nach der Handlung war, welche ich vorhatte: so sah ich doch, bestürmt, erst von Kummer, und jezt von Freude, in beiden Fällen, von entkräftender Zerstreuung, mich genöthigt, dieselbe aufzuschieben; ich weis auch nicht, „ob man auf die menschliche „Schwachheit, und die Heiligkeit dieser Sache, „genug Rüksicht zeigt, wenn man, wie doch so „gewönlich geschieht, sich hierüber ein Urteil anmahsst?“

Nun kam dieser Tag, auf welchen ich mich gefreut hatte — Sie wissen, daß ich hievon nichts sagen kan. —

Indem ich nach meiner Stelle in der Kirche zurük ging, redete ein Mann mich an, der neben mir gewesen war, und welchen ich nicht bemerkt hatte. Es ist mir nicht möglich, Ihnen die süsse Freude zu beschreiben, mit welcher ich sah, daß es der alte würdige Mann war, den ich auf Herrn Leff** Zimmer kennen gelernt hatte. *)

Er konnte, vor Empfindung, mich, den Verlornen, beim feierlichsten Bekenntnis des Christentums, neben sich gesehn zu haben, nichts, als weinen. „Unsre Umarmung,“ sagte er, lateinisch, weil er nicht wuste, aus welchem Lande ich war, „würde wol keine Störung

F 3 „seyn:

*) S. 13.

»seyn: aber laſſen Sie uns ſolche bis auf die-
»ſen Abend ausſezen.« Er zeigte mir ſeine
Wohnung an, ſchwieg, und bükte ſich zum ſtillen Gebet.

Fortſezung.

O wie flog ich dieſen Abend zu meinem Freunde! — gewis mit dem Herzen eines
Sohns. Die Freuden dieſer Zuſammenkunft kan
ich auch nicht beſchreiben. Nach einer Erzá-
lung, welche abzukürzen uns beiden nicht einfiel, umarmte er mich. Meine Thránen ſtrömten. Er faßte mich um die Hüften, legte die
Hánde auf meinem Rüken zuſammen, und hing
küſſend an mir. *) »O!« rief er, »wie viele
»Ihrer Freunde empfinden jezt im Voraus, das
»was ein Deutſcher Dichter ſagt:«

»Da ruft, o möchte Gott es geben!
»vielleicht auch mir ein Selger zu;
»Heil ſei dir, denn du haſt das Leben,
»die Sele mir gerettet, Du!
»O Gott! wie mus dies Glük erfreun,
»Der Retter einer Sele ſeyn! **)

Ich

*) Lacrymantem iuuenem cernens, medium complecti-
tur, osculo haerens:

**) Gellert.

LIV.

Ich erfur bei dieser Gelegenheit, daß er ein
Deutscher, aber seit seiner ersten Jugend von
seinem Vaterlande entfernt war.   Er war mit
verschiednen vornehmen Engelländern gereiset,
und bekam jezt von jedem eine Pension; wodurch er ein grosses Vermögen gesammlet hatte.
Jezt wohnte er zu Oxfort, und hielt sich nur
von Zeit zu Zeit in London auf, von wo er, in
guten Jahrszeiten, kleine Reisen nach Frankreich und Holland that.

Er gewann mich sehr lieb, nandte mich Sohn,
und nahm mich nach Oxfort mit.   „Ich wür-
„de,“ sagte er, „Ihnen mein Haus anbieten,
„wenn ich es nicht für nachtheilig hielte, einen
„Menschen Ihrer Art unter dem Anschein einer
„beschränkten Freiheit aufzustellen: aber den
„nächsten Zutritt zu mir bitte ich mir von Ihnen
„aus.“

Jezt, liebste Mutter, kan ich die Erzälung einer langen Reih meiner Begebenheiten abkürzen.   Kurz vor unsrer Ankunft zu Oxfort sagte
mir dieser mein Pflegvater: „Ich habe Sie jezt
„genug geprüft, um hoffen zu dürfen, daß Sie
die Christenheit nicht täuschen: aber Ihr Na-
„me klingt erschreklich.“

Und gewis, jezt dachte ich mit Schauern an
die Gemüthsstellung und Absicht, in welcher ich
mich Feind genandt hatte.   „Ich heisse Wa-
„gner,“ sagte ich, sehr bewegt: „aber diesen
„Namen kan ich nicht wieder annehmen. Giebts

F 4   „noch

noch irgendeinen, meiner gewis sehr rechtschafnen Familie: so bin ich Scheusal genug gewesen, um zu wissen, daß ich ihn, durch Annehmung dieses Namens, kränken würde!"

Er umarmte mich: „Beklagenswürdiger
Sohn! nehmen Sie meinen Namen an: ich
heisse Gros, und bin gewis, daß ich keine
Anverwandten habe. Es heißt zwar in einem
alten Sprüchelgen:

> Qui te dira,
> „Tu hériteras,"
> Ne te donnera pas cela. *)

aber bei Ihnen, mein Sohn, soll das nicht eintreffen. Dies sei Ihnen vor der hand genug.
Leben Sie nun als ein Mensch, der Vermögen
hat, und warten Sie nicht immer, bis ich Ihnen das anbiete, was Sie brauchen, um ohne
Brodsorge studiren zu können."

— Ich war durch diese Grosmut genug gerührt, um meine Ausgaben aufs äusserste zu
beschränken; und dies sezte mich so vest in seiner Gunst, daß er ungleich mehr that, als ich
wünschen durfte. Lebenslang aber wird es
mich kränken, „daß mein eingewurzelter Stolz
durch diese täglichen Wohlthaten gar nicht unterdrükt ward." Er merkte es: aber er war:

noch

*) „Von dem bekomst du gewis nichts, der dir sagt,
er werde dich zum Erben einsezen."

noch so sehr ein Deutscher, daß er hievon eine
gute Meinung hatte, und zufrieden war, wenn
er nicht bemerkte, daß das in Hochmuth und
Eigensinn ausartete.

Ich brachte ein sehr glüklichs Jahr auf dieser
Hohenschule zu; und nun kam der unvergleichliche Mann meinem geheimen Wunsch zuvor,
indem er mir rieth, gelehrte Reisen anzustellen.

Unsre Trennung war über alle Beschreibung
wehmütig; das heißt: beim lezten Frühstük,
und bei der Umarmung, die unsre lezte gewesen ist, konnten wir kein Wort reden. Aber
vor Gott war mein Mund nicht sprachlos. Ich
ris mich aus meines Pflegvaters Armen, und
fiel auf meine Knie. Er that eben das, und
sprach ein Gebet, welches eine göttliche und also
sehr heitre, Freude, in unsre Selen goß. —
Ich hatte, auf seinen Befehl, zween Bediente
und einige Handpferde besorgt. Er sah in seiner Thür, und dann (wie er hernach mir schrieb)
aus der Sternwarte seines Gartens, mir nach,
so weit als er die Gestalt unsrer Pferde erkennen konnte.

Bei meiner Einschiffung hatte mein Herz den
lezten Anfall auszustehn — es schien an den
Erdboden angewachsen zu seyn, auf welchem
ich den edelsten der Menschen zurük lies.

Ich ging, mit Schuzbriefen und Wechseln
versehn, zuerst nach Spanien, wo ich, wie
überall, nur dasjenige besah, was nach Herrn

Gros

Sroe Anzeige, aus Büchern nicht ganz erkant
werden kan. Ich hielt mich hier nur so lange
auf, als ich zu Aufsuchung der Gelehrten, und
zu Nuzung der Büchersäle, es thun muste. In
Frankreich verweilte ich mich noch weniger; theils
weil ich dies Land besser kannte als Spanien;
theils weil ich die hiesigen Gelehrten hie und da
steifer fand, als in Spanien.

Eine besondre Bemerkung, die ich beim Volk
machte, muß ich Ihnen doch sagen: man sagte:
»ich erkünstle im Sprechen einen Ton, der eine
»Satire auf die Vernachlässigung der Lands-
»sprache sei.« Ich war wol sehr unschuldig, in
Absicht des Zweks, den man mir lieh; ich gesteh aber, daß ein deutscher Gelehrter diesen
Argwohn erregen kan, wenn er nicht sehr viel
Umgang mit Franzosen gehabt hat. Wahr ists,
daß ich mit einigen dortigen Gelehrten, auf ihre
Bitte, gern deutsch sprach, und mich wundern
muste, sie so schön sprechen zu hören. Sie sagten, »unsre Sprache sei unter den schweren die
»schönste;« und einige unter ihnen, hatten sich
mit grossem Aufwandte, die allervertrauteste
Bekandtschaft mit unsrer Litteratur erworben.

Ich ging, langsam genug, durch Helvetien,
(ein Land, von welchem ich anfangs glaubte,
ich würde es nie verlassen können) über S t r a s-
burg nach Holland; aber mein Herz gewann
nicht: »ich erkundigte mich nicht nach Christi-
»nen;« denn jezt bestimmte ich mich dem Lehr-

amt. — eine Bestimmung, welche durchaus
verbietet, eine Gehülfin des Lebens zu wählen,
„indem kein Candidat wissen kan, „ob Gott ihn
„bald brauchen wird?" Ich mus das sagen,
so vest ich auch überzeugt bin, daß die Besezung
einer Predigerstelle genau das ist, was andre
Ernennungen sind, nur, daß sie ohn unser Zu
thun geschehn mus.

Indessen sah ich, daß der Aufenthalt in Hol
land der Heilung meines Herzens nicht zuträg
lich war, und ging über Braunschweig und Cop
penhagen (denn Gellerts Freunde waren mir
auch in Ländern, die ich sonst nicht berührt ha
ben würde, nie zu weit aus dem Wege) von
der Sehnsucht nach Ihnen, theuerste Mutter,
getrieben, schnell nach Schweden, und auch von
da, mit der Eilfertigkeit, die man bei getäusch
ten Hofnungen hat, über Rostok in mein Vater
land.

Ich fand es so verändert, als wäre ich sehr
lange abwesend gewesen. Da ich auch in mei
ner Vaterstadt, wo ich mich, wie immer, Gros
nandte, nichts weiter erfur, als daß Christliebe
bei Wasser und Brodt im Gefängnis war: so
wolte ich mich entfernen. Einige, eben damals
verwaisete Gemeinen, wolten mich versorgen:
aber der jezt ganz veränderte Stand, gegen die
weltliche und geistliche Obrigkeit, machte das
unmöglich. Mich kränkte das; „denn was
„war natürlicher, als die Sehnsucht, nach der
„Füh-

»Führung eines Amts, zu welchem (soll ich nicht
»so sagen) Gott mich bereitet hatte?« und dann
die Anhänglichkeit, »diese uns so natürliche, An-
»hänglichkeit an das Vaterland!« — Doch
still! Abraham schwieg, als ihm befolen ward:
»Geh aus deinem Vaterlande.«

Ich verlies * d mit Betrübnis; denn man
muthete mir zu, mich zu einer Predigerstelle zu
melden!

Daß ich jezt nach Leipzig ging, ich möchte
fast sagen, daß sich das von selbst versteht. —
Ich fand unsern Gellert gesünder, als ich gedacht hatte — und lasse eine Lüke, welche Sie
leicht füllen können.

Nun führte mein Trieb, den deutschen Catho-
licismus zu sehn, mich nach Wien, wohin mich
auch ein Brief eines vornehmen Polen, den ich
in Engelland genau gekandt hatte, einlud. Ich
fand diesen würdigen Mann nicht mehr; denn
die Folgen meines nächtlichen Studierens waren mit solcher Gewalt eingebrochen, daß ich
unterwegs zweimal krank liegen blieb, und also
zu spät nach Wien kam.

Bisher hatte mein Pflegvater alle meine Briefe beantwortet: *) aber schon in Berlin bließ
sein lezter Brief, und sein Wechsel, aus: daher
ich

*) Dieser Briefwechsel dürfte den zweiten Theil der
versprochnen Schrift ausmachen.

ich auch dort meine Bedienten und Pferde ab-
schafte. Meine Krankheiten griffen meinen Vorrath so an, daß ich mich von Sachen entblössen
muste, deren Verlust ich jezt als Gelehrter sehr
bereue.

Mein Aufenthalt in Wien ward, zu meinem
grossen Nachtheil, durch eine dritte Krankheit
so verlängert, daß mir nur soviel übrig blieb,
zu fus bis nach Teschen zu gehn, wohin ein
zweites Schreiben des alten Herrn von Poufaly
mich einlud. Unter allem, was ich auf meinen
Reisen merkwürdigs gesehn habe, hat nichts den
erquikenden Eindruk auf mein Herz gemacht,
welchen ich hier empfand, als ich im Denkmal
Schwedens unvergeßlichen Königs: in der Gna-
denkirche vor Teschen, eine (mir damals unglaublich ——) grosse Anzahl von Menschen ver-
sammlet, und die Demut und den Eifer sah,
womit sie unter Umständen, die ich nicht beschreiben kan, sich vor Gott des Schattens derjenigen Freiheit freuten, die soviel ganz freie Protestanten nicht achten.

Der Herr von Poufaly schrieb selbst an meinen Pflegvater. Ich erwartete theils hier,
theils auf seinen Gütern, im Cracauschen, die
Antwort — nicht ohne Bekümmernis, in dieses Manns Brod ein Müssiggänger zu seyn, so
unbeschreiblich mannigfaltig die Gütigkeiten immer seyn mochten, mit welchen der alte Herr
mich überhäufte. Ich vertrieb meine Zeit mit
Erler-

Erlernung der vortreflichen Polnischen Sprache:
sah aber (obwol zu spät) daß es Sele und Leib
bestürmen heisst, eine solche Sprache einem übermässig angespannten, und also schon unbrauch-
bargemachten, Gedächtnis aufdringen zu wollen — ein Schmerz, der durch die Thränen vieler Tausenden vermehrt ward, die mich zu Teu-
schen in diß, warlichgrosse, Predigtamt aufstellen wolten.

Diese Gegend schien mir nun eine Wüste zu
seyn, „in welcher ich nie eine Stimme werden
könnte;" ich ging also mit einem jungen Gelehrten, als Führer, nach Königsberg. Das
glükliche dieser Reise war, daß sie unter andern
durch Rusland ging: aber mein Gesellschafter
starb zu Königsberg. Ich gerieth in dringende
Bedürfnisse, und hatte den Schmerz, endlich
aus London, unter Einschlag an Herrn von
Poufaly, Briefe zu bekommen, die mir meldeten,
„daß Gros plözlich und ohne Testament, gestor-
„ben sei, und sein Vermögen einem Menschen,
„der sich als sein Verwandter (so sagte man)
„rechtfertigte, übergeben werden sollte." Der
Herr von Poufaly bot mir seine Vermittlung
an. Ich nahm sein Erbieten mit Freuden an,
und that an meinem Theil alles, was Klugheit
und Vorsichtigkeit thun konte, weil ich, ausser
den bündigsten Versicherungen, ich sei Erbe,
noch öftere Zeugnisse des Herrn Gros hatte, er
habe keine Verwandten.

Indessen

Indessen sah der Allwissende, daß die Armut
mir heilsam war: ich bekam keine Antwort, weder aus England, noch von dem Herrn von
Pousaly. Dies lezte kränkte mich um soviel bit-
terer, weil ich Nachricht hatte, dieser Herr habe meine Briefe wirklich erhalten; und das
war eine traurige Bestätigung der Meynung,
die ich vom Ganzen der Grossen habe. — Meine Genugthuung war, daß ich, ohne Wissen
des Herrn von Pousaly, ihm einen wesentlichen
Dienst zu erweisen das Glük hatte, welcher,
wenn freiwillige Wohlthaten wiedererstattet,
oder belohnt werden können, gewis eine Vergeltung war, wornach mein Herz gedurstet hatte. Ich wagte es nicht, noch einmal an meinen Pflegevater zu schreiben. Hatte man mich
gestürzt? hatte ich selbst ihm misfallen? Ich
weis es nicht. Das weis ich, daß ich den Verlust dieses Freundes genug fühlte, um zu begreifen, daß er unersezlich war *) . . .

Herr

*) Als August zween Freunde verloren hatte, und
nun etwas versah, rief er: Horum nihil mihi ac-
cidisset, si aut Agrippa aut Maecenas vixisset. Adeo
tot habenti millia hominum, duos reparare difficile
est! Dies, und was noch weiter folgt (SEN. de
benef. 6. 32) dünkt uns ein sehr rührendes Zeug-
nis von der Unersezlichkeit des Verlusts eines Freunds
zu seyn, obwol Seneca hinzusezt . . . Regalis
ingenii mos est in praesentium contumeliam amiss
laudare &c, worin freilich viel Wahres ist! . . .

Herr Gros fährt hier fort, seine Geschichte zu beschreiben. Wir gestehn, daß wir sie für den lezten Band bestimmt hatten, fürchten aber unsre Leser zu ermüden, die dann das Wesentliche wissen, wenn wir ihnen sagen, „daß er nachher ins Haus des Herrn „von L * trat, dessen unglüklicher Schwiegersohn er „hernach ward." Gleichwol ist dieser lezte Theil seiner Geschichte (wegen der ganz besondern Verfolgung, mit welcher die Neider des Gefallenden, welches der glüklichangewandte Gebrauch der grossen Welt ihm gab, seiner Gelehrsamkeit, und seiner vorzüglichen Kanzelgaben ihn quälten, und wegen der hieraus zu erklärenden sehr befremdenden, Auftritte,) so unterhaltend, daß wir es uns zur Pflicht machen, sie einst ganz zu erzälen. Das wird mit seinen eignen Worten, und so geschehn, daß ähnliche Begebenheiten das rätzelhafte forthin nicht mehr haben werden, welches, so gewönlich sie in unsern Tagen sind, doch soviel Aufsehn macht, daß man, ohne Rüksicht auf irgendeinen einzelnen Menschen, einen ganzen Stand verschreiet. Sein Aufsaz hat folgende Ueberschrift, die wirklich ihren Inhalt zeigt:

— *Nunquam si mihi credis amant*

Hunc-Hominem. Sed quo cecidit sub crimine?

Quisnam.

Delator? Quibus indiciis? quo teste probauit?

Nil horum. Verbosa et grandis epistola venit. *

— Bene habet, nil plus interrogo. —

Turba — sequitur fortunam, vt semper, et odit

Damnatos.

I V V.

Es kan uns nicht befremden, wenn die Leser iezt vergessen haben, daß Sophie noch im Bensonschen Hause ist, Julchen in ihrem Gefängnisse, die Frau Majo-

Majorin von J. in Handlangers Hütte, Herr Puf
VanBlieten sehr ungehalten, Hannchen noch in
Bergshöschen, Jucunde wie auch Herr Radegast sehr
krank u. s. f. Es sei uns aber erlaubt, zu hoffen,
daß wenn sich hernach zeigt, des Herrn Gros Geschichte sei nicht Episode, wie sie es doch hier immer
seyn könnte: sie uns alles vergeben werden. Und
vielleicht wissen diejenigen, deren Beifall wir vorzüglich suchen; die wenigen, die den wahren Zwek unsers Buchs zu finden wissen: vielleicht wissen die
es uns Dank, eine Geschichte genau hierher gesezt
zu haben, an deren Bekantmachung uns alles lag.

II. Brief.

Die sanfte Tugend im Gefängnis.

Zulchen an Jungfer Nitka.

Königsberg.

Endlich habe ich ausgeweint; nun werden
doch meine Augen so lange troken bleiben,
daß ich einige Zeilen aufs Papier bringen kan.
Bisher war das nicht möglich. Doch still! ich
will nicht klagen; es thut dem Herzen zu weh,
über eine Mutter zu klagen! Schelten kan ich
dich nicht: aber o Liesgen! was hast du gemacht! Kanst du mir nicht anders nüzlich seyn,
als so, daß du falsche Aussagen, Verstellung und
Betrug für mich geltend machst, so schäme ich
mich deiner Dienste. Ach! ich glaube nicht,

VI Theil.   G   daß

daß durch böse Mittel ein guter Zwek erreicht
werden kan. Ich seh auch in meinem Fall in
der That nicht, daß deine Entwürfe, so listig
sie auch scheinen, mir helfen können. Mein
Verhaft wird nur härter und langwieriger;
mein Oheim wird hintergangen, und zulezt
bricht zwischen ihm und meiner immer noch geliebten Mutter die verderbende Flamme der Zwie-
tracht aus. Nein, nein Liesgen, auf solche Bedingungen will ich nicht befreiet werden. Nein,
mein Gewissen, dessen du spottest, läßt mir nicht
zu, irgendeine deiner Veranstaltungen zu ge-
nehmigen. Willst du mich ruhig wissen: so wi-
derrath alles, was du meiner Mutter angegeben hast. Zieh dich aus der Sache; und um
nicht wieder hineingezogen zu werden: so geh
für einige Zeit aufs Land. Mich überlas meinem Schiksal. Es ist grausam: aber ich glaube auf der Stufe zu stehn, unter welcher gleich
der Abgrund des Elends ist. In diesen werde
ich nicht hineingestossen werden, das hoffe ich
mit viel Beruhigung: weiter also als iezt, kan
ich nicht getrieben werden. Daduch, daß ich
gewis weis, ich werde nie trozen, verliehrt
mein Elend viel von seiner Härte, ich glaube,
daß ich es werde überstehn können; zumal da
ich in meiner Einsamkeit eben so viel für meinen
Verstand, als für mein Herz sorge; denn ich bin
gewargeworden, daß jener in grösserer Gefar
ist als dieses. Veranstalt daß Catherine mich
den

den Erfolg von meiner lieben Sophie lezten Begebenheit wissen lasse; denn diese liegt mir sehr
am Herzen.

Hindre ja nicht, daß mein Oheim sie heira-
the: du würdest sein wahres Glük hindern. Sag
dem Herrn Gros . . . nein, sag ihm nichts:
hüt dich aber, seine Zusammenkunft mit meinem Oheim zu verhindern.

Der Schlus deines Briefs *) ist sehr seltsam: aber dir, die andre Geheimnisse meines
Herzens weis, kan ich mein jeziges nicht ganz
verhelen. Du frägst: Wer Herrn von Poufaly
im Wege stehe? Er selbst, liebes Liesgen; ich
sage dir da in der That eine Warheit. Du kanst
von meiner Mutter und Herrn Gros alle meine
Einwendungen erfaren: aber das sage ich nur
dir, daß er etwas im Gesicht hat, was das
Empfehlende seiner Person entkräftet. Ich seh
in ihm einen treulosen Gemal. Ich bin vielleicht die Erste, die er wählt: ich bin aber wol
gewis nicht seine erste Liebe. Er sieht mir aus
wie ein Mensch, der unsern wahren Werth nicht
fühlen kan, der aber eine sehr schnelle Empfänglichkeit hat — mit einem Wort, dem es ein
gewöhnliches und unterhaltendes Geschäft ist,
sich zu verlieben. Nur eine Probe (und im
Nothfall wäre mir, die bei einer so wichtigen
Sache doch so wenig Gelegenheit haben kan,
alles tief zu erforschen, Eine Probe genug) ich

G 2   hatte

*) S. 609 V Th.

hatte bei der lezten Unterredung ihm so entscheidend gesagt, wir würden nie ein Pahr werden, daß er augenscheinlich überzeugt war, es sei mein Ernst: gleichwol erlaubte er sich bis zum Weggehn, Blike, die nicht auf meine Augen und Mienen, sondern auf meinen Wuchs, auf meine Hände, ich muthmahsse gar: auf meinen Anzug, sich hefteten. Er wuste, daß er von meinem Herzen nichts mehr zu fordern oder auch nur zu hoffen hatte; ich dächte, von da an hätte ich ihm eine ganz fremde Person seyn müssen: mithin ist sein Betragen sehr verdächtig. Seine Blike (von welchen er doch vermuten konnte, daß ich nie wieder ihr Gegenstand werden würde) waren, ich wills frei heraus sagen, waren nicht Zeichen der Liebe: sie waren Zeichen, und sehr ausdrükende Zeichen der Begierde. Ueberzeug dich vest Liesgen, daß ich ihn nie heiraten werde, und wenn ich gezwungen werde, im Voraus gewis bin, durch einen erwünschten Tod befreit, entschädigt und belohnt zu werden — Du willst bemerkt haben, daß ich einen Andern liebe? Hättest du nur immer den ersten Buchstaben seines Namens hingeschrieben! doch das konntest du wol nicht. Die Scharffsichtigkeit war nie das Bezeichnende deiner kleinen Person.

Ich weis, daß ich nicht ganz rettungslos verstossen bin: aber meinen Oheim fürchte ich nicht als meine Mutter. Er hat ein für allemal

mal (und das, ich sage es mit aller ihm schul-
digen Ehrfurcht, ist bei ihm gefärlich) sich überredet, daß ich mit Herrn von Poufaly glüklich
seyn werde. Aus diesem Grundsaz wird er handeln, und viel dringender, viel unwiderstehli-
cher als meine Mutter — denn ihn treibt die
Liebe, die herzlichste reinste Liebe. Zum Unglük für mich ist er reich: ich halte es für ausgemacht, daß ein reicher unfähig ist, denjenigen aus dem rechten Augpunkt zu betrachten,
der im Reichtum nichts lokendes finden kan;
noch mehr: unfähig dann noch Gründe anzunehmen, sobald er dies gewar wird.

Es ist eine ewige (und o! wüstest du es aus
Erfarung mein Liesgen) eine unsäglichgütige
Vorsehung. Diese kan gegen den Grimm der
Menschen schüzen: solte sie nicht auch gegen
Menschen schüzen können, die nur im Irthum
sind, und im grunde es gut meinen? Wilst du
etwas ganz grosses Wünschen: so wünsch, daß
diese Hofnung unwandelbar bleibe im Herzen

Deiner

gekränkten Juliane.

N. S. las deine erste Sorge seyn, dem Herrn
Gros den Brief meines Oheims zu geben *)
den du ihm vorenthalten hast. Er kan sehr
wichtige Dinge, vielleicht auch mein Schiksal
betreffen.

G 3   III. Brief.

*) s. S. 581. V Th.

III. Brief.

Das ungestüme Laster im Gefängnis.

Herr Gros, an die Wittwe E. zu Memel.

Königsberg.

Ich kan sezt, geliebteste Mutter, die Erzälung des Verfolgs von Sophiens Angelegenheiten melden... *) Ich sprach früh bei der Fr. Benson mit Sophien, die mir aber in Absicht der Foderungen der Majorin kein Licht geben konte, ausser, daß sie von Henriette L* erfaren zu haben, sich entsann, daß die nach Sachsen bestimten Papiere das versiegelte Codicill meines Vaters enthielten; doch weis Sophie noch nicht, daß ich Carl Wagner bin.   Ich ging nun wieder zum Obrist S*f.   „Ihr Schulz," sagte er, „ist eben „zu rechter Zeit ausser Thätigkeit gesezt worden; „denn dieser Mensch scheint ein Erzbösewicht zu „seyn: er scheint ungleich schwerere Strafe zu „befürchten, als die That verdient, auf welcher „Sie ihn ertappt haben.   Urteilen Sie selbst; „er kommt lezt."

Herr Schulz sah mich nicht sobald, als er, niederträchtig genug, sich mir zu Füssen warf.
Er

*) Wir lassen hier eine Einleitung weg, die lauter dem Leser schon bekante Umstände erzält. f. LVIII. LXI. S. 610 u. 626 V Th.

Er bat mich lateinisch, und in Ausdrüken eines Menschen, der den Tod verdient zu haben glaubt, ihn durch Vorsprache zu retten. Der Obriste, der diese Sprache versteht, sagte: "Ich "habe Sie einziehn lassen, weil Sie die Ruh "gestört, und ein Mädchen entführt haben. Wo"hin wolten Sie mit ihr gehn?"

"Nach Braunsberg, und von da sogleich "nach Warschau."

"Nicht nach Berlin?"

"Nein."

"Bleiben Sie bei dieser Aussage? warum "nicht nach Berlin?"

"Mein Vater hat mich enterbt."

"Hüten Sie sich für schwankende Aussagen; "diese ahnde ich scharf. Bleiben Sie bei dieser?"

"Ja."

"So ist denn Ihr zweites Verbrechen, daß "Sie ohne Paß, folglich ohne Sr. Exzell. des "Gouverneurs Vorwissen aus dem Lande gehn "wolten, welches, da Sie ein Berliner sind, "doppelt strafbar ist."

— Er warf sich vor ihm nieder; aber der kluge Obriste nahm mehr Härte als er sonst hat: "welches ist ihr drittes Verbrechen? denn ich le"se noch was in Ihren Augen."

"Es wird keine Klage weiter über mich kom"men; denn die Sache mit einem Herrn von "Poufaly, ist abgethan."

"Ja:

„Ja; sie empfiehlt Sie aber sehr schlecht: sie
„zeigt, daß Sie ein Mensch ohne Grundsäze
„sind; denn Schlägereien sind, aufs wenigste
„unedel.   Geben Sie ihr Taschenbuch her.‟

— Ein Unterofficier muste es hervorlangen.
Jezt konnte Schulz sich nicht länger halten. Er
fiel halb ohnmächtig zu Boden.   Das Taschenbuch war voll Wechsel; und sein Betragen über-
hob uns der Müh, diese in Absicht ihrer Gül-
tigkeit untersuchen zu lassen.   Er gestand auch
bald, daß sie alle falsch und von seiner Hand,
waren.

Jezt wurden seine Koffer aus dem Wagen
gebracht, und durchsucht.   Man fand eine
grosse Summe auf ähnliche Wechsel gehobner,
Gelder.

„Ihre Sache,‟ sagte der Obriste, „geht mich
„weiter nicht an, ausser in sofern, daß ich noch
„wissen mus, ob bei der Entführung des Frauen-
„zimmers Mitschuldige gewesen sind?   Diesen
„Namen,‟ (indem er ihm aus dem Taschenbuch
einen Zettel des Fräuleins * vorhielt, „brau-
„chen Sie hier nicht zu nennen.‟

Schulz nannte einen Kerl Namens Handlanger, den Wirth, der Majorin, und dieser ward
sogleich geholt   Handlanger ward vestge-
sezt: und Herr Schulz zum Gouverneur gebracht.   Der Obriste sagte mir jezt, da ich sehr
dringende Fürbitte einlegte, er könne nichts
weiter thun; er könne mich auch versichern, daß
                                        eine

eine zwei- oder dreijähriger Verhaft in der Vestung das geringste wäre, was der Gouverneur
erkennen würde, weil Se. Excell. allemal, und
besonders bei so schweren Verbrechen, strenge
Gerechtigkeit übten. „Doch kan,“ sezte er hinzu, „die Strafe noch viel härter ausfallen, weil
„des Brigadier Tochter drin gemischt ist.“

Ich sah, daß man vielleicht Herrn Schulz
Untergang befördern würde, um die Sache die-
ser Dame zu unterdrüken, und wagte es, zum
Gouverneur zu gehn.

So gnädig ich von diesem Herrn aufgenommen ward: so war doch meine Bitte grössesten
theils fruchtlos. Er sagte mir eine vierjährige
Einsamkeit in der Vestung sei das beste Mittel,
diesen, sonst sehr brauchbaren, aber jezt ver-
wilderten, Menschen zum Gebrauch des Pu-
blici wieder zahm zu machen; er solte auch so
ganz abgesondert sitzen, daß die Ehre des Brigadier keine Gefar laufen könnte. Ich stellte
endlich vor, daß man mir gesagt habe, der Brigadier werde die Dienste verlassen, und auf
seine, tief in Rusland liegende Güter gehn . . .
„In diesem Fall,“ unterbrach er mich, „kan
„vielleicht die Gefangenschaft verkürzt werden;
„und ich erlaube Ihnen, beim Commerzcollegio,
„welchem die falschen Briefe jezt übergeben wor-
„den sind, zu vermitteln, (aber nur erst, wenn
„der Brigadier abgegangen seyn wird,) daß es
„bei mir die Milderung der Strafe suche.“

G 5

Jezt

Jezt eilte ich zum Herrn Schulz. Er war
am linken Arm und Fus geschloſſen. Ich erzählte ihm, und ohne den Ermanungston an-
zuſtimmen, was ich von ſeiner Sache wuſte. Er
lehnte ſich mit ſehr übermüthiger Mine aufs
Fenſter; blies den Rauch ſeiner Pfeiffe mir ins
Geſicht, denn das Gemach war ſo eng, daß ich
nah vor ihm ſtehn muſte; ſchien nicht zu glauben, daß der Beſchlus meiner Erzälung wahr
ſei; machte mir, wie ich fertig war, eine tiefe
höniſche Verbeugung, und ſagte mit bitterm
Ton:

Tantaene animis coeleſtibus irae? *) Es
that mir leid, ihn ſo verhärtet zu ſehn, und ich
verlies ihn. Indem ich mich aber nach der
Thür wandte, ſchlug er mich mit ſeiner langen
Orduine **) ſo gewaltig auf den Rüken, daß
ich

*) „Kan ein heiliger ſo rachgierig ſeyn?“ — Wir
bitten diejenigen, welche um eine, jenes Motto
auf dem Titel tragende, Handſchrift, wiſſen, über
unſer Zögern nicht zu zürnen. Da wir ſchon
früh angefangen haben, alles was wir vom Odio
theologico ſagen, mit Exempeln zu belegen: ſo
müſſen wir in eben dieſer Methode fortfaren;
und dazu gehört Zeit. Der Aufſchub wird alſo
dem Buch nicht nur nicht ſchaden, ſondern es zu
derjenigen Reife bringen, die man von einer eß-
baren und geſunden Frucht verlange — Der
draus entſtehenden Vollſtändigkeit, hier nicht zu
erwänen.

**) Eine Pfeiffe von biegſamen ruſſiſchem Holz.

ich die Schwiele noch fühle. *) Ich konnte
noch von Glük sagen, daß die Soldaten, die
bei ihm sich befanden, nicht Deutsche waren:
denn kein einziger verlachte mich.

Fortsezung.

Der Mann ohne Furcht.

Ich ging iezt wieder zum Obristen, um ihm
die Angelegenheit der Majorin zu sagen.
Er versprach mir Schuz und Hülfe für Sophien;
und nun eilte ich zur Majorin.

Ich fand sie allein. Sie war sehr zurükhaltend, und gezwungenhöflich. Ich sagte ihr
rund heraus, sie habe es von iezt an nicht mehr
mit Sophien, sondern mit ihr zu thun. Sie
erklärte sich, daß sie eine solche Verwechslung
der Personen nicht annehmen würde, indem ihre Foderung an Sophien über 12000 Rthlr. be-
trüge.

„Und welche Bewandnis,“ sagte ich, „hat
„es damit?“

— Ihre Antwort war weniger behutsam als
ich vermutet hatte; denn die arme Frau war
voll von Unwillen über den Verlust der Papiere,
die

---

*) Dieser Schlag hat dem Freund Kunstrichter gar
nicht gefallen wollen; und wir können dazu nichts
sagen, als, daß das ganz natürlich war.

die sie aus Herrn Korns Händen nie wieder zu erhalten, fürchtete. „Mein Vater," sagte sie, „lies für mich 12000 Rthlr. nach. Diese Sum-„me ward bei meiner Verheiratung mir ausge-„zalt; meinen Bruder gab er vor, enterbt zu „haben, weil er entlaufen war. Mein Bru-„der hat sich auch immer für enterbt gehalten, so „lange er gelebt hat; aber in der Todesstunde „übergab mein Vater meiner Mutter Papiere, „in welchen noch 12000 Rthlr. nachgewiesen „wurden, die mein Bruder heben solte, wenn „er bei Lebzeiten meiner Mutter sich wieder ein-„fände; doch solte er auf keine Weise citirt wer-„den, und sein Muttertheil, welches 6000 Rthr. „ausmacht, solte, wenn er bis dahin sich nicht „meldete, so wie diese 12000 nach meiner Mut-„ter Tode mir zufallen."

„Und lebt dieser Bruder noch?" frug ich hier, und eine Empfindung, die bisher meinem Her-zen fremd gewesen ist, ward zugleich so rege in mir, daß ich mich beinah verrathen hätte. Ih-re Antwort schlug diese Regung plözlich wieder nieder. Sie lächelte boshaft, und sagte: „Sie „thun mir da eine dumme Frage. Wenn mein „Bruder nicht todt wäre: so würde ich mich wol „gewis nicht um diese Erbschaft bekümmern. „Schon vor seinem Tode war sie mein; denn, „meine Mutter, die ihn verzärtelt hatte, hat „die Bedingung, unter welcher er erben solte, „zu meinem Glük übertreten, indem sie ihn in

„allen

„allen möglichen Zeitungen hat citiren laſſen, und
„ſo gar das Teſtament erbrochen hat. Ich aber
„bin überdem gegen alle Rechtshändel geſichert:
„denn mein Bruder iſt todt. Sophie hat dies
„Teſtament mir überbringen ſollen; und von
„ihr, und von keinem andern fodre ich es.
„Machen Sie demnach Anſtalt, daß Ihre So-
„phie wieder in mein Haus gebracht werde:
„und fuſſen ſie drauf, daß im Weigerungsfall
„eine ſchwere Hand ſie Ihnen abfodern wird.
„Laſſen Sie auch zur Einleitung in alles, was
„zwiſchen Ihnen und mir vorfallen kan, ſich ſa-
„gen, daß ich eine Dame bin, die alles unter-
„nimmt.‟

Hätte ich des Andenkens los werden können,
„dieſe Elende iſt meine Schweſter:‟ ſo würde
dieſer Auftritt mich in der That beluſtigt haben.
Aber dieſe geheime Stimme in meinem Herzen
betäubte mich ſo, daß ich nicht wuſte, ob ich
gehn oder bleiben ſolte? Die Majorin merkte
meine Verwirrung, und legte ſie vermutlich für
eine, ihr günſtige, Wirkung der Lügen aus, die
ſie mir aufgeheftet zu haben glaubte. Ich faſſte
mich, ſah ihr ſcharf in die Augen, und ſagte:
„die Papiere ſind in Händen, aus welchen ſie in
„keine andre, als in Sophiens ihre kommen ſol-
„len; und Sophie ſoll aus meinem Schuz nie
„kommen. Laſſen Sie zur Ergänzung Ihrer
„Einleitung ſich ſagen, daß ich ein Mann bin,
„wel-

„welchen keine Ihrer Unternehmungen, auch die
„gewaltsamste nicht, schreken kan.‟

Sie wandte sich ganz bestürzt ins Fenster.
„Prêtre‟ schrie sie endlich, „tu es Allemand!
„Pfaff! du bist zu kühn für einen Franzosen: du
„bist ein Deutscher!‟

Ich lächelte, weil ich verhindern wolte, daß
sie sich nicht wieder fassen möchte, und sagte,
französisch: „Beweisen Sie nur, einmal: daß
„Ihr Bruder citirt worden ist; dann: daß Ih-
„re Mutter das Testament erbrochen hat; und
„endlich: daß Ihr Bruder todt ist; so versichre
„ich bei . . .‟

„nur nicht‟ (unterbrach sie mich mit bittrer
Verachtung) „nur nicht wie die Kerlen Ihres
„Gelichters zu versichern pflegen: bei der
„Würde Ihres Amts; denn daß Sie es nur
„wissen: Sie Herren sind das niedrigste Unge-
„ziefer auf Gotteserdboden!‟ — Sie spie hier
aus, denn sie war ausser sich.

Ohne mich stören zu lassen, (denn daß ich bestürzt werden solte, das war wol ihre Absicht)
fuhr ich ruhig fort: „in den drei Fällen, die ich
„gesezt habe, sollen, das versichre ich Ihnen bei
„meiner Ehre, die sämtlichen Papiere in Ihren
„Händen seyn.‟

Sie fluchte: . . . „Bei Ihrer Ehre? wo
„habt Ihr Elendesten unter den Mißgeburten
„der Natur, Eure Ehre!‟

„Mada-

„Madame, Sie sind so beleidigend, daß ich
„für mein Theil völlig überzeugt bin, Ihre Sa-
„che sei sehr schlecht.“

„Was? Elender, du strafst mich Lügen?
„Was? ich hätte nicht Copien, nicht Originale
„von Citationen? Was? ich hätte nicht meinen
„Bruder in Freiberg im Lazareth sterben gesehn?
„Philip! komm und walk mir diesen nichts-
„würdigen.“

Ich zog meine Schreibtafel hervor, sah sie
an, und sagte fragend: „Freiberg in Sachsen?“
— Mein kaltes Blut war ihr so unerträglich,
daß sie ihrem Philip eine Hezpeitsche gab. Ich
schrieb ruhig in meiner Tafel, und sagte der
Majorin, indem ich sie seitwärts anblikte: „Ma-
„dame, das kostet eine Handvoll Ducaten, die
„Sie bei Oefnung des Testaments wol nicht be-
„kommen dürften.“

Sie sprang auf: aber Philip hielt sie und sagte etwas in einer Sprache, die ich nicht versteh.

Ich machte ihr meine Verbeugung, und sagte: „ich bin der Prediger Gros aus Haberstroh,
„und bin bei dem Obrist S*f zu erfragen. Es
„kommt auf Sie an, Madame, ob die das
„Wagnersche Testament betreffende Sache ohn
„Ihr Zuthun abgemacht werden soll? Ich glau-
„be nicht, daß ich Sie vor gänzlicher Endigung
„derselben wieder besuchen werde.“

Jezt trat der Major in die Thür, und schob
mich wieder ins Zimmer. Er ergrif die Hezpeitsche,

peitſche, drükte ſeinen Hut in die Stirn, faßte mich beim Arm, und ſagte: „Allons Moſes!‟

Ich, muſte erwarten, geſchlagen zu werden. Ich ergrif ſeinen Arm, und ſagte: „Herr, ver-„derben Sie ſich eine Sache nicht noch mehr, „die, wie ſich in kurzen zeigen wird, böſe ge-„nug iſt.‟

Er rang, und ich ſah mich genöthigt, ihn hinter den Ofen zu werfen; denn der Kerl war Sünder genug, um kraftlos zu ſehn. Philip wiederholte was er zuvor geſagt hatte, und die Majorin rief: „Nur deine ſchwarze Weſte rettet „dich heut, du . . .‟ — da unterdeſſen der Ma-jor ſchrie: „helft mir nur auf, helft mir nur auf, „ich will ihm die Beine zerſchlagen.‟

Die Scene war mir alſo widrig genug, um mich zu entfernen.

Bei meiner Zurükkunft ward ich zum Obri-ſten gerufen, der mir ſagte: Handlanger habe den Philip als einen Mitſchuldigen angegeben: Dieſer ward eingezogen; und dies hat den Ma-jor, wie ich jezt erfare, ſo geſchrekt, daß er ſei-ne Wohnung verlaſſen hat. Da ich ihn nicht erfragen kan: ſo werde ich abwarten, ob er ſich wegen des Teſtaments meines Vaters mel-den wird? Ich ꝛc.

IV. Brief.

IV. Brief.

Etwas aus Portoricco, London, Calais, Lübek
u. s. fort; weil wir Deutschen gewohnt sind, unsern
Lesern etwas ausländsches zu zeigen.

Herr Puf Van Vlieten an Herrn P. Gros.

Ich habe Ihnen meinen lezten Brief durch einen närrischen Kerl von Bothen geschikt, der nicht Antwort gebracht hat, und dessen Wohnung ich nicht weis . . . *) Um Sophien habe ich seitdem mich nicht bekümmert; denn auf die Knie werde ich nicht fallen, und von Anbetungswerthem und dergleichen, werde ich auch nicht reden. Sie ist doch nur ein Geschöpf, und weiter nichts. Ueberdem hat meine Schwester mir die geheimen Künste dieses gutscheinenden Frauenzimmers so klar beschrieben, daß ich wol seh, sie wolle . . deutsch heraus, sie wolle mich nicht haben. Gut also; und nun kein Wörtchen mehr.

Das wundert mich aber nur, daß Sie, lieber Herr Pastor, mir einst schrieben, Sophie werde
mich

*) Er wiederholt einen Theil des Briefs.

VI. Theil.	H

mich nicht täuschen. Nun trau der Kukuk den
Weibern, wenn sie einen solchen Mann wie Sie
sind, bethören können!

Ich fange nun an, mich meiner Sachen wieder wie ein vernünftiger Mensch anzunehmen;
denn bei meiner Treu, ich schäme mich vor mir
selbst. Meine Schwester freut sich drüber: aber
ich weis nicht, wie ich da geschoren bin;
mich dünkt, ihre Freude hat so was hämisches.
Ich fürchte fast, daß wir brechen werden. Ich
habe ihre Sachen so ein bischen durchgesehn.
Sie hat bei der Lieferung viel gewonnen. Nun
kan ich zwar das Danken mein Tage nicht leiden: aber Undankbarkeit thut doch auch weh;
und das ist nicht dankbar, daß sie mich stünd-
lich und augenbliklich mit dieser Sophie auf-
zieht, da ich ihr doch gesagt habe, ich wolle das
schlafen lassen. Aber wieder auf meine Sachen
zurük zu kommen: so ist doch das Ding mit dem
Speicher und mit dem Briefe, den der Unbekante geschrieben hat, sonderbar. Ich kan mich
gar nicht entsinnen, daß ich diese Hand gesehn
hätte; doch freilich mus ich auch wol bei dem
Ende das Ding nicht anfassen. Das verdriest
mich aber, daß ich ihm die Auslage nicht erstat-
ten soll; denn jedesmal wenn ich einem was
schenke, fühl und seh ich, wie schwer es seyn
mus, Geschenke anzunehmen. Mir hat nie jemand was geschenkt: aber ich habe auch immer
lieber krum gelegen, als daß ich jemand hätte

te merken laſſen, wo mich der Schu drükte. Der
Herr von Pouſaly iſt ein ſehr wakrer und kluger
Menſch. Er hat mich beſucht; ei nun, es war
wol freilich um Julchens willen: und die ſoll er
auch haben. Ja ich wolte ſagen, daß ich ihn
bat, da er bei Herrn Commerzrath S * s viel
gilt, ſich nach dem beſagten Unbekanten zu er-
kundigen. Er hat mirs verſprochen.

Uebrigens mus der liebe Gott wol etwas ſon-
derbares mit dem vorhaben, was ich in dieſem
Speicher habe. Denn ſo habe ich es immer gehalten: wenn mir Gott etwas auf eine beſon-
dre Art zugewandt oder erhalten hat, dann habe
ich ſolches gleich zum chriſtlichen Gebrauch beſtimmt, und erwartet, welche Dürftige die Vor-
ſehung mir zuwenden würde? Und die haben
ſich dann auch bald genug gefunden. Hören
Sie, Sie ſind der Mann, mit dem man von ſo
was reden, und ſich zum Lobe Gottes ermuntern kan. Einmal befrachtete ich ein Schif für
meine Rechnung nach Porto Ricco. Es war
mein drittes. Ich hatte ſchon hübſch Vermögen, und es fiel mir ein, etwas zu wagen; ich
lies es alſo ohn Aſſecuranz abgehn. Kaum
war es in See: ſo ward mir das bitterleid. Ich
ging nach England, um mich ein bischen zu zer-
ſtreuen. Ich erfur bald, daß mein Schif ge-
ſtrandet war: aber ich glaubte es nicht eher,
als bis mein Schiffer ſelbſt es mir ſchrieb. Das
war eine tüchtige Ohrfeige! Ich ging mit mei-

H 2 nem

nem Herzleid nach Calais, und von da handelte
ich aber ganz im Kleinen, nach andern Seeplä-
zen. Der liebe Gott segnete mich, und ich konnte doch das Ding in Jahr und Tag nicht vergessen, zumal da mein Schiffer mir schrieb; er
wundre sich, daß ich nichts gerichtlich machte,
und das Verunglüken meines Schifs nicht nuzte? Ich verstand nicht, was er sagen wolte.
Unterdessen erzälte ich etwas von meiner Begebenheit einem jungen Kaufmann. Er war nur
ein Anfänger, ein redlicher Mann, aber Wag-
hals genug, um nicht nur ohn Assecuranz, sondern auch mitten im Kriege mit Spanien (der
jezt ausgebrochen wär) ein Schif für, ich weis
nicht welche? spanische Besizung zu befrachten.
Die junge Frau weinte sich fast die Augen aus;
die Leute jammerten mich: aber bei dem Mann
half kein Zureden. Weil Gott mich gesegnet
hatte, besonders dadurch, daß die Frau E. (die
jezt, wie ich Ihnen neulich schrieb, zu Calais
war,) durch ihre ganz ausnehmende Klugheit
einen Erzbetrüger gehascht hatte, der ihrem
Mann 4000 Ducaten schuldig war, so, daß
auch ich eine Summe aus seiner Masse heraus
kriegte, die ich bei ihm verloren zu haben geglaubt hatte: so versicherte ich diesem jungen
Mann mit 10000 Rthlr. einen Theil der Ladung,
der aber freilich nicht beträchtlich war. Sein
Schif ward, wie es wol nicht anders seyn konnte, als eine gute Prise genommen, und der
Mann

Mann ward zugleich durch andre, aber unvermeidliche, Unglüksfälle, so zu grund gerichtet,
daß er vor Gram bettlägerig ward, und seine
Frau sich fast zu Tode grämte. Ich that was
ich vermochte, konnte aber den Jammer nicht
länger ausstehn, und ging mit einem Spani-
schen Schif nach Cuba, wo ich eine alte Sache
abmachen wolte. Auf meiner Fahrt traf ich,
und Sie können glauben, daß ich mehr todt
als lebendig war, mein gestrandetes Schif an,
unversehrt und mit seiner ganzen Ladung. Wenn
ich das nur häbsch kurz erzälen könnte. Der
Schiffer hatte sich um meine Schwester beworben, und da das nicht glükte, suchte er sich bei
mir dadurch in Gunst zu sezen, daß er meine
Fracht bei seinem Bruder irgendwo absezte, weil
dieser als ein Mann, der es wissen konnte, ihm
gesagt hatte, der spanische Krieg werde ausbre-
chen. Er that dies, weil er glaubte, daß ich
Assecuranz genommen hatte, und diese wolte er
bei der verbreiteten Nachricht, mein Schif sei
gescheitert (und es hatte auch wirklich bei den
Lucayischen Inseln das Ansehn gehabt) mir zu
wenden. Es war die Liebe, die ihn so blind
gemacht hatte; und lieber Gott, was soll man
davon sagen? denn sonst war der Mann kein
Schelm! hatte auch die ganze Zeit über, für
meine Rechnung gehandelt. Er ging nun nach
Porto Ricco, weil die Pässe besagten, das Schif
sei vor Jahr und Tag folglich vor dem Kriegs-

ver-

versendet. Meine Waren waren hier im Kriege sehr rar geworden, und ich machte einen er-
staunlichen Gewinn. Was that ich? Der Friede ward bald declarirt; ich ging nach Calais,
und gab meinen ganzen Gewinn, o! Gott, mit
welcher Freude! dem verarmten Kaufmann. Die
Frau starb — ich denke, für Freuden; denn
die Noth, in der diese Leute waren, war unaussprechlich.

Und wissen Sie, wer der junge Kaufmann
war? unter uns gesagt: es war eben VanBerg,
der hernach meiner Schwester die weiche Seite
abging. Ich erzäle das nur, damit Sie sich mit
mir freuen sollen; denn, liebster Himmel! ich
denke, daß Sie wol wenig Freude haben?

Daß Sie von der Erbschaft Ihrer sel. Frau
nichts angenommen haben, das klingt wol gut;
lässt auch gut: aber ich dächte doch, wie ehmals
in tertia: Quisque sibi proximus.

* * *

Jezt habe ich den Herrn von Poufalh gesprochen. Auch der kan nicht herausbringen, wer
mein Unbekandter gewesen ist? aber ihm ging es
so wie jenem, der im Schlus des Briefs sagt:
»Ich möchte gern mehr sagen.« Er stand und
drükte. Endlich kams heraus. »Der Herr
»VanVlieten werden wol gehört haben, daß ich
»mich um Ihre Niece bewerbe . . . .« und in diesem Stilus gings immer fort; recht, als wenn

durch-

durchaus kein Liebhaber recht gescheid seyn müsste. Ich glaube gar, daß er nicht einmal Ihre Nichte, sondern dero Nichte sagte; denn wol zu merken, wenn wir Deutschen höflich reden wollen: so müssen wir undeutsch reden!

Ich weis nicht, woher ich vormals so plözlich diesen jungen Herrn liebgewann, und ihn noch immer so liebhabe? Gewis, ich freute mich recht, wie ich ihn zuerst wieder sah. Ich denke, dies ist der Mann für mein Julchen. Ich habe ihm also meine Einwilligung versprochen; denn sein Vermögen und alles hat mir meine Schwester beschrieben: und in solchen Dingen pflegt die sich nicht zu irren. Ich fragte ihn jedoch, wie er mit Julchen stünde? Nun, da wolte er mit der Sprache nicht recht heraus. „Es liege viel-leicht nur dran, daß sie meine Einwilligung nicht gewust habe;“ das wars so ungefehr was er sagte. Sonst thut er gros; meine Schwester will nämlich gehört haben, daß er Julchen in öffentlicher Gesellschaft gesagt hat, „er wolle keines Menschen Vorsprache haben.“ Aber jezt mus er freilig eingesehn haben, daß man so was nicht allein auf seine Hörner neh-men kan. Hätte ich bei Sophien eine nachdrük-liche Vorsprache gehabt, wer weis, wie dann alles gegangen wäre? wie?

Er bat mich, daß ich ihm erlauben möchte, nachmittag wieder zu kommen, und vorher Jul-chen meine Meinung zu sagen.

H 4 „Well

„Weil sie nicht zu hause ist," sagte ich . . .

„Ist das gewis?" rief er.

„Herr glauben Sie, daß ich mit Unwarheit „umgeh?"

„Vergeben Sie mir lieber, theuerster Herr „VanVlieten: ich habe bisher an der Gewisheit „dieses Gerüchts gezweifelt, und es thut mir „leid, sie jezt zu erfaren; man urteilt über Jul„chens Abwesenheit so unchristlich, und was „man davon sagt, ist ihrem guten Namen so „nachtheilig, daß ich eilen muste, Sie zu war„nen. Andre sagen, der Hofr. Schulz habe „ein junges Frauenzimmer entführt, und Jul„chen sei diese Unglükliche . . ."

Hier hatte ich nicht länger Gedulb. Ich lief zu meiner Schwester, und freilig, ich redete nachdrüklich. Gott weis, was das ist? Sie wer voll Angst, und doch schwört sie, daß Julchen nicht entführt ist. „Was Kukuk," schrie ich, „war„um ist sie denn auf dem Lande?"

— Ja das ward nichts und ward nichts.

„Hat etwa der Satan sein Spiel gehabt? „Bist du nicht Mutter? Wofür Henker bist du „Mutter? Hatten Koschchens Streiche dir nicht „Schimpf genug gemacht?" — Herr Pastor ich riß mir die Hare aus, indem ich so la m e n t i rt e. — Sie stand und sah aus, wie ein dummer Hanns. Ja ich gesteh es, diese Schwester ist sehr ausgeartet! Ich bin zwar der Mann, der ihr Glük gemacht hat, und das von Jugend auf.

Dank

Dank will ich nicht; der gebürt dem lieben Gott:
aber Folgsamkeit, und ein bischen die Oberhand im Hause, das darf ich doch wol begehren?

Sie hat gesucht, mich zu beruhigen: »Fürcht
»nichts, Brüderchen, für Julchens Sicherheit
»und Tugend: aber vor Morgen abends oder
»übermorgen kan ich dir Julchen nicht schaffen.«

»Aber warum in, ich weis nicht wessen? Na-
»men, ist sie auf dem Lande?«

»Weil sie unpäßlich . . ich sage weil es mich
»jammerte . . nun hör, Brüderchen, weil sie troz-
»te und ich sie gern gewinnen wolte.«

Daraus, lieber Herr Pastor, mach mir nun
Einer einen Vers!

Endlich ward beschlossen, daß morgen früh
ein Wagen abgehn soll; meine Schwester aber
sagt, daß, wenn Ich nicht zugleich ein Zettelchen
schreibe, so ist eine Gans hingeflogen, und eine
Gans komt wieder zurük. Ich will dir also
schreiben, daß dir die Augen übergehn sollen!

Was das wieder ist! ich soll thun, sagt meine Schwester, als wisse ich nicht, wo sie ist.
Ich denk immer, die beiden Weibsbilder haben mich zum Narrn!

H 5 V. Brief.

V. Brief.

Gar herzlich.

Herr Puf an Julchen.

Ist keine unter euch beiden klug? wie? du wustest, daß ich kommen solte, und gehst mir aus dem Wege? Ich weis wol, Mademoiselle Philosoph, daß du den Teufel nach dem Gelde frägst, das du von mir erben soltest, und daß du denkst von der Liebe zu leben. Leider bist du nicht die Einzige, die solch apahlig Zeug im Kopf hat! Bist du das Julchen, das mich so lieb hatte? dem ich mein Herz ausgeschüttet haben würde, wenn ich es, wie eine gute Tochter, zu hause angetroffen hätte? Auf mich fällt, Gott erbarm es, alles zu. Aber das wolte ich sagen, daß, wenn du auch mein Geld so wenig achtest, als Prinzessin Sophie: so solte doch die herzliche Liebe, die ich zu dir hatte, etwas über dich vermögen. Und du fängst an, falsch gegen alle deine Freunde zu handeln? Dem braven Herrn P. Gros hast du, wie meine Schwester mir sagt, geschrieben, daß du Herrn von Poufaly heiraten wirst, (wie das auch mein Wunsch, und, damit du es wissest, mein Wille ist) und nun denkst du dein Wort zurükzunehmen? O gehorsamer Diener! an einer Andern muß ich so was, so

was

was unredlichs verschmerzen: aber das soll nicht
gesagt seyn, daß ein Mädchen, welches ich vä-
terlich liebte, daß eine Puffsche Anverwandte
ein zweiseitigs Herz habe. Scher dich her, undankbarer Starrkopf, und halt dein Wort, und
laß den Löhlapp, den Schulz, fahren, und
denk, daß wenn du auch der Ruthe entwachsen
bist, und mach die Sache mit Herrn von Poufaly
richtig: oder meine ganze Liebe ist verscherzt.

Warum du mich fliehst, oder was du auf dem
Lande zu suchen hast, oder wodurch Herr von
Poufaly feine Sache bei dir verdorben hat, das
möchte ich wol, du sagtests mir.

Lieber Gott! soll ich ganz umsonst in der Welt
gearbeitet haben? Warum lag ich, ich möchte
sagen Jahr aus Jahr ein, auf der See? that
ichs nicht deswegen, daß ich einst diejenigen
glücklich machen könnte, die mir lieb sind? und
nun ist die Eine geizig wie ein Hund, die Andre
falsch wie Galgenholz, möcht ich sagen, und die
dritte starrköpfig wie ein Maulthier! Oder hast
du noch nicht Herzleid genug von der Liebe ausgestanden?

Aber ich will keine schriftliche Antwort haben;
denn mit der Feder hast du hundert Ausreden:
sondern mündlich sollst du mir sagen, ob dir an
meiner Freundschaft was liegt?

Ich habe dies wieder durchgelesen. Ists nicht
ein Jammer, daß ich mit einem Mädchen so reden muß, das meines Lebens Freude war?

Ich

Ich habe dich noch lieb, mein trautestes Julchen; ich will auch herzlich gern deine Einwendungen gegen Herrn von Poufaly hören: aber
mit solchem Kikelkakel komm mir ja nicht auf-
gezogen.

Dagegen wenn du einen andern stattlichen
Mann dir ausersehen hast: so kanst du es mir
treuherzig sagen: ich werde thun, was menschen-
möglich ist. Denn hör Kind! heiraten sollst du,
und das noch bei meinem Hierseyn, damit ich
sicher sei, daß du nicht, wie gewisse Leute, irgendeinen ehrlichen Kerl einst zum Narren habest;
pfui, das ist häslich. Nur nimst du dein Wort
von Herrn von Poufaly zurük: so müße es aus
triftigen Ursachen geschehn: sonst werde ich mit
Gottes Hülfe Sorge tragen, daß das böse Exempel nicht noch weiter einreiße. Es wird mir
leid thun, wenn du mich nicht verstehst; denn
deutlicher mag ich mich nicht ausdrüken:
Komm, und sei, wie du warst: so werde ich,
wie immer, seyn

dein treuer Oheim
Puf.

N. S. Daß nur mit deiner Mutter nicht
Lärm werde; denn Mißhelligkeiten das ist mein
Tod.

VI. Brief.

VI. Brief.

*Natura solitarium nihil amat, semperque ad ali-
quod tamquam adminiculum annititur; quod in ami-
cissimo quoque dulcissimum est.*

CIC.

Johanne Pirsch an Marianne MärzEls
zu Königsberg.

Bergshöschen.

Ich mus doch endlich die so oft wiederholte
Frage, „warum ich bei Hrn. Prof. T*. mich
nicht gemeldet habe,“ beantworten. Ach über
mich, wenns nicht anders seyn konn: genug es
ward mir schwer, mit diesem Mann Geschäfte zu
haben; und das aus zwo Ursachen. Schon
längst war ich aufmerksam auf ihn geworden,
wenn bei seinen gelehrten Unterredungen mit
Hrn. Puf sein unerschöpflichs Wissen desto mehr
offenbar ward, jemehr er es verbarg. Ich habe
spät angefangen, meinen Verstand zu bilden;
und da ich das mit Ernst gethan habe: so ist ein
Hang zu den Wissenschaften in mich gekommen,
welcher sehr leicht zum Hang gegen den Wissen
werden konnte. Zum Glük ist sein Herz zu sehr
mit dem Verlust seiner Braut, und sein Kopf
mit der unergründlichen Tiefe seines gelehrten
Fachs, beschäftigt, als daß ers hätte gewar
werden können, er selbst habe Theil an der grossen

Auf-

Aufmerksamkeit, mit welcher ich, immer daran
nähend, ihm und Hrn. Puf oder Julchen zuhörte; und mir lag dran, daß ers nie merke. Ich
aber hatte mein Herz zu oft ertappt, und war
froh, daß Hr. Puf von Königsberg abging, weil
ich auf eine, meiner Ruh ganz nachtheilige, Art
empfand, ein Mann, welcher ein so sanftes Wesen mit soviel Männlichkeit verband, sei, auch
ohn einen bestimten Angrif zu machen, so furcht-
bar, daß ich auch sogar Hrn. Puf Gesellschaft
um seinetwillen fliehn muste. Kurz, ich war auf
dem Punct, eine Narrheit so tief in mein Gemüth bringen zu sehn, daß ich ihrer vielleicht
nie losgeworden wärs. — Hiezu kam, daß ich
von der Fr. Janssen erfur, er selbst, der doch
beinah ein Gelübd gethan hat, nie zu heiraten,
habe sich verlauten lassen, ich sei ein gefärliches
Mädchen; ich sei es wenigstens ihm. Ich weis,
daß ich mich nicht verrathen hatte; aber um mich
nie zu verraten, nahm ich mir vest vor, ihm
auszuweichen. Dies ward mir leicht; denn ich
bins gewont. Mein Herz gehört nicht unter die
verliebten: aber daß der Hr. v. Käseke es Einmal rege gemacht hat, das werde ich fühlen, so
lange ich jung bin.

So wars mir unmöglich, mit dem Hrn. Prof.
T* zu sprechen, zumal in dieser Angelegenheit.
Nach langem Ueberlegen schrieb ich an ihn, unter
meinem, hier unbekanten, Namen Pirsch. Ich
bat ihn, diejenigen Papiere mir auszuliefern,
welche

welche Hr. Puf ihm anvertraut hat, indem er
aus meinem Auffaz an dich gesehn haben müsse,
wie mein Gemüth jezt steh. Ich versicherte ihn
zugleich, daß, was auch Hrn. Puf Papiere ent-
halten möchten, bei mir keine Veränderung vor-
gehn werde, indem, der Hr. v. Käseke lebe, oder
lebe nicht, sei verheiratet oder nicht, ich desweg-
gen nichts unternehmen würde. „Nur,“ sagte
ich, „fliehn werde ich ihn; und ich mus ihn
„fliehn, aus Gründen, welche ich im Auffaz für
„Mariannen offenherzig genug gesagt habe.“

Er schikte mir an den angezeigten Ort (denn
Dich wolte ich aus guten Gründen nicht drinn
mischen) die artigste Antwort von der Welt.
„Er habe,“ schrieb er, „nie einen so schönen
Brief gesehn, als der meinige sei. Vergleiche
er ihn mit meinem Auffaz an dich; so begreife
er nicht, wie ein so vorzüglichs Frauenzimmer in
Preussen seyn könne, ohn ihm oder seinen Freunden bekant geworden zu seyn, da sein und seiner
Freunde angelegentlichstes Geschäft darin besteh,
gut'e Menschen aufzusuchen. Zuerst habe er deine Papiere gelesen. Da habe er den Argwon
gehalst, daß ich vielleicht eine geliehne Gestalt
angenommen hätte. Es sei ihm schwer geworden, zu glauben, daß man unter Umständen,
wie die meinigen, und aus sich selbst so gut werden könne, als ich zu seyn schiene. Sobald er
aber das, was Herr Puf in dieser Sache hat,
gelesen habe, sei sein Erstaunen freilig grösser geworden:

worden: aber überzeuge sei er selbdem, daß ich wirklich diejenigen Eigenschaften haben müsse, welche ihm so selten vorgekommen waren. Er überlasse jetzt mir selbst, das Urteil, ob er strafbar sei, wenn er die Erlaubnis sich nähme, alles persönlich in meine Hände legen zu dürfen? Er habe Eine Person gekandt, *) welche, aus geringem Stande entsprossen, durch eigene Ausbildung das geworden sei, was man auch unter den günstigsten Umständen so sehr selten werde. Es sei natürlich, daß er wünschen müsse, eine zweite Person dieser Art zu sehn; und seiner höchsten Freude auf Erden, nämlich der Freude über Menschen, fehlte fortan sehr viel, wenn ich ihn eine Fehlbitte thun ließe.)

— Ich muß zum zweiten (oder vielleicht schon zum dritten) mal die sagen, daß dies der schönste Brief war, welchen ich je las. Was in mir vorging, kannst du dir recht anschauend vorstellen, wenn ich dir sage, daß ich mich über den Stul ans Clavier warf, und rascher, rollfemals; bekommendes Stük spielte; — eine ausgelassnere Freude ist wol nie in Noten gesetzt worden. Dies Meisterstük eines so großen Manns, beschäftigte mich lange.**) Dann las ich

*) IV. Th. S. 558.

**) Es ist das Presto Seite 6. in Wolfs Sechs Sonaten fürs Clavier oder Pianoforte. Leipzig 1775. — Daß wir mit der Zeitrechnung zu Wien, wie

ich den Brief wieder. Er war mit der süssesten
Anmut der Musen, *) und in einer Mischung
von Prose und Versen geschrieben, die überall
sich Zugänge zu meinem Herzen öfnete. Aber
ich habe nun Einmal (freilig mit gewissen Be-
schränkungen) die Liebe verschworen; und ich
hatte, wie schwer mirs auch ward, das Herz,
mich hinzusezen, und mit dem kältesten Blut von
der Welt, um die Auslieferung der Papiere zu
bitten. Freilig entschuldigen muste ich, daß ich
ihm die persönliche Uebergabe derselben nicht
zugestand. Und das that ich: aber ich that es
so links, und meine Gründe waren so gelegen,
wenigstens so geliehn, daß ich das Blatt weg-
werfen muste. — Ein zweites gerieth mir ungleich besser, indem ich während dem Schreiben
merkte, er könne unmöglich mich erkennen; und
weil ich das merkte: so sagte ich meine Gründe
mit Warheitsliebe, obwol mit Behutsamkeit.
Unter andern schrieb ich: „es befremdet mich
„nicht, daß Sie mich für ein vorzüglichs Frauen-
„zimmer halten: denn schon Andre haben eben
„diese schmeichelhafte Muthmahssung mich mer-
„ken lassen. Meine Schiksale können allerdings
„die Meinung entstehn lassen, ich müsse von
„vielen

wie dieser ist, nicht gut zurecht kommen können,
weis man leider.

*) Lepor Musaeus heissts beim Lucrez.

„vielen meines Geschlechts ganz vortheilhaft
„unterschieden seyn; man überredet sich leicht,
„daß Personen, wie diejenigen, mit welchen ich
„Umgang gehabt habe, mir eine vortrefliche
„Haltung gegeben haben müssen; man vergißt,
„daß unsre Briefe, wenn sie so ausschliessend,
„wie meiner an Mariannen, nur für Eine Freun-
„dinn, und unter der Vermuthung geschrieben
„sind, sie werden nie in die Hände einer Manns-
„person kommen, unter gleichen Umständen al-
„lemal sehr gut gerathen — und so hält man
„nach meinem Briefe mich für ein Wunderthier.
„Aber eben dies ist die Ursache, warum ich mich
„Ihnen nicht bekannt machen kan.   Einmal
„würde es meinen Stolz, dessen ich sehr viel
„habe, schmerzlich beleidigen, wenn Sie gleich
„im Anfange der Bekandtschaft mit mir gewar
„würden, wie sehr Sie sich geirrt haben, und
„denn sich wunderten, ein so ganz gewönliches
„Geschöpf vor sich zu sehn.   Zweitens — und
„dies kommt sehr in Anschlag — mich selbst
„kan eine Eitelkeit anwandeln, nachdem ich Ih-
„ren zaubervollen Brief so sehr oft durchgelesen
„habe.   Es kan mir einfallen zu glauben, ich
„sei vielleicht diejenige, für welche Sie mich hal-
„ten.   Wenigstens kan ein allzustarker, folglich
„der Weisheit nicht untergeordneter, Trieb ent-
„stehn, es zu werden.   Durch Ihre schmeichel-
„haften Vorstellungen erregt, kan mein Herz in
„einen Fall kommen, welcher, um seiner Ruh
                                                „wegen,

»wegen, vermieden werden soll und mus, wie
»das bisher geschah: und in diesem Fall kan es
»gerade in dem Augenblik seyn, in welchem Sie
»in mein Zimmer treten. Sie haben über eine,
»durch den Tod gestörte, Liebe bisher still ge-
»trauert; keine Herzenslage kan einem Mädchen
»so gefärlich werden, als, dünkt mich, eben diese
»dem meinigen werden kan: ich würde also in
»Ihnen einen, mir sehr viel bedeutenden,
»Mann kennen lernen. Ich, an meiner Seite,
»bin, wie Sie wissen, nicht durch gleiche, aber
»durch ähnliche, Leiden gegangen; mein Herz
»würde das fühlen, wenn wir beide uns sehn
»sollten, (denn Sympathien können wir nicht
»erklären, aber empfinden können wir sie) und
»so ists sehr wahrscheinlich, daß unsre Zusam-
»menkunft Folgen haben könnte, welche Ihre
»oder meine, oder vielleicht Beider, Ruh stören
»würden. Das können Sie nicht wünschen;
»denn Königsberg weis, daß Sie nicht wieder
»gebunden seyn wollen. Ich wünsche es eben
»so wenig, weil ich glaube, wie frei von Liebe
»zum Herrn v. Käseke mein Herz auch immer
»sei, noch lange nicht genug Herr über mich zu
»seyn. — Hiezu kommen noch zween Umständ.
»Sie wissen nichts von meiner Person, Gestalt,
»Betragensart u. s. w. Ich dagegen weis sehr
»viel von der Ihrigen. Ueberzeugen Sie sich,
»daß hierin nichts geschmeichelt ist: und erwä-
»gen Sie dann selbst, ob es klug seyn würde,

J 2 »Ihre

„Ihre nähere Bekandtschaft zu machen? Fer-
„ner: — (denn frei heraus: ich entdeke immer
„mehr, daß Sie mir nicht gleichgültig bleiben
„würden, wenn wir uns sähn) ich habe den un-
„wiederruflichen Entschlus gefaßt: nie über den
„Stand mich zu sezen, in welchem ich durch
„Geburt und Glüksumstände wirklich bin. —
„So klinge es denn immerhin seltsam, daß ich,
„eh Sie ein Wort sagen, an eine Heirat denke:
„genug, Herr Professor, ich mus Sie fliehn;
„und es ist beschlossen: Sie sollen mich nie
„sehn.“

In diesem Ton, aber noch viel mehr, hatte
ich geschrieben: aber ich konnte mich nicht überwinden, einen Brief wirklich abzuschifen, welcher nichts als Herz war. Indessen muste ich
entweder dies, oder gar nichts, schreiben. An
einer Seite beruhigte mich die Gewisheit, er
könne mich nicht erfragen; an der andern peinigte mich die Ungeduld, die ihm übergebnen
Papiere zu erhalten: ich siegelte den Brief, wie
er war, und er ging ab.

Nun erhielt ich ungesäumt jene Papiere: aber
kein Wörtchen vom Herrn Professor. Daran,
daß das mich verdros, merkte ich, wie glüklich
ich war, mit ihm forthin ausser aller Verbindung zu stehn. Es war in der That gut, daß
seine Unhöflichkeit, mir nichts zu antworten,
mich beleidigte: nicht sowol deswegen, weil des

Herrn

Herrn von Käseke Auffaz *) mich überzeugte, ich
sei nun völlig frei, (welches ich aufrichtig gewünscht hatte) sondern weil diese Geringschä-
zung meine Widrigkeit gegen alles, was vornehmer ist als ich, und also auch gegen ihn selbst,
vermehrte. — Gleichwol habe ich bei dieser
Gelegenheit mein Herz überrascht und ergriffen.
Ich habe eingesehn, daß ich nicht bestimmt bin,
einzeln zu bleiben: und aus Furcht in irgendeinem Augenblik der Wärme eines wieder ganz
gesunden Herzens zu vergessen, was ich meinem
geringen Herkommen schuldig bin (wie ich bei
Herrn T * es wirklich vergaß) bin ich entschlossen, den ersten besten Mann meines Stands
zu heiraten, welcher mit annehmlichen Erbietungen sich darstellen wird. Mein Pflegvater
ist schon sehr schwach, und ich seh gar nicht ab,
wie ich nach seinem Tode mich einrichten kan?
Ueberdem hat Herr Puf von bösen Zungen, besonders vom Domineschen Hause, von der
Frau * räthin und der Madame Grob, mei-
netwegen schon viel leiden müssen; und wo ich
nicht irre: so misfällt es ihm, daß ich immer
noch, wie Er das nennt, Null bin.

Lies nun, liebe Marianne, den Aufsaz des
Obristen, und stimm mit mir ein in das Lob
Gottes, welcher den verehrungswürdigen Herrn
Puf gebraucht hat, diesen jungen Menschen,

J 3   beim

*) Der XXX. Br. des I Theils.

beim lezten Schritt zum Abgrunde zu ergreifen,
zurükzuziehn, und für Welt, und Himmel ihn zu
retten. Lies besonders den Schlus, und überzeuge dich, daß es mein Ernst ist, durchaus un-
bekannt zu bleiben. Kennt mich Herr Puf: so
sind in demselben Augenblik alle meine Plane
zerrissen. Kennt mich der Obriste; so mus ich
diejenige Ersezung annehmen, welche er durch
Verbesserung meiner Glüksumstände mir geben
will — ich mus, sage ich; denn die Ruh dieses
Manns und seiner Gemalin, hängt davon ab.
Und dies wäre ein zweiter Ris durch die schöne
Carte, auf welcher ich, in vieljähriger Arbeit,
den geraden Gang meines noch übrigen Lebens,
gezeichnet habe. Geschieht das: so habe ich
umsonst gefehlt und umsonst gelitten: und so
müste ich die göttliche Regierung verkennen.

Es bleibt nun deiner Verschlagenheit, eben
so, als deiner Treue gegen mich, überlassen, alle
drei, Herrn Puf, Gros, und T*, so lange auf
dem Schnee herumzuführen, bis ihre Augen so
geblendet sind, daß die Möglichkeit, mich zu sehn,
verschwinde.

Wie kommts, daß du von dem, was in Seedorf und Lindenkirchen vorgeht, mir nichts
schreibst?

Fort-

Fortſezung.

Auſtet equum, validiſque ſedet moderator habenis.

TIB.

Nun hör, Kind! es war nah dabei, daß ich,
jenen Entſchluß, den erſten beſten zu
heiraten, ins Werk ſezte. Herr Puf kam in
aller Geſchwindigkeit zu uns; wohl zu merken
zu Pferde; denn er hat einen prächtigen, aber
ſehr verſtändigen, Schweisfuchs, (ſo nennt
er das Thier) von der Gräfin * ow. gekauft.
Erſt ſprach er von nichts als von ſeinem Gaul:
es verſteht ſich, daß er noch drauf ſizen blieb.
Einige der einſehendſten Bauern, beſonders
Julchens Günſtling,*) mußten herbeikommen,
und ihm weiſſagen. Da ritt er den Para=
denz ihnen vor, wafer und raſch, troz einem
Pyrtzſchen Juden; erzählte ihnen die Ver=
anlaſſung dieſes Ankaufs, durch die drolligſte
Mittheilung einer Begebenheit ſeiner lezten Reiſe,
und widerſprach jeder Bemerkung eines Fehlers
an dieſem Pferde, welche die Bauern, überklug,
wie ſie es immer ſind, zu machen ſchienen.

„Etwas baumleibig iſts wol,“ ſagte ein
Bauer.

J 4

„Ihr

*) IV. Th. XIV. Br.

„Ihr mögt wol selbst baumleibig seyn," antwortete er unwillig; „es mag dem Kukuk baum-
„leibig seyn: und wie ist das, baumleibig?"

„Das ists wol nicht." sagte ein andrer, „es
„könnte eh etwas gestrekter seyn."

„Wie, gestrekter? das wollt Ihr einem ste-
„henden Pferde ansehn? ich mus das besser wis-
„sen, ich hab's auf der Streu gesehn."

„Ich wollte," sagte ein Dritter, „daß es kür-
„zer gekiht wäre ..."

„Küßt Ihr mir hier den Ellbogen alle mit-
„einander! Einem ist was dran zu kurz, dem
„andern solls kürzer seyn ..." (zu dem Alten
leise) „Ists denn wahr, Vater? denn das Wort
„versteh ich nicht."

„Lieber Herr, Sie haben ein capital Pferd,
„und die Nachbarn da wollen nur was zu
„kräteln *) haben."

„Nun ich habe auch andre Dinge zu thun!" —
und so sprengte er nach dem Hofe zu, verlor
aber den Bügel, und wäre beinah herunter gefallen. Stark erröthend stieg er ab, und zog am
Bügel: „der Riem ist auch zu lang; das mochte
„der wol haben wollen, mit seinem kürzern
„Kihn. — Aber, Hannchen; Ihnen habe
„ich vor dem Camin ein Wörtchen zu sagen."

— Indem ich sein Bier ihm einschenkte, sah
er mit einer ernsten bedeutenden Miene mich an,

stopfte

*) à redire.

stöpfte sehr tieffsinnig seine Pfeiffe, legte dann
ämsig das Feuer zurecht, und sah unverwandt in
die Flamme. „Ei nun, Ihren Willen haben
„Sie bei dem allen, und daß ichs Ihnen sagen
„wolte, habe ich versprochen. Für andre Leute
„habe ich vielleicht mehr Glük, als für meine
„selbst eigne Wenigkeit! leider! wie?"— Nach
einer sehr langen Pause, während welcher er
von zeit zu zeit aus der Pfeife einen Zug that,
und immer noch ins Feuer sah, indem ich neben ihm sas, und mit Striken mich beschäftigte,
nahm er wieder das Wort: „Also was sagen
„Sie, Hannchen, zu meinem Antrage?"

„Kein Wort! denn noch weis ich von keinem
„Ihrer Anträge."

„Hat der Vater Ihnen nichts gesagt?" (mit
grosser Befremdung.)

„Kein Wort."

„Wie ist das?" — indem er lange nach-
sann. Plözlich schlug er mit der flachen Hand
an die Stirn. „Je Puf, du Trübetümpel!
„es ist ja auch wahr! Rufen Sie doch den al-
„ten Vater. Ich dachte in der Verwirrung, ich
„hätte schon alles mit ihm abgemacht."

„Belieben Sie noch zu verziehn; mein Vater
„ist in den Wald gefahren, Moos zu holen..."

„Was das wieder für Dinge sind! Kan der
„nicht auf seinem p. v. po sizen, der alte schwa-
„che Mann? wie oft habe ich es ihm gesagt?"
(unruhig auf seinem Stul) „Ae h! daß er auch

J 5   „gerade

„gerade heute da im Walde herumkrabbeln
„mus! — Indessen mus ers denn zuerst wis-
„sen? im grunde sind Sie ja immer die Haupt-
„person; und abgemacht mus die Sache werden.“
(ruhiger, aber etwas feierlich) „Hören Sie,
„ich habe einen Bräutgam in der Tasche.“

„Auch gut, lieber Herr Puf! doch für mich?“

„So habe ichs gern! O daß Julchen es säh,
„und gewisse andre Leute! denn das Zimpern,
„und Blödethun, und Verschämtseyn, das ist
„mein Tod. So vom Herzen weg reden, und
„für bekannt annehmen, — das ist recht gut
„und hübsch! dabei bleiben Sie, Hannchen. —
„Für Sie? ja allerdings für Sie habe ich einen
„Bräutgam im Schubsak.“

„Nun so ziehn Sie das Männchen hervor;
„denn die Kaze im Sak, kan ich doch nicht
„kaufen.“

„Nun, nun? Dort im Garten vor drei
„oder wieviel Jahren waren Sie nicht so will-
„färtig. *) Mädchen! damals habe ich mich
„geärgert. Es mag schlafen: aber hätten Sie
„damals so mit sich reden lassen, wie heute:
„so wäre manches gar anders gegangen; aber
„es mag schlafen.“

*) Sieh die lezten Briefe des ersten Theils.

Fort-

Fortſezung.

Mancherlei; auch kirchliche Sachen.

— Ich nahm gern dieſer Gelegenheit wahr,
um jenen alten Eindruk zu verlöſchen:
„Verſteh ich Sie recht . . .“

„Ja ja, Sie verſtehn mich recht; ich ſtand
„damals vor Ihnen auf dem Rehfüsgen.
„Sie verſtehn mich ganz recht.“

„So erlauben Sie mir zu ſagen, daß wenn
„Ihr Bräutgam an Herkunft und Glük ein Mann
„iſt, wie Sie: ſo wird nichts draus.“

„Grillen, und wieder Grillen! Ich bin wol
„was rechts! — Aber davon iſt heute nicht
„die Rede. Der Mann iſt kein Eröſus, und
„iſt mein guter Freund . . .“

— Wie erſchrak ich! das lezte bezeichnete
ja den Prof. T *.

„Iſt ein grundgelehrter Mann: aber kein
„Canzler . . .“

„Und heiſſt?“

„Heiſſt mit dem Erſten Buchſtab . . . rathen
„Sie.“

„Iſt der ein Conſonant oder Vocal?“

„Oder Dyphtong? Rathen Sie, ſage ich.
„Kurz der erſte Buchſtabe iſt R.“

„Alſo iſt Jucunde tod?“

„Wie,

„Wie, tod? — Ja, Sie denken auf Herrn
„Radegaſt! Nein, den meine ich nicht.“

„Doch nicht Herrn Ribezal?“

„Doch nicht? warum doch nicht? iſt
„an dem Mann was auszuſezen?“

— Ich war tiefſinnig; und er ſchwieg. —
„Ich habe,“ ſagte er endlich, „mit ſolchen Din-
„gen mich gar nicht mehr befaſſen wollen: aber
„es iſt dumm Zeug mit Gelübden dieſer Art.
„Helfe doch, ſagt Doctor Luther, einer dem
„andern mit trewē Raht vñ Warnē, Wie du
„wolteſt dir gethan haben! Was ſagen Sie
„zu Herrn Ribezal? — Oder wenn ich Ihnen
„erſt Herkommen und Glük, wie Sie vorher
„ſagten, beſchreiben ſoll: ſo wiſſen Sie hiermit,
„daß der Mann eines armen Schulcollegen
„Sohn iſt, daß er in Brieg *) geboren iſt,
„auf dem dortigen Gymnaſio ſtudirt hat, und
„von dort recta nach Königsberg gekommen iſt.
„Hier habe ich, weil er ein wakrer Mann iſt,
„Freunde ihm verſchaft, und durch dieſe iſt er
„in die Benſonſche Vacanz eingetreten, weil
„Herr Kübbuts ſolche ausgeſchlagen hat, das
„heiſſt:

*) Wenn dies dem, was im Erſten Theil von Herrn
Ribezal geſagt worden iſt, widerſpricht: ſo iſt das
die Schuld des Sezers, welcher in unſre Art, die
Städte durch einzelne Buchſtaben zubezeichnen, ſich
nicht finden konnte.

»heißt: er ist Capellan, *) Conrector, und der-
»jenigen Jungferschule Aufseher, welche die Fr.
»Past. Gros gestiftet hat. Seine Person, und
»seine Gemüthsart kennen Sie, und daß ich Ih-
»nen den Antrag thue, das geschieht auf seine
»Bitte. Was sagen Sie nun?«

»Ich sage, daß ich nicht Herr meines Schik-
»sals bin.«

»Der Kukuk! das ist wol etwas sehr merk-
»würdigs? als wenn irgendein Mensch das
»wäre?«

»Ich wolte nur sagen, daß das auf meinen
»Vater ankommt.«

»Ja sehn Sie, das ist mir schon verständli-
»cher, deutscher. Der Alte aber wird, hoffe
»ich, bedenken, daß er diejenigen Scheffel Mehl,
»welche Er essen solte, nun so ziemlich zuleibe
»hat, und daß man auch drauf denken mus, wo
»nach seinem Tode die ihrigen herkommen sol-
»len. Ueberdem, dächte ich, wärs mit Ihnen
»Zeit. Kind, was, so mager Sie auch seyn
»mochten, Sie dort im Garten waren, nehmen
»Sie mirs nicht übel, das sind Sie nicht
»mehr.«

»Ich sage ja auch nicht, daß ich den Herrn
»Ribezal ausschlagen will.«

»Nun, das ist doch ein Wort! ein Vor-
»schlag zur Güte...«

»Aber vom Annehmen sage ich heut auch noch
»nichts.«

»Fordre

*) Diaconus.

„Fordre ich denn das? Ich will nichts als
„den Antrag thun; und Herrn Ribezal mus für
„jezt genügen, wenn das geschehn, und Ihnen
„Gelegenheit gegeben ist, als eine vernünftige
„Jungfer und als eine Christinn nachzudenken.
„Was soll ich sonst noch ihm sagen?“

— Eh ich meine Antwort herseze, mus ich,
liebe Marianne, dir sagen, daß Hrn. Ribezal
Person mir nicht eben misfällt, obwol sie auch
nicht eigentlich mir gefällt. Der Mann sieht
mir mit seinen brennenden schwarzen Augen und
überhaupt — zu klug aus; und mich dünkt,
mein Mann werde besser faren, wenn er nicht
klüger ist, als ich. Zudem ist er, dünkt mich,
nicht so gefällig, wie seine Landsleute sonst sind,
und sein Wesen hat, bei aller seiner Heiterkeit,
doch dasjenige Steife, welches ich wenigstens
an den dir bekanten Herrn Grünberg, von
Ohlau, beiden Herrn Jauer, Herrn Reiss
und v. Breslau nicht gefunden habe. Er
scheint es zu wissen, und dem Dinge abhelfen
zu wollen: aber dann wird er das, was
wir sipprich nennen; und zu seiner, sonst
ansehnlichen, beinah Hochmuth verrathenden,
Gestalt macht das einen seltsamen Abstich. Dagegen ist er freilig in Gesellschaften, welche er
ganz kennt, so angenehm unterhaltend, daß er
den Namen eines allerliebsten Menschen, welchen Herr Puf ihm giebt, vollkommen verdient.

Eben

Eben so kan man keine einzige der vaterländi-
schen Tugenden ihm absprechen; und mir geht
seine offne Redlichkeit und sein, fast wütender,
wenigstens unduldsamer, Abscheu gegen Verstellung, Falschheit und Hinterlist über alles. Er
hat mir selbst einmal, höflich, aber sehr derb, die
Warheit gesagt; er that mir unrecht (denn er
konnte die Lage der Sache nicht wissen) aber ich
hätte den treuherzigen jungen Mann gleich küssen mögen. Auch hat seine Arbeitsamkeit und
kluge Wirthlichkeit viel reizendes für mich. —
Nur daß er ein Prediger ist, nämlich daß ers
hier im Lande ist, das gefällt mir nicht. Der
Wunsch einer bessern Versorgung ist, wo nicht
dem Mann, doch der Frau natürlich, wenns
am Beyfall der Gemeine fehlt; und an diesem
wirds ihm fehlen, weil er ein Ausländer ist.
Ich weis, daß alle seine Obern ihn liebhaben:
aber einmal hat Hanns Caspar Wachs einen
Bruder, Michel Bernstein und Ursula Ahl
haben einen Vetter, Clas Steurmann, Eva
Pomuchel und Aedituus Glokenseil haben
einen Pathen, und Herr Chrysostomus Kanzel
hat einen Sohn. Lauter Candidaten des Pre-
digtamts, deren Brod Herr Ribezal bekommen hat. Wird man jemals ihm das verzeihn?
wirds nicht unaufhörliche Aufwieglungen geben?
und ist da Beifall zu erwarten, zumal wenn
Herr Glokenseil und Herr Kanzel den Kunstrich-
terton in der Gemeine nehmen, und jener aus
der

der Dürftigkeit des Klingbeutels, *) und dieſe aus den Wunden, über welche die ſymboliſchen Bücher, wie Er ſagt, ſchreien müſſen, beweiſet, daß man höchſtunglüklich gewählt hat. — Aber noch aus einem andern Grunde wird der Beifall ihm verſagt werden: ſeine Sprache wird der Gemeine fremd, beinah hätte ich geſagt: **unchriſtlich** klingen. Er ſpricht zwar nicht mehr ſchleſiſch, ſondern hat, mit ſehr glüklichem Erfolg, das allerdeutſcheſte aus allen in dem von ſoviel Fremden beſuchten Königsberg ſich eigen gemacht: aber genug, er hat doch keine Königsbergſche Sprache. Und dieſe Kleinigkeit wird den Anhängern jener ſeufzenden Candidaten etwas unerträglichs ſeyn. Als Herr T * noch Theolog war, predigte er in, ich weis nicht welcher, Provinz, über die Stelle: „Es iſt ein köſt„lich Ding, daß das Herz veſt werde.“ Er ſprach das unterſtrichne Wort, welches auch in ſeinem Thema blieb, ſo wie es geſchrieben iſt, ſo, wie es klingen mus, weil es von „koſten“ herkomt; aber nach der Mundart der Provinz muſte es geſprochen werden, als käms von „Ka„ſten“ her: und kein Menſch (es verſteht ſich, daß vom Pöbel die Rede iſt) wolte ihn wieder hören — man ſprach einige Wochen lang von nichts, als von ſeinem lächerlichen Accent. — Das komt noch dazu, daß er bei ſeiner groſſen
Arbeit

*) Im Text ſtands preuſſiſch: des Säkels.

Arbeitſamkeit wenig ausgehn, folglich ſelten in
Geſellſchaften kommen kan. Folglich wird der
Pöbel viel von ihm ſprechen, aber nur ſpät oder
gar nicht ihn kennen lernen; und ſo wie der Pöbel von ihm ſpricht und denkt, wird jeder, der
in ſeine Kirche zu kommen nicht Luſt oder nicht
Gelegenheit hat, von ihm denken und ſprechen.
Kan das nicht am Ende bei ſeinen Obern ihm
ſchaden? zumal wenn er dadurch unter dem
Volk ſich Feinde macht, daß er (wie bisher
wirklich geſchehn iſt) nur ſeiner brennenden Liebe zum Recht, und nicht der, ihm vielleicht zu
niedrigen, Klugheit folgt, auf Zeit und ſchik-
liche Gelegenheit zu lauern? „Ich erſtaune,“ ſagte Herr Domine neulich zu ihm, „daß ein Mann
„von ſoviel Licht ſich nicht Freunde machen kan!
„es komt ja blos drauf an, welche Schulter
„man hinwendet?“ — „Ich weis das,“ antwortete er: „aber ich habe zwo Schultern; und
„glaube für ſchief gehalten zu werden, wenn ich
„Eine wegwende.“ — Uebrigens gilt wol von
mir, beſonders in Abſicht der Kanzel, gewis das
Wort . . . . (er ſagte eine Stelle im hebräiſchen,
welche ſo heiſſen ſoll: Ich bin Friede: aber
ſobald ich rede, bricht die Unruh
los*) — Dies führt mich zu Einem Haupt-
umſtand. Ich habe einige ſeiner Predigten gehört: der Mann ſchmeichelt nicht! Ich will
nicht

*) Pſ. 120. 7.

VI Theil. K

nicht ſagen, daß alle königsbergſchen Prediger
ſchmeicheln: aber das iſt doch hier wie überall,
wahr, daß Viel, wie man das nennt, es in einem S ü p p c h e n geben, um den Brei herum
gehn, und beim Allgemeinen ſtehn bleiben. Herr
Ribezal aber bringt ins Innre der Familien,
ſtraft die Kinderzucht, die Unverträglichkeit der
Ehgatten, das Läſtern in Geſellſchaften, die
Unwirthlichkeit, den Aufwand, die Unwiſſen-
heit, die Gewiſſensloſigkeit der Herſchaften
gegen das Geſinde, das leere Vertrauen auf
den äuſſern Gottesdienſt und auf das Amt des
Beichtvaters ꝛc. Er thut das mit der vernünf-
tigſten Schonung; mit aller, der Gemeine ge-
bührenden, Achtung; mit einer Herzlichkeit,
welche, (wie auch der Feind geſteht) ans Herz
bringt: aber man iſt dieſes Ernſts nicht gewont; und andre verſchlieſſen ihr Herz dadurch,
daß ſie ſich überreden, was ihn zu dieſer Art
des Vortrags bewege, ſei nicht Chriſtenliebe,
ſondern Tadelſucht gegen die Provinz und eine
alles verachtende Vorliebe zu ſeinem Schleſien.
Du ſiehſt wol, daß, da die Sache ſo ſteht, Herr
Ribezal lebenslang das bleiben muß, was er
iſt, zumal wenn er nicht ein Mädchen aus einer
viel geltenden ſtädtiſchen Familie, ſondern mich
Fremdling, heiratet: und ſein Poſten iſt nicht
ſo, daß er in derjenigen Art, welche er oft dem
Herrn Puf, und vielleicht andern, geäuſſert hat,
ſeine Kinder (— wie ich da roth werde —)
erziehn

erziehn kan. Ihn heiraten, das hieſſe alſo, das
Elend bauen.

Fortſezung.

Aduerſaria ſcholaſtico-practica.

Rechne dazu noch, daß, wie lebhaft auch ſeine Neigung zum Erziehungsgeſchäft ſei, es
doch nicht glaublich iſt, daß ſie immer ſo lebendig und ſo genugthuend für ihn bleiben ſolte.
Und geſezt, ſie bleibe es bis ans Alter: wie wird
denn ſein Alter ſelbſt beſchaffen ſeyn? Wird er
nicht jenes, wo nicht pedantiſche, doch finſtre,
Weſen annehmen, welches ich wenigſtens an
allen alten Schulmännern bemerkt habe. Man
glaubt, und er ſelbſt glaubts, ſein Hang zur
ſchönen Litteratur werde ihn dagegen ſichern.
Ich glaube gerade das Gegentheil: denn eben
das, daß er dieſem Hange nicht wird Genüge
thun können, wenn der Anwuchs ſeiner groſſen
Schule ſeinen Geſchäften eine andre Richtung,
und ſeiner Muhſſe eine andre Beſtimmung geben, oder dieſe lezte ihm wol gar rauben wird
— eben dies, ſage ich, wird ihm ſehr beküm-
merud ſeyn — und wie ſoll er die Zeit gewinnen, ſeine Kinder zu erziehn? Ueberfällt ihn
einſt dieſer Kummer: weh mir! dann wird er
dike, überhängende Augenbraunen haben; ſeine

K 2   Unter-

Unterlippe wird herabhängen; seine Fäuste werden sich ballen; er wird, wenn er mir was
schönes sagt, alles nach Silbenmahs und Quan-
tität aussprechen; vom Stehn in der Catheder geschwollne Schenkel haben; bei der hebräi-
schen Bibel, den griechischen Abbreviaturen, und
der Untersuchung der alten Handschriften, über-
sichtig geworden seyn; vom täglichen Reden wird
er (ich wills ganz leidlich ausdrüken) feuchte
Lippen haben; und wenn die Schule aus ist,
wird er im Hause umhergehn, und mir was vor
gnägeln. — und was wird er mir nachlas-
sen? nichts als alte Editionen in Schweins-
leder mit grünem Schnitt.

Hieraus siehst du, daß es nicht leicht war,
Herrn Puf Frage: „was soll ich ihm sonst noch
„sagen?“ zu beantworten: aber das Vertrauen
zu diesem treflichen Mann überwog, und ich
sagte ihm fast alles, was ich hier geschrieben
habe.

Erst wars ihm herzlichlächerlich; denn du
weist, daß ich im Reden launigter bin, als im
Schreiben; hernach aber sprach er ernsthaft über
die Sache; und der Schlus war: daß Herrn
Ribezal keine Hofnung gemacht, doch auch keine
abschlägige Antwort gegeben werden soll.

„Ich gebe Ihnen hier“ sagte Herr Puf zulezt, „damit Sie den Mann näher kennen lernen, die Abschrift derjenigen Rede, mit welcher
er sein doppeltes Schulamt den Tag nach sei-

ner

»ner Antrittspredigt übernommen hat. Ich ken-
»ne ihn ganz, und weis, daß er kein Wort ge-
»sagt hat, was nicht in seinem Herzen wäre.
»Ich kenne aber auch, wie Er, unsre Stadt,
»und finde Stellen drin, welche vielleicht Pro-
»phezeiungen sind. *) Lesen Sie sie aufmerksam
»durch, und sagen Sie mir dann Ihr Urteil.«

— Ihm, liebe Marianne, kan ich mein Urteil nicht sagen: aber dir werde ich es nächstens
zuschiken. Gieb übrigens treuen Rath deiner

Johanne.

*) Ueber diese Antrittsrede ward von
vielen, besonders denjenigen, Personen, welche sie nicht angehört hatten, sehr verschieden geurteilt. Die Hartungsche
Buchhandlung erbat sich daher eine Abschrift derselben. »Noch nicht,« antwortete er: »aber nach Verlauf einiger Jahre
»werde ich selbst sie druken lassen, so, wie
»meine Antrittspredigt.« — Nur wenigen
derjenigen Personen, welche damals geurteilt haben, kanns gleichgültig seyn, daß
wir die eigenhändige Urschrift hier
abdruken lassen. Hier ist sie: (einige Ti-
tulaturen, welche im Lesen ermüden würden, ausgenommen) von Wort zu Wort.

Unt«

Unter anbetendem Dank an Gott, unter Segens=
wünschen für unsre Monarchin, und mit tiefer Ehrfurcht
gegen eine so glänzende Versammlung, trete noch Ein=
mal auf, um öffentlich zu sagen, daß ich Gott und mei=
ner Obrigkeit gehorsam bin. Ich bin des Rufs zum
Capellan an dieser Kirche, und eben so zum Conrector
der Schule, und zum Aufseher der Erziehungsanstalt
für junges Frauenzimmer von Stande, gewürdigt wor=
den. Jenes Amt habe ich gestern öffentlich übernom=
men, und dieses trete ich hiermit an, mit vester Hof=
nung des Beistands und Segens unsers Gottes, und
unter ehrfurchtsvoller Bitte, um ferners Wohlwollen, und
um grosmüthige Nachsicht.

Nehmen Sie Hochgebietende Obern unsrer Stadt,
die Versicherungen meines regesten Danks an, für das
gegen mich geäusserte unverdiente Zutrauen, und den an
mich ergangnen Ruf in diese Aemter.

Nehmen Sie, geschätzte Mitarbeiter, gütig und mit
hülfreicher Hand, mich auf, als einen Gehülfen in Ih=
rem grossen Geschäft.

Fassen Sie, Hofnungsvolle Jünglinge, und Sie blühn=
de Zierden Königsbergs, das Herz zu mir, sich zu über=
zeugen, daß ich Ihnen grosse Treue und Liebe erweisen
werde.

Und dann erlauben Sie mir ꝛc. durch einige Betrach=
tungen über das sehr angenehme des Erziehungs=
geschäfts meinen Eintritt feyerlich zu machen.

Man ists nur alzugewont, von Lehrern der Jugend
Klagen zu hören. Je mehr man ihnen ausweicht, um
nicht, entweder sich auf den Ton dieser Betrübten stim=
men zu dürfen, oder, um nicht ihr Leiden durch die sehr
natürliche Aeusserung der Widrigkeit zu vermehren, mit
welcher man Klagen anhört, welchen man nicht abhelfen

kan,

kan, oder nicht abhelfen will: desto mehr häuft sich der
nun verschwiegne, aber nun schärfre Schmerz in dem,
überall abgewiesnen Herzen des Schullehrers. Endlich
mus dann einmal ein solcher, aus der Gesellschaft ver-
bannter Mann, in irgend einer Veranlassung, von Amts-
wegen, öffentlich auftreten. Er trug das kranke Herz
hin auf die Stelle, wo er reden soll. — Das treffen-
de Bild eines aufgehaltnen Stroms, der nun ausbricht,
hat hier das Neue nicht mehr —

O ich möchte sagen: nun gleicht der Redner dem ge-
sagten Reh. In der Tiefe des Walds drükte es bei jedem Eindringen in Hölen, wo es sich retten wollte, die
empfangnen Pfeile nur weiter in seine Eingeweide. Jezt
komts aufs Freie. Kan es: so wird es jezt die Pfeile
ausreissen. Sind sie zu vest eingedrungen: so wallt sein
Schmerz im wimmernden Jammergeschrei durch die Fel-
der; und nun taumelt es hinab ins unbesuchte Thal, um
unbemerkt zu verderben. *) Daher kommts wol, daß
die Hörsäle oft leer sind, wenn Schullehrer reden sollen.
In dem unsrigen 2c. trete ich heute zum ersten male auf,
und heut als Schullehrer. Ich suche, denn heut ists
mir wieder erlaubt, das beste zu suchen, was Königsberg mir geben kan, ich suche Herzen zu gewinnen. Ich
suche die Herzen derer, die als Obrigkeit und als Väter
und Mütter zu befehlen haben; ich suche dein Herz, o
du Zierde der Nachwelt, dein Herz suche ich, o Jugend!
Es wäre eine Vermessenheit, hoffen zu wollen, daß eine einzelne halbe Stunde diesen grossen Erfolg haben
wird, welchen die grössesten Männer nur vom Ganzen
einiger Jahre erwartet, und oft vergebens erwartet haben: aber daß nicht hie und da ein Herz mir, oder viel-

K 4   mehr

*) Herr Ribezal misbilligt jezt diese und änliche Stellen,
welche nur dem Halbkenner gefallen können: aber es war
nothwendig, die Rede unverändert abdruken zu lassen;
und wen sie, und überhaupt das Erziehungsgeschäft, nichts
angeht, der überschlage sie.

mehr unsrer guten Sache, zufallen solte; daß nicht diese
Rede dem, was ich an heiliger Stäte gesagt habe, ei=
nen sanften Nachdruk geben solte; diese Hoffnung kan
ich nicht, nein, ich kan sie nicht faren lassen. Und in
dieser wohlthuenden Erwartung bin ich gern zufrieden,
wenn meine Rede nur blos als eine Einladung aufge=
nommen wird, deren Wirkung wir bey künftigen ähnli=
chen Feierlichkeiten unsrer Schule im Blik auf eine
sehr zahlreiche Versammlung erfahren sollen. Als
ein Mann, der nach langer Beschäftigung mit der Ju=
gend zum zweiten mal in ein Schulamt tritt, würde ich
Glauben verdienen, wenn ich von den Beschwerden die=
ses Amts reden wolte: so sei es mir denn auch erlaubt,
eben das zu hoffen, da ich auftrete, um von dem sehr
angenehmen desselben zu reden.

Das Erziehungsgeschäft nach „allen‟ seinen Reizen
vorzustellen, das würde eine Unternehmung seyn, die
weit über die Grenzen hinaus gehen würde, bis an wel=
che die Geduld der Zuhörer, und vielleicht auch die Wär=
me des Redners, reicht. Jemehr dis Bild ihm schön
ist, und je patriotischer er wünschen müste, eine allge=
meine Bestätigung dieser seiner Empfindung des Schö=
nen zu erhalten: desto mehr müste er es von allen Sei=
ten zeigen, und tief in die Analyse der einzelnen Theile
sich einlassen. Die Ehrerbietung, die ich einer solchen
Versammlung schuldig bin, befiehlt mir, nur „einige‟
der vielen Reize aufzustellen, die das Erziehungsgeschäft,
dem, der es kennt, so sehr angenehm machen: zumal
da die Geschichte unsrer Schule zeigt, es müsse etwas
ungemein genugthuendes für Edeldenkende seyn, den Er=
ziehern im ganz Innern ihres Geschäfts näher zu treten;
es müsse etwas für grosse Selen schikliches seyn, an die=
ser, durchaus schönen, Beschäftigung Theil zu nehmen.

Still sind sie, die Freuden des Vater= und Mutter=
Herzens: aber welche Freuden der Glücklichen können ih=
nen gleichen? Hier darf ich diejenigen anreden, wel=

chen

chen der gütige Gott die Erde zum Paradiese machen wollte, die Eltern. Sie sehn mit einer Erfarung, die warlich verdiente, daß über sie ein Tagebuch gehalten würde, mit einer täglich mehr berichtigten Bemerkung sehn
sie zu, wie der Herr Gebet erhört. Vormals bemerk-
ten sie an der sanften Freude, mit welcher sie den Keim
zur Staude, und diese zur Blume, und diese zur reifen
Frucht werden sahn; an dem Gefühl des Wohlthuns, mit
welchem sie ein sinkendes Blatt sanft emporhoben, eine
für so viel Reichthum des balsamischen Staubs zu enge
Knospe befestigten, und der jungen Pracht einer Blume
gegen die brennenden Sonnenstralen Schatten zu verschaffen suchten: an diesen Empfindungen merkten sie,
wie die Ansprüche an ein „ganz“ grosses Glük ihrem Herzen wesentlich waren. Nun wolte der Schöpfer der
Freude die hohe Wonne, wenn ich so sagen düefte, mit
ihnen theilen, welche Er empfand, als die Schöpfung
da stand, und welche sein Geist in dem erhabensten Aus-
druck, den ich je in der Schrift gefunden habe, beschreibt.
Er gab Ihnen „Kinder!“ Jezt sahn sie, fröhlich, wie
man sich über ein Eigenthum freut, wie ihre Kinder die
Menschheit anstaunen, und wie die ganze Natur derselben arbeitet, um durch die Grenzen des Thierischen zu
brechen. Sie sehn zu, wie bald die Kräfte der Sele
sich entwickeln: o! und die kleinsten Anlösse geben ihnen
die entzückendste Hofnung von einem Kinde, welches durch
die Erlösung des Mittlers ein heiliges Eigenthum Gottes
geworden, und „doch“ bestimmt ist, die Stüze ihres Al-
ters, und ihr Nachfolger bei der Nachwelt zu seyn. Ist
jemand hier, dessen geliebtes Kind zur Ewigkeit voraus
gegangen ist: der urteile, ob die Freuden des Vater- und
Mutterherzens die reinsten und erquickendsten sind! —
Und diese hohen Freuden, so bald Gott uns in ein Schul-
Amt sezt, so bald theilen wir sie mit den be-
neidenswerthen Eltern. Solte ich nicht „mehr“
sagen können? solte nicht, wenn unsre Schule zahlreich

K 5   ist,

ist, unsre Freude in höherer Ausbreitung „über" die
Freude der Eltern sich heben, je nach dem Mahs, nach
welchem mehr Kinder uns anvertrauet, und aus diesen
zarten Kindern Jünglinge und Jungfrauen werden, die
jezt in die grosse Welt treten, und die von uns erzogen
sind, schön, wie ihr feines Herz es verdiente; schön genung, um uns wie Söhne und Töchter zu danken?
Aber „nicht" bis dahin dürfen wir auf so beruhigenden
Lohn warten.   Schon die ersten Pflichten, welche wir
als Erzieher haben, und welche von manchem so gering geachtet werden, bringen bei der Ausübung den Lohn
mit sich.   Das Kind wird zwar nicht unser Eigenthum:
aber unser „anvertrautes Gut."   Uns übergab es ein
Vater, der es vielleicht keinem „Monarchen" gern übergeben hätte; „uns" legte es auf unser Gewissen; nicht
Befehl der Obern, sondern „Gott" wars, der sein Herz
lenkte, es uns zuzuführen, und wir übernahmen es
„vor Gott."   Darf ich nach meiner Empfindung schlüs-
fen, so wird ein solches Kind uns nun lieb, wie ein „Eigenthum."   Daß es, „als Bürge des Zutrauens der
Eltern, und unsrer allerfrömsten Treue," uns ganz ausnehmend werth seyn mus, das weis man.   Mit dieser
Liebe, ich möchte sagen, mit dieser heiligen Werthschäzung," nehmen wir das Kind auf, und freuen uns, ein
Kind aufnehmen zu können, im Namen des Erlösers.
Wir warten — o der Akermann wartet kaum so schmach-
tend auf den Regen, der sein Feld mit Keimen schmükt,
als „wir" nun warten; auf die Kraft des Geists, der lebendig macht.   Unter unserm Blik entwickelt sich die Anlage zum Menschen geschaffen zum ewigen Leben.   Die
Unschuld der entsündigten Sele; das weiche Herz;
das gewaltige Hervorbrechen des noch ganz gesunden
Verstands, die unvergleichliche Wissbegierde „noch"
ins Flügelkleid der Kindheit gehüllt, aber „schon" auf
das ganz Grosse, mein Gott! schon „auf das Ewige" gerichtet; die zarten Anfänge der Liebe, „noch" ein lieb-

kosendes

losendes Tändeln, „einst" veste Freundschaft, reine Zärt=
lichkeit, väterliche und mütterliche Neigung, einst Pa=
triotismus, einst Muth, für den Monarchen zu sterben;
jene Hize, „noch" kindischer Eigensinn, „einst glüklich
gelenkt;" die edelste Beharrlichkeit; jene Verschattung
von Troz, „einst" seines Gefühl für die Ehre: das,
und ungleich „mehr" steigt, unter unserm so äusserstun=
terhaltenden Bemerken, nach und nach hervor, gewis
der forschende Blick auf Blumenfelder nach einer war=
men Frühlingsnacht: er kan kein Bild der unaussprech=
lichen Freude seyn, welche Väter und Mütter — uns
beneiden möchten. — Und was soll ich „davon" sagen,
was die Schrift die Ermanung zum Herrn nennt? Ich
kenne das Leiden des Vaters und der Mutter: Mitten
in ihren dringendsten Ermanungen bricht ihr Herz; in
den Blik der alles hoffenden Zärtlichkeit giesst ein plöz=
licher Schmerz Thränen der Angst hin; sie gedenken der
Sünden ihrer Jugend, sehn in ihrem geliebten Kinde
ihr ehmaliges schrekliches Bild. „Kan man," so frägt
nun die ganze Wehmuth ihres Herzens, „kan man auch
Trauben lesen von den Dörnen?" So „persönlich" ist
bei „uns" der Schmerz nicht; wenn ein Kind dem Geist
des Herrn widerstrebt; wir seufzen für diejenigen, von
welchen es die sündliche Natur geerbt hat: aber wir prei=
sen Gott, der uns es zugeführet hat, uns, deren Muth
nicht sinkt, so lange Er noch fortfährt, irgendwo uns
zu segnen; gewis, daß unsre Arbeit im Herrn nicht ver=
geblich seyn kan.

Wer die grossen Namen der Richardson, Helvetius,
Yselin, Haller, Zimmermann, Rabner und Wieland
kent, möchte eifersüchtig werden: o! wie genau kennen
sie die Menschheit. Aber Wir beneiden sie nicht. Das
Erziehungs=Geschäft sezt uns in den Stand,
mehr als jemand ins Jnnre der Mensch=
heit zu sehn. Jene grossen, und alle ihnen änliche
Männer, lernten den Menschen „da" kennen, wo er
schon

schon verwahrloset, oder schon gebessert, oder aus sich
selbst entweder falsch oder frech geworden ist. „Wir"
sehn sein Herz ganz früh; schon im Keim, und seinen
Geist schon im ersten Aufblühn dessen, was „dann" Funken, dann Flammen, dann Feuervoller Glanz und Wärme wird. — Auch hier berufe ich mich auf diejenigen,
die unter uns Väter und Mütter sind. Wer Geschäfte
für die Mitbürger hatte; wer den Unterricht in der Religion besorgte; wer ein Schriftsteller war: wie ungleich
schöner regiert er! wie ungleich angemessner unterrichtet
er, wie ungleichhinreissender schreibt er, seit dem sein
Kind, dies „Handbuch der Natur," in seinen Händen
ist. Und doch sieht er die Menschheit nur so sehr „im
Einzelnen," wir sind, so möchte ich sagen, „die Besi-
zer ihres Archivs." Unerschöpflich sind die reinen und
bewährten Quellen, zu welchen wir Zugang haben, und
aus welchen wir von der Gewißheit des Werths, der Ansprüche, der Rechte, und der Besitzungen der Menschheit uns versichern. Wie glüklich wären Alle Schullehrer, wenn alle diesen Schaz zu brauchen wüßten! Wie
leicht könnten Alle die unsäugbarschweren Stunden, welche sie auf den Unterricht und auf die Aufsicht verwenden
müssen, zu ebensoviel „Erholungsstunden" machen, wenn
sie mit diesen beiden Schlüsseln das Innre dieses Heilig-
tums zu öfnen verstünden! — Doch ich wende mich zu
jenen Seiten des Erziehungsgeschäfts, deren Glanz auch
den „Ungelehrten" angenehm ist.

Es steht bei uns, das unbeschränkteste Vertrauen unsrer Mitbürger zu gewinnen. Es
ist beschwerlich, der Vertraute eines Menschen geworden zu seyn, der sein Geheimnis „verschweigen" wolte:
aber es ist ungemein angenehm, der Vertraute desjenigen zu seyn, „der sein Anliegen Niemand als uns übergeben konnte." Hier wünscht ein Vater uns kennen zu
lernen, dem nur noch Eins zum Glük fehlt. Er sucht
in uns Redlichkeit, Kenntnis und Erfahrung. Findet

er dies; wie wallt dann sein bedrücktes Herz! Voll Hofnung auf Gott, der uns berief, wagt ers, Klagen vor
uns auszuschütten, die er bisher niemand hören lies, weil
niemand sie verstand. Dann führt er den Sohn zu
uns, diesen Gegenstand der besten Empfindungen seines
Herzens. Er bindet ihn — und dazu hat er, als Vater und als Christ, Recht auf unsere Sele. Er umarmt mit Thränen der Freude und in einer einzelnen
Handlung, uns und ihn; er sagt uns alle seine Erwartungen, und alle unsre Pflichten, und ehrt uns „so“
hoch, daß er „nichts von Belohnungen“ spricht. Oder
eine zärtliche Mutter prüft uns mit dem bescheidnen
Scharfsinn, der das grosse Talent ihres Geschlechts ist,
sie hoft das beste mit jener, ihr eben so eigentümlichen,
Lebhaftigkeit. Nun tritt ihre Tochter, dieser Abdruck
ihrer schönen Jugend, herein. Unter sanften Liebkosungen fodert sie dies geliebte Kind auf, unsre Freundin zu
werden, und sagt ihm, ohn es zu wissen, die ganze Geschichte und den ganzen jezigen Stand des schönen Zutrauens, welches sie zu uns gefaßt hat. O man müste
„klein“ genung seyn, um „das Geld, dieses zweideuti-
ge, so oft verrufne, Zeichen der Dankbarkeit „heimlich
zu begehren, wenn man „jezt“ glauben wollte, nicht
schon genung beschenkt zu seyn. — Wir nehmen nun
diese Kinder, und mit ihnen das ganze Herz der Eltern
hin: „nun bist du,“ so sagt unser entzücktes Herz, „nun
„bist du der vertrauteste Freund dieses Hauses; man hat,
„o du glücklicher, dir das Kleinod desselben übergeben!“
— Man urteile, ob „dann“ eine einzige Pflicht lästig
werden kan? Noch weis niemand die Bestimmung des
grossen Geists dieses Knaben; noch kennt niemand den
Werth der feinen Sele dieser Tochter: „uns“ haben die
Eltern beides aus der Fülle des Herzens gesagt. Wäre
es nicht gefärlich, stolz zu werden? warlich, bei so grossen Glück würde man der Versuchung nicht widerstehn
können! — Und wenn dann der Vater über alles, was

Kinder

Kinder heifft, da wo wir pflanzen und begießen, Gebeten
giebt; wenn wir dann, ohne Furcht der Misdeutung mit
diesen treuen Eltern, zur dankenden Anbetung seines
Namens uns vereinigen können: o dann wird„ schon auf
Erden" die Zubereitung auf das grosse Freudenfest der
Ewigkeit, feierlich; denn „so" gebunden; durch gegen=
seitiges Zutrauen, „so" vereinigt, können die Herzen sich
nun nicht mehr trennen.

Aber noch mehr; im Umlauf einiger Jahre
können wir mehr Freunde haben, als ir=
gend sonst jemand. Diejenigen Mitbürger, in de=
ren Zahl wir eintreten, sind, so schön unsre Erwartung
ihres Zutrauens ist, unglaublich schwer zu gewinnen.
O ich fühle es tief im Herzen, daß ich da eine Wahr=
heit gesagt habe! Ich betheure aufs allerhöchste, daß ich
mein Amt mit unermüdeter Treue, mit unwandelbarer
Redlichkeit, nach aller Kraft, die mein Gott darreichen
wird, führen will; aber wie lange wird meine geheime
Sehnsucht, die Freundschaft einiger Einwoner dieser ge=
liebten Stadt vergebens erwarten! Mit wie sehr feiner
Kunst werden einige mich entfernen! wie ganz ohne Scho=
nung werden Andre mich abweisen, mich Armen, wel=
cher, Gott weis es, nur Zutrauen sucht — eine Aeus=
serung; „die ich mit Vorbedacht öffentlich thue, weil sie
„einst zwischen unser Stadt und mir Richter seyn soll."
Es sei fern von mir, zu klagen; denn in so fern mich
Gottes Hand nicht zwang, war ich Herr meiner Ent=
schlüßungen. Gleichwol liegt uns allen dran, über=
zeugt zu werden, daß ich nicht im Leichtsinn, nicht unter
der Täuschung leerer Hofnungen mein Amt übernommen
habe. Dann „mus" es also gesagt werden, daß „dort"
eine Familia allgemeine Vorurteile gefaßt hat; daß
dort eine nicht recht berichtet ist; daß dort eine mit
vorgefaßten Meinungen einen angehenden Lehrer per=
sönlich drükt; daß dort eine vom Neide bestürmt wird;
daß dort der schnelle vergiftete Pfeil der Verläumdung
einge=

eingeworfen iſt; daß dort der unſichtbare Funken des
Mistrauens angelegt worden iſt; daß jeder Lehrer in
ſeinem Wohnort zu neu iſt, als daß er nicht allenthalben etwas verſehn ſolte; daß ganze Häuſer vom Entwurf der Erziehung ganz anders denken, als Er. Dies
alles ſieht er als eben ſo viel Ketten vor den Häuſern ſeiner Mitbürger an. Soll er ſie „zerbrechen?“ Das kan
er nicht? Soll er über dieſe Ketten „hinſpringen?“ Das
wäre unter ſeiner Würde! — Hat er das Bewußtſeyn
der „Redlichkeit“ — darf er hoffen, „daß Gott ſeinen
Ruf rechtfertigen werde:“ o dann kan er ruhig das Groſ-
ſe abwarten; das, was vielen unglaublich ſcheint, das:
daß der Beſizer des verſperrten Hauſes die Kette „ſelbſt“
wegnehmen laſſe. Aber bis dahin? Würdigſte Verſamm-
lung! ich wiederhole es, daß ich „den Umlauf einiger
Jahre“ erwarte; ihn ſehr gern erwarte; und der Herr,
der die Herzen lenkt wie Waſſerbäche, der Herr, der
einem ſehr erbitterten Mann ſagte: „Hüte dich, daß du
mit Jacob nicht anders denn freundlich redeſt“ der „Herr“
iſts, auf den ich hoffe. Wis dahin alſo werde ich mich
an „die“ Herzen wenden, die noch weich, noch fähig
ſind, zu fühlen, daß man ſie ſucht. Und in dieſer Hofnung fodre ich ganz freimütig noch einmal zur Annahme
der Wahrheit auf, daß das Erziehungsgeſchäfte äuſſerſt
angenehm iſt, weil man in demſelben ſich mehr Freunde
erwerben kan, als irgend ſonſt jemand. Ihr Söhne
Preuſſens! wie glücklich können wir werden, wenn Ihr
euch einſt gewinnen laſſet, euer Herz mir zu geben!!
Ich biete euch das meinige an; ich kam, um es euch zu
geben; es iſt, in Abſicht auf Euch, rein, unverwarloſet.
Gebt mirs zurük, ja gebt mirs öffentlich zurük, wenn
ihr ie finden ſoltet, daß es nicht voll iſt, von dem Wohlwollen, welches allein die Verbindung uns leicht machen
kan, in welche wir heute treten. Ich müſte nicht an
Eurer Eltern Stelle, ich müſte nicht an Gottes Stelle
in dieſes Haus eingetreten ſeyn, wenn die Hofnung mich
täuſchen

täuschen solte, „daß wir einst die Wege mit Freuden bewundern werden, die uns zusammen geführt haben." Ja! schön ist der Blick auf dieser Seite des Erziehungsgeschäfts. Im täglichen Umgang mit dem Lehrer, wird der Jüngling endlich mit dem Herzen desselben bekand. Gewinnt dies seine Liebe: so kans nach der Art, in welcher das Glück sein empfunden wird, nicht anders seyn, als daß er dies sein Glück mit andern, und gewis wohl zunächst mit seinen Eltern und Verwandten zu theilen sucht; und so wirbt und findet er Freunde für seinen Lehrer. Er geht endlich, um mehr Weisheit und Ausbildung zu suchen, dahin, wo dieser ihn anweiset; beyde ziehn jezt die Banden ihres Herzens vester zu; und kommt der vollendete Jüngling wieder: so hat sein Lehrer an ihm einen Freund, dessen Zuneigung „nunmehr" unwandelbar ist. „Mir" bleibt eine noch schönere Hofnung übrig: die Töchter, welche mir übergeben werden, sie bleiben grösseßtentheils in ihrer Vaterstadt: o — welch eine schöne Aussicht in das gewisse Glück, an ihnen einst Freundinnen meines Herzens zu haben, die für die Tugend alles thun. Sage ich zuviel, wenn ich die Erziehung eine Nachahmung Gottes nenne? er schuf Menschen, um Glükseligkeit zu verbreiten, und Wesen darzustellen, die darin, daß sie ihm alles zu danken haben, den eigentlichen Werth ihres Daseyns finden.

Noch ist das Erziehungsgeschäfte darin angenehm, daß Schullehrer sich bewust sind, sie arbeiten für Zeit und Ewigkeit. So schwach sie sind: so kan Gott durch sie ein ganzes Land segnen. Wie manchen hat er auf diese Art verewigt! Ich will nur den einzigen Steinmez nennen. Wie herrlich hat im Klosterbergen über sein ganzes grosses Geschäft der Segen des Herrn der Welt sich verbreitet! Sie ꝛc. sind heut Zeugen der Verpflichtung, die ich übernehme, diesem grossen Mann nach zu eifern: o möchte ich einst Ihre gütige Zufriedenheit erfaren, wie Er die Zufriedenheit „der Welt"

erfuhr!

erfuhr! — Aber wir arbeiten nicht blos für die Zeit,
auch nicht zunächst für den Beifall der Monarchen; wir
arbeiten auch für die Ewigkeit! Ich vermeide gern, ei=
nen Blick auf das beschwerliche und bekümmernde des
Schulamts zu werfen; „das“ seh ich indessen ein, daß
wenn wir „sehr treu“ sind, wir auch gewis nicht ohne
Thränen sien können: aber die Ewigkeit? o! die Schrift
beschreibt sie unter dem Bilde der festlichen Freuden der
Erndte: „Sie kommen,“ sagt sie, „mit Freuden, und
bringen ihre Garben.“ Wie freute sich Gellert, dieser
grosse Lehrer: „da ruft, und das wird Gott mir geben,
da ruft auch mir ein selger zu: Heil sei dir! denn du
hast das Leben, die Sele mir gerettet, du! O Gott! wie
wird das Glück erfreun, der Retter einer Sele seyn!“ Und
ich? o Dank sei Ihnen, würdige Männer, Dank, daß
Sie mir eine grosse Gemeine und eine grosse Schule
übergeben haben. In beiden will ich für die Ewigkeit
arbeiten. Würdigen Sie mich des Zutrauens, von mir
zu glauben, daß, wenn auch mein Werk auf Erden sehr
zerstört werden, und sehr fruchtlos scheinen solte, mein
Auge doch, auch in Thränen, heiter genung bleiben
soll, ins erquikende Licht der Ewigkeit hinzublicken;
und daß der Wohlthuende Gedanke an die reife Frucht
der zukünftigen Welt mich ganz gewis ermuntern wird,
keine meiner Kräfte zu schonen.

Lassen Sie mich noch das lezte hinzu sezen. Das
Erziehungsgeschäft ist äusserstangenehm, denn wir ver=
liehren nichts, wenn auch die Welt uns
nicht lohnen kan. Sie kan „grosmütig“ seyn:
aber „belonen“ kan sie nicht. Sie giebt dem Monar=
chen ihre Schäze: aber „nicht“ die Erhabenheit seiner
Person, sondern die Natur der Schäze machts, daß man
nicht sagen kan, das Land habe seinen König belont.
Kleine Selen wollen den Lohn der patriotischen Treue
nach Summen berechnen: sie sind nicht gros genung, um
zu sehn, daß Geldsummen hier ganz „unter“ dem Ver=

hältnis stehn. Wer Arbeiten für das Ganze „auf sein
Gewissen" nimmt: kan den eine Million befriedigen,
wenn sein Gewissen am Ende ihn anklagt? Er ging Ver-
träge ein; aber in Wahrheit nur in so fern, als es vermieden werden muste, daß er dem gemeinen Wesen mit
den Seinigen nicht zur Last fallen möchte. Die eigentliche Belohnung blieb doch der Beifall seines Gewissens;
war irgend etwas ihm größer: so muß er einst errdthen,
so unglaublich armselig gedacht zu haben. Zwar weis
ich, daß, ausser der nie genung zu verdenkenden Besorgung unsers Glükstands, gesittete Städte uns viel schöne Belonungen zu schenken pflegen: zuerst das, über alles schäzbare, Vertrauen, dann den Beitritt zu unserm
Plan; dann die Aufnahme in Gesellschaften, wo unsre
ermüdeten Kräfte sich erholen können; dann vielleicht
gewisse Arten der Ehrenbezeigungen. Aber wie leicht
kan ein Feind uns jenes Zutrauen entreissen! wie sehr
müssen unsre Entwürfe sich durch sich selbst empfehlen!
wie wenig Zeit haben wir, in die Gesellschaft der Glücklichen zu kommen! und wie lässig sind wir da, wenn unser Blick nicht ganz entwölkt ist; wie gefärlich sind endlich die Ehrenbezeigungen unserm Herzen und unsrer ge-
sellschaftlichen Ruh! Gesezt nun, die Welt oder unsre
Denkungsart versagte uns alle diese Arten des Lohns: so
verlieren wir nichts. Das gnädige Aufsehn unsers Gottes, der Beifall unsers Gewissens, das wahre Glück der
Jugend: das, das ist „unser Lohn." Dies leztere er-
quickt heute mein Herz vorzüglich. Hört, ihr, die ich
als Söhne und Töchter annehme, hört Worte der
Schrift: „Wer ist unsre Hofnung oder Freude oder Cro-
ne des Ruhms? seid nicht auch Ihrs vor unserm Herrn
zu seiner Zukunft? Ihr seid unsre Ehre und Freude, Ihr
seid unser Ruhm auf des Herrn Tag.

VII. Brief-

VII. Brief,

welcher alle Morgen beim Cichoriencaffe (oder
beim lieben Brodkorncaffe — denn was Braunes
mus getrunken werden) gelesen werden solte.

Henriette L* an Sophien.

Elbingen.

Freilig ein wenig mürrisch verliessen Sie mich
neulich: aber nicht wahr, meine Liebste,
das Band der Freundschaft wolten und konten
Sie doch nicht wegreissen? und wenn Sie es
noch thun wolten: so würde ich es am andern
Ende so hübsch vest halten, und im Nothfall
so behutsam nachgeben . . . Doch ich bin ein
thörigtes Weib. „Las,“ sagte ich, „liebes Fiel-
„gen, las Herrn Leff** seyn, was er ist, und
„nimm, wie alle Freunde dir rathen, den Herrn
„VanVlieten.“ — Konte ich nicht schweigen?
Was würde ich gesagt haben, wenn jemand, in
S a c h e n weiland Herrn Opus contra den jungen Prediger, so decretirt hätte? Sie musten
also, kraft des Abstands einer Jungfer von einer
Frau, ein bisgen sauer sehn. Und das sei Ihnen denn hiemit vergeben und erlassen.

Denn, denken Sie selbst, wie erfreut ich gewesen seyn, und wieviel Zutrauen mein Herz zu
Ihnen gefaßt haben mus, als ich gleich, nach-

dem

dem Sie mich verlaſſen hatten, Ihr Fragment-
chen im Schlafzimmer fand! Es war noch naß
von Ihrer Feder. Sie haben es alſo eilig gemacht, und vermuthlich iſts jeʒt Ihrem Gedächtnis nicht mehr ganz gegenwärtig; mithin darf
ich es Ihnen wol abſchreiben:

*   *   *

»Ich will die böſe Liebe meiden;
»O! wäre ſie „nur“ Sinnlichkeit:
»ſo thät ich das noch heut,
»und thät es, o! mit Freuden!

»Sie war ein Quell, der ohn Aufhören
»ſehr bitter durch mein Leben floß.
»Da, wo er ſich ergoß,
»da konnt ich ihm nicht wehren:

»Denn ach! er kam aus meinem Herzen!
»Wie unſichtbar war dieſer Quell!
»und o! wie ſtrömten ſchnell
»aus ihm die ſchärfſten Schmerzen!

»Die Weisheit, und die Ruh der Sele
»ſchwemmt er, vermiſcht mit Thränen, fort.
»Er bricht mein veſtes Wort,
»weil ich unſchlüſſig wäle. —

»Jeʒt kocht in dieſem Quell die Reue,
»und greift des Herzens Innres an . . .«

Schade, liebſte Sophie, daß Sie das Gedichtchen nicht vollendet haben! Aber was Sie da

vor der Reue sagen, das beruhigt mich; denn
da erwartete ich Sie. Nun Sie Reue fühlen;
das Beste, was ein kluges Mädchen empfinden kan, nun bin ich in Absicht auf Sie und unsern braven Herrn Puf ausser Sorgen . . . ❧

„Was wollen Sie, Henriette? ich weis kein
„Wort von Ihrem impertinenten Gedicht!“

Nicht? Kind! wie können Sie das sagen?
diesen Augenblik haben Sie es ja gelesen?

Um nun diese Reue zu erhöhen und zu unter-
stützen (zu welcher ich übrigens des Himmels Segen von ganzem Herzen wünsche;) und um Sie
in dem Entschlus zu bevestigen, einen jungen
(vielleicht windigen) Herrn dem vernünftigen gesezten Herrn VanVlietenVanVlieten freiwillig und
wohlbedächtig aufzuopfern, will ich Ihnen ein
Geschichtchen von meinem jungen Herrn Ehmann
erzälen.

Das Abendessen solte aufgetragen werden, als
er in mein Cabinet kam. „Ich habe einen Gast.
„Las doch geschwind gute Tischwäsche, und Sil-
„berzeug aufsezen.“

„Und zu essen nicht?“ — denn es war mir
nicht recht, daß er hier in mein Departement
eingrif; ich dächte, das wären Frauensachen, ob
Zwillig oder gezogner Zeug, und ob englisches
Zinn, oder Silber aufgesezt werden soll? Und
dann wars nicht artig, mir auf die lezte Stunde
einen Gast anzukündigen. Sehn Sie, das war
der unschuldige Inhalt obiger kurzen Antwort.

L 3   „Wie

„Wie kommt mein Jettchen zu dieser seltsamen
„Frage?"

Er faßte mein Kinn, indem er dies sagte;
und es mag schon einmal eine bloße Einbildung
seyn, daß mich dünkt, er habe es etwas härter,
als sonst, angegriffen, und wol gar ein bischen
seitwärts gedreht. Soviel ist gewis, daß er
die Mine hatte, die ich Ihnen bei Gelegenheit
der verlornen drei Thaler beschrieben habe; das
sah ich aber nur erst, wie er hinaus ging: und
es war mir (denn Fiekgen, wenn unsre Stunde
einmal kommt, dann sind wir verkehrt) es war
mir, als säh ich es nicht.

Er blieb in der Thür stehn, bis zu welcher ich,
ohn es zu wissen, neben (oder vielleicht gar hinter) ihm hergerollt war, und sah mich an,
als erwartete er etwas.

Es ging mir nah, daß sich dies zugetragen
hatte; denn seit dem erwähnten Strkuschen
hatten wir uns vertragen, wie ein Pahr Mond-
tauben. Ich wollte weinen; denn Sophie, ich
fühlte, daß ich wenigstens auch Unrecht hatte:
und hier nahm ich, wer weis, wie das kam?
eine Prise Tabac.

Der junge Mensch seufzte: aber ich glaube
immer noch, es war der Seufzer des männlichen
Uebermuths. „Mein Gast" (und es kan auch
gar wol seyn, daß er auf dem Wort „mein" eine
Art von Accent sezte) „mein Gast wird in dem
„Berlinschen Zimmer schlafen."

Nun,

Nun, Flekgen, das ist genau das schönste Zimmer in unserm Hause. Sie wissen, daß alle meine niedlichsten Herrlichkeiten drin stehn. Dahin sollte ein staubendes Bett gesezt werden; da solte Caminfeuer angezündet, vielleicht gar der Ofen geheizt werden, damit die neue boiserie nebst Tischen und Schränken sich werfen und zerspringen möchte? — Es ist wahr, daß, als Sie neulich drin schliefen, auch Ihr Bett stäubte, und daß Camin und Ofen brannten; aber Sie waren auch meine Sophie, „mein" Gast; und überdem hatte ich aus eigner Willkühr Ihnen dies Zimmer angewiesen.

Ich hatte zwar eine Antwort auf der Zunge; ich wuste auch, daß sie mich würgen könnte, wenn ich sie niederschlukte (denn im grunde ist doch die Zunge das einzige wehrhafte Glied des weiblichen Körpers; und also gehts uns schwer ein, wenn wir dies Gewehr streken sollen) aber ich erinnerte mich an das Unglük meines ersten Feldzugs, und dachte mit Gellert:

„Der Henker mag den Männern trauen,
„wenn man so leicht sich irren kan."

Ich schwieg also.

Eigentlich kam mein Schweigen wol daher, daß er beim lezten Wort, „schlafen," unmittelbar die Thür hinter sich zuzog.

Ich ging nun hin, und bestellte, obwoll das Abendessen sehr reichlich angeordnet war, (und,

unter

unter uns gesagt, ich hatte den Gast schon aus meinem Fenster halb und halb gesehn, und also auf allen Fall Anstalt für die Tafel gemacht, so daß ich nur noch auf eine gehörige Ankündigung eines Gasts gewartet hatte) ich bestellte einen Sardellensallat und dergleichen. Und in der Hize ging ich weiter: (denn gewönlich gehn wir Weiber dann so weit, bis wir paff! mit dem Kopf an den Mann anstoßen) ich lies gewönliche, obwol rechte hübsche, Wäsche, und nur Zinn, auf den Tisch bringen. Kaum hatte ich, und wer mag wissen, warum! es gethan, als es mir leidthat. Ich furchte mich, eine Suppe zu essen, die ich mir selbst eingebrokt hatte; die Gesellschaft kam, und ich lies in der Angst mich entschuldigen.

War es der Zufall, oder war es eine angelegte Carte? ich habe es noch nicht herausbringen können: genug unser Arzt, der oft komt, und mit uns vorlieb nimmt, war in der Gesellschaft, und kam in mein Zimmer, um meinen Puls zu untersuchen. Er lachte; füllte ein Medicingläschen mit reinem Wasser an, und sagte: ich möchte nur davon einnehmen.

Ich nehme diesem wakern Mann gewönlich nichts übel; doch sagte ich: „Ew. Excellenz" (denn das sei Ihnen kund, daß in Elbingen ein Arzt diesen Titel hat) „Ew. Excell. solten Mit »leiden mit mir haben."

(Wie

(Wie dumm war das! Hüten Sie sich, Sophie: ich glaube, wir Frauenzimmer haben,
wenn etwas in unserm Kopf ist, einen Hang,
dem ersten Besten, der uns vorkömmt, zu sagen,
was drinn ist.)

„Kommen Sie zu tisch,“ sagte er, indem er
mir die Hand reichte.

„Jezt kan ich nicht mehr kommen.“

„Ja, das ist leider wahr,“ und da ging er;
und wenn er mich nun nicht ganz in der Stille
für eine alberne Sele gehalten hat: so ist er
selbst eine.

Fortsezung.

Lection für den Nachmittag beim Thee (so
lange noch kein Substitut von dieser Farbe er-
funden ist).

Soweit war nun alles schlimm genug: aber
nun kam das ärgste. Ich erfur nämlich,
daß, da ich zum Unglük die Schlüssel hatte liegen lassen, mein Mann kurz vor Tische gekommen
war, und den Tisch völlig nach seinem Sinn hatte deken lassen. — Ich hatte eben ausfindig gemacht, daß ich gar nicht über ihn mich ärgern
müste, sondern über das Mädchen, die mir dies
dienstfertig hinterbracht hatte; (denn das ist doch
ausgemacht, daß unsereins, um die Circulation
zu befördern, von Zeit zu Zeit sich ärgern mus)

als

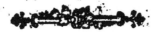

als mir gesagt ward, daß meine Herren ihre
Pfeiffe ausklopften, um schlafen zu gehn,

Und nun war das berlinische Zimmer noch
nicht geöfnet! Wie erschrak ich, als ich hörte,
daß mein Mann den Weg dahin nahm! Zum
glük war, wie gewönlich, wenn Besuch bei uns
ist, das Gastzimmer bereit, wohin er denn auch
den Fremden führte. Nicht aus Bosheit, sondern . . . wie soll ich den Zustand der Zerstreuung
und Unthätigkeit nennen, in welchem es gut wäre, wenn die Männer durch eine erträgliche Ope-
ration uns einen andern Kopf aufsezten? ich
will einmal die Sprache und die Frauenmoral
mit einem Ausdruk bereichern: aus Kopflo-
sigkeit also, hatte ich versäumt, das berlinsche
Zimmer öfnen zu lassen. Nicht aus Bosheit:
das wiederhol ich; denn das böse Beispiel der
Charlotte Grandison hat mich glüklich (und schon
vorlängst) gegen diese Seuche gesichert. Aber,
o Flekgen! wie mußt mein Mann dies aufnehmen? — Ich fing jezt an, von ganzem Herzen
zu bekennen, daß es was sezen würde, wenn Ich
an seiner Stelle wäre; es war also sehr natürlich, daß ich das erwartete: und eh ich noch mich
drauf zubereiten konte, ließ er mir sagen, er sei
im Schlafzimmer!

Nun schlich die demüthige Frau hin.

Er sahs am Camin, und las, wie gewönlich,
und bükte sich, immer noch im Lesen, wie ich
hineinkam.

Ich

Ich legte mich, ängstete und schämte mich —
und sieh da! die wohlthätige Natur erbarmte sich
der armen Sünderin: ich schlief ein.

Wie ich erwachte, und behend aufstand (pour
ne pas éveiller chat qui dormoit) waren die
Schläge meines Gewissens mein erstes. Ich
kleidete mich so sauber wie möglich, (denn der
Himmel behüte, daß ich in einer so nächtlichen
Kleidung, als ich in der Angst ergriffen hatte,
ihm je vor Augen kommen solte! und eine gesittete Frau kan auch wol ihrem Mann einen
solchen Anblik nicht zumuten?) und jzt, da
ich ihn freundlich weken wolte, trat gestiefelt und
gespornt mein Herr ins Schlafzimmer.

„Wo kommen Sie her?“ rief ich mit merklicher Bestürzung, indem ich ihn umarmen wolte;
aber ich krigte, und wer weis noch, ob es ohne
sein Zuthun geschah? nur seine Hand zu fassen,
auf welcher ich dann meinen Kus anbrachte. —
Sein Reitkleid gab dem schönen Mann ein in-
teressantes Ansehn; auch die Stellung seines Gemüths mochte dazu beitragen. Meine
gestrige Narrheit fiel nun wie ein Kloz auf mein
Herz. Ich lies ihm kaum Zeit, mir zu antworten, er komme von der Begleitung des Fremden
zurük: „Vergeben Sie mirs, liebster Mann!
„das jezige Wetter ist zum Waschen gar zu unbe-
„quem; und bei dem Silberpuzen verbeugt das
„Gesinde soviel . .“

Er

— Er legte mir die Hand auf den Mund; hält,
ich weis nicht welche? Lustspiele, mir hin, die
aufgeschlagen da lagen, und legte den Finger
auf diese Stelle:

„De mauvaises raisons, Madame, ne corri-
„gent rien." *)

Ich fühlte jezt (und das war das heilsamste
bei dieser ganzen Sache) daß ich seit gestern nicht
klüger und gewis nicht edler geworden war. ——
Was konnte ich? Bitten, zu Kreuz kriechen —:
und ists nicht was verzweifeltes, daß wir das
immer nur erst dann thun, wann Reue und Beschämung unserm Gesicht, und unsrer Stimme,
das Einnehmende rauben, welches die misliche Handlung des Bittens begünstigen solte:

„Vergeben Sie mirs . . ."

„Ich bin nicht beleidigt, mein Kind; denn
„die Sache selbst bestraft dich: kanst du rathen,
„wer mein Gast war?"

„O, er sei, wer er wolle," (indem ich um seine
Schultern meine Arme schlug, äußerstbewegt,
Sophie, das können Sie glauben; es ist keine
Sache zum scherzen, es ist unerträglich, es ist
bitter, einen lieben Ehmann beleidigt zu haben)
„Vergeben Sie mirs nur . . ."

„Mein Gast war Herr Leff * * . ."

— Hier

*) d. h. „Schlechte Entschuldigungen machen die Sa-
„che nicht besser."

— Hier prallte ich zurük. Er wußte es, daß
ich aus eifriger Liebe zu Ihnen, meine Wertheste, hundertmal gewünscht hatte, Herrn Leß**
noch Einmal zu sprechen. Unbesonnen, wie
immer, so lange dieser Stern scheint, rief ich:
»O warum haben Sie mir das nicht sagen las-
»sen?«

— Er lachte; zwar nicht spöttisch, wie ich
doch gewis verdiente: aber damals wünschte ich
doch, daß er gar nicht gelacht hätte. Doch hielt
ich mich dabei nicht auf; denn, Fiekgen, ein gutes Herz, und so eins erbitte ich täglich von
Gott, kan nicht ruhig seyn, so lange seine Lage
noch einigermahssen verrükt ist. Ich umarmte
ihn noch einmal, und jezt mit Thränen. Ich
dankte ihm, daß er meiner geschont hatte, und
schloß mit noch Einem »Verzeihn Sie es Ihrer
»Henriette!«

»Und was soll ich dir verzeihn?«

Diese Frage, meine Sophie, misfällt Ihnen
vielleicht, denn sie ist eine Aufforderung zur
Recapitulation unsrer Thorheiten: aber
ich habe Ihnen schon, wie ich glaube, gesagt, daß
mein Mann alles von weitem anlegt. So oft
er in einer Gesellschaft ist, wo man ihn schäzt,
glaubt er der Gelegenheit warnehmen zu müssen. Er sizt dann, und weissagt mit solcher
Annehmlichkeit, mit solcher leichten Art, daß
man glauben solte, er rede viel zu sehr im allgemeinen, als daß es ihm einfallen könnte, irgendjemand

jemand mit seinen Anmerkungen zu meinen: aber
ich versichre Sie, es gilt alles mich. So sagte
er vor kurzem: »es sei sehr zweklos, zu vergeben,
»ohn untersucht zu haben, ob der Bittende die
»eigentliche Natur seines Vergehns kenne« —
und das sagte er genau mit der Miene, die er
bei dieser Frage hatte: »und was soll ich dir ver-
»zeihn?« »Denn,« sezte er hier edelmüthig hinzu, »das Berliner Zimmer öfnen zu lassen, das
»hattest du doch gewis blos vergessen.«

Diese Grosmut rührte mich gewaltig; mein
Herz empfand mit Freuden, daß es dieses schöne
Zutrauen verdiente. Ich sank in einer so sehr
wohlthätigen Empfindung hin auf seine Brust;
und nun umfaßte er mich mit süsser Leidenschaft:
und o! welche Wollust war es, seine Thränen
auf meinen Wangen zu fühlen! —

Fortsezung.

Enthält eine Application.

Vielleicht glauben Sie nun, mein Fiekgen,
daß ich alzuviel Aufhebens von einer
kleinen Sache gemacht habe? denn Euch Mädchen scheinen solche Auftritte erschreklich gering-
fügig zu seyn. Wissen Sie aber, daß ich wol
wünschte, daß wir schönen Kinder, welchen man
eine so angenehme Leichtigkeit in schriftlichen Er-
zälun=

zälungen huldreichst nachrühmt, schon seit Ludwig XIV. Zeiten angefangen hätten, die geheime Geschichte unsers Ehstands aufzuzeichnen? Diese Anecdoten würden angehnden Weibern das seyn, was unerfahrnen Reisenden die Tonnen auf den Untiefen, und die Tafeln in den Kieferwäldern sind. Himmel! wie erbarmenswürdigdumm und muthlos ist manche Frau schon 14. Tage nach der Hochzeit, die doch so weise und lustig in das Ehstandsboot hineinsprang, auf welchem sie mit ihrem Mann, im vollständigsten tete-à-tete, das sich erdenken läßt, durch das Meer des Lebens schiffen soll!

Sie glauben vielleicht ferner, daß ich in diesem Fall nichts versehn, nichts weiter gethan habe, als meine Rechte behauptet. Und wo kommt denn unser Eigenthumsrecht her, welches wir am Tafelzeuge, an den Betten, an der Tischwäsche und so weiter, so ausschliessend zu haben glauben? etwa daher, weil dies gewönlich unser Eingebrachtes ist? Tollheit! wie wenn nun der Mann dies Bischen Armuth uns abkaufte, das Geld davor zu unserm eingebrachten Capital schlüge (welches Capital, wenn er Stolz und Verstand genug hat, er ohnhin nicht anrühren wird,) und uns nun unmaßgeblich zumuthete, so lange wir mit ihm leben, alle Ausgaben mit ihm zur Hälfte zu tragen? Horchen Sie auf, Jungfer: „Der Frau „gehört nichts eigenthümlich, vom Hochzeittage „an,

„an, auſſer daßjenige, was der Mann nicht
„brauchen kan; als da ſind unſre Roke, Schür-
„zen — nun, überhaupt unſre Kleidung; fer-
„ner unſer Schmuk, vom Geſchmeide an, bis
„auf unſre ſilbernen Heftchen am Unterrok,
„und — unſer Geld.“ *)   Und geſezt, die Männer dächten in dieſer Abſicht nicht alle ſo, wie
Herr L * und Herr Gros: nun, ſo laſſt uns doch
ſchließlich bedenken, „daß die Männer durch ihr
„Amt täglich das verdienen müſſen, wovon wir
„uns ernähren.“ —   Beſteh hievon mit meh-
rerm Boſchgens Geſchichte.   „Meine“ Terrine,
„mein“ Ueberzug, „meine“ Stüle — aufs
Gewiſſen, Sophie, legen Sie die unterſtrichnen
Worte in den Mund einer Frau: wie klingen
ſie da? und nun ſehn Sie ihr geſchwind in das
alberne Geſicht hinein!

Ew. Hochweisheit werden endlich wenigstens das glauben, daß ich zuviel, wenigſtens
zu früh, nachgegeben habe.

„Nein, Henriette,“ (ſagen Sie) „das glaube
„ich nicht.   Unſre Macht (das ſeh ich durch die
„lange Perſpectiv aus meinem Jungferſtände,
„ganz anſchauend, und überdem ſtehts hie und
„da

*) Unſer „Geld?“ — Ja, Leſer! Kanſt du ein Dar-
lehn brauchen, welches dir morgen abgefordert wird?
Das heiſſt: biſt du ſicher, daß deine reiche, oder
ſich reich dünkende, Frau ihr eingebrachtes Geld
dir nicht morgen vorwerfen wird? —

»da geſchrieben) unſre Macht iſt aus, von dem
»Augenblik an, da unſer Haupt die Regierung
»antritt; und ich will bemerkt haben, daß
»das gleich nach dem heilloſen Interregnum
»geſchieht, welches, zum glük für Beide, nur
»höchſtens vierzehn Tage währt. Ich kan auch
»begreifen, daß der Mann je nach dem Mahs uns
»lieber hat, nach welchem wir ihm die Regie-
»rung erleichtern. Und dann ſeh ich auch gar
»ſchön, daß jeder Aufſchub des Nachgebens
»(zugeſtanden, daß doch zulezt nichts anders
»herauskommt) den Mann bringen mus, auf
»neue Mahsregeln zu denken, in deren Erfin-
»dung er uns immer überlegen ſeyn mus, weil
»überhaupt das Denken ſeine Arbeit iſt, zu-
»mal wenn er zu dem Haufen, dem gewis
»nicht liebenswürdigen Haufen der Gelehrten
»gehört . .«

So, Sophie? Nun, mit der Antwort bin ich
völlig zufrieden; nur vergeſſen Sie niemals wieder, daß Herr Leſſ** ein Gelehrter iſt. Erwägen Sie (und eben darum erzälte ich Ihnen
dieſe Geſchichte) erwägen Sie, wie ganz anders
dieſe Sache hätte ausſchlagen können, wenn
mein Mann ein Gelehrter wäre. Dies Volk
balgt ſich auf Univerſitäten; iſt alſo gebieteriſch:
und ſo hätte ich dann ſtrengen Befehl erhalten,
am Tiſch zu erſcheinen. Es kennt das Herz;
denn darum reiſet es in der Welt herum, und

VI Theil.   M   beſchäf-

beschäftigt sich blos mit den betrachtenden Wissenschaften: und so wäre ich im Augenblik, da jener, das berlinsche Zimmer betreffende, Befehl mich heimlich verdros, ergründet und gezwungen worden, es zu öfnen. Es hat Belesenheit, wie Bayle: und so würde, anstat jener französischen Zeile, mir vielleicht eine ganz andre Epistel gelesen worden seyn! — Das, und unzälig mehr, haben Sie bei Herrn Leß** zu gewarten.

Dagegen, o! welch eine liebliche Eh könnten Sie einst haben! Ihr treuherziger, nachgebender VanVlieten, den, so vernünftig er ist, Sie doch übersehn; der über die lästigen Jünglingsjahre hinaus ist .. ich will nichts weiter sagen. Daß dieser Mann Sie liebt, das wissen Sie, so wie Sie wissen, daß Sie seine Braut sind. Ob Herr Leß** Sie liebt, das wissen Sie nicht. Daß Sie von der Frau E. nichts erben, ist ausgemacht .. O Sophie, Sophie!

Und nun: Je m'en lave les mains comme Pilate.

Herr Malgre' ists, der Ihnen diesen Brief bringt. Der gute Mann, den die Noth drang, eine unrühmliche Heirat zu thun, ist jezt so verzweifelt, daß er der geizigen und groben Schwiegermutter alles das wieder herausgeben will, womit er sich aus seiner Noth zu helfen dachte.

Wo Herr Leß** geblieben ist, darnach habe ich meinen Mann damals nicht gefragt; und

jezt

jezt solte ich ihn fragen? o! ich werde mich sehr
hüten, dem erstikten Audenken an diesen Vorfall wieder luft zu machen: gottlob, daß diese
Flamme gelöscht ist! Nie, o nie beleidige ich
meinen Mann wieder! — zwar, Er hat mich
einst beleidigt: aber das erzäle ich Ihnen nicht
eher, als bis Sie, zur Ehre Ihrer Freunde, Madame Puf sind. Grüssen Sie mir den grossen
Mann zu Haberstroh. Ich bin ꝛc.

Henr. L**

N. S. Was ich jezt schreiben will, ist, sowahr
ich Frau L* bin, kein Scherz: „ich habe, um
„Ihre Ehre zu retten, und um soviel recht-
„schafnen Leuten Verdrus zu ersparen, alles was
„ich von Ihnen und Herrn Leff** weis, dem
„Herrn Gros geschrieben.“ Denn endlich, Flekgen, muste Eine Ihrer Freundinnen Ernst
machen.

VIII. Brief.

Nullius boni fine focio iucunda poffeffio eft.

SEN.

Herr Paſt. Radegaſt an Herrn Capellan Ribezal.

Lindenkirchen.

Dank, Dank, mein Bruder, für die beiden Tage! Dein Beſuch war mir die Geſellſchaft eines Engels! O! was iſt die Freundſchaft in Vergleichung der übrigen, ſo hoch geprieſnen, Güter des Lebens! Ich fühle keine Krankheit mehr; und Pulver und Tropfen habe ich ſeit dem Augenblik deiner Abreiſe nicht mehr angerührt. Ich glaube jezt mit dir, daß mein Arzt ſeine Kunſt nicht verſteht, und daß ich ohne Gefar nach Seedorf reiſen kan. Schlafe ich dieſe Nacht wieder ſo erquiklich, wie ich geſtern unter deinem Vorleſen einſchlief: ſo hält mich nichts zurük, zumal da mein Küſter heute mit einer Miene, welche mir gar nicht gefällt, von da zurükgekommen iſt. „Beſſer iſts mit ihr eben „nicht geworden.“ Das iſt alles, was der vorſichtige Mann ſagt.

Mein

Mein Arzt, gleich jezt iſt er hier geweſen, will von keiner Reiſe wiſſen: aber ich fühle es, daß ich bei recht langſamen Fahren nichts werde zu beſorgen haben; und ich kan unmöglich Jucunden und die ihrigen noch länger ſich ſelbſt überlaſſen.

* * *

Es iſt zehn Uhr abends: aber ich nehme die Feder wieder. Theils flieht mich der Schlaf; theils dringt mich auch mein Herz, von deiner Sache zu reden. Ich wiederhol es dir: ich habe in allem, was du, von deiner Zuſammenkunft mit Hannchen mir erzält haſt, nichts gefunden, was mich glauben lieſſe, daß ſie dich liebt. Das Mädchen hat entweder kein freies Herz, oder ſie iſt das in keiner Abſicht, was ſie uns allen zu ſeyn ſchien. Marianne hat mir geſagt, ſie ſei aus geringem Stande: aber ich zweifle nicht, daß ihr Vater, (wenn der Gärtner das wirklich iſt) einſt ganz was anders geweſen ſeyn mus. In ihrer Miene liegt etwas ſehr vornehmes — das geſtehſt du ja ſelbſt; und in ihrem ganzen Betragen ſeh ich, dünkt mich etwas Verſtektes, welches Blödigkeit ſeyn zu ſollen ſcheint, und mir eine Bekandtſchaft mit den Schmeicheleien und Ehrenbezeigungen verräht, an welche ein Frauenzimmer von Stande ſo früh ſich gewöhnt. — Auch das iſt mir bedenklich, daß

ſie

sie eben so, wie jene Sophie, so sorgfältig ver-
meidet, von ihrer Geschichte zu reden. — Kurz
ich halte sie für eine „Dame," welche aus (vielleicht ganz bewegenden) Ursachen sich verbirgt.
Als eine solche betrachtet, ist sie eine vortrefliche
Person: aber keine Frau für dich. Was du
für jungfräuliches Schämen hieltst, folglich für
Aeusserung der Liebe, das war Statsklugheit,
welche, weil der Umstand sich findet, daß sie dich
hochachtet, allerdings anders aussehn muste,
als sie sonst aussieht. Hierin bestärkt mich ihre
mündliche Wiederholung dessen, was sie durch
Herrn Puf dir hatte sagen lassen; denn glaub
auf mein Wort: „ein Mädchen, welches aus-
„drüklich zwischen Furcht und Zweifel dich sezt,
„fühlt schlechthin keine Neigung für dich."

Es würde mir unaussprechlich nahgehn, dich
minderglüklich zu sehn, als das keusche Leben
deiner Jugend dich und deine Freunde erwarten lies. Uebereil dich nicht. Nicht, als soltest
du mit Hannchen abbrechen: aber sieh unterdessen überall dich um, ob nicht in oder ausser
Königsberg eine Person sich findet . . . thu besonders nichts ohne Rath der Frau Jannßen,
und des Herrn T *, denn er kennt das weibliche
Geschlecht (wenn man so sagen könnte) vollkommen.

Befremdend ists mir, mich geirrt zu haben:
denn aus deinem ehmaligen Betragen habe ich
geschlossen: daß du entweder die Madame Bür-
g e r,

ger, Mademoiselle Kübbyks, (die zweite
nämlich) oder Jungfer Nitka, (dies allerliebste
Mädchen) heiraten würdest: wenigstens habe
ich bemerkt, daß du um alle drei sehr bewusch-
pert warst. Und irre ich bei dieser Vermutung; so will ich mein Herz erleichtern, und
die beste Person, welche je auf Erden war, dir
vorschlagen. Das ist Marianne; beinah hätte
ich gesagt meine Marianne. Zur Wittwe Benson kann ich dir übrigens nicht rathen: sie und
Sophie gehören in Ein Gespann: beide haben,
bei vortreflichen Anlagen und einem warmen Gefühl für das Gute und Schöne, ein verderbtes
Herz — jene, weil sie gar keine Erziehung gehabt hat, — diese, weil sie (so denk ich) verzärtelt worden ist; und am Ende fehlt es beiden an wahrer Achtung gegen unser Geschlecht.
Dies lezte — du weists aus so vielen Erfarungen, welche wir — geprüft haben — Dieser
Mangel der Achtung eines Geschlechts gegen
das andre, macht aus den Mannspersonen
Böswichter, und aus den Weibern unerträgliche Geschöpfe. Und diese unsre gemeinschaftliche Bemerkung — o! mein Bruder, sie müsse
doch eine deiner Hauptsachen seyn, nun du das
schäzbare Glük hast, Lehrer beider Geschlechter
zu seyn. Ja, ich beneide dir das Glük, Director
der neuen Erziehungsanstalt zu seyn, welche die
Frau P. Gros gestiftet hat. Und Herr T* —
ich glaube, daß der Mann für Freuden ausser

N 4   sich

sich ist, zu sehn, daß man endlich anfängt, Ge-
sellschafterinnen für gute Häuser, Mütter und
Wirthinnen, zu bilden. Säum nicht, den Plan
des Herrn Gros mir zu schiken, sobald Herr T*
und du ihn geprüft und berichtigt haben werden. *) Ich vergebe der Frau Pastor Gros
alles,

*) Er ist unter unsern Papieren: aber er konnte nicht
ganz eingeführt werden: denn diese Jungfernschule
hatte nur einen sehr geringen und kurzen Fortgang,
wie das auch Herr Puf vorhergesagt, und deswegen
den Beitrag von nur 1000. rttl. zu welchem er auf-
gefordert worden, schlechthin abgeschlagen hatte.
Jezt da das Institut aufgehoben worden, können
wir aus dem Briefe, welchen er damals an Hrn.
Past. Gros schrieb, zur Ehre der Einsichten des
Manns etwas anfüren.

„Ich schäme mich zum Ersten- (aber
„auch hoffentlich zum lezten-) mal in mei-
„nem Leben, Ihnen, lieber Herr Pastor, et-
„was abzuschlagen. Noch dazu einen
„Beitrag zu einer Unternehmung, welche
„Ihnen so gut, so christlich, zu seyn scheint.
„Aber wenn Sie meine Ursachen hören
„wollen: so werden Sie mir auch leicht
„verzeihn. Ich gebe zur Jgfreschule nichts.
„Einmal: Sie und Alle, welche der Sa-
„che sich annehmen, werden keinen Dank
„dafür haben, sondern nur Verdrus; und
„da würde es Ihnen leidthun, mich in Un-
„kosten

alles, womit sie ihren würdigen Ehmann ge-
mißhandelt hat.

M 5   Fort-

„koften gesezt zu haben, welche ich besser
„anwenden konnte und wolte. (Denn die
„tausend rttl. quaest. lege ich, laut des
„Scheins, welchen ich morgen Ihnen zu-
„fertigen werde, nieder, zur Erbauung
„eines Wittwenhauses in der Kneiphöf-
„schen Pfarre) Zweitens die ganze Sa-
„che wird sich zerschlagen. Das abscheu-
„liche Ungeheur unsrer Zeit, nämlich das
„falsche Schämen wird zwei Theile der jun-
„gen Mädchen hindern, in die öffentliche
„Schule zu kommen: die etwas Erwachs-
„nen, und die Vornehmen. Folglich be-
„kommen Sie entweder nur ganz geringer
„Leute Kinder; und diesen sind 3 Gulden
„monatlich eine alzugrosse Ausgabe — auch
„sind das nicht diejenigen Kinder, welche
„nach einem Plan unterrichtet werden könn-
„ten, in welchen, ausser der Theol. Histor.
„und Geogr. 2c. auch noch Physic hinein-
„gezogen wird, Moral, Kirchengeschichte,
„Lectür, Franz. Ital. Music, Zeichnen,
„Nähn 2c. Tanzen, Haushaltungskunst,
„Kinderzucht u. s. w. Oder Sie bekom-
„men nur ganz kleine Kinder, welches eben
„wieder Ihren Plan zerrütten, und Ihre

M 5   „Schule

Fortsezung.

Et Stygias aequum fuerat — iste sub vmbras:
Sed quia non licuit, viuit, vt ossa colat!

MART.

Ich habe mir nicht helfen können: noch jezt um Eilf Uhr abends habe ich den Küster, dessen Stillschweigen mir bedenklich gewesen war, fragen lassen, ob auch wol gar Jucunde todt

„Schule zu einer blossen Leseschule machen
„wird. — Und wenn auch, wider mein
„Erwarten, die Stadt diesmal nicht, wie
„sonst immer, dem Neuen sich widersezt:
„so ist doch das gewis, daß theils die vor-
„nehmen Kinder, sobald sie das Alter von
„13. 14. Jahren erreichen: die Schule
„verlassen, folglich nichts Ganzes lernen
„werden. Denn wenn unsre Mädchen so
„alt sind: so fängt Hanns Hasenfus
„schon an, ihnen was vorzuschmeicheln, und
„adieu Bücher, adieu Lehrer, adieu Zucht
„und Gehorsam. Theils werden auch ge-
„ringer Leute Töchter, (welche, wenn sie gu-
„te Bildung und gute Anlage zeigen, Ih-
„rem Entwurf nach, sie aufnehmen müssen,
„um Kammermädchen, Koffemädchen,
„Haus-

todt ist? zumal da ich erfur, er habe den Doctor
bewogen, seinen Weg über Seedorf zu nehmen.
— Sie

„Haushälterinnen, wenigstens gute Gat-
„tinnen draus zu erziehn;) diese, sage ich,
„werden vornehmen Eltern anstößig seyn;
„und so werden die Töchter der lezten weg-
„genommen werden, um nicht mit Creti
„und Pleti auf Einer Bank zu sizen.—
„Doch las es auch im Anfange gut gehn:
„so wird, je besser es geht, die Sache de-
„sto mehr Aufsehn machen. „Was?"
„wird manche alte Gans da sagen, „mei-
„ne Tochter weis mehr, als wir? O fort
„mit den Narrnspossen!" — Eine andre
„hat keine Tochter: aber grimmig, aus
„jungen Mädchen vernünftige Geschöpfe
„werden zu sehn, wird sie die ganze Anstalt
„verschreien. — Rechnen Sie hiezu, daß
„das Ganze zunächst unter den Augen der
„Weiber liegen wird. Wirds da nicht ein
„ewiges Waschen geben, Mährchenmachen,
„Splitterrichten über die Lehrer, Misver-
„ständnisse, unverschämte Forderungen
„beim Director der Schule, überhaupt al-
„les, was zu kommen pflegt, wenn unser-
„eins unter die Gefatterinnen, Tanten,
„und Grosmamas geräth — der Schwieger-
„mütter nicht zu vergessen? Merken Sie
„hiebei,

— Sie lebt: aber die Gefar ist gröffer, als je!

— Die Nacht ist eben nicht die kälteste; ich
wer-

„hiebei, daß die sämtlichen Lehrer (und de-
„ren müssen Sie sehr viel haben) Gelehr-
„te von Profeßion seyn müssen. Da habe
„ich zwo kleine Fragen.   Die Erste: wo
„wollen Sie die herkrigen? denn Verhei-
„ratete müssen es seyn; und welcher Ge-
„lehrte kan in Königsberg mit einer Fami-
„lie leben, wenn er nicht neben freier Wo-
„nung wenigstens 200. Ducaten einzu-
„nehmen hat? Folglich müssen Sie Stüm-
„per annehmen; und weh solchen! denn
„die Mädchen werden das augenbliklich
„merken.   Die zwote Frage: Giebts un-
„ter 500. Mannspersonen gewis Eine,
„welche die weibliche Erziehung versteh?
„Ich dächte: Nein. — Was werden end-
„lich . . . doch wenn ich von Ihren Amts-
„brüdern rede, liebster Herr Pastor, denn
„komts immer gezwungen und gedrechselt,
„weil ich fühle, was ich Ihrem Amt schul-
„dig bin.   Still also; wieviel ich auch
„von Habsucht, Eifersucht und seichter Ta-
„delsucht zu sagen hätte.

„Dagegen verspreche ich Ihnen, daß,
„wenn die Schule innerhalb 10. bis 12.
„Jahren auf einem, einigermaßen leid-
„lichen

werde, in den Pelz wohl eingehüllt, hinfahren.
Ich nehme dies Blatt mit, um von dortaus den
Ausgang meiner Bekümmernisse dir zu melden.

✳ ✳ ✳

Donnerstags.

O! mein Ribezal . . .

✳ ✳ ✳

Noch Donnerstags.

Ich halte dies nicht aus, mein liebster Ribe‐
zal! Ich schwebe in meinem einsamen Hause um‐
her,

„lichen Fus steht, ich mit Vergnügen ein
„Ansehnlichs mehr als die 1000. rttl. ge‐
„ben will.

Sie kam nie auf diesen leidlichen Fus; denn die
Stadt würdigte die ganze Sache keiner Prüfung,
folglich bestand auch die Schule nicht volle 12 Jahr.
Doch machten die benannten drei Patrioten neue
vortrefliche Vorschläge (sie sind dem Plan von wel‐
chem oben geredet ward, angebogen) Herr Puf
erbot sich, zweitausend Thaler zu zahlen: aber es
war nicht möglich, die Aufmerksamkeit der Stadt,
und Provinz zu gewinnen. Herr Ribezal hatte
indessen die Genugthuung, nach Dorpat gerufen
zu werden. Von dem Schiksal seiner dortigen
Jungfernschule weis ich nur das, daß sie vor eini‐
gen Wochen (ich schreibe im Jul. 1775.) vom Feuer
verzehrt worden ist. — Tröstet Euch, Leserinnen!
Daß man Euch so, wie ihr jezt seid, aufwachsen
lies, war nicht Eure Schuld: aber bittet Gott,
daß er Euch Wege weise, einer ähnlichen Verschul‐
dung an Euern Töchtern zu entgehn! —

her, wie der Pulverdampf eines Schusses auf
der Wasserfläche. Ich falle in einen Stul, steh
dann auf, um meine glühnden Augen durch An-
schaun des Monds zu kühlen, lege dann mein
Kaminfeuer wieder an, und denke, es sei ihre
Asche, was ich emporstauben seh. Denn ach,
mein geliebter Ribezal! sie ist todt! und mit welchem Grauen schreibe ich das Wort!

O! das war was tödlichs, das Schauern,
welches hier mich ergrif! Sie, diese schönste der
Blumen schlug der Tod nieder, um Einmal ganz
zu zeigen, was er ist! *)

Könnte ich mich nur sammeln, um Dirs zu
erzälen! ich bin warlich in demjenigen Zustande,
welchen man das aussersichseyn nennt.

Es ist Mitternacht. Ich habe die Gegenwart meiner Wärterin nicht ausstehn können.
Hätte ich doch nur wenigstens dem Küster zugelassen, bei mir zu bleiben! Ich seze mich hieher,
um nicht allein zu seyn: denn indem ich die Feder eintunke, fühl ich, daß ich bei Dir bin. Es
war zuviel gewagt, daß ich nicht in Seedorf
blieb.

Sehr ermattet kam ich hin. Kan irgendet-
was mich Trost hoffen lassen: so ists das, daß
die

*) Così del mondo il più bel fiore scelse
— — per dimonstrarsi
Più chiaramente nelle cose eccelse.
PETRAR.

die ganze Familie mit starker, ich möchte sagen
— liebevoller — Rührung mir entgegen kam.
»Lebt meine Jucunde?« — Niemand konnte
antworten. Man führte mich an ihr Bett.

»Laffen Sie sie doch sterben,« rief ihre Freundin, des Schulzen Tochter, »sie war nicht todt.«
— Ich sank in einen Lehnstul; nicht ohnmächtig, wie, wenn du das Schreken dieser Stimme
fühlst, du wol erwarten mustest — nein, nicht
ohnmächtig; denn ich solte den Trost haben, den
lezten Hauch dieser heiligen Brust zu athmen.
Sie hatte das Haupt zur Wand gekehrt. Ich
bükte mich über ihren Mund: »Kennen Sie mich,
Jucunde?« — Aber ich kan nicht weiter
schreiben!

*　　*　　*

»Kennen Sie mich, Jucunde?« sagte ich lei-
fe — und hörte einen röchelnden Athem in ihrer Brust. Gleich drauf blieb ihr Athmen aus.
Ihr Puls stand noch. »Kennen Sie mich?«
sagte ich noch einmal, und heis goffen meine
Thränen sich hin auf ihre Wangen und auf ihren Hals. Ihre Brust erhob sich, und sie machte mit dem Kopf eine bejahende Bewegung. Maria bei Lazarus Grabe kan das kaum empfunden haben, was ich hier empfand. — »Wer bin
ich denn?« sagte ich.

— Ihre Brust hob sich stärker, und ihre
Schulter bewegte sich. Wie gern hätte ich in
ihrem

ihrem Auge die Antwort gelesen: aber das Zimmer war finster.

„Mein Töchterchen!‟ rief der Vater, „ists „der Herr Vetter?‟ — Sie winkte. Nein.

„Bin ich Radegast?‟ — Puls und Athem kamen wieder, wenigstens der lezte. Sie winkte zweimal Ja! Ich sank auf ihre Hand, deren kalte Finger sich vest um meine Wange legten. Sagen konnte ich nichts. Mein Leben zerriß mit dem ihrigen. *)

„Gott sei hochgelobt!‟ sagte ihr Vater, „sie „entschlief sanft.‟ — Ich fuhr auf . . .

— Ich kans nicht aushalten, mein Bester! —

Wie gewis ists, daß das Sterben nicht vom Wollen der Sele abhängt! Mein ganz Gefühl war Krankheit; so drükte ich meine Lippen auf ihren starren Mund, während daß die Familie mit sanftem Laut einen Vers aus einem Sterbliede sang. Ich harrte, ob nicht der Tod . . . ach! die Bande meines Lebens wurden vest angezogen.

„Gehorsam! mein Sohn‟ sagte der Vater, indem er mich ins Wohnzimmer führte, „Gehor„sam gegen den Herrn des Lebens, den starken „leben-

*) Dilaniabatur vita, quae vna facta erat ex mea et illius.

AV G

„lebendigen Gott! Ich verliehre durch diesen
„frühen Tod mehr als Sie: aber ich werde mich
„beruhigen. Bedenken Sie jezt, da sie hier
„vor uns liegt, was ein Alter sagt: Nemo pa-
„rum diu vixit, qui virtutis perfectae perfecto
„functus est munere! *) und das ist doch war-
„lich hier der Fall. Longa est vita, si plena
„est. **)“

— Was soll ich dir noch sagen? Ich ließ
mich nicht länger halten. Ich sehnte mich nach
der Lagerstätte, auf welcher ich jezt sitze. Der
Schulz hat in meinem Wagen mich begleitet!
Was er unterwegs gesagt hat, weis ich nicht:
aber er mus doch mein Herz getroffen haben,
sonst hätte ichs nicht überstehn können.

So ruh sie sanft! Leicht deke sie ihr
        Hügel,
der Thränen stilles Heiligthum!
Ich pflanz einst Rosen um ihr Grab
        herum!
O! fächelte, du Todesengel, dann dein
        Flügel
den Kranz, der welk von warmen Zähren
        sinkt!
O kühltest du mein Haupt, wenn ich des
        Lebens Plage,
                      auf

*) CIC.   **) SEN.

VI.Theil.   N

auf ihrem Grabe knieend, ihrer Asche
Klage,
die stumm der Thränen Tropfen trinkt!*)

IX. Brief.

Julchens Sache wird ernsthafter.

Julchen an Sophien.

Endlich, theuerste Sophie, läßt mein Mädchen
sich gewinnen, diesen Brief Ihnen zu übergeben. . . . **) Ich fürchte, daß Jgfr. Ritka
durch diese Veranstaltungen mich und uns alle
unglüklich machen wird. Ich habe harten Befehl, vorzugeben, daß ich auf dem Lande gewesen bin. In welchen Irrgang von Lügen werde
ich dadurch hineingeführt, ich, die bei der ersten Unwahrheit immer verstummte! — Meinem Oheim darf ich schlechterdings nicht antworten!

Herr von Poufaly, dieser unerklärliche Mensch,
hat an mich geschrieben. Er bittet dringend um
mein

---

*) So schön hat denn Herr Radegast das doch nicht
gesagt, als sein Original es gesagt hatte:

Sic bene sub tenera parua quiescat humo.

Illa mihi sancta est, illius dona sepulcro

Et madefacta meis sarta feram lacrimis!

Illius ad tumulum fugiam, supplexque sedebo,

Et mea cum muto fata querar cinere.

TIB.

**) Sie erzält hier die bisherigen Begebenheiten.

mein Herz, und verfichert mich zugleich mit
mehr Pomp als Grosmuth, „daß er keines
„Menschen Vorsprache suchen wolle.‟

Diese Versichrung giebt er mir mit so viel
Pralerei, daß ich an ihrer Wahrheit zweifeln
mus. Ich habe ihm ganz verneinend geantwortet: aber der Brief geht durch meiner Mutter
Hände; und so ists sehr ungewis, ob er ihn erhalten wird? Ich gesteh, ich wollte ihn bitten,
meinem Oheim zu sagen, wo ich bin: wie gut
ists, daß ich es unterlaffen habe! ich hätte mich
ja in Verpflichtungen gegen diesen Menschen
gesezt! und wieviel Verdrus hätte ich meiner
Mutter gemacht, da ich ohnhin nicht weis, ob
nicht der Ausgang meiner Sache mich als rach-
füchtig aufstellen kann. Auffer Ihnen, liebstes
Fiekgen, und Herrn Gros, kan niemand mich retten. O daß sie beide doch meinem Oheim Vorstellungen thun wolten! Verzeihn Sie, daß ich
es sage: Sie sind an allem schuld. Mein
Oheim läßt deutlich merken, daß sein Verdrus
über Sie, und seine Furcht vor der Macht des
Beispiels, ihn hart macht. Möchten Sie doch
nur ihn überzeugen können, daß ich nie, und
am wenigsten diesen Herrn von Poufaly, heiraten werde. Die Vorzeigung meines Briefs an
Herrn Gros, wird klar machen, daß ich mein
Wort nie von mir gegeben habe. Gesezt aber
auch, ich hätte das unglüklicher Weise gethan;
so würde ich es ohne Bedenken zurük nehmen;

R 2 denn

denn in seinem Gesicht und ganzem Betragen
sind unläugbare Beweise, „daß dieser Mensch
viel zu wollüstig, viel zu empfindlich gegen sinnliche Reize ist, als daß er mein Herz bis zu einer immer gleichen Liebe schäzen könte.“

Zwingt man mich . . . o! diesen Gedanken
kan ich nicht fortsezen! Ich habe von jeher gesucht, mein Herz zu einem stillen Herzen zu machen; aber wenn ich so hoch getrieben werden
soll: so schwör ich Ihnen und Allen, daß ich
am Fus des Altars, es entsteh daraus, was da
wolle, laut rufen werde: „ich werde gezwun-
„gen!“ Machen Sie dies bekandt, meine Sophie, denn es soll geschehn, und wenn man mich
auf die Folter legte.

Ich weis nur etwas ganz dunkles von Ihren
lezten Begebenheiten. Soll ich nicht mehr
wissen?

X. Brief.

Wenig Trost.

Sophie an Julchen.

Mitleidig, meine Theureste, bewein ich Sie;
und meine Thränen sind desto schmerzli-
cher, je gewisser es ist, daß ich sonst nichts für
Sie thun kann. Mit Ihrem Herrn Oheim kan
ich unmöglich reden. Ich will Ihr Vertrauen
erwie-

erwiebern, und Ihnen frei gestehn, daß ich ihn flieh.
Nicht als hätte die hohe Werthschäzung, die ich
gegen ihn hatte, gelitten; nicht, als fühlte ich
nicht jedes Verdienst um mich, welches er durch
seine Unternehmungen sich erworben hat: sondern — ich schäme mich, es zu sagen: ich
kan Herrn Leß** unmöglich vergessen —
unmöglich, mein Julchen; denn nie hat ein Mädchen mehr Anlässe, als ich, ihre Pflichten zu prüfen. Ich wiederhol es: ich schäme mich dieser
Ungerechtigkeit, die ich an Ihrem Herrn Oheim
begeh: aber Sie, die die Liebe kennen, werden
mich nicht ganz strenge verdammen. In einer
sehr schwermüthigen Laune sing ich, wenn ich allein bin; meinem Leß** oft dies Lied:

>   Lebenslang
>   Ja! lebenslang störst du
>   Geliebter! meine Ruh!
>   Dich rufen Thränen,
>   dich wünscht mein heimlich Sehnen
>   und mein Gesang.
>   Innerlich
>   wühlt er in meiner Brust,
>   der Mörder meiner Lust,
>   der Tod der Freuden;
>   der volle Quell der Leiden:
>   Der Gram um dich!
>   Kummervoll
>   denk ich an dich zurük,
>   und warte auf mein Glük,

und

und auf die Stunden,
 wo ich, was ich empfunden,
  bekennen soll. *)

Herr Gros kan eben so wenig etwas thun:
Jgfr. Nitka hat die Madame Benfon gar zu in=
ständig gebeten, zween Briefe ihres Oheims **)
noch zurük zu legen; und diese thut das gern, weil
sie sich an Herrn Puf rächen will, der ihr einst
ein bischen zu hart die Warheit gesagt, und jezt
ganz mit ihr gebrochen hat. Ueberdem, Juli=
chen, müssen Sie dieser Frau nicht trauen: sie
ist falsch.

Ich würde vielleicht die Schwürigkeit, einen
Boten nach Haberstroh, wo Herr Gros jezt wie=
der ist, zu finden, heben können, obwol ich
jezt nicht weis, wie? denn ich untersteh mich
nicht, auszugehn. Aber so genau ich auch ihre
Lage weis: so seh ich doch nicht, was Sie jezt
zu befürchten hätten? Gegen thätliche Mishand=
lungen Ihrer Mutter sind Sie sicher. Wie man
bisher mit Ihnen verfaren ist, das komme,
auf welche Art es wolle, heraus: so wird Ihr
Oheim aufgebracht werden — und nicht gegen
Sie, sondern gegen eine Mutter, die allerdings
verdient, bestraft zu werden. Und zwingt Ihr
Oheim Sie alsdenn doch (wider alle meine Ver=
     mutung)

*) Für die Graunsche Composition von „Aufer=
 stehn rc.“
**) S. 581. V.Th. und 113. VI.Th.

mutung) so bleiben Sie mutig bei dem Entschlus, (den ich allerdings billige) am Altar
über Gewalt zu schreien; und sagen Sie es ihm
vorher, daß Sie das unausbleiblich thun werden. Ich bin gewis, daß auf diese Art Ihre
Sachen einen bessern Gang nehmen werden, als
die meinigen.

Was Sie von meinen Begebenheiten wissen
wollen, das kan ich Ihnen nicht anders als
mündlich sagen. Noch ist sehr viel mir selbst
dunkel. Sobald Herr Korn kommt, sollen Sie
mehr erfaren.

Seyn Sie standhaft, mein Julchen. Der
Bruder meiner Wirthin, Herr Mag. Kübbuts,
sagt, Herr von Poufaly habe schöne Eigenschaften, sei aber kein Mann für Sie. Ich wolte
mehr erfaren. Er antwortete: „mehr kan ich
„nicht sagen, wenn ich Ihrer Delicatesse
„schonen soll.“

XI. Brief.
Ankunft einer vermeinten Hauptperson.

Herr Leß* an Herrn Gros.

Sie sind — der Augenschein, mein Herz und
meine Nachrichten sagen es — Sie sind
der Mann, den ich in Holland unter dem Namen Feind gekandt habe; und eben so ge-

wis weis ich, daß Sie der vortrefliche Mann
geworden sind, der Sie damals werden konn=
ten, und werden zu wollen versprachen. Ur=
theilen Sie selbst, mit welcher Ungeduld, im
Wirthshause Ihres Dorfs, nicht funfzig Schrit=
te von Ihnen, ich die Erlaubnis erwarte, mich
in Ihre Arme zu werfen!

Leſſ**

XII. Brief,

welcher dem Herrn Puf nicht viel verspricht.

Sophie an Herrn Gros.

Königsberg.

O kommen Sie doch bald zu uns, mein Schuz=
engel! aber vorher erlauben Sie mir, mein
Herz Ihnen auszuschütten.

Ich kan nicht in das VanBergsche Haus zu=
rükgehn: dies Haus und diese Stadt muß ich
fliehn, sobald Herr Korn hier seyn wird. Nie=
mals hat irgend ein Mensch solche Ansprüche auf
mich gehabt, als der vortrefliche Herr VanVlie=
ten, und nie hat jemand so thätlich, als Er,
sich um meine Liebe beworben. Aber ich kan
meine Hand ihm nicht geben. Frei heraus,
mein würdiger Beschüzer, (und ohnhin wissen
Sie alles aus einem Briefe der Mad. L* zu El=
bing) ich liebe den Herrn Leſſ**, und hoffe,

von

von ihm geliebt zu werden. Diese Hofnung hatte ich nicht, als ich dem Herrn VanVlieten mein Jawort gab; ich glaube, Sie kennen meine Redlichkeit zu sehr, als daß Sie hieran zweifeln solten: nur bitte ich Sie, mir hierüber keine Vorstellungen mehr zu thun — — — *) Ueberlassen Sie mich meinem Unglük: es wäre Unglük genug, Herrn VanVlieten fahren zu lassen, und Herrn Leff** — nie wieder zu sehn; denn ich weis warlich nicht, wo er ist? Ich fürchte, von Herrn VanVlieten entdekt zu werden; und inständigst bitte ich Sie, mich durch diesen Boten, noch heute, wissen zu lassen, ob ich dies Haus verlassen darf, und wohin ich mich wenden soll?

XIII. Brief,
wo jemand durchgeht.

Dieselbe an Julchen.

Ich weis, meine Liebste, daß Sie schweigen können: aber jezt sind Sie alzusehr gepeinigt, als daß ich Ihrer Verschwiegenheit trauen könnte. Ich kan Ihnen also nicht sagen, wo ich bin. Ich habe heute an Herrn Gros geschrie-

N 5

*) Sie erzält hier, wie sie das Blatt gefunden habe, mit welchem wir den zweiten Band beschlossen haben.

schrieben + + + Der Bote kommt zurük und
meldet mir: Herr Gros sei nicht zuhause, indem er nebst seinem Herzensfreunde, dem Prof.
L.*, einen vornehmen Herrn begleitet habe, der
diesen Tag bei ihm zugebracht hatte, und man
wisse nicht, wann er wiederkommen werde.

Ich fürchte, daß dieser Mann, alzu sehr beschäftigt, sich meiner Sache nicht wird annehmen können; daß der Major mich entdeken, und
daß Ihr Herr Oheim noch einige Hofnung unterhalten möchte, wenn, wie fast unvermeidlich
ist, er erfaren solte, daß ich noch in Königsberg bin, wo ich nichts zu thun habe, seitdem Herr Gros entweder vom Obristen S*f
oder sonst, die Vollmacht erhalten hat, die
Papiere aus Herrn Korns Händen zu empfangen.

Haben Sie Mitleiden! halten Sie mich nicht
für kindisch: aber überzeugen Sie sich, daß bei
so vielem und langem Elende mein Kopf gelitten
haben kan. Ich werde sogleich, wenn ich dies
werde gesiegelt haben, das Bensonsche Haus
verlassen, und hoffe, an einem Ort aufgenommen zu werden, wo niemand mich suchen wird.
Nur Ein Mensch weis meinen Aufenthalt, ein
Mensch, der mich nicht verrathen wird.

Eine süsse Hofnung sagt mir, daß Sie glüklich seyn werden. - Lassen Sie mich wissen, ob
das geschehn ist? ich werde bei Ihnen nachfragen

gen laſſen, ob Sie ein Zettelchen für mich fertig haben?

Der Herr P. Gros wechſelt Briefe mit der Wittwe E., ſagen Sie ihm, daß ich in guten Händen bin.

Eine Leidenſchaft, der ich mich nicht ſchämen dürfte, wenn ſie Allen gleichgegründet ſchiene, zwingt mich, aus aller Bekandtſchaft mit Ihrer Familie mich zu ſezen, welcher ich in der Zukunft nur immer kindiſcher, undankbarer und treuloſer ſcheinen würde. O, Julchen! kan in der Geſchichte unſers Geſchlechts ein Beiſpiel gefunden werden, das warnender wäre, als das meinige?

XIV. Brief.

Quid petis? vt nummi, quos hic quicunce modeſto

Nutrieras, pergant auidos ſudare deunces?

PERS.

Jungfer Ritka an Herrn Gros.

Ihnen, der ſchon einmal mich zurecht gewieſen hat, will ich — und glauben Sie, es geſchieht mit Reue — meine neue Schuld bekennen; zufrieden, dies gethan zu haben, wie auch hernach Julchens Angelegenheiten ausſchlagen mögen, die noch gut gehn können und bei deren

beren Einlenkung ich die besten Absichten gehabt
habe. . . . *) Nun befahl Julchen mir, Ihren des Herrn Puf Brief **) zu geben, und
dann aufs Land zu gehn. Ich that jenes nicht,
weil ich glaubte, Ihre Dazwischenkunft würde
nur seinen Zorn besänftigen; den ich doch, Julchen zum Besten, recht hoch treiben wollte; und
dieses unterlies ich, weil meine Gegenwart nöthig seyn konnte. Gegen abend, als Julchen
vom Lande ankommen solte, könnten wir Herrn
Puf nicht loswerden: er blieb im Zimmer, wo
er mit Ungeduld auf die Gasse sah, und die Kutsche erwartete, welche doch noch steif und best
im Hinterhause stand. Madame VanBerg ward
durch ihre Angst schon vorläufig bestraft. „Das
„liebe Mädchen!" so sagte Herr Puf beständig;
„warum, ich möchte das gern wissen, ward
„das arme Mädchen aufs Land geschickt, um
„ihm in einem Wetter zuhause zu kommen, wo
„man keinen Hund ausjägt!"

— Je ärger das Wetter ward, desto mehr
erweichte sich sein gutes Herz für Julchen. Die
Mutter, voll Furcht, daß diese allzuvortheil-
haften Eindrüke zu stark werden möchten, setzte mitten ins Zimmer ein Tischchen hin, und foderte ihn zum Piquet auf.

„Hier

*) Sie entdekt hier, wieviel und wie thätig sie an
Julchens jetzigen Schicksal theil genommen hat.
**) S. 113.

„Hier ist was zu piketten," sagte er; „daß
du ein hartes Herz hast, das wissen wir lange.
„Liebste Schwester" (die Augen gingen ihm über,
als er dies sagte) „hier steh ich, und weis nicht,
„was dem Kinde begegnet ist, für welches ich
„in der Welt gearbeitet habe; und weis nicht,
„warum sie eine so vermaledeite Reise hat thun
„müssen; und weis nicht, wem in meiner Familie
„ich trauen soll; und weis nicht, ob du meinen
„besten Freund, den Herrn Gros, nicht auch
„von meinem Herzen entfernt hast; und habe
„ohnhin das Herz voll Harm: o Schwester, das
„ist kein Spas!"

Die Angst der Madame VanBerg ward so
merklich, daß ich, nicht ohne Grund! fürchtete,
Herr Puf würde sie gewarwerden. Er sah sie
scharf an: „Gieb mir einmal den Schlüssel zu
„Julchens Zimmer! Schwester, wir leben auf
„einem Fus zusammen, der, wie ich glaube,
„unter feinen Leuten seyn mus. Ich kann dich
„also nicht zwingen, mir, in Absicht auf das
„Mädchen, reinen Wein einzuschenken; im grun-
„de ists dein Kind, und du hast Macht, zu thun,
„was dein Gewissen dir erlaubt: und dein Ge-
„wissen ist ein bischen anders, als meins, wie?
„Du willst, daß sie den Herrn von Poufaly neh-
„men soll: das will ich auch: was für Geheim-
„nisse hast du denn, da wir doch gemeine Sache
„machen könnten?"

„Ich

„Ich habe keine Geheimnisse für dich, lieber
„Bruder; ich habe Julchen auf mein Gütchen
„geschickt, weil ich furchte, daß du dem Herrn
„von Poufaly entgegen seyn würdest, und ich
„Zeit gewinnen wollte, dich vorher für sie einzu-
„nehmen.“

„So? mich für sie einnehmen? Hör, Schwe-
„ster, das hast du schlecht gethan; hast mir
„auch bisher ganz was anders gesagt. Hör,
„Schwester: ich glaube, daß ich dich auf einem
„fahlen Pferde treffen werde. Hast du mich hin-
„tergangen: so werde ich das, dächte ich, her-
„auskriegen: hoffe auch, daß ich den Braten
„schon rieche: und nach dem Fus, worauf wir
„stehn, werde ich das ganz höflich ahnden; ich
„versichre es, ganz höflich; aber wahrhaftig
„auch nach Proportion. Hol mir doch einmal
„das Beutelchen, das ich abgezält habe.“

— Um nur ihn den Schlüssel vergessen zu lassen, ging sie hin.

„Lieschen,“ sagte er sezt zu mir, „das giebt
„faule Fische, wie? kan Sie nicht in der Sache
„mir etwas Licht geben?“

„Licht nicht: aber einen guten Rath, wenn
„Sie wollen. Fahren Sie sezt in die Comödie,
„damit Mutter und Tochter sich unterdessen erst
„besprechen können: denn wenn Sie bei Jul-
„chens Eintritt ins Haus gegenwärtig sind:
„so wird gewis nichts gutes draus.“ — Ich
sagte dies, weil ich wolte, daß es auf diese Art
her-

herauskommen solte, der Madame VanBerg
Kutsche sei noch nicht abgegangen: denn er war
so aufgebracht, daß ich glaubte, dies sei die
beste Zeit, Julchen von dem ihr so verhaßten
Liebhaber zu befreien, und der Mutter Härte zu
bestrafen.

„Ei,“ sagte er, „das Ding ist so uneben
„nicht.“

— Jetzt brachte die Madame VanBerg den
Beutel.

„Hör, Schwester,“ sagte er, „dies sind 650
„Ducaten. Herr Malgre' hat in einem mit
„Julchens Pettschaft versiegelten Beutel soviel
„gefunden; und das hat ihr Koschchen vermuth-
„lich gestolen. *) Komm, wir wollen ihr das
„in ihr Schränkchen oder auf ihren Tisch legen,
„um ihr, wenn, wie ich hoffe, alles gut geht,
„eine Freude zu machen.“

— Bewundern Sie doch, lieber Herr Pastor,
die Gegenwart des Geists dieser Frau: „Ja, den
„Spas wollen wir uns machen; Lieschen, hole
„Sie doch Julchens Stubenschlüssel. Er hängt
„in meiner Stube unter dem Spiegel.“

— Ich ging hin, obwol ich wuste, daß er
nicht da, sondern in ihrer Tasche, war.

„Schade,“ sagte sie, als ich wiederkam, „Scha-
„de, daß wir uns dies Vergnügen nicht machen
„können; Julchen mus ihn wol beim Wegfahren
„in

*) S. 559. IV. Th.

»in Gedanken da weggenommen haben. Kom=
»me Sie doch, ich will selbst suchen.«

„Mein Gott, Lieschen,“ sagte sie im Hingehn,
»mir ist greulichangst. Dies wird nimmermehr
»gut gehn! Sophien habe ich glüklich aus seinem
»Kopf herausgekrigt: aber diesen Abend wird
»es ein fürchterlicher Tanz werden . . .“

— Er kam uns nach.

„Jülchen.“ sagte sie, „hat den Schlüssel mit=
»genommen.“

— Er war sehr verdrieslich: „Hör, ich will,
»die Grillen zu vertreiben, in die Comödie fah=
»ren; laß mir doch eine Miethkutsche kommen.«

— Voll Freude, seiner jezt loszuwerden, und
voll Eifer, daß dies jezt gleich geschehn möchte,
war sie so unbesonnen, zu sagen: »du kanst ja
»meinen Wagen nehmen . . .“

„Was zum Stern! Schwester, ich denke, dein
»Kutscher ist aufs Gütchen gefaren?“

— Da stand sie, steif, blaß, und stumm.

Ihm riß die Geduld aus: „Helfen Sie sich
»doch geschwind mit einer Lüge, meine gnädi=
»ge Frau! sagen Sie doch geschwind, Sie hät=
»ten eine Miethkutsche nach Julchen geschikt.—
»O, bei meiner Müze! ich bin des Dings müde,
»Schwester, du hast mich zum Narren, und das
»ist nicht mein Casus! Hast Du keinen respect:
»so brauch ich auch keinen: den Schlüssel her=
»und den Augenblik, oder die schweren nothnä=
»gel sollen . . . Gott vergebs mir, hier möcht ei=
»ner

»ner fluchen, daß es Blizblau im Dinge würde.
»Was? Sa - bre de bois, was hab ich da-
»von, daß ich dein Narr bin? wie? Wirst du
»den Schlüssel hergeben? wirst du?«

— Sie suchte überall, und schwieg mit fin-
sterm Gesicht.

»Sieh lieber an den Boden, da hängt er.
»Schwester, oder Madame VanBerg, soll ich
»Ihnen zeigen, wo er ist? Ich thät es, wenn
»ich nicht höflich seyn wolte.   Und wer weis,
»was ich am Ende thue! denn hör, du bist ein
»Lügenmaul, bist du; und wo uns unser Herr
»Gott nicht bewahrt: so wird der Geiz eine Wur-
»zel alles Uebels bei dir werden.   Aber ich will
»rein seyn: ich werde mich niedlich herausziehn.
»Ich weis wol, Koschchen — Gott hab sie se-
»lig! — Koschchen ist dir in den Kopf gefaren.
»Das ist eine Züchtigung von Gott, die du als
»eine Christin tragen soltest: aber das hat dein
»Herz bitter gemacht, oder wie ichs da nennen
»soll; und nun hast du keine Ruh; und nun ist
»so ein Wirrwarr *) in deinem Herzen, daß
»drüber dein alter Feind, der leidige Geiz, wie-
»der die Oberhand krigt.   Daß du einen Gän-
»sekopf hast, das seh ich deutlich, seitdem du
»reich geworden bist. **) — Daß du mit dem
»armen

*) Confusion, embarras.
**) Infirmi animi est pati non posse diuitias.
SEN.

VITheil.

„armen Gevatter Malgre' nicht so hübsch bar-
„barisch umspringen soltest, das verdros dich;
„daß ich ein armes Mädchen heiraten wolte, das
„verdros dich. Jezt, da dieser (zu deiner
„Freude) der Kopf zu klein geworden ist, willst
„du Julchen, warhaftig nicht aus Liebe zu ihr,
„oder zum Poufaly, denn du bist, hol mich der
„Tau‐brich, keiner Liebe mehr fähig, das
„bist du nicht; sondern, und wenns nicht so ist,
„so bin ich ein Gebund Holz, sondern deswegen
„willst du ihnen mein Geld zuschanzen, damit du
„eine Zwikmühle habest, nach deinem herri‐
„schen Wesen mit dem ihrigen schalten und
„walten, und so auf gut jüdisch dich brav berei‐
„chern könnest. O gehorsamer Diener! Haben
„soll sie ihn, Julchen, davor steh ich: aber du
„sollst in ihrem Gelde dir die Finger nicht erst
„beschmuzen; und dein Strik, die russische Lie‐
„ferung, soll, so gewis Puf Puf ist, mit Mo‐
„natsschlus dir aus den Händen glitschen. Ich
„bin im Zuge; ich mus dirs endlich einmal . . .
„Doch ich will lieber es deinem eignen Gewissen
„überlassen, als daß ich dich hier rothmachen
„solte. *) Spas versteh ich, Je, ja: aber
„Lügen: und Narrenpossen, die kan ich nicht
„vertragen, ich nicht. Den Schlüssel her, oder
„ich

*) Ceterum te ipsum tecum, quam, me dicente eru‐
bescere malo.

LIV.

„ich stoſſe die Thüren ein, daß Gotteserbbo-
„den krachen ſoll."

— Er ward ſo laut, und zog ſo ſchreklich
die Augenbraunen zuſammen, daß ſie, voll Angſt,
den Schlüſſel hervorlangte: „liebſtes Brüder-
„chen . . ."

„Liebſtes Schweſterchen, küſſ du mir hier den
„Ellnbogen; hörſt du? den Ellnbogen küſſ du
„mir."   Und indem er das rief, lief er auch die
Treppe hinauf, und ich hinterher.

Fortſezung.

Folgen der Puffſchen Strafpredigt. Julchen iſt einem wichtigen Geſtändnis nah. Jgfr. Nitka nieſet, und die Leſer machen ihr keine Verbeugung.

Julchen kniete mitten in ihrem Zimmer, wie die
Thür aufflog: „O beſter Oheim, ſchonen
„Sie meiner Mutter!"

„Du armes Würmchen," indem er, auch
knieend, ſie umarmte, „biſt du auch geſchlagen
„worden? haſt du hungern müſſen?"

„Warlich nicht, lieber beſter Oheim; da ſtehn
„noch die Teller."

„Gut; ach Gott, aber wie mager! wo ſind
„die quatſchigen,*) Arme? Sag, Kind, hat
„ſie dich geprügelt?" indem er ſie aufhob.

D 2   „Wie

---

*) potelé.

„Wie können Sie so was denken?“

„Rund heraus, Kind, hat sie dich geprügelt?“

„Nein, liebster Oheim, das hat sie gewis nicht
„gethan“ — (aber Ohrfeigen, dachte ich hier,
sind doch in der That nichts ersprießlicher, als
Prügel!)

„Und warum bist du eingesperrt worden?“

„Verschonen Sie mich mit dieser Frage!“

„Ja, ich wiederhole sie.“

— Sie war sehr verlegen, aber ihr Verstand
half ihr. Sie winkte ihm, als sei meine Person
hier hinderlich.

„Höre Sie, Jungfer Mauläffchen, sie kan
„reisen. Wie zum Velten ist denn das Käzchen
„hier herauf gekommen? Geh Sie, und der Kut-
„scher soll anspannen.“

— Ich ging — aber nur bis hinter die Thür,
denn ich hörte den Kutscher vorfahren.

„Nun geschwind, warum schlos sie dich ein?“

„Ich schäme mich, es zu sagen: ich hatte sie
„beleidigt.“

„Das ist nicht wahr; denn womit?“

„Ich hatte nicht Vorsichtigkeit genug gehabt,
„den Hofrath Schulz zu entfernen.“

„So? Ists denn aber nun mit dem Schwer-
„nöther *) zu ende?“

„Durchaus!“

„So gewis, als du meines Lebens Freude
„gewesen bist?“

„Ja,

*) Misérable.

„Ja, theuerster Oheim; und eben so gewis,
als ich das wieder werden will.“

„Hoho! das ist noch eine grosse Frage! Es
könnte unterdessen viel Wasser unter den Brü-
ken durchlaufen.“

„Ist das nicht hart, daß Sie diese Hofnung
niederschlagen?“

„Was Härte? bin ich auch hart? wie! Ich
dächte du wüßtest jezt besser, was Härte ist?
„Ich dächte, dir solte jezt der Himmel voll Gei-
gen hängen.“

„Soll ich nicht dadurch Ihre Liebe wieder erhalten, daß ich nie ohn Ihre Einwilligung
heiraten will?“

„So bin ich doch nicht Puf, wo nicht alle
Mädchenköpfe unter einem Stempel gepreßt
worden sind! Das ist euer gewönlichs Formu-
lar. Grandison, oder wer das Ding da aufgebracht hat. Hör, Jükchen, ich will dir sagen,
was das heißt: heiraten will ich nicht ohn
Einwilligung: aber weglaufen . .“

„Himmel! liebster Oncle!“

„Nun still, still, das will ich von dir auch
nicht sagen: Aber las mich fortfahren: ich will
nicht ohn Einwilligung heiraten (und wenn
ihr vernünftig seid, wie gewisse Leute . . ha-
heraus mit der Sprache, wie du vormals; ja
sezt ihr hinzu: „denn das strafen Gott und
Menschen“) aber ich will, wie gewisse andre Leute, ehrliche Kerln zum Narren ha-

D 3   „ben,

ben, um nicht müssig und unbemerkt zu seyn;
„oder ich will die Meinigen so lange zwie-
b e l n, *) bis sie in meinen Eigensinn einwilligen. — Nein, Julchen, du sollst nicht ...
„mit einem Wort, du sollst keine Sophie werden. Heirathen sollst du, und das in Jahr
„und Tag — in — sage ich — drei bis vier
„Monat Frist."

— Sie reichte ihm die Hand hin, und sagte
lebhaft: „Halten Sie mir das Wort!"

„Poz Narren und kein Ende! Jule, wenn
„du ein Kerl wärst; so schlüge ich dir davor
„an den Hals. Habe ich jemals mein Wort
„gebrochen? ich gebrochen? wie? kommt nicht
„alle dies Katzbalgen eben davon her, daß
„es solche hun- h u n d e r t s e i t i g e Seelen giebt,
„die sich aus ihrem Wort soviel machen, als aus
„einer Steknadel? Frei heraus: Sophie eben
„hat eine solche hun- ich hätte bald was gesagt!
„eine solche h u n d e r t s e i t i g e Seele; und ich
„schwöre dir, so sollst du es nicht machen."

„Dafür sei Ihnen die Redlichkeit meines Her-
„zens Bürge."

„Redlichkeit hier, Redlichkeit da: wer war
„redlicher, als Sophie; doch die mag reisen!
„und nun traue ich keiner. Keiner einzigen,
„Julchen! auch dir nicht: denn du hast auch
„deine

*) importuner, chagriner.

„deine Nükken,[*] deine Hinterhaltun-
gen, oder wie Herr Waker sagte, deine re-
ticences."

„Ich?"

„Nein, du! — hast du keine?"

„Warlich nicht."

„Das wollen wir gleich sehn: du willst also
„heiraten?"

„Ja; aus Liebe zu Ihnen."

„Je! daß du mir nicht gestolen wirst; das ist
„schon so was. Aber gut: und wen willst du
„heiraten?"

— Sie schwieg.

„Da habt ihrs, Mutter, besehts! sagt' ichs
„nicht! hab' ich nicht geschrieben, du sollst auf-
„richtig seyn?"

„Ach, theuerster Oheim . . ."

„Nu?"

„Ich kan, theu- . . . ."

„Theure du morgen mehr. Verdien ich
„nicht soviel Vertrauen? hat die Schwester mich
„ausgestochen? darf ich nicht soviel wissen, als
„Sophie?"

„O Sophie weis von ihm nichts."

„Hollah! von Ihm! von wem! von wem!
„hier!"

— Sie küßte ihm die Hand: „Ach Sie wer-
„den böse werden "

D 4 „Ob

*) petite tête.

„Ob mir nicht schon die Stelle brennt, als
„wenn ich Ameisen itt den Stiefeln hätte? Nein,
„ich will nicht böse werden.“

Sie sank auf die Knie: „So sei es dann ge-
„wagt: Sophie weis nichts von . . .“

„Ha! ein Mäuschen an der Thür!“ indem
er sich plözlich wandte; denn wie das Unglük
sich in alles mischt, so muste ich hier, so sehr
zur Unzeit, niesen. Ich machte aber kek die
die Thür auf: „Der Wagen ist da.“

„Hat das Ding keine Schuh an?“ indem er
auf meine Zehen trat; „warum schleicht Sie so
„leise?“ „Komm Julchen, liebes; angezogen
„bist du: komm in die Comödie. Oder ist heu-
„te Concert?“

„O! aufs Concert, bester Oheim!“

„Gut!“ — und so führte, oder vielmehr
trug er sie in den Wagen.

— Was wird nun aus dieser Sache werden?
Auf seine Schwester ist er bitterböse. Beim
Vorbeigehn vor ihrem Zimmer, öfnete er die
Thür, und sagte: „Schwester, ich werde mit
„Julchen aufs Gütchen fahren. Ein Abend-
„essen werde ich bestellen, und mitnehmen:
„schik du aber morgenfrüh den Proviantwagen.“

Sie antwortete nichts, und weinte.

„Ho! die Weiberthränen!“ (sagte er zu Julchen, die ihre zurükgezogne Hand ergrif,) „da
„siehst

stehst du, Julchen, was eure Thränen ſind: wenn
ihr ein gut Gewiſſen habt, weint ihr meine
Tage nicht; Kommt.«

* * * * * * * * * * * * * * * * * *

XV. Brief.

Nachricht vom Teſtament.

Herr Gros an den Profeſſor T* zu Königsberg.

Sie wiſſen, mein Liebſter, welchen Brief von
Sophien ich zu hauſe fand, als wir von
der Begleitung des Herrn Leſſ** zurükkamen.
Ich kam früh in die Stadt — und fand Sophien nicht . . . Wie bedaure ich dies Mädchen; und wie würde Ihr gutes Herz ſie bedau-
ren, wenn Sie ihre Geſchichte wüſten. Ich
kan mir kaum vorſtellen, daß ſie ſo plözlich,
und ohne Begleitung, zu meiner Mutter nach
Memel gegangen ſeyn ſolte. Ich werde alles
thun, um ſie zu entdeken.

Dann eilte ich, ſo ſehr auch die Frau Benſon
mich davon abzuhalten ſuchte, in das Van-
Bergſche Haus. . . . *) Mehr konnte ich nicht

D 5 erfaren;

—————————
*) Er ſchreibt hier genau ſoviel, als Jfr. Rittka dem
Leſer geſagt hat.

erfaren; denn Madame VanBerg empfieng mich
so unfreundlich, daß auch die gewönliche Höflich-
keit ihr beinah lästig ward. Herr Korn war
diesen Morgen von Pillau gekommen. Ich
führte ihn zum Obristen, und er überlieferte
mir Sophiens Papiere. Weil ich eilig war,
und der Obriste in wenig Tagen Befehl abzu-
gehn erwartet: so lies ich den Major gerichtlich, und durch die hartungsche Zeitung,
fodern, und eilte zu Ihnen, und von da nach
Haberstroh, weil ich Sie nicht fand. Gestern
früh kam ich wieder, und der Obriste drang
drauf, daß das Testament meines Vaters ge-
öffnet werden solte, weil der Major nicht erschien,
und also vermutlich nicht mehr in Königsberg ist.

Zuerst fand sich im Paket dieser Zettel meiner
Mutter:

* * *

»Meine Augen werden wol schon geschlos-
»sen seyn, wenn ihr, geliebten Kinder, die-
»ses öfnen werdet. Und du, o meines Her-
»zens Sohn! vergis jezt die Härte deiner
»Jugendjahre; ach! vielleicht war dein gan-
»zes Leben, bis heut, hart! Dein Mutter-
»theil beträgt nur 6000. Rthlr. aber im Te-
»stament hat dein Vater dich, wie ich hoffe,
»noch einmal so reich gemacht. Ich habe
»mich nicht unterstanden, dich zu laden:
»aber

»aber o! wie hat mein Herz dich gerufen!
»Doch welch ein Glüksfall kan dich wieder in
»deine Familie bringen? Ich schweige! O
»möcht ich dich in jener Welt da finden, wo
»ich dich suchen werde! Und du, Tochter,
»die ich wol auch nicht wieder sehn werde,
»sei glüklich. Denn reich bist du, wie ich
»hoffe; und findet Carl sich nicht: so bist du
»sehr reich. Zahl alsdann meiner Sophie
»sein Muttertheil. Ich schreibe dies in
»Schwäche und mus aufhören! Memel, den
»10. Mai. 1761.

»Witwe. E.
»geb. Wagner.«

* * *

Im Testament sagt mein Vater: »er habe
»von jeher zwo Rechnungen gehalten; Eine über
»den Ertrag seiner Aemter; und Eine über das-
»jenige, was aus andern Quellen gekommen
»sei. Seine Aemter haben bis dahin 24000.
»Rthlr. gebracht: und diese habe er, zu gleichen
»Theilen, seiner Wittwe und Tochter übergeben.
»Das übrige steh in den beiden Hauptkirchen der
»Vaterstadt auf Zinsen, und werde mit den
»Zinsen, bis an mein dreissigstes Jahr, eine eben
»so grosse Summe ausmachen. Ich solte nicht
»citirt werden; meldete ich mich aber vor mei-
»nem dreissigsten Jahr: so solte diese Summe
»mir ausgezahlt werden.«

Uebri-

Uebrigens ist dies Testament in aller Form
abgefaßt; nur das ist befremdend, daß gar
nichts auf den Fall bestimmt wird, wenn ich
vor meinem dreissigsten Jahr mich nicht melden
solte. Mein Taufschein liegt versiegelt dabei,
und ist nachher mit meiner gerichtlich abgefo-
derten Aussage verglichen worden. Ein grosses
Pak Rechnungen, über dieses mein Kapital, habe
ich noch nicht durchsehn können.

Alles ist nunmehr berichtigt worden, und
ich bin wieder auf meinem Zimmer, und denke
sehr ernsthaft über mein Schiksal — Sie wissen meine Weise schon, und werden also diesen
ganzen Vorfall verschweigen. Aber gern möchte
ich Sie sprechen!

E. Gros.

XVI. Brief.

Anfang der Erzälung einer neuen Begebenheit.

Herr Puf an Herrn P. Gros.

Bergshöschen.

Mags doch seyn, daß Sie auf keinen meiner
Briefe mehr antworten. An Sie schreibe
ich doch, so ungern ich auch sonst schreibe; und
endlich werden Sie doch antworten.

Ich

Ich kam gestern hier an . . . *) Laſſen Sie
mich vorher noch von Königsberg was ſagen.
Voll Freude ſahs ich, nachdem ich Julchen zum
Concertſal geführt hatte, unten bei einer Fla-
ſche Rheinwein. Aber auſſer mir ward ich vor
Freuden, als ich an einem andern Tiſchgen, zwar
betrübt und niedergeſchlagen, aber doch geſund,
und auch noch ſo ziemlich bekleidet, einen alten
Bekandten gewar ward.

Und wen meinen Sie? was? Den Generalmajor aus Pommern, von dem ich Ihnen **)
geſchrieben habe.

Laſſen Sie ſich ſagen, daß man mich bisher
für geizig gehalten hat, weil ich mich ſchlecht
kleide. Deswegen, und auch, weil meine ehmalige Liebe mich zum Gek gemacht haben kan,
war ich heute gut angezogen; und ſo kannte
mich der General nicht, da ich ohnhin unter einem Kronleuchter ſahs, wo es doch ſo einen
Schatten zu geben pflegt. Ich war mäus-
chenſtill, lies Julchen ſagen, ſie ſolte, wenn
ich ſie nicht abholte, mit der Mad. Domine
fahren, und eilte zum Commerzrath S*s, voll
Freuden, daß mir Gott nun gezeigt hatte, wem
ich von meinem geretteten Speicher was abgeben

*) Er ſchreibt, was Jgfr. Nitka dem Leſer geſagt
hat.

**) S. 336. V. Th.

ben solte; denn in allen meinen Verwirrungen
hatte ich mein Vorhaben: diesem braven Edelmann, seinem wakern Prediger, und seinen
Dörfern, aufs nachdrüklichste zu helfen, bisher
vergessen. *)

Ich wolte mit dem Bankzettel, der auf morgen zahlbar war, eben von Herrn S * s weggehn, als ein Bettelbrief gebracht ward, auf
welchen Herr S * s und ich, ohn ihn zu öfnen,
ein Pahr Achtehalber hinausschikten. Ein
Knabe, der ihn gebracht hatte, gab mir, wie
ich herauskam, ein Zettelchen, worauf dies
stand:

„Ich gläube, daß mein Bittschreiben ge-
„lesen zu werden verdient.“

— Ich erbrach es, und las folgendes:

* * *

„Hast du noch nicht des Elends tiefsten Schlund gesehn:
„so kanst du nicht vor mir vorüber gehn:
„so dringe dich der Reiz des Neuen,

„Den

*) Man wird hernach sehn, daß er dies aufs reichlich-
ste gethan hat. Die Verheerung dieser Gegenden
erinnert, als Veranlassung der grossen That des
Herrn Puf, uns an das, was Plinius sagte, als,
bei ermängelnder Ergiessung des Nil, Trajan
Getreide nach Egypten schikte: Nilus Aegypto quidem saepe, sed gloriae nostrae numquam largior
fluxit.

„den höchsten Jammer einer Welt,

„die dir, o Glüklicher, so sehr gefällt,

„beut anzusehn: und Samen auszustreuen,

„von dem dir Gott die Erndte aufbehält.‟

Der Knabe sagte, eine kranke Frau habe dieß geschrieben, ihm aber befolen, demjenigen, der etwa zu ihr kommen wolte, voraus zu sagen, ihre Wohnung sei sehr abgelegen. Ich nahm ihn mit mir ins Concerthaus, und lies nun, indem ich durch die Glasthür zusah, durch ihn, dem Generalmajor, den Bankzettel abgeben, welchen ich in die heutige Zeitung einschlug, die ich eben bei mir hatte. Dieser Herr sezte sich dem Lichte näher, las, mit sichtbarer Bestürzung, und rief, daß man ihm den Schlüssel seines Zimmers geben möchte. Jezt ging ich — denn er fing an, sich nach meinem Jungen umzusehn.

Fortsezung.

Sehr angenehm zu lesen: und desto einschläfernder für die Geizigen.

Der Knabe ging lange vor mir her, durch enge Gassen: aber ich war so voll Freude, und fürchte mich, wenn ich auf guten Wegen

bin,

bin, überhaupt so wenig, daß ich kaum acht
drauf hatte.

Endlich führte er mich in die Hinterstube eines der elendsten Häuser. O welch ein Anblik!
Auf dem Stroh, ach! es konnte kaum noch
Stroh heissen! lag eine junge Frau, die sehr
schön gewesen seyn mag. Neben ihr lag ein
Mädchen von etwa vier Jahren, welchem der
Krebs das halbe Gesicht, und einen Theil der
Schulter weggefressen hatte. Das Papier, mit
welchem die zerbrochnen Fenster verklebt gewesen waren, war vom Regen losgeweicht; und
da die Stuben- und Hausthür gestolen waren:
so war die nasse Kälte und der Zug unerträglich.

„Hier, Frau,“ sagte der Knabe, „kommt ein
„Herr; nun wird sie mich wol nicht mehr brau-
„chen.“

— Die Frau richtete sich auf. „Gnädiger
„Herr,“ sagte Sie, „sind sie ein Mensch oder
„ein Engel?“

„Ich bin ein sündiger Mensch, Jungefrau:
„aber Gott behüte, was passirt hier? Habt Ihr
„keine Bekandten in der Stadt?“

„Niemand, als diesen mitleidigen Knaben,
„dem ich vormals dann und wann ein Stük
„Brod gegeben habe, und der heut abends ein-
„getreten ist, mir ein Licht, und diesem Wurm
„hier ein Stük Brod geschenkt hat. Dies sind
„meine Stiefkinder.“

„Welche? denn ich seh nur Eins.“

„O läß

»O laſſen Sie mich erſt ausreden. Ich ha-
»be meinen Mann erſt ſeit vier Monaten. Er
»iſt ein Böſwicht, und ſein müſſigs und unor-
»dentlichs Leben, und das Unglük, das ich gleich
»nach der Heirat die Waſſerſucht gekrigt habe,
»hat uns rettungslos zu grund gerichtet. Man
»hat wegen böſer Thaten ihn eingeſezt; ich liege
»alſo hülflos hier: und vielleicht war er ohnhin
»ſchon im Begrif, mich zu verlaſſen. Ich habe
»nicht Bekandte, nicht Geld, nicht Brod, nicht
»Holz, nicht Hausrat, und kan mich nicht von
»der Stelle rühren. Ich kan bei allem, was
»heilig iſt, Ihnen verſichern, daß ich ſeit drei
»Tagen, auſſer dem Stük Brod da, in den Hän-
»den jenes lebendigverweſenden Kinds, nichts
»eſſbares geſehn habe: und dies Kind wäre ge-
»wis ſchon todt, wenn ſich der Knabe nicht ge-
»funden hätte. . .«

— Ich könnte es nicht länger ausſtehn;
theils grif dies mein Herz an; theils roch auch
die Luft ſo giftig, daß ich nach der Thür ging.
»Nimmt ſich denn,« ſagte ich, »kein Nachbar
»eurer an?«

»Unſre Nachbarn ſind catholiſch, und mein
»Mann iſt ohnhin ihnen verhaßt; zudem wiſ-
»ſen ſie nicht, wie mirs geht. Ach! gnädiger
»Herr! auch Sie wiſſen es nicht. Sehn Sie
»hier! dies mus ich ſchon ſeit vier oder fünf Ta-
»gen ſehn.«

VI Theil.						P						Sie

— Sie dekte ihr Lagerstroh auf, und zeigte — kaum kan ich es vor Grauen schreiben —
zeigte mir ein todtes Kind, welches plözlich den
unerträglichen Gestank eines modernden Leich-
nams verbreitete. „Es ist Hungers gestorben,‟
sagte sie; „und niemand ist gekommen, der es
„hätte wegschaffen können. Ich wolte Ihnen
„erst mein ganzes Elend sagen, eh ich Ihnen
„dieses entdekte; ich wuste, daß Sie es nicht
„würden aushalten können,‟ denn ich taumelte
jezt zur Stube hinaus.

— Ich rief Leute aus dem benachbarten Hause. Sie wusten von nichts. „Es sei;‟ sagten
sie, „hier ein Sammelplaz für lüderliche Leute
„gewesen. Der Mann dieser Frau sei nirgend
„zuhause; man habe also, weil die Hausthür
„weg war, geglaubt, er sei mit seiner Familie
„durchgegangen.‟ — Einem Weibe, welches
sich da fand, war es nicht glaublich, daß er im
Gefängnis seyn solte, „und,‟ sagte sie leise, „än
„seiner Frau‟ (wie er sie nennt) „ist auch kein gut
„Haar; wahr aber ists, daß das todte Kind
„überseit gebracht werden mus: und wir wer-
„den ja sehn, was man thun kan, wenn Einer
„das Geld dazu hergeben will.‟.

Ich las den Leuten tüchtig den Text, und
lies einen Feldscher kommen, der die Besorgung zu übernehmen versprach. Ich fand noch
ein Zimmer. Ich lies es aufbrechen, weil ich
hörte, es sei ein Camin drin.

Ich

Ich ging, fast steif von Grauen, noch einmal zu dieser Person. Sie sagte mir, sie habe die obigen Verse selbst gemacht, um dadurch ihre Noth bekandter zu machen, als sonst durch Bettelbriefe geschehn kan. „Sie würden sich,“ sezte sie hinzu, „darüber nicht wundern, wenn „Sie meine Lebensgeschichte hören solten.“

— Ich half soviel ich vor der Hand konnte, und eilte, Julchen abzuholen.

Gott! welch ein Jammer ist in den Hütten, deren Bewohner uns hochmüthigen und harten Menschen so gleichgültig sind, wie die Thiere auf dem Felde in ihren Löchern! Von heut an will ich es mir auch vest vornehmen, oft in solche Häuser zu gehn. Aber solte man es nicht den Geistlichen auftragen, solche Haussuchungen zu machen, und den Obrigkeiten und bemittelten Leuten in der Stadt wöchentlich Nachricht geben zu lassen? Und wenn sie das von selbst thun, wie mein Herr Waker es that, und wie auch Sie oft mir Arme empfolen haben; solten sie dann nicht billig belohnt werden? Aber mich dünkt immer, daß die Lieblosigkeit jezt eben so bei uns eine Pest ist, als die Schriftspötterei vor einigen Jahren in England war; ich glaube, daß die Laster eben so ihre Zeit haben, wie die Zugvögel. Lieber Gott, was für elende Menschen wir sind! Ich sah einmal in London einen Deutschen, der mit einer guten Tracht Unglauben aus Berlin dahin kam. Wie der Stümper

das

das so auskramte, sagte mir ein vornehmer En-
gelländer: „Der Herr hätte billig quarantaine
„halten sollen; es wäre wol gut, wenn die Na-
„tion für Euch Deutsche ein Contumazhaus
„bauete.“ (Zum Deutschen) „Nehmen Sie sich
„in Acht, Herr; Ihre Freigeisterei ist hier schon
„Contrebande.“   Der junge Mensch sah hier
so aus, als ich einst, wie ich einige Flaschen
fremdes Bier durch ein Danziger Thor einbrin-
gen wolte.   Ja, das war auch ein Streich!

Fortsezung.

Einigs Licht in Absicht auf Herrn von Poufaly.

Wie ich mit dem allen fertig war, fuhr ich
mit Julchen hierher.   Ich nahm mir
vor, nur erst nach und nach auf die Hauptsache
zu kommen; und so lange war kein angenehme-
res Kind, als Julchen.   Hernach aber gings
los, als wenn sie gros Unrecht litte.   Ich besteh aber auf Herrn von Poufaly, obwol sie
läugnet, daß sie, im Briefe an Sie, ihr Wort
von sich gegeben hat.   Aber da sind Einwürfe
ohne Zahl: Herr von Poufaly ist ein Edelmann, und sie will absolut nicht sich adeln
lassen.   Er ist gar zu reich. Sie hat seinet-
wegen schon einen übeln Namen gekriegt, weil
er sich um ihrentwillen geschlagen hat.   Er
hat

hat kein edles Herz, weil er ihr versprochen
hat, keine Vorsprache zu suchen. Er hat —
(denken Sie mir doch die kleine Kröte) er hat
nicht Stolz genug, weil er rund abgewiesen
ist, und doch wiederkommt; und wer weis,
was alles? . . . . . .

Dies alles, dünkt mich, ist Wischwasch:*)
aber Eins läßt sich hören: „Herr von Pouf͜a͜-
ily,“ sagt sie, „ist kein tugendhafter Mensch.“
Sie will ihm das angemerkt haben, ist aber zu
sittsam, mir zu sagen, wie sie das gemerkt hat;
ich will also auch auf dieses Bekentnis nicht dringen. Zudem will sie auch von glaubwürdigen
Leuten gehört haben, daß er einen bösen Leumund in der Stadt gehabt hat. Wenn da was
dran seyn solte, so müste man es freilig überlegen; aber ich lasse mit Fleis nicht merken, daß
ich sehr drauf achte.

Aber schlau ist sie, das muß wahr seyn: sie
laudert mir erschreklich viel vor,**) von Sophien nicht abzustehn, die, wie sie glaubt, sich
wiederfinden wird. Sie glaubt vielleicht, daß
wenn ich selbst wieder so was zu thun krige, ich
mich in ihre Sachen nicht sehr mischen werde.
Kan seyn! aber auf dem Ohr hör ich nicht, wie
schon oft gesagt.

P 3   Nach-

*) des riens.
**) rompre les oreilles à force de prieres.

Nachmittags.

Der Herr von Poufaly hat zu mittage bei
mir gespeist. Ich denke immer, daß die Mädchen auf die Schönheit nicht sehr sehn: denn er
ist der schönste Kerl von der Welt, und sizt zu
Pferde, wie ein Püppchen. Bei tische ging alles,
soviel ich das beurteilen kan, sehr gut. Ich
lies hernach beide mit Lieschen allein, denn die
zukelt *) allenthalben hinterdrein. Er war
beim Abschiede so vergnügt und so herzlich, und
schwang sich so waker auf sein Pferd, daß ich
glaubte, nun wäre alles gut: aber nichts weniger; die kleine Krabbe hat ihn so gekan-
zelt, **) daß man mir nicht halb so viel sagen
dürfte. — und nun sagt sie, ich möchte selbst
urteilen, ob ein Mann, der das vertragen
kan, guter Art ist?

Ach! ich hätte mich mit diesen Weibersachen
nicht bemengen sollen. Es ist wol ein Elend,
wenn man sich mit Dingen abgiebt, die man
nicht versteht. Bei mir ward ein Lieutenant
Oberförster. Er solte untersuchen, ob eine
Dorfschaft Erlassung verdiente, welche angezeigt
hatte: es gäbe dies Jahr keine Mast; (das
heißt doch, wie Sie wissen: keine Eicheln für die
Schweine) Er kam bald aus seinem Departement

*) suivre.
**) gronder.

ment zurük. "Meine Herren," sagte er auf der
Cammer, "es ist gottlos, wie der König betro-
"gen wird! Sehn Sie hier," indem er einige
Säke voll Kieferzapfen und Fichtenäpfel aus-
schütten ließ, "sehn Sie, Mast Gottes Segen! alle Wälder liegen voll! Ein grosser Er-
"lenbruch, welches, wie einige redlichen Bau-
"ern mir selbst gesagt haben, wenn es zutrüge,
"tausend Schweine mästen könnte, ist im Forst-
"register gar nicht einmal angeschlagen."

— Meine Schwester hat sich grosmächtig
melden lassen. Ich habe geantwortet, ich besorgte, daß wir uns kreuzen möchten, weil ich
diesen Abend in die Stadt kommen werde. Mich
verlangt auch in der That, zu hause zu seyn;
theils, weil Herr Korn da ist, und ich neugierig
bin, bei Gelegenheit seiner Papiere etwas von
Sophien zu erfaren; theils, weil ich den Verlauf
der Sache des Generalmajors, und auch den
Zustand der armen lutherischen Familie gern
wissen möchte.

Mir ist wol nicht lachrig*) aber eins
doch. Sanct Voltaire ist des Hrn. v. Poufaly Heiliger (Schade freilig um den jungen Menschen) heut bei tisch sagt er mir, er habe ein
vollkommen getrofnes Kupfer von ihm. Weil
ich den dürren Practiker selbst gesehn habe, so
bin ich begierig, das Bildnis zu haben; und
da eben ein Bote nach Königsberg geht: so
P 4   schikt

*) être d'humeur de rire.

schikt Herr v. Pousaly zum Tischler, wo ers in einen Rahmen hat fassen lassen. Der Bote komt, und bringt nicht das Bild, sondern einen Zettel.

"Wer hat das geschrieben?" sagt der Herr v. Pousaly.

"Ein Candidat, den der Tischler bat, zu »schreiben, daß erst das Geld dafür gezahlt wer- »den müste."

"Nun?" sagte ich, weil Hr. v. P. ganz roth geworden war. Und sieh da: "Voltaire ist »zum Aufhängen fertig," stand auf dem Zettel.

XVII. Brief,

wo die Reime dem Herrn Pastor sehr ans Herz treten. Den Beschlus macht eine Predigt.

Der Prof. T.* an Herrn P. Gros zu Haberstroh.

Königsberg.

Ich habe Ihren Brief. Nie dachte mein Herz so zufrieden an Sie:

Es fühlte jedes deiner Leiden,
und jede Thräne fing es auf:
um hebt es sich bei jeder deiner Freuden,
und steigt im Dank zu Gott hinauf!

So

So lange Sie unglüklich waren, konnte ich
es Ihnen nicht sagen: aber jezt sage ich es
Ihnen:

Mich peinigte die Furcht, daß deines Elends Bürde
dich bald zu Boden drüken würde!
So heiter deine Miene war;
so sah ich doch das Sterben deiner Kräfte,
und fühlte tief die drohende Gefar.
„Ists möglich“ (seufzt ich dann) „daß so verdorb-
ne Säfte
„noch immerfort im Kreislauf gehn?
„noch immerfort der Wangen Farb’ erhöhn,
„auf welchen soviel Thränen stehn? —
„Ach! heimlich, wie im Innern schöner Schalen,
„nagt wol in ihm der Tod!
„und wie oft schnell aus sanften Stralen,
„aus schönem Abendroth
„ein Donnervolles Wetter droht!
„so plözlich kommt vielleicht sein Tod!“

Ich schwieg, weil Sie Ihr Elend verbargen.
Sie entdekten mir nur dasjenige, was Sie nicht
verschweigen konnten. Gleichwol sah ich alle
einzelne Theile Ihrer Noth. „Meine Eh hört
„auf, glüklich zu seyn.“ So sagten Sie, und
durch dieses Bekenntnis suchten Sie mich abzu-
weisen. Aber, o Freund! ich merkte es, daß
Sie krank waren. Ich sah mehr. Sie quälten sich, in einen so engen Wirkungskreis Fähigkeiten einschränken zu müssen, die so sehr gemeinnüzig werden konnten. Sie quälten sich,

P 5   von

von Ihrer Familie abgesondert zu seyn. Sie
wurden von Schulden gedrükt. O laffen Sie
mich alles fagen: Sie litten Hunger und Durst!

Voll Mitleiden drang ich also bisher drauf,
daß Sie, fo bald fichs thun lieffe, wieder heiraten müften. Und wie freute ich mich, als Sie
mir endlich Gehör gaben. Freilig, als Sie
diejenige, die Ihr Herz Allen mit fo groffem
Recht vorzieht, mir dunkel befchrieben: da er-
ftaunte ich, daß es nicht Lorchen war. Aber
mit Betrübnis geftanden wir uns bei der lezten
Zufammenkunft beide zu, daß Sie durchaus
diefe neue Liebe verfchweigen müften. „Das
„Mädchen ift reich!“ fo fagten Sie mit dem
Ton, der nur im Munde der bitterften Armuth ift!

> „O Reichthum!“, rief ich, „du Tirann,
> „nur du, und du allein, verhinderft diefes Glük!
> „Du raubft den beften Mann
> „der Würdigften von allen, die wir kennen!
> „Du fchlägft fein Herz zurük,
> „noch eh ers wagt, die Freundin mir zu nennen.“

— Und wie fchnell hat das Schikfal alle
Hinderniffe gehoben! Sie find jezt reich. In
wenig Tagen werden Sie mir fagen, daß Sie
auch glüklich find. Warum, mein Geliebter,
fagten Sie mirs nicht fchon im lezten Briefe?
Schwiegen Sie nur, um mir noch länger den
Namen Ihrer Freundin zu verhelen? Wie?
wenn

wenn ich mich nun ins dichterische Feuer seze,
und gewis

Nil paruum aut humili modo
— Loquar:

solte ich dann nicht Sie hinreissen — bis zu der
Entzükung Sie hinreissen, daß Sie freiwillig
diesen geliebten Namen mir nennen?

Wenn sie das Sanfte schöner Herzen
auch bei der feurigsten Empfindung zeigt;
und wenn sie, süs im Ernst, und klug im Scherzen,
sich immer gleicht;

wenn Fleis in allen Selenkräften
zur Neugier ihr nicht Muhsse giebt;
wenn kluge Wahl in nüzlichen Geschäften
zeigt, daß sie überall die Ordnung liebt;

wenn sie die müssigen Geschwäze
der schlechterzognen Mädchen hasst;
wenn sie mit edlem Geiz nicht Schäze,
nein, wohlgebrauchte Stunden fasst;

wenn sie das Grab der wahren Achtung,
die niedrige Vertraulichkeit,
den Eigensinn, den Hochmuth, die Verachtung
und jede Thorheit scheut;

wenn sie sich niemals albern kleidet,
mit schöngewältem Puz erscheint
und mit Geschmak die Larve meldet,
die frech auf Bällen lacht, und bang im Kloster weint;

wenn

wenn sie, mit heimlichem Verlangen,
für dich recht schön zu seyn, dein Lob abweist,
und wenn dann Röthe ihrer Wangen
die Schönheit preist;

wenn sanfte Fähigkeit zur Freude
ihr junges Herz, indem du sprichst, bewegt;
und wenn, im stillen Wunsch: „o fühlten wir das
„Beide!“
ihr Herz mit Sehnsucht schlägt;

wenn jeder Blik, als Bürge ihrer Liebe,
dir einen Stral der Hofnung giebt;
und wenn auch der, den sie mit blödem Triebe
zurüknimmt, zeigt, daß sie dich liebt;

wenn ihre Brust ein Heiligtum der Tugend,
der allerreinsten Tugend ist;
wenn dich ihr Mund, im Feuer muntrer Jugend,
mit liebenswerther Unschuld küßt:

Dann billige ich jene Triebe,
in welchen du so glüklich bist;
dann geh, und schwör ihr ewge Liebe,
und wisse, daß sie glüklich ist. —

Gern möcht' ich, mein Theuerster, Sie jezt
sehn! Es mus eine ganz seltsame Ueberraschung
für Sie seyn, gewar zu werden, daß dies Bild
Ihrer Geliebten, so ganz ausnehmend getroffen
ist. Aber bewundern Sie nur nicht meine Kunst;
denn liebster Gros, es war gar nicht schwer, zu
entdeken, daß Sie dies vortrefliche Mädchen
lieben. Den Namen werden Sie doch wol
nicht

nicht fodern? Das hieſſe vorausſezen, daß ſie
ihres Gleichen hat; daß wenigstens ihre Vor-
zuͤge nicht vorstechend genug ſind. Und damit
Sie ſehn, daß ich Sie nicht taͤusche: ſo will ich
es Ihnen proſaiſch, und ganz deutſch ſagen,
daß die Geliebte Ihres verſchwiegnen, vormals bloͤden, und jezt den angenehmſten Gewisheiten geoͤfneten, Herzens, Julchen
heiſſt. — Die Erbschaft ihres Herrn Vaters
hat Sie in den ſtand geſezt, in einer ſo unvergleichlichen Verbindung ganz gluͤflich zu werden.
Bisher erwartete ich dies von einer ganz andern
Wendung des Schikſals. Ihre Frau naͤmlich
hatte . . . doch ſtill, Julchen beſchaͤftigt jezt
ganz ausſchließend Ihr und mein Herz:

> „Geh hin, und ſchwoͤr ihr ewge Liebe,
> „und wiſſe, daß du gluͤflich biſt!‟

N. S. Ich habe unſer Julchen jezt geſprochen. Ich habe mich immer ihres Vertrauens
erfreuen koͤnnen: aber heut hat ſie es mir ganz
gezeigt. Sie bittet mich, ſie von Herrn von
Poufaly zu befreien. „Weder Herr Gros,‟
ſagte ſie, „noch Sophie ſtehn mir bei!‟

Ich habe einen Verſuch gemacht. Er iſt
nicht gluͤflich geweſen. Die Madame Van-
Berg fand ich in einer ſolchen Verwirrung, daß
ich ihr nicht zumuthen konnte, heut ernſthaft

über

über diese Sache nachzudenken. Ich sinde überhaupt diese Frau sehr verändert. Sie hatte
immer den Ruf eines Ansazes zum Geiz: aber
jezt scheint sie nichts zu denken, als Geld. —
Sie machte in meiner Gegenwart, den guten
Malgre' so herunter, daß er voll Verzweiflung
von ihr ging. Und eben da trat Herr Van
Vlieten ins Zimmer. Er legte, über den Lärm
erstaunt, beide Hände auf die Brust. „Bewah-
„re Gott," sagte er, „was ist das für ein Con-
„trast! Eben jezt ist mir eine schöne That ge-
„lungen, die ich gern jemand erzälen möchte:
„und hier komm ich in eine so jüdische Kazbal-
„gerei? Aber gut, ich will auch gleich der
„Sünden und Seufzer Ende machen. — Ihr
„Diener, Herr Professor; ists doch gut, daß Sie
„da sind: wenn ich unrecht thue, so sagen Sie
„es mir hübsch. — Hören Sie, Gevatter
„Malgre': von diesem Augenblik an, verstehn
„Sie mich? haben Sie mit dieser Frau nichts
„mehr zu thun; nichts mehr; durchaus nichts.
„Sondern ich, Cornelis Puf, zahle Ihnen diesen
„Nachmittag alles, was Sie dieser Frau Hirsch-
„Lemmel-Ephraim hier haben wieder heraus-
„geben müssen: und also, hören Sie es? ist
„Ihre Sache wieder res integra; Punctom! —
„Und Sie, Madame, daß Sie es nur wissen:
„jezt ists Ernst, was ich neulich sagte. Ich
„nehm jezt mein Capital aus Ihrer Handlung
„zurük; und werde im Comthor Befehl ge-
„ben,

„ben, daß die unselige Lieferung mit Monat-
„schlus aufhöre, die deine arme Sele, liebe
„Schwester, auf die Länge in Satans Rachen
„geliefert haben würde. Und damit ists Holla.
„Es ist ein Spectakul, daß ich so hart reben...."

„Mach keine Entschuldigung, Bruder," fiel
sie ihm, erbost, ein, „du kanst thun und lassen,
„was du willst; soll ich: so will ich troken Brod
„essen. Aber von nun an hoff ich auch, mit
„Jukchen thun zu können, was Ich will."

„Du willst sie dem Poufaly geben?"

„Ja, so gewis ich das Leben habe, keinem
„Andern."

„Nun, lieber Gott! warum sind wir denn
„nicht in allen Stüken so einstimmig? ich will
„das auch, wie? Sie soll ihn nehmen; und
„ich will sie keich genug machen: aber NB. du
„sollst mit Poufalyschen Geldern nichts zu thun
„haben; das sei dir hiermit wie Amen in der
„Kirche."

Ich ging jezt, weil ich sah, daß ich zur Unzeit gekommen war. — Ich erstaune, liebster
Gros, daß Sie so unthätig sind! Die christliche Liebe wenigstens müste Sie treiben, eine Eh
zu verhindern, bei welcher soviel Selengefar
sich findet. Ich bin ꝛc.

T.*

XVIII.

XVIII. Brief.

Noch trokner, als des Herrn Puf obige Predigt.

Herr Gros an Julchen zu Königsberg.

Haberstroh.

Ich weis zwar nicht genau die Verfassungen Ihres Hauses; denn Ihr Herr Oheim bezieht sich auf Briefe, welche ich nicht bekommen habe: aber was Sie persönlich betrift, das weis ich. Ich kan unmöglich die Hindernisse überwinden, welche mir jeden Versuch, Ihnen zu helfen, verbieten: überzeugen Sie sich aber, daß meine Gesinnung niemals anders werden kan, als sie von jeher war. Alles, was ich thun kan, habe ich gethan. Ich habe Sie gebeten, und bitte Sie noch, nicht im geringsten zu zweifeln, „daß das Ende Ihrer Trübsale sich nach „dem Mahs nähern mus, in welchem Sie die „Absichten des Regierers unsrer Schiksale auf= „suchen und befördern werden.“ Daß ich Ihnen thätlichen Beistand versagen mus, das würde mich noch weit mehr kränken, wenn ich nicht wüste, daß Sie am Professor T * einen vielvermögenden Freund haben, und daß überdem in kurzem ein Mann, welchen Sie nicht vermuthen, in Königsberg ankommen wird. Ich zweifle nicht, daß Sie nicht Sophiens verborgnen Aufenthalt wissen solten: deswegen übergebe ich Ihnen die Einlage.

XIX.

XIX. Brief.

Einer der lezten Versuche des Herrn Pastors.

Derselbe an Sophien (im vorigen eingeschlossen.)

Haberstroh.

Ich bin nicht Richter Ihrer Handlungen, geehrteste Freundin: ich wage es also nicht, über Ihr Verschwinden zu urteilen. Sehn Sie mich aber als einen nahen Verwandten an; denn ich bin Carl Wagner . . . *) Als ein Mann, in dessen Familie Sie gehören, weil meine Mutter das schöne Vergnügen gehabt hat, Sie drin aufzunehmen, sage ich Ihnen, daß ich in 5 bis 6 Wochen Ihnen die 6000 Rthlr. auszalen werde, die Ihnen von meiner Mutter vermacht sind. Nehmen Sie vor der Hand beiliegende Verschreibung an, bis die *dsche Kirche dies Capital zalen wird.

Ich sage Ihnen ferner, (auf die Bedingung, daß Sie dies, wie jenes, ganz geheim halten,) daß Herr Leff** in kurzem nach Königsberg kommen wird. Er hat in Unterredungen mit mir, vermieden, von Ihnen zu sprechen.

Verber-

*) Er erzält hier die Geschichte dieser Entdekung und ihre Folgen.

VI. Theil.   Q

Verbergen Sie, ich bitte Sie herzlich drum,
Ihren Aufenthalt nicht länger vor mir: und erlauben Sie mir, Ihnen das Haus der Tante
unsers Professor T* vorzuschlagen. Ich habe
dahin alle Ihre Sachen bringen lassen, die Herr
Korn mir anvertraut hat,

Ich bin, mit wahrer Werthschäzung,

Ihr treuer Bruder,

Gros.

XX. Brief.

Herr Puf darf etwas erzälen, was man sonst fast in
allen Gesellschaften verschweigen mus.

Herr Puf VanVlieten an Herrn Gros.

Königsberg.

Hören Sie, wenn man einen wizigen Einfall
hat, so ists doch ein Elend, wenn man
ihn niemand sagen kan; und so ists auch, wenn
uns der liebe Gott eine von den Thaten hat gelingen lassen, von welchen Herr Waker zu sagen
pflegte, daß sie uns eine Aehnlichkeit mit Gott
verschaffen. Er pflegte dann den Spruch an-
zuführen: „Es soll meine Lust seyn, daß ich ih-
„nen gutes thue.“

Ich darf mit Ihnen sicher reden. Mein
pommerscher Generalmajor hat sein Geld bey

Herrn

Herrn S * s nicht heben wollen. Durchaus
und durchum, hat er wissen wollen, wen er
zu danken habe?

„Ich wolte nur,“ sagte mir S * s, „daß er
„sich eingebildet hätte, es käme von mir selbst:
„so könnte er alle fernere Nachfrage sich er-
„sparen.“

— „Ja, lieber Freund,“ dachte ich, „das
„hätte sich zutragen können, wenn er nicht wüste,
„daß du katholisch bist, und einem Protestanten
„nimmermehr soviel geben wirst;“ denn im
grunde lieber Herr Pastor, ist das nicht traurig,
daß die meisten in der römischen Kirche, ihre so
hochgerühmten Werke der Barmherzigkeit keinem, ausser ihren Glaubensgenossen, schuldig zu
seyn meinen?

Endlich und endlich hat der General dann
das Geld angenommen, und den Herrn S * s
gebeten, dem bisherigen Eigenthümer, diesen
versiegelten Zettel zu geben (aus welchem ich, mit
Ihrer Erlaubnis, im Abschreiben nur einige
Zalen auslassen werde.)

„Ich habe die Summe von - Rubeln em-
„pfangen. Mein und der Meinigen Wohl-
„thäter, hat unser Elend sich grösser vorge-
„stellt, als es ist. Unserm Prediger, der
„uns mit Lehre und Beispiel zum Vertrauen
„auf Gott ermahnt, und so uns alle gerettet

hat,

„hat, war mit den bestimmten Rubeln
„überflüssig geholfen: ich will ihm aber dop-
„pelt soviel geben; denn mir und meinen
„Dörfern, bleibt doch so viel, daß in sehr kur-
„zer Zeit keine Spur des Kriegs mehr bei uns
„zu sehn seyn wird. Ich schreibe dies mit
„solchem erschütternden Erstaunen, und mit
„solchem Uebermahs von Thränen (so ganz
„Soldat ich auch immer sei) daß ich die Fe-
„der weglegen muß: aber mein Herz will ich
„vor dem Herrn der Welt reden lassen, der
„so plözlich mich und soviel hundert Menschen
„aus einer wahrhaften Hungersnoth geris-
„sen hat.“

O klagten doch die Menschenfeinde
Den Herrn der Welt nicht an,
der durch das Wohlthun seiner Freunde
so himmlischhoch beglüken kan!

O kennte ihn das Heer der Armen,
die niemals zu ihm flehn,
weil sie sein göttliches Erbarmen
und seine Liebe nicht verstehn!

„Ich freue mich drauf (und sehr lebhaft,
„denn ich bin alt) meinen Wohlthäter da
„kennen zu lernen, wo Gott selbst seine Lieb-
„linge, die barmherzig waren, wie ihr Vater
„im Himmel, öffentlich bekandt machen wird.
„Bogislaw von * Gen: major.“
Lieber

Lieber Herr Paſtor, ich ging von meinem Briefe nur weg, um meine Augen abzutroknen; denn dieſe Verſe und der Schlus des Briefs haben mich ſehr gerührt: aber ich habe in einer Stunde mich nicht wieder faſſen können. Wer bin ich, daß Gott mich in ſtand ſezt, Gutes zu thun, und daß er ſo gute Thaten mir glüken läſſt! Helfen Sie mir nur beten, daß ich nicht müde werde. Ich meine nicht, müde gutes zu thun, ſondern: müde in der Sorge für mein Herz. Denn mich dünkt oft, wenn ich nicht könte, wie ich will; wenn dies oder das misglükte, dann würde ich thätiger ſeyn im frommen Fleis. Oft bin ich wie muthlos. *)

Ich mus weggehn und mein Herz noch Einmal ſammlen.

Gott, was iſt das vor ein Glük, „dem Dürf-„tigen nachdrüflich helfen zu können!‟ Mich jammert es recht, daß wir in jenem Leben dies Glük nicht werden haben können. Doch bin ich nicht thörigt? es wird ja da kein Unglük mehr ſeyn: und das gewar zu werden, das wird wol mehr ſeyn, als das, daß man das Unglük einigermahſſen lindern konnte. Und

Q 3 von

*) Secundae res ſapientium animos fatigant.

SALL.

von dieser Freude weis meine reiche Schweſter
nichts! Sie ſcharrt zuſammen; das iſts alles;
recht wie das krumme Männchen hier auf dem
Camin: es macht Ducaten, und ſieht nicht einmal hin. Das komt mir recht ſo vor, als wenn
Einer mühſam Brodt baken, und es dann hinle-
gen wolte, damit es verſchimmle. Für alle ihre Freude wolte ich keinen Groſchen geben; obwol ſie ein ſo weiches Herz hat, daß ſie ſchluchzt,
wenn ſie irgendwo ein groſſes Elend erblikt: aber
mehr thut ſie nicht. Da heiſſts wol, wie Herr
Waker einſt ſchrieb,

> Uns gab der Schöpfer alles Gyteu,
> was er den Armen ſchuldig iſt;
> in uns läſſt er die Herzen bluten
> bei Zähren, die der Schmerz vergieſſt;
>
> die Liebe, dieſer Grund der Lehre,
> bebt (wie ein Ton durchs Saitenſpiel)
> durch unſer Herz; uns drüket die Ehre,
> noch mehr als Yorikſches Gefühl:
>
> und doch mus unſer Bruder leiden?
> und unſer Haus hat Ueberflys? —
> O, was ſind unſre feinſten Freuden,
> wenn unſer Bruder darben mus!

Das, was er vom Yorikſchen Gefühl ſagt,
verſteh ich jezt nicht mehr. Mich dünkt, er
hatte uns von einem milothätigen Mann dieſes

fes Namens, den er in England gekannt hatte, erzält. *)

· · · · · · · · · · · · · · · · · ·

Fortsezung.

Herr Yus kommt auf eine gute Spur.

Wie ich von Herrn S*s zuhause kam, fand
ich eine Scene (wo ich es recht nenne)
die von einer ganz andern Natur war.   Ich
machte nicht viel Federlesens - - und gieng zu
meiner Kranken.   Das elende Kind, von welchem ich geschrieben habe, war gestorben.   Der
Feldscher hatte, weil Geld zu verdienen war,
einen Doctor, und zwar zum Glük meinen eige-
nen, angenommen.   Kurz, diese Frau wird
wirklich genesen. Sie sagten da viel gelehrte
Sachen, als: diese Wassersucht sei eine Folge
einer lasterhaft zugebrachten Jugend; sie könne
aber, weil ich es dran wenden wolle, glüklich
gehoben, und diese Frau wieder zu einer Gesundheit gebracht werden, die sie sonst nicht mehr
habe hoffen dürfen. — Ich könte von dieser
Frauen Dankbarkeit und Entzükung viel sagen:
aber ich will mir das Herz nicht wieder wasser-
D 4   strie-

---

*) Wir hoffen, daß alle unsre Leser Yoriks Schriften
kennen.   Sie bleiben unter den vielen Fleken, welche, wer weis durch welchen Zufall, auf ihnen sich
angesezt haben, Meisterstüke.

striemig machen; *) ich habe ohnhin noch
was wichtiges zu sagen.

Recht wie gerufen kam nämlich der Knabe,
der mich zuerst hiehergeführt hatte. Ich gab
ihm geschwind etwas, um ihn zu noch mehr solchen Thaten aufzumuntern, als die war, daß
er dem Kinde Brod, und mir den Zettel gebracht
hat. „Wenn,“ sagte er, „Sie so sehr wolthä-
„tig sind: so wünschte ich wol, daß Sie sich auch
„der Jungfer annehmen könten .. Frau Hand-
„langer, sie weis schon.“

— Ich weis nicht, Herr Pastor, woher mir
der Name Handlanger so bekandt ist? doch weiter.

„Ja,“ rief die Frau Handlanger, „o! wenn
„man die finden könnte! Ach, mein Herr! die
„ist aus unserm Hause entführt. Ich weis nicht,
„wer sie ist: aber in dem Augenblik, da sie hier
„in der Thür stand, dünkte mich, daß ich sie
„schon gesehn habe.“

Die Leute konnten weder sie, noch die übrigen
Personen dieser Geschichte nennen: aber mir fiel
es aufs Herz, daß der Herr von Poufaly mir
gesagt hat, der Saudieb, Schulz, habe ein
Mädchen entführt. Und ach, liebster Herr Pastor! ich unglüklicher Mann, was muste ich erfaren! — Ich kan nichts mehr schreiben! Gott
erbarm sichs! Genug, wie ich erfaren hatte,
daß ein preussischer Officier hier logirt hätte; wie
ich mit betrübter Ahndung, daß die Entführte
gar

*) s'attendrir.

gar wol meine arme Sophie seyn möchte, weiter nachfragen wolte: da kam der Briefträger, und brachte, unter Umschlag an den Handlanger (welchen Umschlag ich, ohne zu wissen, was ich that, sogleich aufbrach) den Brief, von welchem ich Ihnen hier Mariens Abschrift beilege; denn Marie ist mir treu.

XXI. Brief.

Erzält eine bekannte Handlung einer unbekannten Person.

Die Lieutenantswitwe an Herrn Hofr. Schulz.

(im vorigen eingeschlossen.)

Pillau.

Ihr Brief *) hat mir eine ganz ausnehmende Freude gemacht; denn ich werde nie aufhören, dieser Sophie böses zu wünschen, die mir ehmals so viel Schaden gethan hat. Ich zweifle nicht, daß die Entführung nicht solte glüklich vollführt worden seyn; wenigstens schreiben einige königsbergsche Briefe, daß Herr Schulz verschwunden ist; und das halte ich für ein gutes Zeichen.

Sie wollen die Geschichte wissen, die mich und meinen so lange getreuen Herrn von Pou-

Q 5

faly

*) S. 621. V. Th.

faly getrennt hat? Sie ist ganz kurz. Sophie
kam im Mai nach Königsberg. Herr von Poufaly sah sie auf der Post; und ich will den sehn,
der so sehr ein hölzerner Jeremis wäre,
das zu tadeln, daß er sie so gern wegcapern wolte?
Ganz schwindlich bei dem Anblik einer so unge-
wönlichen Schönheit (denn das mus man gestehn, daß ein Mädchen unmöglich schöner seyn
kan, als Sophie, und daß selbst Julchen ihr
nicht beikomt) entschlos er sich nämlich, ihr nach-
zugehn: aber das Glük war ihm so günstig, daß
das dumme Schaf, gelokt durch das ehrliche
und eble Ansehn, welches der Schelm, so gut, wie
Sie, mein Herr, nuzen kan, ihm freywillig den
Arm gab. Der gute Kerl war mit seiner Beu-
te schon innerhalb den Speichern, und nah bei
meiner Wonung (denn mir wolte er, wie gewönlich, sie vor der Hand anvertrauen.) Urplötzlich
aber erschien, zum Schuz der Schönen, der erste
Ritter seiner Art; denn Ritter in Pomphosen
haben wir noch nicht gehabt. Herr Puf fand
sich, und nandte, ohn ihn zu kennen, ihn einen
schlechten Kerl.

Sie wissen, daß Herr von Poufaly alle seine Stükchen sehr heimlich macht; er schlich also,
damit jener nur nicht laut werden möchte, still
davon. —

Sie sagen mir, er sei ein Narr geworden?
das glaube ich nicht. Zwar mit mir brach er;
denn eine unglükliche Flasche Champagner hatte
mich

mich alzu beredt gemacht, so, daß ich mit dieser
Geschichte muthwilliger, als ein Edelmann von
diesem Schlage es leiden kan, ihn aufzog. Auch
das ist wahr, daß er seitdem ganz erstaunlich
züchtig und weise gethan hat: aber glauben
Sie, er hat Sie bethört. Er liebt Julchen,
und diese im Ernst, denn Sophien vergas er
bald, weil es mit ihr nie auf eine Heirath ab-
gesehn war: und das können Sie als den
Schlüssel alles dessen ansehn, was zwischen Ihnen und ihm vorgegangen ist. Und geben Sie
Achtung: er wird Julchen erhaschen, wo Ihre
Unternehmung fehlschlägt; es sei denn, daß
Herr Puf sich erinnert, daß er, der Herr von
Poufaly, sein Herr Buntrok ist: denn den
Hauptumstand, der diese Heirat unmöglich
macht, verbirgt er sorgfältig, und mag es oft
bereut haben, daß er bei seiner Zurükkunft aus
Pohlen ihn uns beim Glase entdekt hat.

Hätten Sie Julchen diese schöne Historie wissen lassen: so hätte Poufaly längst seinen Abschied. Wir wissen Beide, daß der Kerl so nie-
berträchtig ist, wie man seyn kann: haben Sie
denn nicht gesehn; und wenn Sie es sahn: haben Sie dann nicht Julchen bekandt gemacht,
daß das alles verstellte und erkünstelte Grosmut war? Das hätten Sie allerdings thun müssen: denn er hat (wie Sie, und wie ihr Gelehrten alle) grosse Fähigkeiten, die allerschwer-
sten

258

sten Rollen zu spielen. Ueberdem glaube ich
von der Veränderung seiner Gesinnungen kein
Wort, weil ich aus Erfahrungen (die Sie hoffentlich mir nicht absprechen werden) weis, daß
ein junger, reicher und vornehmer Mensch, der
soweit gewesen ist, wie Er, sich sobald nicht
ändert. Wie er Herrn Puf (Ihrer Nachricht
zufolge) so hat einnehmen können, begreife ich
nicht. Denn Herr Puf sagte einst zu Koschchen,
eine Mannsperson, welche affectire, sei ein
Böswicht — und das ist wahr. *)

Daß Sie jezt reich sind, das ist mir lieb;
denn ich hoffe, daß es Sie jammern wird, mich
so verlassen zu sehn: aber daß Sie den dummen
Esel, den Handlanger, zu Sophiens Entfü-
rung gebraucht haben, das war schlecht ausgesonnen. Säumen Sie nicht, mich aus dieser
Ungewisheit zu reissen.

XXII. Brief,
bezieht sich auf die vorige Entdekung.

Herr Puf VanVlieten an Herrn Past. Gros, zur Fortsezung.

Alle Bemühungen, sie zu finden, Sophien,
sind vergebens gewesen. Die Igfr. Nitka
läuft sich fast die Füsse ab. Von nun an —
ja,

*) Der Gedanke gehört aber weder Herrn Puf, noch
uns — —

ja, Herr Pastor, es ist auch nicht auszustehn —
von nun an soll mein Fluch zum ärgsten Feinde
seyn: „Geh hin, und verlieb dich!“ *) Ich
wette, daß noch was dahinter steft; denn meine Schwester widerspricht sich in ihren Aussagen: bald soll Sophie geschrieben haben, sie
sei in guten Händen; bald soll sie es nicht geschrieben, sondern ein Bedienter soll es mündlich gemeldet haben.   Wie komme ich da wol
hinter die Wahrheit?

    Das verfluchte Lügen! meine Mutter konte
schon in der ersten Jugend es nicht aus dem
Kopf dieser feinen Schleicherin herauskriegen!
Lieber Gott! so bricht im Alter das hervor,
was in der Jugend verdekt ward.   O, Herr Pastor, mir ist sehr bange für das Herz meiner
Schwester!   Herr Waker schreibt Briefe über
Briefe: aber er ist zu weit; und Herr Domine,
sonst ein guter Mann, mag wol ein bisgen ein-
fältig seyn; wie? ein Jaherr ist er wenigstens.   Und dann ist er auch so erbärmlich
pedantisch — doch still; ein Pedant komt vielleicht heut zu tage noch am besten weg.   Ich
sagte einmal, mein Pastor Waker spreche fertig
italienisch; und da lies eine Dame sich verlauten: „sie müsse gestehn, daß sie das mit dem wah-
„ren Christentum bei einem Prediger nicht reimen
„könne.“   So ist nun meine Schwester wol nicht;
                                                  aber

*) Hostis si quis erit nobis amet — puellas!
                                        -PROP.

aber wahr ists, daß Herr Domine nicht viel bei
ihr vermag; denn wenn er mit ihr spricht, so
formirt sein Leib mit seinen Beinen immer einen
rechten Winkel, und da kommt dann das kleine
Stimmchen so von unten herauf. Und Sie,
Herr Pastor, verzeihn Sie es; was Kukuk mag
Ihnen im Kopf steken, daß Sie seit so langer
Zeit nicht her hören oder sehn?

Ich redete von Hrn. Domine. Eins kan ich
nicht verschweigen. Ein verarmter Bernstein-
dreher wird neulich, als er zu einer Unternehmung zehn Thaler braucht, durch Hrn. Mag.
Kübbuts mir empfolen. Er sagte mir, drei Thaler habe Hr. Kübbuts ihm gegeben, zwei Hr. Domine, und fünf brauche er noch. Ich befahl
ihm, mir das schriftlich zu bringen. Er kam
nach einigen Tagen, und brachte einen Zettel,
worauf stand: Ich habe diesem Mann 3 Rttl.
geliehen. Kübbuts. — Eben diesem Mann
habe ich 5 Rttl. geliehen. Domine.

„Er sagte ja von 5 Rtlr., die Er noch brau-
„che,“ sagte ich, „hier sind ja aber schon acht.“
„Er ist ein Betrüger.“ — Ich mags nicht weitläuftig herschreiben, Hr. Pastor. Genug, Hr.
Domine hatte sich mit Fleis versehn, und drei
Thaler zuviel gesezt. „Wir verstehn uns schon,“
hatte er dem Mann gesagt; „ich habe ihm nur
„zwei Thaler gegeben: aber es mag schon so
„bleiben.“ ==

Ja,

Ja, auf Julchen zu kommen. Was die Jgfr. Lieutenandtin da schreibt, davon glaube ich gerade soviel, als vom Don Quixotte. Mit ihrem Ritter in Pumphosen! seh mir einer die Blizkröte! Ich hatte keine Pumphosen an, das glaube ich nicht. Doch das ganze Ding ist eine Lästerung. Ich habe mir zwar den Kerl da im bunten seidnen Rok nicht so nipp ange-sehn:*) aber Poufaly kan das nicht gewesen seyn. Fände Sie sich nur, Sophie: die würde es wol wissen; denn sie machte damals grosse Augen, als der Grashüpfer so geschwind entwischte. Ich habe Julchen von dem pillauschen Briefe nichts gesagt; und Herr von Poufaly, den ich beim Theetrinken recht beobachtet, und sondirt habe, dünkt mich der beste Mensch von der Welt zu seyn. Hören Sie, ich traue keinem Weibe mehr. Wer weis, ob nicht Julchen diesen Brief hat schreiben.... doch nein; das ist nicht mög-lich. Ich habe diese Heirat vest beschlossen: aber ich wills doch noch anstehn lassen, bis So-phie sich findet.

⁂

Poz Velten, da kommt der Professor, und sagt mir, daß Sie den Major in den Zeitungen haben citiren lassen. Was heisst das wieder? Oh! Sie müssen also wissen, wo Sophie ist: aber Herr, ich habe zuviel Hochachtung gegen Sie,

---

*) Äxer quelcun.

Sie, als daß ich Sie bringen solte, mir etwas zu entdeken, was Sie zu verschweigen doch Ursach haben müssen. Ich werde schon noch andre Wege —...

❀   ❀   ❀

Ey Puf! du Grüzkopf! hätteft du nicht eher so klug seyn können? Gehorsamer Diener, Herr Pastor, ich geb jezt hin, den Handlanger im Gefängnis aufzusuchen. Bis zum Wiedersehn! und dann hoffe ich klüger zu seyn.

XXIII. Brief.

Virtutem videant, intabescantque relicta!

PERS.

Herr Malgre' an Jungfer Nitka.

Königsberg.

Sie wissen, mein bestes Lieschen, daß ich von dem Augenblik an, da ich nach Königsberg kam, Sie geliebt habe; Sie wissen aber auch, welch ein hartes Schikfal die Verbindung, die ich Ihnen antrug, unmöglich machte. Ich sah, wie edelmüthig Ihr Herz war, und damals sah ich es mit einer Entzükung, die mich faßt in Verzweiflung stürzte, damals, als Sie freiwillig mir entsagten, nachdem ich die Zerrüttung meiner Glüks-

Glüksumstände, und die unumgängliche Sorge
für die Verbesserung derselben, Ihnen entdekt
hatte. —

Unter allen Bewerbungen um Koschchen blieb
mein Herz Ihnen, so sorgfältig Sie mich auch
vermieden. Jede Schmeichelei, welche ich ihr
sagen muste, kostete mich Vorwürfe, die mein
Herz mir machte; und das war mein Zustand,
bis Herr Gros mich von den Pflichten eines
Bräutgams belehrte.

Ganz konnte ich Sie nicht vergessen, wie ich
noch Elbingen gieng: doch aber habe ich meiner
Frau so begegnet, daß ich mit gutem Gewissen
meine Bewerbung bei Ihnen erneuern kan.

Sie fliehn mich, Beliebteste! Sie flohn mich
noch heut! und Sie konnten nicht anders: denn
Sie glaubten, ich sei völlig so arm, als ich es
war, wie Sie mein Herz mir zurükgaben.
Sehn Sie hier, wie sich mein Schiksal entwikelt
hat . . . *) Sehr glüklich, und wie ich hoffe,
auf eine nicht unrühmliche Art, weil ich dieser
harten Schwiegermutter alles zurükgegeben habe,
übergebe ich jezt mein Schiksal Ihrer Entschei-
dung; und o! wie verdank ichs Ihnen jezt, daß
Sie ehmals mich abgewiesen haben. Die Vorsehung lies eine Sache, die mir damals so höchst-
schmerzlich war, zu, um mich so herauszureissen,
wie

) Diese Lüke füllt Herrn T Brief, welcher hernach
folgt.

VI Theil.   R

wie ichs jezt bin. Alle meine Schulden, und
mein Haus in Elbing, sind bezalt; und was
nun noch mein ist, ist von der Art, daß ich uns
glüklich machen kan. Darf ich davon noch ein
Wort sagen: so wissen Sie hiermit, daß ich diejenigen Geschäfte, die mich ernähren, aus dem
grunde versteh, Gesundheit für die schwerste See-
reise habe, von meinem Wohlthäter in einen Theil
seiner Unternehmung zur Hälfte angenommen
worden — und, was über alles geht, vom
Spiel, dieser unmenschlichen Raserei, nunmehr
ganz frei bin. Dies lezte betheure ich Ihnen
auf Ehre; der Vorfall, welcher diese glüklichste
Veränderung meines Lebens in mir gewirkt hat,
war zu entsezlich, als daß ich wieder gereizt werden könte.

Lassen Sie, meine Theuerste, sich nun Anträge wieder gefallen, von welchen Sie mit soviel
Thränen mir sagten, daß sie dem Verlangen Ihres Herzens antworteten. Unser Glük ist jezt
ungleich, aber unsre Herzen? o ich traue es
meinem Lieschen zu, daß diese nicht verschieden
sind; und eben so sind wir auf gleiche Weise frei.
Ich hänge von niemand ab; und auch Sie dürfen wol von Ihrer Frau Mutter keinen Wider-
spruch befürchten. Wie glüklich sind diese Aehn-
lichkeiten! und soll ich nicht auch die rechnen,
daß mein Vater nur auf einer wenigmerklichen
Stufe höher stand, als der Ihrige?

Ich

Ich glaube, einer Nachricht trauen zu dürfen, die ich aus sehr guter Hand habe, und welcher zufolge Sie Erbietungen, die annehmenswerth waren, abgewiesen haben? Daß Sie frei sind, das ist alles, was ich daraus schliesse; obwól eine geheime Stimme meines Herzens mich auffodert, zu glauben, daß Sie für mich frei sind.

Lassen Sie sich erbitten, mir noch heute (denn ich mus durchaus morgen nach Elbing gehn) diejenige Zeile zu schreiben, welche ausschliessend vermag glüklich zu machen

Ihren treusten Verehrer
J. E. Malgre'.

XXIV. Brief.

Ein Herz, wie die gütige Natur es giebt, und ein Verstand, wie Julchen ihn bilden konnte. Fortsetzung der Vorbereitung.

Jgfr. Nitka an Herrn Malgre'.

Königsberg.

Es ist einem Mann, wie ich Sie habe kennen lernen, unmöglich, mit einem armen Mädchen sein Gespött zu treiben. Meine Ueberzeugung sagt, daß Sie mit sehr ernster Ueberlegung geschrieben haben; und o wie gern stimmt mein Herz hierin ein, mein Herz, welches nicht einen

R 2

Augen-

Augenblik aufgehört hat, das Opfer zu bereuen,
das ich Ihnen bringen muste. Ja liebster, immer gleichgeliebter Freund! es hat mich unsäg-
lichviel gekostet, Ihnen diese bittre Reue zu verbergen. O wären Sie kein Spieler gewesen,
(denn warlich nur in so fern schrekte mich Ihre
Armut) nimmermehr hätte ich Ihre Bewerbung
um Koschchen geschehn lassen! ach! ich wuste
es, daß diese Person entehrt war! Wie oft haben Thränen meine Feder benezt, wenn ich Ihnen das schreiben wolte! aber ich unterlies es,
weil ich Sie glüklich sehn wolte. Ich wuste,
daß Sie eine Furie heirateten; und schwieg,
weil ich hofte, „daß häusliche Leiden, durch das
Neue, welches solche für Sie haben müsten, den
Leichtsinn vernichten würden, der Sie zum Spiel
hinris, und der dem schweren Druk der Dürftigkeit eben so, wie meinen zärtlichen Bitten, ge-
trozt hatte.“ Erinnern Sie sich noch an den
Kampf, den ich ausstund, als Sie zuerst von
Liebe redeten? Ihre Dürftigkeit wuste ich nicht;
ich erstaunte, einen Mann Ihres Stands bis zu
mir sich herabsenken zu sehn: aber ich glaubte,
daß Sie bemerkt hatten, wie gut der wohlthätige Herr VanVlieten mich leiden kan; ich glaubte, daß Sie, als sein liebster Freund, erwarteten, mich durch ihn reich ausgestattet zu sehn.
Mein Erstaunen war also damals nicht so gros,
als es heut ist. „Kann es,“ so frage ich in diesem Erstaunen, „kan es Ihr Ernst seyn, ein ar-
                                                »mes

»mes Mädchen zu heiraten, jezt, da Ihr Ueber=
»flus Ihnen die Thür der Grossen öfnet?«

Man hat Sie nicht hintergangen: unbeson=
nene Jünglinge reicher Eltern sind bereit gewe=
sen, ihr Glük und den Segen der Ihrigen meinem
Schnäuzchen, und dem Bischen Wiz, das
ich vielleicht habe, aufzuopfern; diese habe ich
ausgeschlagen, und — sie gehn jezt wieder ruhig
in die Schule. Andre waren arm, und hatten
keine Gedanken, eine Näherin zu heiraten, als
ein, für mich immer beträchtlichs, Vermächtnis
der Frau Gros, eine sehr zärtliche Liebe zu mir
in ihren Herzen anzündete, von welcher, wie sie
hoch und theuer sich vermahssen, mein innerer
Werth der Grund war. Auch diese habe ich ab=
gewiesen, und weis nicht, was aus ihnen ge=
worden ist. Ich blieb also frei, und gesteh mit
Erröthen, daß ich für Sie, mein Geliebter,
frei zu seyn wünschte. Ich habe Herrn Puf
felsenvestes Wort, »daß, wenn ich nach seinem
»Sinn heirate, ich wenigstens so viel von ihm
»bekommen soll, als ein Bräutgam mir geben
»müste, der bis zu Anfange meiner Wirthschaft
»meinen Stand dem seinigen gleichmachen wolte.«
Hierauf kan ich fussen; und in dieser Hofnung
ergiebt sich Ihnen mein Herz mit mehr Ruh, als
wenn ich ganz arm wäre. Ich bin also, gelieb=
tester Freund, die Ihrige: aber auf Eine Be=
dingung — können Sie diese nicht erfüllen:
so ist unsre Verbindung aufs allerentscheidendste

R 3   unmög=

unmöglich. Hier ist diese Bedingung: „über-
„zeugen Sie mich, daß Sie niemals mehr spie-
„len werden.“

Ist mir das über allen Zweifel gewis: so
nehmen Sie dieses mein unwiederrufliches „Ja“
an — mit Thränen der reinsten Freude habe
ich es jezt hieher geschrieben! O Herr Malgre'!
ich bin leichtsinnig: aber ich zittre vor Angst!
Was ist wichtiger, was ist heiliger, als das Jawort! Es verbindet mich, mit Ihnen alles Elend
auszustehn, wenn alles Elend Sie betreffen solte; und warlich, ich will es gern ausstehn.
Zärtlich, wie ich es immer gegen Sie war, weil
Sie der Einzige sind, der auf mein Herz einen
bleibenden Eindruk machen konnte, will ich,
wenn die Vorsehung uns unglüklich machen solte, bei meinem lezten Stük Brod mit Freuden
sterben, um es Ihnen hinterlassen zu können,
zufrieden, ohn Eigennuz Sie geheiratet zu haben; zufrieden, denjenigen gewählt zu haben,
der meine ganze Liebe hatte. — Aber wenn Sie
noch ein Spieler sind: so reisse ich mein Herz,
so vest es auch am Ihrigen hängen mag, blutig
zurük, überzeugt, daß ich ein Unglük nicht würde
tragen können, das nicht von Gott kommt. So
gewis ich vormals Ihnen entsagte, so gewis ists,
daß nichts mich für Sie bewegen kan, wenn Sie
diese Gewisheit, warlich die einzige, die ich noch
brauche, mir nicht geben können. Betheurungen nehm ich nicht an; auch die bindendsten Eid-
schwüre

schwüre nicht. Sie wissen, daß Sie mir schon welche aufgedrungen, und — beim nächsten Spieltische sie gebrochen haben.

Doch es kan wol nicht anders seyn, als daß die Veranlassung Ihres Entschlusses, nie wieder zu spielen, gros und dringend gewesen seyn mus; mein Malgre' könnte sonst unmöglich die Liebe eines Mädchens wieder suchen, welches auch auf der Folter, ihm treubleiben würde, welches aber aus Grauen vor dem verfluchten Spiel ihr treues Herz zurüknahm.

Glüklichs, o! glüklichs Mädchen! wenn du überzeugt werden könntest, „daß dein Malgre' „diese einzige Hindernis deiner süssesten Freude „unwiederbringlich entfernt hat!" Nicht die Armut, geliebtester Malgre', diese gewisse Folge des Spiels, nicht diese schrekt mich. Ach! sie ist unter allen die erträglichste: aber das erfüllt mich mit Schauer, daß ein Spieler kein liebender Gatte, kein froher Vater, kein brauchbarer Bürger, kein Freund, kein ehrlicher Mann, kein Christ, kein Begleiter ins ewige Leben seyn kann; denn ach! mir ist kein Beispiel bekandt, daß ein Spieler aufgehört hätte, ein Spieler zu seyn! Eilen Sie, mein Schiksal zu entscheiden; eine Ahndung foltert mich jezt, da doch eine bessere mich entzükte, als ich diesen Brief anfing.

R 4 **XXV. Brief.**

XXV. Brief.

Nil erit vlterius, quod noſtris moribus addat Poſteritas.

IUV.

Herr Malgre' an Jgfr. Nitka.

Sie haben recht, meine Wertheſte. Wäre
die Veranlaſſung meiner Verwünſchung
alles Spiels, nicht gröſſer, als das erſchreklichſte
und bringendſte, was man denken kan: ſo würde ich (ſo herzlich liebe ich Sie, und ſo genau
kenne ich jezt mein Herz) niemals würde ich Ihre Liebe wieder aufgefodert haben. Aus Verſehn nannte ich hier dieſe Veränderung, die in
mir vorgegangen iſt, eine Verwünſchung des
Spiels; ſo mus ſie nicht heiſſen, denn ich habe
nicht ſo, wie ſonſt, Gelübde und Eidſchwüre gethan. Nein; das, was ich geſehn habe, war
über alle Erwartung ſchreklich, und der Eindruk,
welchen dies auf meine Sele machte, war tieffer,
als das Heiligſte der Eide. Sie können nicht
(ich ſeh es) mich der Pflicht entlaſſen, Ihnen
mehr zu ſagen; und doch ſchonte ich ſo gern Ihres Herzens, da ich die Macht kenne, die das
Chriſtentum in Ihrem Herzen hat; jene tieffe
Ehrfurcht, jene frohe Achtung, die Sie für die
Lehren der Schrift haben. —

Wohlan,

Wohlan, ich muß, wenn ich nicht die Braut
verlieren will, welche Gottes Güte mir bestimmt hat.

Als die Madame VanBerg mich so unmenschlich dreugte, fing ich aus Verzweiflung an, wieder zu spielen. Herr L*, dieser treue Freund,
merkte es, und warnte mich. Es kan Sie nicht
mehr befremden, wenn ich Ihnen bekenne, daß
ich ihn jezt floh, sogar Elbingen verlies, um in
irgend einer kleinen Stadt Russen aufzusuchen,
und bei ihnen entweder glüklich, oder auf einmal, und nun zum lezten mal, ein Bettler zu
werden. Ich fand in B r a u n s b e r g, was
ich suchte. In einem abgelegnen Gartenhause
war ein Zusammenflus von Menschen, welche
(das hätte ich wol nicht gedacht!) noch viel
nichtswürdiger waren, als ich. Der Hofr.
Schulz war der angesehnste unter ihnen. "Heute mach ich noch eins mit," sagte er, wie er
mich erkante, "denn ich bin jezt reicher, als daß
"ein Verlust mir sonderlich schaden könnte, dem
"ich nur zum Spaß mich auss'eze, um zu sehn,
"ob das Glük sich noch höher treiben läßt."

Er gewann diesen Abend übermähssig; und
auch ich gewann beträchtlich. Ich habe grosse
Summen gesehn: aber vielleicht machen sie zusammen genommen das nicht aus, was jezt in
diesem Sal war. Gegen mitternacht fanden
sich einige verkleidete Spieler ein; man sagte
sich heimlich, es seien hiesige Domherrn. Der

R 5   Sal

Sal war nun voll, und man sah nichts, als
Gold, Wechsel und Kostbarkeiten.   Ich gewann
noch, hörte gegen morgen auf, und schlief auf
meinem Mantel ein.

Ich erwachte, indem ich Flüche hörte, vor
deren Wuth auch ein Schlafender beben muste.
Herr Schulz war es, welcher diesen Schaum der
Hölle ausspie.   Er hatte beinah alles verloren,
und die Gesellschaft, still, als wäre sie taub,
lauerte auf seinen Ueberrest, weil er sich hoch
verschwor, nicht aufzuhören, so lange sein Rok
noch sein wäre.   Er verlor alles, auch diesen. —

Jezt . . . verzeihn Sie, meine Geliebte, denn
Sie zwingen mich zur Erzälung dieser allerfürch-
terlichsten Begebenheit; sie ist nicht ein Mord:
o! sie ist schreklichtr.

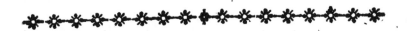

Fortsezung.

Non est
Cantandum, res vera agitur.
                    I V V. 4. 34.

In den Tapeten des Sals waren verschiedne Grouppen von Menschen in Lebensgrösse.
Die Eine stellte die Geisselung unsers Erlösers
vor.   Sie war so schön gearbeitet, der Schmerz
des Leidenden, und die Wuth seiner Peiniger
wären

waren so redend ausgedrükt, daß ich während
dem Spiel zu scheu gewesen war, meine Blike
dahin zu richten, indem, wenn ich diese Vor-
stellung mit meiner Raserei des Spiels zusam-
mendachte, mir immer die Worte der Schrift,
Gal. 3, 1. im Gemüth schwebten. — Auf dieses Gemälde sprang Herr Schulz, wie er alles
verloren hatte, zu, umarmte knieend die Füsse
des Römers, der die Geissel führte, und schrie
mit Thränen der Wuth: „hau zu! hau schär-
»fer! du thust recht . .“ doch meine Hand wei-
gert sich, alles hinzuschreiben, was er jezt noch
sagte. Auch die Wildesten in der Gesellschaft
saßen unbeweglich da, voll Entsezen, sprachlos,
athemlos. *) — Hier falle der Vorhang vor einer so satanischen Scene nieder! **) Und jezt
überlasse ich es Ihnen, zu entscheiden, ob es
mög-

*) Horror ingens, sagt Livius bei einem, doch nicht
 so wilden, Auftritt, spectantes perstringit; tor-
 pebat vox spiritusque.

**) Wir haben bisher das Wahre vor dem, was für
 Fiction angenommen werden könnte, nie ausge-
 zeichnet. Bei diesem Briefe aber hatten wir Bedenklichkeiten; sie scheinen uns weniger beträchtlich
 zu werden, wenn wir hier ausdrüklich anzeigen,
 „daß diese Erzählung eine wahre Begebenheit zum
 „Grunde hat.“ —

Soweit in der Ersten Ausgabe. Wir haben die
 Stimmen gesammlet, und die Mehrheit derselben hat nicht zugeben wollen, daß hier etwas
 weggestrichen werde.

möglich ist, daß ich so wieder eine Carte be=
rühre!

XXVI. Brief.

Sehr natürliche Folge des vorigen.

Igfr. Nitka an Herrn Malgre'.

Nein, das ist allerdings nun nicht mehr mög=
lich! Mein Malgre' ist gerettet! Laffen Sie
die schauervolle, weinende, zitternde Elisabet
von dieser höllischen Begebenheit nichts sagen;
aber dringend bitte ich Sie: machen Sie diesel=
be bekandt; vielleicht zeigt sie irgend einem Ver=
führten, daß das Spiel weit tiefer hinab stürzt,
als mans gewönlich vermuthet.   Gott sei ge=
lobt; Sie sind von dem Abgrunde mit Gewalt
weggerissen worden, auf deffen falschem Ufer sie
trunken in dieser berauschenden Lust umherwank=
ten.   Das habe ich von einer Bekannten des
Herrn Schulz erfaren, daß Sie den Sal zu
Braunsberg plözlich verlaffen, aber die ganze
Summe Ihres Gewinnsts mit Abscheu von sich
geworfen haben.   Es ist edel, daß Sie diese
schöne That mir verschwiegen haben; sie würde,
wenn das nach Lesung Ihres Briefs möglich ge=
wesen wäre, die Gewisheit Ihres und meines
Glüks verstärkt haben.   Von jetzt an bin ich un=
trenn=

trennbar Ihr Eigenthum: aber ich will uns
ganz glüklich machen, und bitte Sie also, mir
zu erlauben, daß ich alles verschweige, um vorher die Gunst des Herrn Puf uns ganz gewis
zu machen. Eilen Sie! Sie können nicht früh
genug zurükkommen; mein Herz brennt von Verlangen, Ihnen am Altar alles zu schwören, was
gleichgeschafne Seelen binden kan.

Elisabet Neka.

XXVII. Brief.

Ein kleiner Druk am Schlüssel zu Julchens Schiksal.

Julchen an Herrn Prof. T*.

Mich, die ich für Ihre Braut eben so viel
Zärtlichkeit hatte, als Sie selbst; mich,
die mit so treuen Thränen, als die Ihrigen sind,
noch immer den Tod dieser unvergleichlichen
Freundin beweint: mich können Sie nicht verlassen! Sie sehn, daß ich in dringender Noth
seyn mus, weil ich das äusserste ergreife, um
Sie zum Mitleiden zu bewegen — ein Andenken rege mache, welches Sie so gern unterdrüken. — Marie hat endlich meinem Elende weniger, als dem Gelde meines Oheims, widerstehn
können.

können. Inliegenden Brief *) jener Lieute-
nantsfrau, mit welcher Koschchen in so unseli-
ger Verbindung stand, habe ich von ihr erhalten. Können Sie zugeben, werthester Herr
Professor, daß ich einem Ungeheuer, wie Pousaly ist, aufgeopfert werde? O! wenns Ihnen
möglich ist, meinen Oheim, (der, wie Mare
sagt, von diesem Briefe nichts glaubt) zu überzeugen, daß dieser Brief Warheiten enthält: so
retten Sie mich. Und o, können Sie nicht herausbringen, was das für ein Hauptumstand ist,
der nach diesem Briefe diese Eh unmöglich
macht? Ich zittre; denn mein Oheim ist durch
Dinge aufgebracht, die ihm falsch vorgetragen
werden, und die ich ihm nicht entdeken kan,
wenn ich nicht wesentliche Pflichten übertreten
will. Herr von Pousaly hat meines Oheims
ganzes Herz gewonnen, und noch diesen Nachmittag in seiner Gunst sich so bevestigt, daß
nichts als Thatsachen dem Fortgänge steuern
können, den er täglich macht. Mein Oheim
hat jezt härter als jemals mit mir geredet. Ich
habe ihn durch eine Erklärung erzürnt, die ich
nicht zurükhalten konnte; durch diese: ich würde, weil ich müste, mich leidend verhalten, „in
„der Kirche aber öffentlich wider diese zwingen-
„de Gewalt schreien.“

Er sprach Worte, die bei ihm die Stelle der
Flüche ersezen, und verlies mich mit bitterm
Zorn.

*) S. 249.

Zorn. Herr Domine, welchen er herſchikte, hat mir viel von der mütterlichen Gewalt geſagt, vom kindlichen Gehorſam, vom Thörigten der Liebe, vom Glük des Reichthums: aber wie wenig können Ermanungen bewirken, welche (ich ſpreche ohne Stolz) ich ganz anders, und viel nachdrüklicher, abfaſſen würde! Ich habe im Augenblik, da ich dieſen ſchläfrigen Mann los bin, die Feder ergriffen . . .

❊   ❊   ❊

Was wird das Ende aller dieſer Auftritte ſeyn! Mein Oheim iſt übermähſſig aufgebracht. Er hat Handlangern geſprochen, und von ihm erfaren, wie ſehr er in Abſicht auf Sophien getäuſcht worden iſt. Er läſſt die Zimmer, die er in unſerm Hauſe hat, ausräumen, und ich mus fürchten, daß dieſer geliebte würdige Mann nie wieder unſre Schwelle betreten wird. Ich werde gerufen.

❊   ❊   ❊

Er hat ein ſcharfes Verhör angeſtellt.

„Haſt du um dieſe unverſchämten Anſchläge „gewuſt?“ ſo frug er mich mit groſſer Hize ſehr oft. Ich konnte mit Warheit, „nein“ antworten; denn ich habe alles nur erſt nach der Ausfürung erfaren.

Darf ich es ſagen? meine Mutter hielt ſich bei dieſem ernſten Auftritt nicht nachgebend genug.

nug. Sie lies ihn merken, daß sie es durchaus misbilligt, daß er Sophien geliebt hat,
„mit welcher," dies war ihr harter Ausdruk, „er
„sich nicht in Ehren verbinden könne, nachdem
„sie 6000 Rthlr. die doch wenigstens etwas für
„die Nachfrage waren, verloren hat."

Dies ris ihn ganz aus seiner Fassung. Er
ergrif die Thür. — Ich sah, wie ganz verwaist
ich jezt werden solte. Ich warf mich um seinen
Hals: „O gütigster Oheim," sagte ich, „blei-
„ben Sie nur noch einige Tage bei uns."

„Bis zu deiner Hochzeit?"

„Ja," rief ich in der Angst.

„Topp! das ist doch ein Wort; komm auf
„deine Stube." — Er brach hier in heftigen
Tadel seiner Schwester aus, besänftigte sich
aber, als ich ihn bat, meines Herzens zu schonen. Hätte doch in diesem günstigen Augenblik irgendjemand sich meiner annehmen können!
Ich schwieg, um ihn nicht wieder zu erzürnen.

Ich fleh Sie an, Freund, den ich immer
bewährt fand, sich meiner unverzüglich anzunehmen. Poufaly ist ein im abscheulichsten
Grade geübter, und Allen, nur nicht dem Blik
der Unschuld, unergründlicher Bösewicht.

Jezt eben kommt Marie, und bestätigt das,
was ich in der lezten Zeile sagte. Der Herr
M. Rübbuts hat Schwürigkeiten gemacht, sich
darüber gegen sie auszulassen. Endlich aber
hat der rechtschaffne junge Mann gesagt: „Ich
„kan

»kan es nicht läugnen, daß der Herr von Pou-
»faly ein Heuchler (das heisst,« setzte er hinzu,
»nach meinem Bedünken, ein würklicher Böse-
»wicht ist; und wenn es die Mlle VanBerg ret-
»ten kan: so bin ich bereit, ihm ins Gesicht zu
»sagen, daß er ihrer nicht werth ist. Ich ha-
»be sogar Muthmahssung, daß seine Religion
»ihn einem Mann, wie Herr VanVlieten ist,
»nicht empfehlen kan.«

Bin ich nicht sehr unglüklich, liebster Herr
Professor, diese Nachricht nicht nuzen zu können? denn ich würde theils den jungen Menschen in Lebensgefar stürzen, theils verraten,
daß meine Marie um diese Sache weis. Kommen Sie, wenns möglich ist, unverzüglich zu
meinem Oheim.

* * *

Ich habe jezt meinem Oheim gesagt, was
ich von Sophien weis; denn Handlanger hat
ihm nichts sagen können, und Herr Schulz ist
nach Pillau auf die Vestung gebracht. Es wäre für meinen geliebten Oheim und für mich ein,
alles entscheidendes, Glük, wenn er Sophien
fände.

XXVIII. Brief.

bey welchem Herr von Poufaly nichts gewinnt.

Sophie an Julchen.

Ich weis alles, was Sie durch Schulzens Brief an Handlangern erfaren haben. Ich kenne den Herrn von Poufaly nicht; ob er der Bösewicht ist, der mich zur Madame Debeau führen solte, das sollen Sie morgen erfaren. Sie wissen, daß morgen Redoute seyn wird. Lassen Sie mich wissen, woran ich Sie erkennen soll, und machen Sie, daß auch der Herr von Poufaly in einer, Ihnen bekanten, Maske da sei. Aber liebstes Julchen, lassen Sie der Ueberbringerin dieses Zettels nicht nachspüren. Schiken Sie mir, denn ich bin ganz ohne Geld, einige Ducaten, damit ich auf dem Ball erscheinen könne.

Sophie.

XXIX. Brief.

XXIX. Brief.

Dem vorigen ähnlich.

Julchen an Sophien.

Hier, hier, Theuerste, eine ganze Handvoll
Ducaten; denn eben jezt hat mein Oheim
mir deren einige hundert Stük geschenkt, welche mir waren gestolen worden.   Hier ist auch
ein Brief, den ich von Herrn Gros für Sie vorgestern erhalten habe. *)   Es ist alles richtig:
der Herr von Poufaly wird meine Mutter, und
mich wird der Herr Prof. T.* führen.   Lezterer
hat das heute sehr listig und glüklich zu stande
gebracht.   Mich werden Sie daran kennen,
daß ich, bald unter den Ersten, mich an den
Spieltisch sezen, und lauter K r e m n i z e r Ducaten spielen werde; denn aus Furcht vor meiner Mutter untersteh ich mich nicht, irgend ein
Zeichen anzunehmen.   Ich zittre vor Ungeduld,
denn meine Gefar ist auf dem höchsten Punct.
Juliane.

N. S. Ich werde vielleicht heute nicht Zeit
haben, Ihnen etwas zu sagen, wozu mein Herz
mich jezt treibt.   Aber zürnen Sie nicht, meine Sophie! Ich rede nicht als Niece des Mannes, welchen Sie verwerfen: ich rede als Chri-

S 2

stinn.

*) S. 241.

finn. Ihr Lied an Herrn Leſſ* * iſt unwerth aus Ihrer Feder gekommen zu ſeyn. *) O! bereuen Sie es, einen Menſchen ſo eigenſinnig geliebt zu haben; abgöttiſch einen Menſchen geehrt zu haben, welcher — Sie nicht liebt! Glauben Sie dies lezte auf mein Wort. Und geſezt, es wäre minderwahr; ſo frage ich doch: „ob eine Stunde, wo man allein, mit einem „Herzen voll Wehmut allein iſt, nicht beſſer an; gewannt werden kan?

XXX. Brief,

wo ein Reicher plötlich verarmt, ohne ſich bernach zu hängen.

Herr Gros an Herrn Prof. T*.

Haberſtroh.

Ja mein beſter T*; es iſt Julchen, die ich mit einer Leidenſchaft geliebt habe, welche beſto thörigter iſt, je näher ich dem Alter von voll 30 Jahr bin. Iſt dies Frauenzimmer ſo ſcharfſichtig wie Sie: ſo habe ich entweder ſie unglüklich, oder mich verächtlich gemacht. Aber ich weis, daß auſſer Ihnen kein Menſch, auch nur das mindeſte vom Zuſtande meines Herzens hat ſehn können; denn vor Ihnen nahm ich mich wol nicht genug in acht: oft war ich ſogar auf

dem

*) S. 197.

dem Punct, diese, meinem Herzen alzugewalti-
ge Neigung, Ihnen zu entdeken. Und solten
Sie dieselbe nicht einem Menschen zuguthalten,
der zeitlebens unglüklich war, und der sehr hohe Freuden zu empfinden im Gebrauch der Welt
fähig ward? Ach es ist schwer, bei einer sehr
genauen Kentnis des Glüks, sich alle Hofnungen zu verbieten!

Ich habe Julchen, so lange ich sie kenne,
hochgeschäzt: aber denjenigen Grad meiner Gesinnungen, welchen ich selbst lezt Liebe nennen
mus, erreichte mein Herz erst, als ich alle Umstände ihres rührenden Schiksals erfur. Der
Wunsch, dieses so sehr unglükliche Frauenzimmer glüklich zu sehn, ward durch das Vertrauen,
mit welchem diese leidende Unschuld mich immer
zurathzog, so lebhaft, und bekam soviel persönliche Beziehung auf mich: daß ich oft ihr
Schiksal ganz der Lenkung Gottes übergab; oft
in langer Zeit nicht an sie schrieb; mich begnügte das zu verhindern, was sie elend gemacht
hätte; und übrigens das Grundlose meiner Hofnungen, als ein Verbot ansah, irgend etwas
zu erwarten. Sie sollen einst alle unsre Briefe
sehn, um selbst zu urteilen, ob ich recht gehandelt habe? *

S 3 Aber

*) Nur Sr. Gestrengigkeit dem Herrn Kunst-
richter, hatte Herr Gros es nicht recht gemacht;
ihm kam dieser Auftritt zu schnell: denn er hatte
sich

Aber als ich ein Erbe eines so reichen Ver-
mächtnisses ward: da — o ich gesteh es —
da ward mir mein Gang zum VanBergschen
Hause schwer! Ich ging mit dem Entschlus hin,
nichts von meinen Angelegenheiten zu sagen: er
kostete mich aber unglaubliche Ueberwindung.
Ich fand Julchen nicht: und welch Glük ists,
daß sie abwesend seyn muste! denn, o Freund,
ich bin heute wieder so arm wie ich immer
war! —

Von jedem Andern muste ich Tadel befürchten: von Ihnen erwarte ich solchen nicht, weil
Sie das Innre meiner Sele, den ganzen Zusammenhang meiner Geschichte, und — das
ist natürlich — meiner Denkungsart, kennen.
— Ich habe Ihnen gemeldet, daß bei dem Testament ein Pak Rechnungen lag. Mit welcher Wehmut habe ich sie angesehn! - Sie sind
alle von der Art, wie diejenigen, die ich mit
einem Abscheu, der mir für mein ganzes Leben das ungerechte Gut verbitterte, beim
Christliebe gesehn habe. *) Nie ist mit schreien-
dern Ungerechtigkeiten ein Vermögen gesammlet! nie ist eine Summe mit mehr Blut und Thränen behaftet, nie mit schwerern Flüchen belegt!
Ich

sich vermuthlich ein Exemplar des 5ten Theils Er-
ster Ausgabe abziehn lassen, in welchem die Tags-
zahlen befindlich gewesen seyn müssen, welche unsre Handschrift — nicht hatte.
*) S. 647. Vter Theil.

Ich müſte mein Gefühl nicht mehr haben, kein
Gefühl des Rechts und Unrechts, keine menſch-
liche Empfindung, wenn ich Einen Groſchen
dieſes vermaledeiten Blutgelds annehmen wolte.
Welche Abſichten kan mein Vater gehabt haben,
als er dies Teſtament machte. — Doch ich empfinde ein Schauern, indem ich dies denke —
laſſen Sie mich die Aſche meines Vaters nicht
weiter berühren!

Und ſind Sie mein Freund: ſo gedenken Sie
dieſer Sache niemals mit einem Wort. Daß
ich dieſes mein Unglük allen, auch ſogar meiner Mutter verbergen mus, verſteht ſich von
ſelbſt.

Ich laſſe mir 6000 Rthl. für Sophien aus-
zahlen, und werde, wenn meine Mutter ſtirbt,
dieſe Summe den beiden Kirchen wieder zuſchi-
ken, welchen ich überhaupt dieſes ganze, mir
unausſprechlich abſcheuliche, Capital geſchenkt
habe. — Grämen Sie ſich nicht um mich, mein
Liebſter! Ich bin nicht ſo elend, wie Sie denken. Es iſt wahr: ich bin krank, denn mein
nächtlichs Studieren, und hernach mein gram-
volles Leben in Preuſſen, haben mich erſchöpft;
ich kann mich nur dann, wenn ich bedenke, daß
auch die kleinſte Gemeine einem treuen Prediger zu gros iſt, drinn finden, ſo ſehr auſſer
ſtand geſezt zu ſeyn, das was ich erlernt habe,
gemeinnüzig zu machen; ich leide warlich Hunger und Durſt, denn meine Gemeine kan un-

S 4   mög-

möglich mich ernähren; ich kan mit dem Euclio
sagen:

Pauper sum, fateor, patior; quod di dant, fero. *)

Aber liebster T* Schulden habe ich nicht.
Wenns drauf ankam, diesem grössesten aller
Leiden durch Hunger und Durst zu entgehn: o
dann ward Hunger und Durst mir sehr leicht!
Ich habe gefunden, daß derjenige, der uns Geld
lehnt, er nehme Zinsen oder nicht, uns zum
Sclaven haben will! Ich hoffe, daß der Friede
nah ist; das kan meine Umstände vielleicht bessern; ich habe eine beträchtliche Handschrift zum
Druk fertig, und habe gestern von unbekandter
Hand, (vermutlich von Herrn L* aus Elbing,
oder vielleicht von Herrn Less**) hundert Rubel erhalten, (denn so verschwiegen ich bin: so räth
doch ein Jeder das Innre meiner Umstände;
ach! mein Rok ist ein Bettelbrief!) Nun kan
ich mich kleiden: und dann bin ich glüklich.
Dieses Geschenk hat mich getröstet; denn ich fing
an, unter dem Druk der Noth so gequetscht zu
werden, daß ich zweifelte, ob nicht ein geheimer — o warhaftig ernstlich genug aufgesuch-
ter — Stolz bei der Anwendung der Erbschaft
meiner Frau mich geleitet habe? Ich kan nun
auch gesund werden: ich seufze minderhypo-
chondrisch, sobald ich auf dem schönen Pferde
sitze, welches die Dorfschaft mir auf eine ihr gar
nicht

*) PLAVT.

nicht beſchwerliche, Art, ſo gern ernährt.*) Meine Mutter habe ich wiedergefunden, und denke ſie bald bei mir zu ſehn; das erſezt mir den Kummer, den die erſchrekliche Ausartung meiner Schweſter mir verurſachen könnte.

Was fehlt nun meinem Glük?

Vom Gedanken an Julchen iſt mein Herz jezt leer, weil ich aus dem Traum, in welchem ich reich war, erwacht bin . . .

Fortſezung.

Der Verarmte wird tödlich krank.

Aber iſts auch wahr, daß ich ſo ganz leer von Liebe zu Julchen bin? warum bleibe ich denn bei dem Entſchlus, ſie nie zu ſprechen, und nie an ſie zu ſchreiben? Sie, mein T* ſehn hier ohne Zweifel ſchärfer, als ich; der gewaltige Störer der Liebe, der Tod, hat Sie ſiegen gelehret. Sind noch Hofnungen in meinem Herzen: ſo bitte ich Sie, ſolche zu entwafnen, denn ſie ſind peinigend. Und damit Sie das können: ſo will ich Ihnen eine Schwachheit geſtehn, die ich noch geſtern gehabt habe. Ich ſchrieb ein Blatt an Julchen; das heiſſt freilig nicht „für“ Julchen: denn ſie ſoll es nie ſehn. Ich ſchrieb es in derjenigen Begeiſterung, in welcher Ihr Dichter ſagte:

S 5   Ohne

*) S. 421. V Th.

— — Omne vouemus
Hoc tibi! Nec tanto careat mihi carmine charta! *)

Hier liegts; lesen und zerreissen Sie es.]

O du ... Ja, wie der Wandrer schöne Schatten
wenn über ihm die Sonne glüht
froh hinter Bergen sieht,
und dann dem Brand' entflieht;

und wie, wenn Blumen schmachten und ermatten
das Morgenroth nach einer troknen Nacht
die Lüfte kühler macht,
und dann noch Thäu sanft niedersenket
und Blumen die drauf warten, tränket;

und wie, erstarrt, auf leichten Brettern
Gescheiterte des Meeres Göttern
nun nicht mehr flehn,
und dann im Blitz aus schweren Wettern
das Ufer sehn;

und wie der Liebling Gottes, nah am Feuer
die Mauern Zoars sah, und schnell entwich:
o du! für jeden Werth zu theuer
so sah ich dich!

Dich sah ich, die im Heiligthume
der Freundschaft, sich von allen unterschied,
schnell, wie die reinste Blume,
so lieblich auch der Schwestern Lenz aufblüht
zu sich die Biene zieht;

dich,

*) TIB.

dich, deren edles Herz mit sanftem Winken
ganz still dem meinen rief,
wie Blumen gleicher Art nur dahin sinken
wo ihre Sonne lief;

dich, deren Blik beim Streit in weitverwandten Tönen
mir den gereinigten Geschmak am Schönen
so schnell verrieth
als man das Richtende, das Feine
auf eines Kenners edler Weine
geschlossnen Lippen sieht;

ja, dich, zu der aus meinem siechen Herzen
sich bald ein Wunsch hinzugewagt,
so wie ein Kranker, eh er noch verzagt
dem Kenner seiner innern Schmerzen
sein Wehe klagt.

Und wie, gewohnt verkannt zu werden
ein Hofmann, müde prächtiger Beschwerden
sich durch der Hofnung Sclaven rükwärts drängt;
jezt in des Fürsten Hand ein Band erbliket,
den Liebling suchet, den des Fürsten Blik beglüket
dem Blik begegnet, und für sich das Band em=
pfängt:

o du! mir theurer als der Fürsten Gnadenzeichen
so sah ich deinen Werth —
mein Auge weinte, von dir abgekehrt,
und dieses Herz, zum Leiden angelehrt
„o!“ seufzte es, „dies Glük, ich werd es nicht er=
reichen!“

Und

Und jezt . . . Nein! wann der Morgen winket
nur dann erst blüht der Garten auf.
Ihr Wünsche,   die ihr gleich geschloffnen Blumen
sinket,
o! sinkt noch tiefer! laßt der Zeit den Lauf,
vielleicht hebt euch ein beßrer Morgen auf!

Fürchte ich nicht mit Recht, theuerster Freund,
daß noch Hofnungen in meinem Herzen sind?
Und welche unsinnige Hofnungen! Suchen Sie,
(und ich will sie Ihnen nie verbergen,) alle diese
leeren Erwartungen auf, und zerstören Sie solche ohne Verschonen; denn welche Häuffuug des
Unglüks wäre es, wenn mein Herz krank würde; zu einer Zeit, wo mein Körper genesen und
mein Glük sich beffern kan! Das aber mus ich
gestehn, daß ich ruhiger war, eh ich Ihren
Brief las.   Ihre Schilderung ist so sehr tref-
fend, daß ich noch weit vor dem Ende des
Briefs gewis wuste, Sie hielten dies nicht für
ein Ideal, sondern es sei Julchen; Sie haben
so ganz die Natur gezeichnet, daß ich der starken
Rührung, die ich hier unausbleiblich empfinden
muste, nicht widerstehn konnte.   Gleich in den
ersten Stanzen *) fand ich so hervorstechende
Hauptzüge, daß ich (jugendlich genug) ausrief:
»Ja, Julchen selbst hat bei dieser Schilderung
»vor ihm gesessen!«
    Und gleichwol ists schwer, mich zu überre-
den, daß meine Hofnung ganz ohne Grund ist!
                                    Denn

*) S. 235.

Denn ich weis, daß Julchen nah babei gewesen ist, ihrem Oheim eine geheime Liebe zu bekennen, welche dem (ihrer allerdings nicht ganz würdigen) Herrn von Poufaly im Wege steht. Unsre Freundschaft ist immer so unverstellt und so herzlich gewesen, daß sie mir nie etwas verheelt hat: warum hat sie mir denn diese ihre unbekandte Neigung verborgen? warum hat sie, von mir aufgefodert, den Gegenstand dieser Liebe nicht nennen wollen? — Wir kennen beide, liebster T* das weibliche Herz von einer Seite, welche Muthmahssungen begünstigt, die ich Ihnen nicht erst entdeken darf. Doch was hülfe mir auch die gröffeste Warscheinlichkeit? Die Verschiedenheit, mit welcher die Madame VanBerg und ich, vom Gelde denken, macht alles unmöglich, auch dann, wenn Julchen in der That mich liebte. Unwandelbar bleibe also der Entschlus, Julchen ganz zu entsagen.

Sie tadeln mich, daß ich in Absicht auf Hrn. von Poufaly unthätig bin? Aber kan ich anders handeln, wenn ich nicht unedel seyn will? Ich weis, daß die Keuschheit seine Tugend nicht ist; das weis Julchen auch; ihr Scharfsinn hat es ihr entdeckt. Gleichwol haben wir schon oft die Erscheinung gehabt, „daß tugendhafte Frauen»zimmer, einen Mann gewählt, ich möchte sa-»gen, vorzüglich gewählt haben, von welchem »sie das gewis wusten, was Julchen von Herrn »Poufaly beinah nur muthmahsst.“ Vielleicht

kan

kan sie ihn retten: denn er ist ein Mensch von
unvergleichlichen Anlagen, fähig, in seines vortreflichen Vaters Fustapfen zu treten. Freilig
würde ich dieses Wagstük niemand, und am wenigsten Julchen, rathen: aber, es ihr zu wider-
rathen, wage ich nicht mehr, seitdem ich den
Stand meines Herzens gegen sie kenne. Sie
aber, theuerster Freund, glauben in dieser Heirath eine Selengefar zu sehn. Das ist sonst
Ihr Ausdruk nicht. Sie müssen also mehr
wissen, als ich. Solte dieser junge Mensch
die Religion der Erbitterten oder Müssigen unter den Christen, angenommen haben: ja, dann
mache ich es Ihnen zur Pflicht, diese Heirat zu
stören; denn eine wahre Christinn mus uns allen zu lieb seyn, als daß wir sie nicht retten
solten, wenn sie so aufgeopfert werden soll. Mit
Eifer, aber auch mit schöner Beruhigung übergebe ich Ihnen diese Sache; denn ich an meinem Theil werde nichts thun, oder schreiben,
bis Herrn von Poufaly Schiksal auf eine oder
die andere Art ganz entschieden ist. Ich bin
mit treuer Ergebenheit

Ihr Freund

Gros.

N. S. Ich habe unter meinen Papieren das
Morgenlied gefunden, welches Sie neulich ver-
langten: Hier ists:

Wie

Wie lieblich winkt sie mir die sanfte Morgenröthe!
der Schatten weicht vor ihr zurük.
Wie schön ist die Natur! O Herr! vor dem ich
bete,
sie überströmet mich mit Glük!

Du hast mir mehr geschenkt, als in den Abendstunden
mein Glaube gestern von dir bat;
vielmehr als ich verstand hast du mein Flehn gefunden
mit dem dein Geist selbst mich vertrat.

Du schenktest mir den Schlaf zur Sammlung neuer
Stärke
auch für den schwersten Lebenstag;
jezt ruft dein Wohlthun mich zum Schaffen guter
Werke
aus meinem stillen Schlafgemach.

Wie prächtig komt der Tag! ich athme frische Lüfte!
der Wald singt mir ein Loblied vor;
ich stimme jauchzend ein; und, rein wie Blumen-
düfte
steig, Herr, mein Lob zu dir empor!

Und sanft ergieße sich dein Licht in meine Seele,
und zeige mir den Weg zu dir!
Stärk mich durch deine Kraft! und wenn ich Schwa-
cher fehle:
Dann, Vater! hab Geduld mit mir. *)

N. S.

*) Für die Gräffsche Composition von „Wer Gottes
„Wege ꝛc.“

N. S.

Ich breche den Brief wieder auf. Bestellen Sie mir augenbliklich Extrapost für mich und für zwei Pahr Portechaisenträger, auf fünf Meilen. Gleich nach diesem Boten, der mit verhängtem Zügel reiten wird, bin ich bei Ihnen. Wie schön kommen mir jezt mein Pferd und meine hundert Rubel zu statten! bisher hies es leider von meinem Reiten:

— — Timor et minae
Scandunt eodem quo dominus, —
— — et
Post equitem sedet atra cura *)

XXXI. Brief.

Sehr nachtheilig für den Herrn von Voufalv.

Sophie an Henriette L* zu Elbing.

Königsberg.

Ich schrieb Ihnen gestern, in welcher Absicht ich Julchen auf dem Ball erwartete, und eile, Ihnen den Erfolg zu sagen.

Ich fand Julchen sehr bald. Sie spielte mit solcher ängstlichen Zerstreuung, daß ich eilen muste, sie vom Spieltisch wegzubringen, weil man schon sehr aufmerksam auf sie sah. Sie

zeigte

*) HOR.

zeigte mir den Herrn von Poufaly; und nachdem wir gegenseitig unser Herz ausgeschüttet hatten, verließ sie mich, um eine andre Verklei-
dung anzunehmen, für welche der Professor schon
gesorgt hatte. Dann verlor sie sich unter dem
Haufen, und tanzte mit Herrn von Poufaly,
der über seine Unbekandte (denn sie tanzt unvergleichlich) entzükt war, und, mit grossem Vertrauen auf sich selbst, ihr verschiedne, ganz falsche, Buchstaben in die Hand schrieb. Lieschen
hatte unterdessen Julchens Anzug angelegt, und
betrog durch ihre, eben so gebaute Leibesgestalt,
sowol die Madame VanBerg, als auch den
Herrn von Poufaly; tanzte auch mit dem Professor, um dem Poufaly mehr Freiheit zur Beschäftigung mit seiner Unbekandten zu lassen.
Gleich nachher veränderte auch der Professor seinen Anzug, und tanzte mit mir; Julchen, als
Unbekandte, stekte jezt dem Herrn Poufaly ein
Cartenblatt in die Hand, worauf ich ihr die
Worte geschrieben hatte:

* * *

„Ich muß heut sehr auf meiner Hut seyn.
„Darf ich zu meiner Beruhigung von Ihnen
„erbitten, im zweiten Cabinet vom Fenster
„mir ihr Gesicht zu zeigen?“

VI Theil.   T   Er

Er las dies, und blikte furchtſam nach Lieschen, die in Julchens Tracht und mit dem Gelde
derſelben wieder am Spieltiſch ſtand, indem die
Madame VanBerg mit jemand in Unterredung
war. Er machte ſeiner Unbekandten eine bejahende Verbeugung. Dieſe gab dem Profeſſor
die Hand, und ging mit ihm nach dem Cabinet.
Herr von Poufaly folgte, ſcheu; und kaum hatte er die Larve abgezogen, als ich herein hüpfte.

Unter Tauſenden, liebſte Henriette, hätte ich
ihn erkandt: er iſt warlich der unverſchämte
Entfürer, aus deſſen Gewalt Herr Puf mich gerettet hat . . *)

Der Abſchen gegen dieſen Menſchen, der ſeine
edle und ehrliche Miene ſo misbraucht, und
eine Art von Rachſucht, trieb mich weiter, als
wir verabredet hatten. „Kennen Sie mich, Herr
„von Poufaly?“ rief ich, indem ich die Larve
abzog.

Ganz beſtürzt ſtotterte er: „ich . . ich . . ha-
„be nicht die Ehre . .“

„Nicht? beſinnen Sie ſich nicht auf das Poſt-
„haus? nicht auf jenen ſchimpflichen Gang zur
„Lieutenantswittwe? Sie werden es doch wol
„nicht unnatürlich finden, daß ich die Made-
„moiſelle VanBerg zu warnen mich gedrungen
„ſeh?“

—Er

*) I. Th. S. 168.

— Er war so betreten, daß ich Zeit genug
hatte, meine Larve wieder vorzuschlagen. Ich
machte ihm eine sehr höhnische Verbeugung.
„Vergeben Sie mir,“ sagte die Unbekannte zu
ihm; „ich habe mich in Ihrer Person geirrt.“ —
Ich ging hinaus. Voll Angst folgte er mir.
Unterdessen eilte Julchen, sich umzukleiden; denn
Lieschen erwartete sie schon. Ich mischte mich
unter den Haufen; und sobald ich sah, daß er
wieder mit Julchen tanzte, verlies ich den Sal.

Ich hätte gern, um noch bleiben zu können,
Julchens lezte Kleidung angezogen: aber zum
Unglük ist sie mir zu klein.

Ich konnte, wie ich zu hause kam, der Neugier nicht widerstehn; ich verkleidete mich noch
einmal, und der Herr Mag. Kübbuts führte mich
wieder in den Sal.

Fortsezung.

Ein Wohlbekannter unter der Larve.

O Henriette! wie blind müssen wir oft unserm Schiksal entgegen gehn! Ich gab
mich Julchen zu erkennen. Sie ward von jemand angeredet, der gleich nach mir in den Sal
kam; die Unterredung ward lebhafter, jemehr
sie sich mit ihm von mir entfernte. Ich bemerkte,
daß beide mich oft ansahn. Ich ward einige-

T 2 mal

mal zum Tanz aufgefodert, und merkte erst,
nachdem mein leztes Menuet zu ende war, daß
Julchen mit ihrer Gesellschaft nach hause gefahren waren.

— Ich sezte mich einsam nieder, weil ich hier
niemand kandte. Der Fremde, von dem ich
jezt geredet habe, sezte sich bald drauf neben
mir. „Ich glaube,“ sagte er, „daß ich die
„Ehre habe, mit der Erbin der Wittwe E. zu
„Memel, zu sprechen?“

— Die Furcht, daß dieser Mann der Major
v. F. seyn möchte, hemmte meine Sprache, bis
ich seine Gestalt angesehn, und gefunden hatte,
daß sie für den Major viel zu lang, und zu gut
gebauet war. „Ich gesteh,“ sagte ich, „daß diese
„würdige Frau mir etwas bestimmt hatte: aber
„die Umstände haben sich so geändert, daß ich
„nichts annehmen werde.“

„Vielleicht beziehn Sie sich auf das, was sie
„selbst mir gesagt hat? Erlauben Sie mir,
„Mademoiselle, Ihnen Glük zu wünschen;“
(indem er dies sagte, schien die Stimme, die erst
etwas verstellt war, immer natürlicher zu werden) „ich habe vom Augenblik an, da ich Sie
„kennen lernte, mehr Antheil an Ihrem Schik-
„sal genommen, als für meine Ruh gut war.
„Sie liessen hernach, und besonders, als ich Sie
„zulezt sah, mich deutlich merken, was ich be-
„fürchtet hatte. Aber jezt weis ich gewis, daß
„ich Ihnen, als der künftigen Gemalin meines
„Freunds

„Freunds misfallen müste, wenn ich nicht von
„ganzem Herzen Ihnen Glük wünschen wolte;
„und wie freue ich mich, für Sie glükliche Ver-
„suche gemacht zu haben, obwol sie nicht eigent-
„lich das bewirkt haben, was ich suchte: denn
„zunächst haben Sie Ihre Rettung so sehr dem
„Herrn VanVlieten zu danken, daß ich auch die
„gütigen Danksagungen Ihrer Pflegemutter nicht
„habe annehmen können."

— Die Romanen, liebe Henriette, erzälen
viel von Ohnmachten; vielleicht, weil das die
kürzeste Beschreibung eines Zustands ist, wie derjenige, in welchem ich mich jezt befand. Können Sie: so stellen Sie selbst sich ihn vor. In
Ohnmacht fiel ich nicht: aber die Kronleuchter
und Lichter vermehrten sich hundertfach vor meinen Augen; die Gesellschaft im Sal schien mir
auf einmal unermeslich gros zu werden, und
verwandelte sich zulezt in eine einzelne Gruppe,
die mit blauen und braunen Farben vor mir
wechselte. Ich zog ein Fläschgen hervor, und
ward meiner fast erstarrten Zunge wieder mächtig. „Ich freue mich," (sagte ich sehr schwach,
aber doch vernehmlich) „den Herrn Leß * * wie-
„der zu sehn...."

„Ihnen ist nicht wohl," sagte er ängstlich;
„erlauben Sie mir, Ihnen zu sagen, daß Ihre
„Pflegemutter, mir (wie ich selbst schon gethan
„hatte) den Zufall erklärt hat, aus welchem

S 2   „zwi-

„zwischen uns Beiden soviel Misverständniffe
„entstehn musten.“

— Ich faßte mich wieder: „Es mus mir
„allerdings lieb seyn, aller Unterredung, über
„diese einzige Begebenheit ihrer Art, überhoben
„zu seyn: aber wann haben Sie meine Pflege-
„mutter gesprochen?“

„Diesen Morgen, in Tapiau. Sie werden
„sie in kurzem umarmen.“

— Es war ein Glük für mich, Henriette,
daß die Freude, dieser neue Affect, mein Herz
ergrif, denn ohne sie hätte ich unausbleiblich
dem Sturm nachgegeben, welchen soviel Leiden-
schaften zugleich auf mein Herz machten. Doch
fühlte ich eine solche Beklemmung auf der Brust,
daß ich meinem Führer winkte, mich wegzubringen. Herr Leff * * küßte mir die Hand, und
sagte: er hoffe, bei meiner Pflegemutter, mir
aufwarten zu dürfen. Ich konnte nichts antworten; ich konnte kaum den Schlag der Kutsche erreichen, und fuhr in tiefem Stillschweigen nach hause.

Julchen hat mir so vest versprochen, meinen
Aufenthalt zu verbergen, daß ich ihn ihr bezeich-
net habe. Ich erhielt früh (denn den trauri-
gen Rest dieser Nacht will ich übergehn) diesen
Brief von ihr:

XXXII.

XXXII. Brief.

Illum expectando facta remansit anus.

PROP.

Julchen an Sophien.

Vielleicht, o meine geliebteste Sophie, sind
Sie böse; aber in War'zeit, Sie wissen
nicht warum? Herr Less**, mein treuster Freund,
und, wie ich hoffe, jezt mein Retter, war gegen Abend gekommen, und hatte von meinem
Oheim meinen Anzug sich bezeichnen lassen. ——
In unsrer Unterredung waren Sie (so wie seit
einiger Zeit in unsern Briefen) der erste Gegenstand. Er hatte von Herrn Gros, (ohn jedoch
ihn befragt zu haben) sehr viel, von Ihrer Pflegemutter noch mehr, und von meinem Oheim
das lezte und entscheidende, in Absicht aller Ihrer Umstände erfaren. Er frug mich, warum
Sie unsichtbar geworden wären?

Legen Sie, meine Theuerste, einmal selbst
diese Frage sich vor, und sagen Sie, was konnte
ich antworten? "Sophie nimt ihr Wort zurük?"
al, wie konnte ich das von meiner Freundin nur
muthmaßen? "Sophie haßt meinen Oheim?"
wie wäre es möglich, einen solchen Mann zu
hassen! ich wuste ohnhin, daß das eine Unwarheit wäre, die Sie bei kaltem Blut mir

T 4   nicht

nicht vergeben können. „Mein Herr Leſſ**, „Sophie, wartet auf Sie?“ Ach Fiekgen! mein Herz iſt weicher, als die Herzen aller dieſer Menſchen! gern verzeiht es Ihnen eine ſolche Erwartung! ſie war natürlich; denn ich kenne nur Einen Menſchen, den man dem Herrn Leſſ** vorziehn könnte — einen Menſchen, auf welchen ich gern, mit ſoviel Schmerz, als Sie auf Herrn Leſſ**, warten möchte: aber dieſe Anecdote aus Ihrem Herzen konnte ich Herrn Leſſ** nicht ſagen, der, wie Sie ſelbſt jezt wiſſen werden, nach ſeiner unwandelbaren Denkungsart, es äuſſerſt misbillige, daß, nach Verſicherungen, wie mein Oheim von Ihnen bekommen hat, Sie einen Augenblik haben wanken können. „Auch der vorzüglichſte unter allen Menſchen,“ (ich ſchwör Ihnen, daß dies Worte ſeines lezten Briefs, *) ſo, wie ſeiner geſtrigen Unterredung ſind; Worte, die ich Ihnen längſt geſchrieben hätte, wenn ich Ihren Aufenthalt, wenigſtens die Zufälle, welchen ein Brief damals unterworfen ſeyn konnte, gewußt hätte) „auch der vorzüglichſte unter allen Menſchen,“ ſagte er, „mus einer Braut ſo gleichgültig ſeyn, „wie einer Frau.“ — Ich antwortete alſo auf die obige Frage: Sie wären verſchwunden, um dem elenden Major, und ſeiner noch elendern Frau, zu entgehn.

„Aber,“

---

*) Wir haben ihn nicht eingerükt.

„Aber,“ sagte er, „warum weiß denn der
„Herr VanVlieten ihren Aufenthalt nicht?“

— In der That, hier war ich in einer neuen
Verlegenheit. O Sophie! kommen Sie zu uns,
und endigen Sie, (vergeben Sie, ach! verge=
ben Sie Ihrer treusten Freundin, diese welke
Zeile, die ihr Herz ihr abzwingt) endigen Sie
Auftritte, die, bei längerer Dauer, Sie um
alle Achtung der Rechtschafnen bringen wür=
den! Sie sind, wenn Sie ein redliches Herz ha=
ben, unauflöslich durch Ihr Wort, und (frei
sage ich es) durch Ihre ehmalige unverstellte
Liebe, an meinen Oheim gebunden. Herr
Leß * * (ich mus Ihnen das sagen, denn sonst
kan es niemand) Herr Leß * * hat, wie Sie wis=
sen, mit äusserster Zärtlichkeit Sie geliebt: aber
sein Herz hat Sie frei gelassen, sobald er ge=
wis erfaren hat, daß Sie versprochen sind.
Ich will, so bitter diese Warheiten im ersten
Gefühl auch seyn mögen, alles sagen; denn
gleich einer kranken Person, müssen Sie auch zu
den ganz widrigen Genesungsmitteln gezwungen
werden. Wissen Sie demnach, daß Herr Leß * *
im letzten Briefe schreibt: „Wenn auch Sophie
„jetzt frei, wenn sie auch Wittwe wäre, so wür=
„de ich ihr doch, als einer Person, die die
„Heiligkeit ihrer Versprechung an Herrn Van
„Vlieten zu vergessen, wankelmüthig genug
„war, nie zutrauen, daß sie denjenigen Grad
„der Liebe erwiedern könne, welchen ich ge=

T 5 „gen

„gen sie gehabt habe, und den, der Herr Van
„Vlieten gewis gegen sie fassen wird, wenn sie
„ihr ganzes Herz ihm wird gegeben haben.“

— Auf die Frage des Herrn Leß** konnte
ich also nur das antworten: „Sophie verbirgt
„meinem Oheim ihren Aufenthalt, entweder
„weil sie noch durch den Verlust ihres Vermö=
„gens betäubt ist; oder weil meine Mutter sie
„beleidigt hat; oder, weil sie fürchtet, mein
„Oheim werde sich am Major rächen.“

— Er lächelte, und sagte: „Ich habe Ih=
„rem lieben Oheim, ohn es zu wissen, viel Qual
„gemacht; ich glaube, ihm einen Dienst zu
„thun, wenn ich mit seiner angenehmen Braut
„selbst spreche.“

Ich wuste, Fiekgen, wie sehr die Schonung
seine Gabe ist; und können sie es mir verargen,
daß ich mich diesem glüklichen Entschluß nicht
widersezte, sondern meine Mutter bat den Sal
zu verlassen?

(Sie schienen, sich nicht überzeugen zu kön=
nen, daß Ihr Lied an Herrn Leß** einer Chri=
stinn unwürdig ist? Hier haben Sie eins, das
Herr Prof. T.* machte, als seine Braut gestor=
ben war:

O du, die jeder Wunsch mit nennt,
vielleicht für mich geboren!
unwiederbringlich jetzt getrennt!
und hofnungslos verloren;

die

Die du in mir ein Herz entdekt,
das gern die Tugend ehret;
die du den erſten Trieb gewekt,
und ihn ſo ſanft genähret;

Du, die du meinen Gram gewußt,
den Gram der frühen Jugend:
du ehrteſt ihn in ſtiller Bruſt
im Heiligtum der Tugend!!

An deine Bruſt ſanft hingelehnt
die meine Schmerzen kannte,
ſchlug dann mein Herz, das jezt ſich ſehnt,
das damals aber brannte!

Dann lehrteſt du mein klagend Herz
die reine Tugend ehren;
o! möchteſt du den lezten Schmerz
mich jezt beſiegen lehren! *)

Und was dünkt Ihnen, wenn ich Ihnen von
dieſem ſo unſchuldigſcheinenden Liebe ſage, daß
der Profeſſor es bereut, dies Lied geſchrieben
zu haben?)

Ich habe Herrn Leſſ**, der diesmal nicht beꝭ
uns logirt, ſeitdem nicht geſprochen. Ich
zweifle nicht, daß Sie nun bald zu uns kommen werden; wenigſtens hoffe ich, Sie bei Jh-
rer Pflegemutter zu ſehn, von welcher Herr Leſſ**
eine ſo lokende Beſchreibung macht, als Sie und
mein

*) Zur Bachſchen Compoſition von: „Mein erſt Ge-
fühl ꝛc.“

mein Oheim. Ich lege Ihnen einen Brief ein, den ich jezt gleich bekommen habe.

Jul. VanBerg.

XXXIII. Brief,

Cantabile.

Der Prof. T* an Zulchen.

(im vorigen)

Gleich nachdem ich auf den Ball gegangen bin, ist Herr Gros in mein Haus gekommen, und hat diesen Brief seiner Mutter da gelassen.

※ ※ ※

„Mich, die vor Schwachheit nicht mehr „aus ihrem Armstul kommen zu können glaub„te, haben deine Briefe, o mein Sohn, wie„der so stark gemacht, daß du erstaunen wirst, „mich nicht in Memel, sondern nur einige „Meilen von Haberstroh — in Tapiau, zu „wissen. Ich will dir von meinen Empfin„dungen nur das sagen, daß sie meiner „Gesundheit nicht geschadet haben; im Ge„gentheil, ich ward, wie ich deinen ersten „Brief las, jung, wie ein Mädchen. Am „Posttage drauf schrieb mein Schwiegersohn „mir

»mir den unverschämtesten Brief von der
»Welt, und ach! ich unglükliche Mutter,
»meine Tochter hatte ihn unterschrieben! Sie
»meldeten mir, daß sie, seit Carls Tode (den
»sie zu gehöriger Zeit schon beweisen würden)
»allerdings Erben des väterlichen Nachlas-
»ses wären; daß aber« (und hier war ein harter Verweis für mich, und ein ruchloser Fluch
auf meine Sophie) »dies Testament in die
»Hände eines ihrer Schuldner gefallen sei; daß
»man glaube, der Friede sei nah, und daß
»sie, wegen gewisser Umstände, sich dann in
»Preussen nicht aufhalten dürften, sondern
»nach Warschau gehn müsten; daß sie also
»hoften, ich würde mich nicht weigern, mein
»Haus zu verkaufen, und ihnen mit soviel
»Gelde zu helfen, als ich könnte, wenigstens
»mit deinen 6000. Rthlr.«

»Dies Herzleid, liebster Sohn, war mei-
»nem alten Herzen zu schwer. Mein treuer
»Freund L * sah, wie mein Herz genagt ward;
»erbot sich, mein Haus zu kaufen; und rieth
»mir (unter dem Versprechen, mich zu be-
»gleiten) zu dir zu reisen. Alles dies ist ge-
»schehn. Ich habe mein Haus besser ver-
»kauft, als ich dachte, und das, was ich
»über meine Erwartung bekommen habe,
»meiner Tochter geschikt, mit der ganz gerech-
»ten Versicherung, daß sie nie wieder von
»mir hören würde. Ich habe ganz erschrek-
»liche

„liche Dinge von ihr erfaren, und zweifle
„nicht einen Augenblik, daß sie dich nicht er-
„kannt haben solte.“

„Sieh, mein Sohn, wie voll mein Herz ist:
„schon zwei Seiten habe ich meiner neuen
„Pflegetochter dictirt — lauter Dinge, die ich
„mündlich dir hätte berichten können. Eil
„nun, mein theuerster Sohn; denn was
„konnte die bittre Kränkung, die ich über mei-
„ne ausgeartete Marie empfand, anders ver-
„ursachen, als eine plözliche Erschöpfung
„meiner Kraft. Ich bin krank, ganz außer
„stand, weiter zu fahren; und überdem bin
„ich allein, weil Herr L.* schleunig nach Me-
„mel hat zurükgehn müssen.“

*   *   *

„Ich nehme die Feder selbst, denn meine
„Pflegetochter kann vor Thränen nicht schrei-
„ben, weil sie glaubt, daß ich sterben werde.
„Komm unverzüglich, mein Sohn! Es könnte
„seyn, daß ich auf Erden nicht mehr bei dir
„wohnen soll: aber ich möchte gern noch dich
„sehn, und dich segnen. Immer schweben
„mir die Worte im Gemüth, die meine Pfle-
„getochter mir in den lezten Tagen vorgesun-
„gen hat:

Ich sehne mich nach euch, ihr Allen Abendstunden,
die ihr den Müden Ruhe bringt!
Hat nur der Herr, den Huld und Gnade bringt,
in seinem Dienst mich treu gefunden:
so sei mein Werk auch noch so klein,
ihm wirds nicht zu geringe seyn —

Bis dahin trag ich still das schwere Joch der Erden,
Gottlob! es ist kein fremdes Joch!
Es sei auch noch so hart: am Ende mus es doch,
und o! vielleicht sehr bald, mir abgenommen werden.
Dann geh ich ganz gewiß in ewge Ruhe ein
und soll, wie schön ist das! mich meiner Werke freun.

* * *

Herr T * zur Fortsezung.

Unser geliebter Gros, mein Julchen, hat
für alle Bequemlichkeit der Reise seiner Mutter
gesorgt, und auch einen Arzt mitgenommen.
Ich freue mich unaussprechlich drauf, die Abende
des nächsten Sommers in Haberstroh zuzu-
bringen: denn o! wie glüklich wird mein Freund
jezt seyn. Und fehlt nun noch was zu seinem
vollkomnen Glük: so helfen Sie mir; denn ich
will ihm keine Ruh lassen, bis er mir sagt, was
ihm fehlt. Ich weis Mademoiselle, daß Sie
theil an seinem Schiksal nehmen. O halten
Sie ihn ja nicht für glücklich! Ihnen will ich
sagen, was seiner Veranstaltung nach, niemand
ausser mir und Sophien wissen sollte. Er hat
die Erbschaft seines Vaters nicht angenommen!

Ihre

Ihre Sache, liebste Freundin, liegt mir allerdings mehr, als alles, am Herzen. Ich denke, daß die gestrige Entdekung Sie vom Herrn von Poufalp befreien soll. Geschieht es nicht: so lassen Sie mich forgen. Ich ꝛc. T*

Nachschrift.

von Julchens Hand an Sophien.

Es liegt mir dran, meine Geliebte, Sie zu überzeugen, daß nichts betrübender ist, als das: abgöttisch geliebt zu haben. Hören Sie Herrn T* noch Einmal:

Jezt wekt Er mein Gewissen,
Er, der dich mir entrissen!
wie liebreich straft er mich!
ach, Freundin meiner Jugend,
nicht deine hohe Tugend,
mein, dich nur, liebte ich!

Zwar meiner Unschuld Freuden
sie retten mich im Leiden,
und dir verdank ich sie:
doch der so sanft mich lehret,
der frägt: „was mir gehöret,
„versagtest du mirs nie?“

„Dann prüfe ich mein Leben,
abgöttisch dir ergeben,
und ich meine Zeit,

und

und veſt an dich gebunden,
ſchwamm ich im Strom der Stunden
zur ernſten Ewigkeit!

Was iſts, daß ich mich quäle?
zur Rettung meiner Seele
hat er mein Glük geſtört,
weil ihm die reinſte Liebe,
der beſte meiner Triebe,
ſo weſentlich gehört.

Ich ſtille meine Schmerzen —
das ſchwör ich meinem Herzen,
das ſich noch heimlich ſehnt;
o! du, die ich verloren,
das ſei auch dir geſchworen,
ſo oft mein Auge thränt! *)

Ich vermute nicht, liebſte Sophie, daß es
Ihnen gleichgültig ſeyn wird, ob Ihre Liebe
über die Grenzen, die das Gewiſſen uns vor-
ſchreibt, hinausgeht, oder nicht. Mit jener, bis
zu Ungerechtigkeiten hinreiſſender, Heftigkeit,
deren Sie ſich ſchuldig bekennen müſſen, habe
ich nie geliebt: aber ich glaube doch, Ihnen
das warnende meiner Erfarung zeigen zu müſſen.
Noch lange vorher, eh ich dem Herrn Schulz ganz
entſagte (denn das geſchah erſt, als ich ſah, er
ſei ein Böswicht) ſtrafte mich mein Herz: und
doch

*) zur Bachſchen Compoſ. von „Was iſts, daß ich
„mich ꝛc.

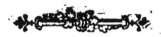

doch blieb ich noch immer eigenſinnig! Schrekt
dieſe Entdekung Sie nicht? Was dünkt Ihnen
dazu, daß dieſes Lied hier, welches ich mit glei-
chem Gefül der Wårheit deſſelben, und der
Schönheit der Melodie auffezte, mich, ſo oft
und mit ſo viel Thränen ich es auch ſang, nicht
klug machen konnte, um das zu vermeiden, was
mir hernach begegnen muſte:

Ich weine in der Stille
vor dir, Herr, deſſen Wille
ſo gut und gnädig iſt.
Verwirf nur jede Zähre,
die nicht zu deiner Ehre,
und nicht aus frohen Bliken flieſſt!

O warlich! es iſt Schande,
daß mein Herz viele Bande,
die du zerbrachſt, noch trägt!
In meinen ſtillſten Stunden
hab ich ſo oft empſunden,
wie das mich vor dir niederſchlägt!

Dann lieg ich da im Staube,
und Hofnung, Lieb, und Glaube
verlaſſen dann mein Herz;
und Unmuth im Gewiſſen
vermehrt mit ſcharfen Biſſen
den unausſprechlichbittern Schmerz!

Dann ſeh ich mit Entſezen,
daß ich verworfne Gözen
frech neben dich geſezt;

mit

mit ſtarrem blaſſem Munde
verfluch ich dann die Stunde,
in der ich deinen Bund verletzt.

„O!“ ruf ich dann mit Grauen,
„o könnt ich Zion ſchauen!
„wie iſt die Burg ſo fern!“
Dann will ich näher gehen —
und mus im Vorhof ſtehen,
und bin verbannet vor dem Herrn!*)

Laſſen Sie ſich warnen, meine Beſte, weil es
noch Zeit iſt! Gönnen Sie mir wenigſtens die
Genugthuung, mein Herz erleichtert zu haben,
welche für Ihre Ruh und für Ihr Chriſtentum zärtlich beſorgt iſt. Ich bin nicht frei von
der Liebe: aber ich darf mich einer wirklichen
Geneſung meines Herzens erfreun, und mein
Gewiſſen iſt jetzt frei.

*) Für die Bachſche Compoſ. von „Ich hab in guten
„Stunden ꝛc.“

Fortſe-

Fortſezung

des abgebrochenen Briefs der Sophie. Betrachtungen über Sophiens lezige Lage.

An Henriette L * zu Elbing.

Jezt wäre es, liebſte Henriette, wol die äuſſerſte Narrheit, zu zweifeln, ob ich mit Schande überhäuft bin? Sie ſehn, daß Herr Leſſ** ſchon lange aufgehört hat, an mich zu denken. Sie denken vielleicht anders von der Entwikelung dieſer Sache, als ich: aber ich geſteh, daß dieſer übermütige Mann mich verachtet. Doch vielleicht verdien ich dieſe Verachtung; ich ſage: vielleicht. So weit aber muſte er ſie nicht treiben: denn daß er die Veränderung ſeiner Geſinnungen mich erſt jezt wiſſen läſſt, das kan nicht entſchuldigt werden. Indeſſen will ich ihn durch Edelmuth beſchämen: ich will den Herrn VanVlieten nicht nehmen. Iſt das, wie ich nicht wünſche, ein Unglük für dieſen rechtſchafnen Mann: ſo ſoll es des Herrn Leſſ** Strafe ſeyn, einen Menſchen unglüklich gemacht zu haben.

Ich bin noch immer bei der Tochter des Poſtmeiſters zu Pillau, im Hauſe eines alten Manns, welcher Pathe dieſer Jungfer iſt, und ſie auch zur Erbinn eingeſezt hat. Sie hat dies Glük dem Herrn VanVlieten zu danken, der ſie nach Kö-

nigs-

nigsberg gebracht hat: aber so dankbar sie ihm
ergeben ist; so verspricht sie doch, daß sie mich ihm
nicht verrathen will. Hier will ich also bleiben,
bis meine Pflegmutter kommt.

Ich habe auf Julchens Bitten einen Zettel für
Herrn VanVlieten ihr zuschiken müssen, durch
welchen sie ihn überführen will, daß die Lieutenantswittwe die Warheit geschrieben hat; und
ich erwarte mit Ungeduld den Ausgang dieser
Sache. Seyn Sie so barmherzig, liebes Jettchen, meiner zu schonen, wenn Sie an mich
schreiben. Sagen Sie mir nichts von Herrn
VanVlieten; denn theils sagt mein Herz mir
genug, und ich gesteh gern, daß Julchens dringend-
wiederhohlte Ermanungen viel Eindruk auf
mich machen; theils, dünkt mich, ists immer gewis, daß ich nicht so vest an ihn gebunden war,
daß ich nicht hätte zurükziehn können. Zwar
Dankbarkeit für soviel standhafte Liebe, und für
so wesentliche Dienste drängen mein Herz: aber,
ich wiederhol es, ich will jenen elenden Leff **
durch Grosmut beschämen; und da ich, weil
Herr Gros sehr arm ist, seine 6000 Rttl. nicht
annehmen kan, so entsage ich dem Herrn Van
Vlieten, um nicht den Verdacht zu erregen, die
Hofnung dieser Erbschaft habe mich bisher gegen ihn spröde gemacht. — Spröde! o! diesen schimpflichen Namen verdien ich wol nicht!

Ich fürchte, daß meine Pflegmutter mich verstoßen wird; sie hat, wie Sie sehn, eine neue

Pfleg-

Pflegtochter, und mein Betragen gegen Herrn
VanVlieten misfällt ihr. In Königsberg kan
ich nicht bleiben. Henriette! wolten Sie wol
der armen Sophie eine Freistadt öfnen? wolten
Sie wol ... antworten Sie liebreich, — mich
zur Aufseherin (denn Wärterin wolte ich nicht
gern sagen) Ihrer Kinder annehmen? Die so
sehr comische Stelle Ihres Briefs, wo Sie diese
Ihre schöne Hofnung, beerbt zu werden, mir sagen, habe ich mit herzlichem Lachen gelesen; wie
wenig dachte ich damals dran, daß ich Sie
einst bitten würde, mich zur Erziehungsjungfer,
oder gar zur französischen Sprachmeisterin anzunehmen!

XXXIV. Brief,

welcher denjenigen, die sich einbilden, daß wir diese sechs Bändchen erdichtet haben, beweiset, daß
auch andre Leute von Sophien so denken als wir. —
Erzälung einer Begebenheit, welche einigen Lesern zu
früh kommen dürfte.

Herr Less** an Herrn Past. Grps
zu Haberstroh.

Unsrer Abrede zufolge schreibe ich unverzüglich; und ich würde das thun, wenn ich es
auch nicht versprochen hätte: denn mein Herz
hat sich sehr vest an das Ihrige gebunden. Wie
war es bei einer so vollkommnen Uebereinstim-
mung,

nung, welcher, wie wir jezt sehn, unsre Herzen fähig waren, möglich, daß unsre Denkungsart ehmals so verschieden seyn konnte? Ich sage dies, um unsre gemeinschaftliche Freude über die glükliche Aenderung Ihrer Grundsäze zu erhöhn; und Sie können leicht denken, daß Ihr Herr T* mir recht viel von der Meinung erzält, die man hier durchgehnds von Ihnen hat.

Ich habe es für Pflicht gehalten, Sophien sobald als möglich zu sprechen. . . . Dieses mein Betragen gegen die Einzige jenes Geschlechts, die ich geliebt habe, und die ich so sehr geliebt habe, wird Ihnen vielleicht hart scheinen: aber ich gesteh, daß ich den Wankelmuth, und noch vielmehr die Treulosigkeit verabscheue; und Sophie ist treulos gegen einen Mann gewesen, den sie verehren solte. Ich muß bekennen, daß sie vor allen, die ich kenne, auszeichnende Vorzüge hat; ich weis nicht, was schöner ist, ihre Bildung, oder ihre Empfindung? ich glaube, daß es ein Glük für mich war, in der Unterredung mit ihr ihr Gesicht und ihren Wuchs nicht sehn zu können; ich weis, daß die mächtigen Annehmlichkeiten ihrer Person mich erschüttert hätten; sogar ihre Stimme fing an, mir nicht gleichgültig zu bleiben; die Erinnerung an ihre Tugend und an das Vergnügen, das ich in ihrer Begleitung empfunden habe, kam mit Macht in mein Herz, und ich fühlte wieder einen Theil der Entzükung, die in

U 4   meiner

meinen Briefen herrschte, wenn ich dem Herrn
Dlscreet von diesem Vergnügen etwas mit-
theilte. Ich habe, in Absicht auf sie, ja nur zu
oft erfaren, was Demarat dem sichern Xer-
xes sagte,

Vti toto te non potes. Multo ante vince-
ris, quam victum esse te sentias. *)

Aber plözlich fiel mir ein: „dies bezaubernde
„Mädchen hat Einen heslichen Grundsaz, und
„hat diesem bösen Grundsaz gemäs gehandelt!“
Mit einem Wort, meine Neigung wandte sich
(wie sie schon längst gethan hat,) so plözlich von
ihr, als wir unsre Blike von einem Gesicht weg-
ziehn, welches in der Entfernung schön zu seyn
schien, und in der Näh die Betrugvolle Larve
der Schminke uns darstellt. Diese Sophie, die
ich mit solcher Heftigkeit geliebt habe, ist mir
jezt das, was eine Uebermütige dem Dichter
war:

Nec diues, neque bella, nec puella es. **)

Ich spreche mit einem Mann, der das Herz
kennt: es wird sie nicht befremden, wenn ich
Ihnen sage, daß, wenn ich je heiraten soll, es
mir schwer werden wird, mich dazu zu entschlies-
sen; nicht eben, weil ich immer zu sehr beschäftigt, und zu sehr in der Aufsuchung des Eitlen
und Thörigten jenes Geschlechts vertieft war,
als daß das Frauenzimmer jenen Eindruk auf

mein

*) SEN. de benef. 6, 31.
**) MART.

mein Gemüt gemacht haben solte, der (wie ich glaube) zulezt Trieb zur Eh wird; nicht, weil ich in der Liebe zu Sophien unglüklich gewesen bin: sondern weil es mich schrekt, daß ein so vollkommnes Geschöpf so hinterlistig und so niedrig seyn kan, einen ehrlichen Mann zu hintergehn. Dieses unbeschreiblich unedle Betragen gegen Hrn. VanVlieten, und die Falschheit, bis diese Stunde ihn noch immer in der Ungewisheit zu lassen, hatte, ich will es gestehn, mein Theilnehmen an allem Frauenzimmer so geschwächt, daß auch sogar Julchen, so sehr hoch ich sie auch halte, mir in der That das nicht mehr ist, was sie war. Sie haben mir nicht entdeken wollen, welcher Zufall Sophiens Liebe zu mir wieder rege gemacht hat; ich will auf Ihr Wort glauben, daß er von einer ganz besondern Art ist: *) aber das ist doch gewis, „daß sie mich heimlich liebte, als „sie sich dem Herrn VanVlieten versprach;“ es ist abscheulich, aber es ist gewis. Eben so gewis ists auch, „daß sie diesen wakern Mann, „der noch jezt sie liebt, keiner Beantwortung sei„nes lezten Schreibens gewürdigt hat.“

Ich habe Ihre Fr. Mutter nur einen Augenblik gesprochen: es ward mir aber in der That schwer, meinen Unwillen ihr zu verbergen. Da ich von Sophien nie beleidigt worden bin: so würde die Aeusserung meiner sehr starken Mis-

U 5 billi-

*) S. den Schlus des zweiten Theils.

billigung ihr den Verluſt der Liebe dieſer Matrone zugezogen haben; und das wolte ich nicht,
obwol

Quod ſi non odio peccantis deſipit augur,

Sophie gewiß unglüflich werden wird. Laſſen
Sie uns nicht weiter davon reden: aber nach
dem ganzen Maß unſrer Kenntnis und Erfarung laſſen Sie uns drauf denken, die Sprödigkeit, und alles, was unter dieſen weiten
Titel gehört, ſo verhaſſt zu machen, als einige gutgeſinnte Sittenlehrer die Frechheit verhaſſt gemacht haben. *)

Hr.

---

*) Dieſe Stelle war für uns die erſte Veranlaſſung
zur Ausgabe dieſer Briefe. Erreichen wir dieſen
unſern Zwek nicht, nach welchem wir die unwan-
delbare Redlichkeit empfehlen: nun

Ridebit monitor non exauditus —

HOR.

Und wir fürchten, durch die Erſte Ausgabe ihn
nicht erreicht zu haben; denn was ſolten wir denken, wenn wir noch heute den Ausdruk eines ſo
unrecht geſtellten Mitleidens hören: „O die arme
„Sophie!“ Wir erwarteten ganz was anders; das
wenigſtens, was der Dichter von einer Spröden erwartete:

Et tua tranſibit contemnens oſſa viator,
   Nec dicet: Cinis hic docta puella fuit.

PR.

Hr. VanVlieten, welcher sehr viel Zutrauen
zu mir hat, hat mich gefragt: „was er thun soll,
„im Fall es ihm glükte, Sophiens Aufenthalt zu
„entdeken?“ Seine Denkungsart ist schön, ohn
eben sehr fein zu seyn; — da er sie noch lieben
kan: (worüber ich freilig erstaune) so wird Er
vielleicht mit ihr minderunglüklich seyn, als jeder
Andre; ich habe also seiner Frage auszuweichen
gesucht. Vielleicht ist ihr eine Strafe bereitet,
gegen welche ich sie warnen würde, wenn ich diesen Mann weniger liebte: Er sagte nämlich,
nachdem er tiefsinnig über die Art nachgedacht
hatte, mit welcher ich ihm auswich: „Hören
„Sie, ich bin sehr reich. Ich wolte doch gern
„auch für meine Familie gearbeitet haben; aber
„meiner Schwester wäre mehr Geld ein Gift;
„denn o! wie hat sie in kurzem sich geändert!
„und Julchen würde auch zu reich, wenn ich zu
„einem Vermögen von wenigstens 30000 Rttl.
„noch viel zulegte; zumal da sie immer klagt,
„ihr Reichthum werde sie zu einer unglüklichen
„Frau machen. Ich will also heiraten. Wenn
„ich so dran denke, „Puf, du kanst noch wol ein-
„mal einen Sohn haben:“ Herr, dann schwebt
„mir der kleine Dito so klar vor den Augen,
„daß es gar wol mein Casus seyn könnte, einst
„Papa zu heissen. *) Machts mir also Sophie
„zu

*) — — Non decet
Tam vetus sine liberis
Nomen esse.
CATVL:

„zu bunt: nun so ist mir seit dem Sommer, und
„besonders seitdem Sophie weg ist, eingefallen,
„daß ich in Hamburg eine junge Frau gekannt
„habe, die wenigstens das von mir weis, daß
„ich alles drin seze, ein ehrlicher, und wie ich
„hoffe, gottesfürchtiger, Mann zu seyn. Ihr
„Mann, ein ganz abscheulicher Böswicht, war
„entlaufen, und hernach hat sie, wie ich höre,
„und wie ich es auch wol denken konnte, sich von
„ihm scheiden lassen. Ich dachte damals an kein
„Heiraten; aber gut war ich ihr, das ist nun
„wol wahr; und wenn ich klaräugiger wäre: so
„hätte ich bei Gelegenheit eines Körbchens, das
„ich für Herrn Waker, der ihr zu jung, und wer
„weis, was alles, war, bei ihr abholte, da,
„wolte ich sagen, hätte ich bemerken können, daß
„sie diese Angelegenheit, wenns meine eigne
„wäre, wol nicht ins Körbchen gepakt hätte.
„Wirds zu arg: so werde ich nicht kriechen;
„wir Puf sind Holländer und Deutsche, wie
„mans nehmen will. Ich wenigstens bin ein
„Deutscher, noch dazu Hrn. Gros Landsmann;
„da wolte ich sagen, wir kriechen nicht; sondern
„wenn alle Strike reissen: so segle ich nach Ham-
„burg, und seh, ob meine Frau Richter noch
„lebt, und so weiter. Auf Vierzig geh ich los:
„also bleibt gewis nur noch die kleinste Hälfte
„des Lebens. Es soll irgendwo stehn, daß das
„Leben dem Wein gleich ist, und daß, wenn
„nicht

„nicht mehr viel übrig ist, es Essig wird: *) das
„Nehgchen will ich also noch versüßen.“

— Sophie wäre in der That sehr hart bestraft, wenn das geschäh: aber ists nicht bequem für die Welt, daß das Laster sich selbst
bestraft; und was sie gegen diesen Mann thut,
kann nicht Thorheit, es mus Laster heissen.

❋   ❋   ❋

Sie sind nun begierig, den Verlauf von unsers Julchens Geschichte zu erfaren? Der Hr.
VanVlieten bestand drauf, daß sie Frau von
Poufaly werden soll, und hatte gestern Abends
mit einer Härte, die bei einem so verwundeten
Herzen, wie seines, vielleicht entschuldigt werden
kan, ihr angekündigt, daß sie am Morgen in seiner Gegenwart mit ihm sich unterreden solte.
Meine Geschäfte waren so dringend, daß ich kaum
die Zeit hatte, in zwo Zeilen ihn zu ersuchen,
daß er sie nicht zwingen möchte. „Nein;“ schrieb
er mit Bleifeder unten auf mein Blatt, „aber ich
„kan an meine eigne Sache nicht eher denken,
„als bis ich diese vom Halse habe; es soll nur
„einmal ein Ende werden.“ — Hr. T* versprach
mir, meine Stelle bei Julchen zu vertreten. Er
that es; und weil ich bei seiner Zuhausekunft
abwesend war, und er in der Nacht nach Pillau
reisen

―――――――――――――――――――

*) In einem Fragment des Antiphanes:

Σφοδρ᾽ ἐστιν ἡμων ὁ βιος οινῳ προσφερης,
Ο... ὁ τε λοιπον μικρον, ὀξος γιγνεται.

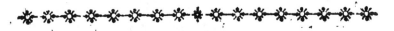

reifen folte: fo ließ er diefen Brief an mich zu-
rüf, den ich beilege. *)

Fortfezung.

— Maria ac terras populosque regenti
Quis comes vtilior?

IVV.

Nehmen Sie Theil an meiner Freude, mein
Gros! Ich geh in diefer Nacht nach Petersburg. Ich bin glüflich. Was ich nie hofte, und was Sie mit einem fo freundfchaftlichen
Enthufiasmus prophezeiten, ift gefchehn. Gott
lenkt das Herz der Monarchin, mir genaü diejenige Bedienung zu geben, die ich, wenn fie
mindergros wäre, würde gewünfcht haben. Ich
kenne keine im ruffifchen Stat, in welcher ein
Menfchenfreund mehr gutes ftiften könnte. Es
ift wahr, daß ich Neid erwarte; theils aber habe ich Freunde, welche in jeder Statsverände-
rung mich halten können; (obwol ich mit Freuden fagen kan, daß fie zu meiner Erhebung nichts
beigetragen haben **) theils liegt auch an der
treuen Verwaltung meiner Aemter fo viel, daß

ich

*) Er folgt hernach.

**) Wohl dem, von welchem man fagen kan, was von
irgendeinem glüflichen Vellejus P. (fo dünkt
uns) fagt: Omnia incrementa fua fibi debuit.

ich hoffen darf, Gott werde mich nicht fallen
laſſen. Was meinen Mut und Vertrauen vorzüglich ſtärkt, iſt, daß mein Amt ſo iſt, daß ich
die Monarchin ſehr oft perſönlich ſprechen mus.
Ein Redlicher ſteht dann veſter bei den Groſſen,
als wenn er nur erſcheint, um die Aufwartung
zu machen. Dies mus mich halten: denn wie
geübt in den Geſchäften ich auch ſei, ſo habe ich
doch die Eigenſchaften nicht, welche Männer in
meinem Poſten haben müſſen; und Gott behüte
mich dafür, ſie je haben zu wollen, wenn ich
gegen die chriſtliche Tugend ſie eintauſchen ſoll.*)

Es iſt ein Glük, daß ich ſchleunig abreiſen
mus: der Abſchied von Ihnen, Hrn. VanVlieten, Julchen und Herrn T* würde mir ſehr
ſchmerzlich ſeyn, denn nun ſeh ich wol von meinen Freunden in Deutſchland keinen wieder.
Aber o welche Freude iſts, in einem Augenblik
meine Schikſale entwikelt zu ſehn, die von Jugend auf auſſerordentlich waren. Auch das
verſteh ich jezt, was ich bei Ihnen noch vor wenig Tagen beklagte, daß ich mein Vaterland
nicht

*) La vertu déſtinée aux afaires du monde, ſagt unſer
Alter, eſt une vertu à pluſieurs plis, pleine de dé-
tours et d'artifices, non droite ſimple et pure. Ce-
luy, qui va dans la preſſe, il faut qu'il gauchiſſe, qu'il
ſerre ſes coudes, qu'il recule, ou qu'il avance, meſ-
me qu'il quitte le droit chemin ſelon ce qu'il ren-
contre.

MONT.

nicht wieder gesehn habe. Die Stelle, die meine Vaterstadt mir anbot, war schön: aber das ist doch offenbar, daß ich in Rusland ohne Vergleichung gemeinnüziger seyn kan, als in Hannover.

Ich umarme Sie, mein theuerster Freund; aber Eins habe ich noch auf dem Herzen. Es ist möglich, daß, nach der Unart, die wir haben, die Ursach unsrer Verdrüslichkeiten immer ausser uns zu suchen, Sophie glauben kan, ich habe sie unglüklich gemacht. In diesem Fall bin ich ihr eine Schadloshaltung schuldig. Geben Sie ihr diesen Bankzettel; nie aber müsse sie erfaren, daß er von mir kommt.

Werden Sie aber auch oft an mich schreiben? und werden Sie es übelnehmen, wenn ich zur Beförderung dieses meines äussersten Vergnügens, eine Summe Postgeld in beikommenden Beutel lege? Leben Sie wol, als ein Gesegneter des Höchsten; und o deutsches Vaterland, wenn meine Kräfte im Dienst eines Reichs werden erschöpft seyn, welches, da andre untergehn, recht prächtig aufblühn mus: o dann nimm auf, den glüklichen

Herman Leff**

N. S.

Mein lezter Gedanke in Königsberg könnte doch niemand anders, als Sie, mein Theuerster, seyn, ich komme also noch einmal wieder. Ich
habe

habe im VanBergschen Hause Abschied genommen. Die Madame VanBerg war sehr still,
doch gelang mir noch das schöne Werk, sie mit
ihrem Bruder auszusöhnen. Dieser war entzükt vor Freude über mein Glük; umarmte mich;
lief ins Fenster, und kam wieder. „Pfui,“ sagte er, „das können Sie doch wol unmöglich den-
„ken, daß meine Freude so unrein ist?“

Ich mutmahste in Wahrheit nicht, was der
brave Mann sagen wolte.

„Gott weis es,“ fuhr er fort, „daß ich über
„nichts so sehr mich freue, als über Ihre Erhe-
„bung in ein so grosses Glük; denn . . . nam . . .
„warten Sie, ob ichs nicht wieder herauskriegen
„kan . . . nam . . .

Nam quis te maiora gerit castrisue foroue? *)

„ich wüste auch wol nicht was, worüber ich
„so froh wie darüber seyn könnte: aber meine
„Freude sieht warhaftig sehr verdächtig aus, und
„eigennüzig. Wenn wirs unterdessen beim Licht
„besehn, so ists gar noch nicht ausgemacht, daß
„Sophie deswegen mein werden wird, weil sie
„frei zu seyn scheint.“

„Sie scheint nicht blos frei zu seyn; sie ists
„in der That: und ich bitte meinen lieben
„Freund“ (indem ich ihn umarmte) „davon
„alle Beweise zu fodern, die er braucht!“ — ich
hielt

*) TIB.

hielt es für Pflicht meines starkgerührten Herzens, ihm dies zu sagen.

„Nun brauch ich keine mehr; nein von heut „an nicht mehr: aber wodurch und warum Ihr „heute gebrochen habt, das seh ich doch noch „nicht so recht klar ein."

— Ich überließ es Julchen, ihm, wenn sie will, dies zu erklären. — Der Abschied von dieser war so schwer, daß ich mich mit ihr aus dem Zimmer begeben muste. Was wir sprachen, das kan ich Ihnen heute noch nicht schreiben. Wir unterredeten uns sehr lange. Julchen schwieg zulezt in einer angenehmen Schwermut, sezte sich dann ans Clavier und sang auf meine Abreise ein Lied, welches ein alzugrosser Lohn meiner auf ihre Erziehung gewandten Müh war, als daß ich es Ihnen mittheilen könnte.

Könnte ich Sie, mein Geliebtester, doch noch einmal umarmen! Laßen Sie mich den Ersten seyn, der Ihr Glük erfare; denn mein Herz sagt, so oft ich für Sie seufze: „dein Gros wird auf= „hören, unglüklich zu seyn!"

XXXV.

XXXV. Brief,

bei welchem man auch am heissesten Nachmittage nicht, selbst auf dem Canapee nicht, einschlafen kan.

Herr Prof. T* an Hrn. Less**.

im vorigen eingeschlossen.

. . . Ich ging zum VanBergischen Hause, um Herrn Puf noch eher zu sprechen, als der Herr von Poufaly ankommen würde. Ich fand ihn nicht sonderlich aufgeräumt. Er sagte, mein Besuch sei ihm lieb, nur die Saite möchte ich nicht berühren, die Herr Less** schon hätte brummen lassen. „Ihr Herren,“ sezte er hinzu, „kennt das Frauenvolk nicht. „Wovon weis Herr Less** und wovon wissen „Sie Herr Professor, daß die Lieutenantsstrunze „dem von Poufaly übels nachsagt? Mus nicht „die Schildkröte mich verrathen haben, die „Marie? Seht Ihr nicht, daß das Ebentheuer „auf dem Ball ein Stükchen unsrer Julchen ist? „Ich glaube von dem allen kein Wort, und „bin des Dings müde. Denn hören Sie „hier . . . .“

— Er las mir den Brief der Lieutenantin vor, wolte bei jeder Stelle was sagen, und sagte doch nichts. „Denn sehn Sie,“ sagte er endlich, „das sind ja falsa, hatte ich Pumpho-

X 2 „sen

„sen an? wie? ich habe meintage nicht auf
„dem Lande Pumphosen angehabt, auffer da,
„bei der Sandreuterei.   Las mich nach Pillau
„kommen du Heidenbehst, du sollst mir die
„Pumphosen bezalen! Und hernach so ist das
„erlogen, daß ich den Menschen einen schlechten
„Kerl genant haben soll. Warum hätte ich ihm
„das gesagt? wuste er nicht ohnehin, daß er
„das war? Kurz das ist Verläumdung. — da!"
und sogleich warf er den Brief ins Feuer. Ich
suchte ihn zu retten: „Ich weis gewis," rief ich,
„daß dies Warheiten sind, und will in Ihrer
„Gegenwart Hrn. von Poufaly überfüren!" —
aber das Blatt war schon verbrand. Er freute sich drüber, denn er ist ganz ungewönlich für
diesen Menschen eingenommen.   Ich hätte viel
kürzer zum Zwek kommen können; weil aber
Julchen sagt, es sei seine Art, hartnäkig zu seyn,
wenn er für jemand ein günstigs Vorurteil hat:
so wolte ich auf eine bessernde Art, nämlich stufenweise, ihn von seinem Irthum überfüren.

Es war schon abgeredet, daß Julchen jezt
diesen Zettel der Sophie, an Herrn Puf schifen
muste. Er erkante die Hand, holte aus seinem
Schreibpult einen andern Brief, und hielt ihn
dagegen. „Ja," schrie er, „heissa Puf, das
„ist von Ihr. Gott gebe daß ich finde, was ich
„suche!" — Er las:

„So

„So gewis, wie Sie gern glüklich ma-
„chen, so gewis ists mir auch, daß Sie ei-
„nen Abscheu davor haben werden, jemand
„ins Unglük zu stürzen." . .

„Nu, nu ists Ihr Unglük, Mademoisel-
„le, mich zu heiraten: (denn Sie wissen doch,
„Herr Professor, wie sie mit mir steht?) basta!
„so sollen Sie sich die klaren Augen nicht aus-
„weinen! Nein! so eine Maria dolorosa, so
„ein Pihpgüssel will ich nicht haben.   Ist
„gut (indem er den Brief hinwarf, und sich eine Pfeiffe stopfte, deren Kopf er vor Verdruß
zersprengte.) „Ist gut! bleiben Sie, wer Sie
„sind. — Unglüklich? dumm Zeug! ich habe
„in meinem Leben keinen unglüklich gemacht."—
Er ergrif den Zettel und las weiter:

„Ich seh mich also gedrungen, Ihnen
„zu sagen" . .

„Gedrungen!" (indem er eine Pfeiffe, die
„für mich hingelegt war, sich anzündete) „nun
„möcht ich doch wissen, wer sie bringt? Ge-
„drungen! mein leibundlebtage? solte ei-
„ner nicht denken, ich thäte ihr alles gebran-
„te Herzleid an? oder ich . . . Um Vergebung!
„ists doch Ihre Pfeiffe! — sie sieht sich also
„gedrungen, mir zu sagen! Gott bewahr! däch-
„te man nicht, daß sie auf der Folter liegt? Und
„was zu sagen?" (lesend)

X 3   „Daß

„Daß der Herr von Poufaly unsers Julchens durchaus unwerth ist .“

„He? nichts weiter? das ginge denn noch
„hin.“ (Er zündete die Pfeiffe noch einmal an)
„Herr Sie mögen wol denken, daß ich ein Narr
„bin: aber ich läugne es nicht, ich scheue mich,
„die folgende Zeile noch zu lesen. Ich kenne
„schon diese verdammte Sprödigkeit. Ja Jul-
„chen! Ich denke, ich werde dir nicht Zeit las-
„sen, auch so zu werden; brefis fia per exem-
„pla, sagte mein Conrector. Ei nun weiter:“

„Denn eben Er ist der Bösewicht . . .“

„Wer? zum Firstern! — Ja, der Herr
„von Poufaly also! nun?“

„aus dessen Händen durch Sie bei Ih-
„rer Ankunft in Königsberg befreiet ward
„Ihre
„ewigdankbare Sophie.

„Das wäre doch der Henker!“ — Aber wol-
„len sie ihm nicht Alle zu leibe, dem jungen
„Menschen? O die Mädgen verstehn sich zusam-
„men wie die Spizbuben. Es ist hart gesagt:
„wie? aber es wäre auch viel davon zu sagen.
„Und mit der ewigen Dankbarkeit da, kan ich
„keinen Hund hinter dem Ofen herausbringen:
„Wenn mir die Leute schon so übertrieben reden:
„da weis ich, was die Gloke geschlagen hat.
„Ewig dankbar, unendlich dankbar? o! in der
„Ewigkeit wird sie auch gerade ans Königsberg-
„sche Posthaus denken! Das heißt nur Honig
„um

„um die Lippen schmieren. Gleichwol wer wird
„aus den Weiberköpfen klug? thu ich ihr un-
„recht: so vergebe mirs Gott." (Zur Madame VanBerg, die eben ins Zimmer trat) „Schwe-
„ster, ruf mir Julchen; denn, Herr Professor,
„wo dies nicht Durchstecherei ist: so heisse ich
„Klöhsken."

— Julchen kam — und ich erzälte die Geschichte vom Ball.

„Nun?" sagte die Madame VanBerg, „und
„davon wird solch Geschrei gemacht?"

„Pfui Schwester, in deinem Munde schikt
„sich das nicht: aber wahr ists Herr Professor;
„freilig hübsch ist es nicht; aber sagt sie nicht
„selbst die Pillausch, daß er sich gebessert hat?"

— Julchen küßte beiden die Hand: „Kön-
„ten Sie mich so aufopfern?"

— Beide antworteten unfreundlich. Das
listige Mädchen fiel ihm um den Hals: „Einem
„Menschen wolten Sie mich übergeben, in des-
„sen Händen Sie nicht einmal eine Fremde las-
„sen wolten?"

— Er sah sie bestürzt an.

„Einem Menschen," fuhr sie fort, „der ei-
„ner Person nachstellte, die Sie so lieb haben,
„als mich?"

Er stand gerührt auf, und sah ins Kamin;
aber der Mann mag etwas hartherzig seyn, wie
denn Junggesellen von diesem Alter es gewönlich sind „Es sind alles Kniffe; deine Rän-

X 4   „ke

„ke sinds, und Herr Professor, wir sind beide
„betrogen.‟

„So halten Sie denn,‟ sagte Julchen mit
einer angenehmen Sanftmut, „dem Herrn von
„Poufaly den Pillauschen Brief vor . . .‟

„Mademoiselle, der liegt in der Asche, und
„kurz,‟ (mit starker, aber wirklich nur ange-
nomner, Stimme) „ich habe auf diese Heirat
„meinen Kopf gesezt; und wenns wahr ist, daß
„ich Cornelius Puf heisse: so solst du . . .‟

In diesem Augenblik brächte ihm des Herrn
von Poufaly Laufer einen Zettel, den er mit
grosser Bestürzung still las.

„O die Sache wird ernsthaft,‟ sagte er, und
gab mir den Brief. — Hier ist er:

* * *

„Eh Sie dies lesen, werfen Sie einen
„Blik auf die Devise, mit welcher ich sieg-
„le. Ich versprach als ein Ungenannter,
„Ihnen im September dieses Jahrs, daß
„ich durch dieses Siegel Ihnen einst bewei-
„sen würde, daß ich einer guten That, der
„Rettung Ihrer Speicher fähig sei, da Sie
„mich bei der Anlegung einer sehr bösen,
„im Begrif, ein unschuldiges Mädchen zu
„verfüren, angetroffen haben . . . Ich
„schreibe dies, um Ihnen, Ihrer geehrtesten
„Frau Schwester, und Ihrer würdigsten
„Niece, meine Reue zu zeigen, und um von
„Ihnen

„Ihren Befehl zu erhalten, in welcher Art
„ich jenem Frauenzimmer eine Abbitte thun
„soll, die ich einer so vortreflichen Braut
„desjenigen Mannes schuldig bin, welchem
„ich mit äufferster Achtung mich nenne ꝛc.

von Poufaly."

❖   ❖   ❖

Ich gab Julchen lächelnd diesen Brief. „Nun
„ists doch wahr, Schwester," rief Herr Puf;
„nur du liebe Schwester, hast mich so hart ge-
„macht."

— Sie entris Julchen das Blatt — „Was
„will man mehr," sagte sie hernach, „als Reue?
„Gott selbst fodert nicht mehr?"

„Aber theuerste Mama," sagte Julchen, Gott
„kan prüfen, ob die Reue ernstlich ist: wer un-
„ter uns kan das?"

— Dem Herrn Puf traten hier die Thränen
in die Augen. Sie nahm dieser Zeit wahr.
„Bester Oheim! würden Sie Sophien heiraten,
„wenn Sie wüsten, sie habe Ihren Sohn ver-
„führen wollen? und Sie liebten mich doch war-
„lich, wie Sie Ihren Sohn lieben würden."

— Jemehr dies ihn erweichte, desto lauter
schrie die Mutter: „Schweig; ich wills durch-
„aus, und hier hat niemand zu befehlen, als
„ich."

„Sind Sie zufrieden, liebste Mama," sagte Julchen mit ihrer sanften Stimme, „wenn
„ich mit ihm ans Altar geh?"

X 5

„Ja,

„Ja, ja, denn bin ich zufrieden; du hofft „auf deine Narrenspossen des Ohnmächtigwer= „dens: die werden unsere Sache nicht hindern.“

„Nein, liebste Mama,“ (mit standhafter Stimme, und mit wahrer jungfräulicher Würde) „ich hoffe auf etwas sehr ernsthaftes: am Al= „tar werde ich rufen, daß mir Gewalt geschehn „ist. Ich habe die Pflichten, die ich als Toch= „ter habe, vor Gott geprüft, und weis, daß „ich dies sicher thun darf. Alle die mich wer= „den schreien hören, sind dann als Zeugen, „oder als Mitbürger, berechtigt, über die Art „der Gewalt zu urteilen, über welche ich klage.“

— Ich sah, daß das gute Kind, jezt viel Härte zu gewarten hatte, und bat, daß sie sich entfernen dürfte. Auf einen Wink des Oheims ging sie auf ihr Zimmer.

Fort=

Fortſezung.

enthält eine nachdrükliche Grobheit, und Einer unſrer Helden erſcheint in ſeiner ganzen Nichtswürdigkeit; auch etwas von einem ſehr ſchäzbaren Banquier. *)

Ich wolte es allerdings aufs äuſſerſte kommen laſſen, und ſtellte ſehr dringend vor, daß rechtſchafne Eltern einem übelverächtigten Menſchen, keine Tochter geben müſſen.

Ich ſchloß (und dies machte groſſen Eindruk auf Herrn Puf) mit der Frage: „Hätten Sie wol das Herz, einem rechtſchafnen Mann Ihre „Tochter zu geben, wenn ſie entehrt wäre und „er es nicht wüſte! und wenn er es wüſte, und „ihr dann entſagte, würden Sie dann mit gu„tem Gewiſſen wünſchen, daß irgendjemand „ihn überreden möchte, ſich ſo beſchimpfen „zu laſſen?“

Die Mad. VanBerg konnte ihren Zorn nicht halten. „Ich kan nicht anders glauben, Herr „Profeſſor, als daß Sie ſelbſt ein Auge auf mei„ne Tochter geworfen haben; iſt das: ſo bitte „ich

*) Doch nicht aus dem alten Ciceronianiſchen Grunde: Pythius, qui eſſet, vt argentarius, apud omnes ordines gratioſus; denn das galt nur damals als das Geld den Mann machte.

„ich Sie, mich mit einem solchen Zutrauen zu
„verschonen.“

Diese Ungesittetheit befremdete mich allerdings: aber sie verdros mich nicht; Herr Puf
selbst that sehr unwillig bei diesem Ausfall. Ich
bükte mich, und sagte: „lassen Sie uns nur
„denjenigen Ton behalten, bei welchem wir alle
„uns besser befinden.“ Und indem ich freimü-
„tig ihre Hand küßte, sezte ich hinzu: wollen
„Sie mit mir wetten, daß innerhalb einer Vier-
„telstunde der Herr von Poufaly Ihnen so ver-
„abscheuungswürdig seyn soll, wie der elendste
„unter den Menschen?“

„Ha! lieber Herr,“ sagte Herr Puf, „da mü-
„sten Sie von des Dr. Faust Familie seyn!
„ich,“ sezte er hinzu, und wusch die Fingerspizen
im Spülnapf, „ich bin unschuldig; ich zieh mich
„heraus: macht, was ihr wollt. Indessen
„dächte ich, müßte man ein Jahr Bedenkzeit
„geben, und sehn, wie der junge Mensch sich
„verhalten wird. Ich werde von dem, was er
„bei der Löschung des Speichers ausgelegt hat,
„Rechnung fodern; und giebt er sie mir nicht:
„so mag das Mädgen ihm leklich das Körb-
„chen flechten.“

— Er stand auf. Ich bat ihn, noch zu blei-
ben, und mir Feder und Papier zu erlauben.
Ich schrieb einen Zettel an Herrn Commerzrath
S*s, und schikte ihn ab. In Erwartung der
Antwort scherzte ich über die angebotne Wette.

Man

Man brachte mir meinen Zettel, unter Herrn
S*s Siegel wieder. Ich war meiner Sache
gewis, und gab ihn unerbrochen dem Herrn
Puf.

Er las, mit zunehmenden Zeichen des Unwillens, und spie aus, wie er fertig war. „O hät-
„ten sie gewettet! Das wäre gewonnen; denn
„nun ist die Sache abgeschnitten: in diesem Fall
„denkt gottlob! meine liebe Schwester genau so
„wie ich. Da hast du den Brief; las uns Gott
„danken, und hier dem besten Freund unsers
„Hauses; Ich weis, wie du bist; Hr. T* hätte
„nichts ausgerichtet, wenn er nicht gewartet
„und gezögert hätte. Gottlob! er hat alles zu-
„recht gebracht.“*)

Dies Blatt enthielt folgendes:

An Herrn Comm. Rath S*s.

„Sie würden es gewis für unebel halten,
„zu läugnen, daß Sie der römischcatholischen
„Religion zugethan sind; und würde diese
„Ihre Denkungsart Sie nicht auch bringen,
„einen Ihrer Glaubensgenossen zu widerle-
„gen, der sich für reformirt ausgiebt? Seyn
„Sie so gütig, auf diesem Blatt mich wissen
„zu

*) Vnus homo cunctando nobis restituit rem.

ENN.

„zu lassen, ob der Herr von Poufaly wirk-
„lich reformirt ist?“

T *

❀   ❀   ❀

Antwort an Herrn Prof. T*.

„Der Herr von Poufaly war reformirt.
„Er ist, in meiner Gegenwart, zu Crakau
„katholisch geworden, aus einem Grunde, den
„ich freilig nicht billige: um einige Güter zu
„retten und Vorrechte zu erlangen, die man
„ihm abgesprochen hatte. Läugnet ers, daß
„er jezt katholisch ist: so ist er unwerth, es
„zu seyn.“

S* g.“

❀   ❀   ❀

„O der unbeschreiblich nichtswürdige Mensch!“
rief die Madame VanBerg; Sie fuhr fort:
„Schon gestern hatte der Bruder der Madame
„Benson mir hievon Nachricht gegeben. Ich
„erschrak, und hielt es dem Herrn von Poufaly
„vor. Der Nichtswürdige läugnete es unter
„den heiligsten Betheurungen, und drohte, von
„seinem Angeber (den ich nicht nannte, obwol
„derselbe mich, ihn zu nennen, gebeten hatte)
„gerichtliche und blutige Genugthuung zu fo-
„dern.“

Sie

Sie sprang auf, und befal mit Thränen, daß Julchen gerufen werden solte.

Diese kam zitternd, denn ich hatte vermieden, von dieser Niederträchtigkeit des Herrn von Poufaly ihr etwas zu sagen.

Die Madame VanBerg empfieng sie mit ofnen Armen und konute nichts sagen.

»O Mutter, Mutter, das Gewicht dieser »Zärtlichkeit wird mir zu schwer! Reden Sie! »o täuschen Sie mich nicht,« (indem sie uns Alle ansah) »haben Sie Mitleiden! täuschen »Sie mich nicht.«

— Herr Puf ging zu ihr, und sagte (mit trok= nen Augen, aber mit starker Bewegung) »ein »Mensch der Gotte spottet, ist nicht werth, je= »mals wieder von dir genannt zu werden.«

»Ja, liebste Tochter,« rief die Mutter, »du »sahst Gottes Wege besser, als ich: Poufaly ist »catholisch — oder damit ich das ganz abscheu= »liche dir sage: er ist catholisch »geworden.«

— Ich sah Julchen an. Nie habe ich, be= ster Freund, Abscheu und Freude in einer solchen Zusammensezung auf Einem Gesicht gesehn! Das feinste Roth hob so schnell die Weiße ihrer Haut, und breitete eine so schön gemischte Fleisch= farbe über ihre zarten Wangen, daß Herr Puf mit lebhaftem Wohlgefallen sie ansah, und aus= rief: »dem Ueberläufer, dem Treulosen, dem »Bonneval hätten wir dies Engelskind gegeben, »wenn nicht Sie, Herr Professor, als ein Schuz=
»engel

„engel erschienen wären.   Nun betheure ichs dir,
„Julchen,   daß ich dich nie wieder überreden
„werde,   aufser wenn ein rechtschafner, ein from-
„mer Mann sich meldet.   Wilst du den: so bin
„ich bereit, und wenn er so arm wäre, wie ich,
„als ich zuerst in die Welt gukte.“

    — Hier färbte eine höhere Röthe Julchens
Wangen.   Ich wünschte wol aus Liebe zu unserm Gros, daß Ihnen dieses so, wie mir, ein
gutes Zeichen für ihn zu seyn schiene. —   Man
sah, daß dies nicht ganz nach dem Geschmak
der Mutter war: doch schwieg sie.

    „Nun magst du selbst an Herrn von Poufaly
„schreiben,“ sagte Herr Puf; und Julchen war
viel bereitwilliger dazu, als ich dachte.   Sie
begab sich in ihr Zimmer; Herr Puf verlies uns,
und ich hatte in einer langen Unterredung Gelegenheit, mich zu überzeugen, daß, wenn die
Madame VanBerg das Geld weniger liebte,
sie eine der vortreflichsten in dieser Stadt seyn
würde.

    Herr Puf kam zu uns: „die soll da oben
„schreiben, — und sizt und singt, wie ein Vö-
„gelchen im Walde.   Sehn Sie hier: ich habe
„es ihr vom Flügel weggerissen: ich glaube,
„daß sie sich das Gedichtchen geschwind selbst ge-
„macht hat; es mag wol kein Narr seyn? gut
„klangs, das mus wahr seyn:

                                              Ich

Ich sah von rauher Felsen Spitze,
im rothen Licht der schnellen Blize,
den ofnen Abgrund unter mir,
und schrie voll Angst, o Gott, zu dir;

und rief: „du! der aus freier Gnade
„mich schufst, schüz mich auf diesem Pfade,
„der schreklich sich zum Abgrund lenkt,
„und halt mich, wenn mein Fels sich senkt!“

Und schreklicher, als alle Wetter,
erschien nun deines Namens Spötter,
und trozte mir, und höhnte dich —
und du, mein Gott, befreitest mich!

Nicht Menschen, nein, nur deiner Güte,
verdank ich es, daß diese Blüthe
der wilde Sturm nicht ganz zerschlug,
die meine Jugend vor dir trug.

O heilige dir nun mein Leben!
ganz will ichs dir zum Opfer geben;
und jede Thräne, die noch fliesst,
sei sanft, wie sie der Dank vergiesst.*)

„O Schwester,“ sagte Herr Puf, wie ich diese Verse gelesen hatte; „könnten wir es verant„worten, das Mädchen in einen solchen Ab„grund gestürzt zu haben? Ich glaube wir Bei„den sind der „Fels,“ von welchem sie sagt, daß

„er

*) Für Hillers Composition von: „Ihr Götter habt „es angesehen, ꝛc.“

ver sich gesenkt habe. — Gott! das liebe Kind
»betete, wie alles dieses vorging: haben wir
»das auch gethan? Ich werde diese schrekliche
»Sache niemals vergessen.«

Fortsezung.

Zur Rechtfertigung der vorzüglichen Achtung, die
wir für Julchen haben. In Absicht auf den Herrn
von Pousaly, musten wir freilig, wie überall, die
Welt nehmen, wie wir sie fanden.

Julchen kam bald, und übergab meinem Urteil diesen Brief:

An Herrn von Pousaly.

»Beinah hätte man mich gezwungen, Ih-
»nen meine Hand zu geben, und beinah hätte
»ich, obwol ohn Ihnen Liebe versprechen zu
»können, es gethan; denn wir alle erkennen
»aufs vollkommenste, und mit äußerster Dank-
»barkeit, das Beehrende Ihrer Anträge. Nur
»Ihre Entwürfe auf ein unschuldiges Mäd-
»chen, die überdem damals noch ein Fremd-
»ling war — lassen Sie mich zum ersten und
»lezten mal mit jungfräulichen Stolz spre-
»chen — diese Entwürfe verdunkelten das
»Glän-

»Glänzende, das Edle derjenigen Seite,
»von welcher Sie sich gezeigt hatten, wenn
»ich Ihren Character suchte. Jezt wissen
»wir, und so gewiß als Sie selbst, daß Sie
»ein Glaubensbekenntnis abgeschworen ha-
»ben, welches der Grund und die Erfüllung
»aller meiner Erwartungen ist. So gewis
»Sie und ich diese Religion gemeinschaftlich
»bekannt haben: so gewis ists, von diesem
»Augenblik an, mir und den Meinigen, auf
»deren Befehl ich schreibe, daß forthin nichts
»mit Ihnen gemein haben kan

Ihre gehorsame Dienerin
Jul. VanBerg.

N. S. »Mein Oheim dankt Ihnen auf das
»verpflichtetste für die grosmütige Vorsorge,
»die Sie beim lezten Brande bewiesen haben.
»Er freut sich, nach langen vergeblichen Er-
»kundigungen, erfaren zu haben, daß Sie
»der Menschenfreund waren, der soviel Geld
»ausgelegt hat, um einen grossen Verlust zu
»hindern, und bittet Sie unterthänig um
»die Anweisung zur Wiedererstattung.«

✳ ✳ ✳

Dieser Brief ging ab, und der Träger brachte eine Antwort, welche Julchen unentsiegelt
wieder zurükschiken wolte. Ich widerrieth das:
aber sie und ihr Oheim behaupteten, »ein Mensch

Y 2

»von

„von dieſer Gattung könne in dieſem Zettel
„nichts leſenswürdiges geſchrieben haben; und“
ſezte jener hinzu, „ein ſolcher Menſch verlient
„es, daß ein tugendhaftes Mädchen ihn ver-
„achte.“ Ich muſte es alſo geſchehn laſſen. *)

* Wir haben Gelegenheit gehabt, dieſen Brief
des Herrn von Pouſaly zu ſehn; hier iſt er:

„Es iſt mir auſſerordentlich lieb, heut, und
„alſo zum Glük noch zu rechter Zeit, zu ſehn, bis
„zu welchem niedrigen Grade Ihre armſelige Den
„kungsart bürgerlich iſt. Ich habe das Vergnü
„gen, dem Herrn Puf mit der ausgelegten Sum
„me ein préſent zu machen.“

„von Pouſaly.“

Der Bediente kam wieder, und ſagte, der
Herr von Pouſaly habe ſeinen Zettel voll Unwillen zurük genommen, und geſagt: „Meldet
„Eurer Herrſchaft, daß ich wünſche, daß ſie
„zum T . . fahre. Fünfhundert Ducaten habe
„ich ausgelegt.“

— Die Freude, mit welcher Herr Puf ihm
dies Geld ſchikte, war recht ſichtbar.

„Tragt,“ ſagte der Herr von Pouſaly dem
Bedienten, der es brachte, „tragt es dem Herrn
„Commerzrath S * s hin, und ſagt ihm, daß ich
„es der catholiſchen Kirche ſchenke.“

„Nun

„Nun, Läbchen,‟ rief Herr Puf, „gieb mir
„das Patschen zur Versönung, und wenn
„dir das von herzen geht: so sag mir, wo So-
„phie ist?‟

— Wie ie betrübt aussah, fuhr er fort:
„wenigstens versprich mir, einen Brief in ihre
„Hände zu schaffen.‟

„Dies ken ich, theuerster Oheim, ohne Ver-
„lust meiner Redlichkeit nicht thun.‟

„Gut; denk nicht, liebes Mädchen, daß es
„Rache ist, wenn ich dich bitte, eine Zeitlang
„an Sophien nicht zu schreiben. Ich habe mei-
„ne Ursachen, und, ihr Frauensleute, was wet-
„ten wir, ich werde euch zu klug seyn? Ver-
„sprichst du es?‟

„Ich werde pünktlich gehorsam seyn: aber es
„wird mir schwer werden.‟

„Las nur gut seyn: der Ausgang wird dir
„alles ersezen.‟

„Ich möchte wissen, Bruder,‟ sagte die Mad.
VanBerg höhnisch, „was du einer Creatur schrei-
„ben willst, die genau soviel Verachtung ver-
„dient, als Poufaly?‟

— Er antwortete, jedoch ohn erzürnt zu seyn:
„Madame mêlez-vous de vos afaires, habe ich
„einmal in der Comödie gehört. — A propos
„Kinderchens, fahren wir diesen Abend in
„die Comödie?‟

„Ich bins zufrieden,‟ versezte die Mad. Van
Berg, mit einer nicht eben unfreundlichen Att.

Der

Der Beschlus war, daß Her Puf seine
Schwester und Niece, jene mit inem vortreffli-
chen Geschmeide von Perlen, uni diese mit einigen meisterhaften Schildereien bschenkte. Ich
selbst durfte nicht frei ausgeht: er zwang
mich, ein ganzes Cabinet höchstseltner Muscheln,
Seegewächse und Versteinerungen, und Lu-
thers Brustbild, von Lucas Cranach, anzunehmen, welches wirklich von alzugrossem Werth
ist.

1.*) XXXV. Brief.
Viel Geschichte und doch nur Einleitung.

Justchen **) an ihre Freundin, Madame L** zu Elbingen.

Auf einen so lieben und so lustigen Brief nicht
geantwortet zu haben, das werden Sie mir
wol kaum vergeben.   Doch, es ist die Frage,
ob Sie nicht gar meine Freundschaft aufgegeben
haben, da mein Stillschweigen eine so undenk-
liche Zeit gedauert hat!

»Grüssen Sie mir den Bauernplaker!« —
das war Ihre lezte Zeile.   Ich weis, daß das
Scherz war: aber wie herzlich freute ich mich,
daß,

*) S. die Anmerkung im Inhalt.
) Jezt Madame Bell S. III. und IV. Br.
Th. IV.

daß, als Ihr Brief ankam, mein Mann die
Pachtung des Amts Clemmenhof schon auf-
gesagt hatte, obwol uns das — was soll ich
sagen? —, ein schweres Geld kostete. Nur wenige Monate lang bin ich Frau Amtmannin gewesen; und was ich iezt bin, das können Sie
nicht rathen. Wer weiß auch, ob ich beim
Schluß des Briefs es Ihnen werde sagen können? — ich bin kränklich, kan über eine Viertelstunde nicht sizend bleiben, und werde, weil
ich alles umständlich Ihnen sagen will, wol spät
genug fertig werden.

❀   ❀   ❀

Sie wissen, daß mein Mann, bei aller seiner
Erfarung in der Landwirthschaft, und bei seiner
starken Neigung dazu, doch nur deswegen in meiner Mutter Amtspacht trat, wenigstens seiner
Aussage nach, weil sie auf keine andre Bedingung in meine Heirat willigen wolte. Die Gründe seiner Weigerung gab er damals nicht an;
aber den Tag nach der Hochzeit fing er an, sich
mir zu erklären. O! welche Unterredung war das!
So viel ich aushalten kan, will ich Ihnen davon
sagen.

„Du bist iezt mein für Zeit und Ewigkeit,“
sagte er, als wir beide nachmittags in seinem
Cabinette am Camine saßen, und Thee tranken;
und er sagte es mit einer so rührenden Stimme,
daß ich wol fühlte, er werde mehr, und Dinge

Y 4   von

von grosser Wichtigkeit sagen. — Ich konnte nichts, als den Kopf an seine Schulter lehnen. — „Bist du denn gewis," fuhr er fort, indem er die Hand unter mein Kinn legte, „daß du mit mir glüklich seyn wirst?" — Er hielt an, aber mit voller beklemmter Brust; und ich war keines Worts mächtig.

„Ich kan nicht länger schweigen, mein Jüstchen, (fuhr er fort.) Du hast nun schon drei „bis viermal auf meine Frage: wardst Jüstchen „auch wol Hungerbrod mit mir essen könnten, „so geantwortet, daß es unnüz wäre, zum fünf„tenmal sie dir zu thun. Wie hättest du sie aber „beantwortet, wenns dir möglich gewesen wäre, „sie für Ernst zu halten ....."

„Eben so, mein theuerster! eben so hätte ich „sie beantwortet, obwol das, gottlob, unser „Fall nicht seyn kan."

„Nicht unser Fall? O, Jüstchen! Wer hätte „zum Exempel vorhergesehen, daß deines Vor„munds Erbschaft dir entgehn konnte? — Ich „habe dir aufrichtig gesagt, daß mein ganzes „Vermögen nur in 600 rtl. besteht."

„Ich weis es: aber .... doch wenn ich bit„ten darf, so brechen wir hiervon ab."

„Wie gern wolte ich das; denn ach, meine „Liebe, es hat mich unsägliche Ueberwindung „gekostet, dies Gespräch aufzubringen. Ich „will so kurz seyn, wie möglich; nur sag dein „Aber."

„Mein

„Mein Bell* zweifelt doch nicht an der Wirklichkeit der 15,000. rttl., welche ich ihm zubringe? Die allergeltendsten Papiere . . .“

— Er küßte meinen Mund, um mich zu unterbrechen: „Du hast mir oft gesagt, dein Herz schlage nur für mich, auch wenn ich nicht einen Pfennig hätte.“

„Und dabei bleibe ich.“

„Auch wenn du keinen Pfennig hättest, sagtest du . . .“

„Auch dann hätte ich dich geheiratet. Überzeug dich davon recht vest, mein Bester!“

„Laß dirs gefallen, mein Kind, das beides nach seinem ganzen Inhalt bis morgen zu überdenken. Bedenk aber den gesezten Fall, daß wir beide ganz arm, und ich nicht Amtmann in Clemmenhof, und du nicht meines Vorfahrs Tochter, jezt — z. E. in Memel sässen, nicht dies Camin, nicht diese erquiklich duftende Schale vor uns, kurz, nichts hätten, als unsre Gesundheit, du deine Wirthlichkeit, und ich mein bisgen Talent: diesen Fall, bitte ich, überdenk nach seinem ganzen Umfang.“

— Der innerste Grund meines Herzens, Jettchen, lachte hier, und so fiel ich ihm um den Hals: „Als wenns eines Ueberdenkens bedürfte!“ sagte ich; „als wenn nicht die Liebe alles, was Beraubung heißt, überschwänglich ersezte! als wenn nicht der veste Glaube an die Vaterliebe Gottes in Noth und Tod getrost machte!

„Du

„Du solst mich keinen Augenblik verkennen: ich
„will dir hier vor Gott betheuern — und be-
„denk, was das gesagt ist — daß der Fall, den
„du anführst, nichts, aber gar nichts, schrek-
„lichs für mich hat. . . .“

„Eine solche Betheurung werde — mir
„ich dir abfordern: aber erst Morgen. . . .“

„Und o! aus wie voller Seele werde ich sie
„dir geben.“

— Er ris sich von mir los, um aufs nächste
Vorwerk zu reiten: und wie ungern ließ ich
ihn!

— Nach einigen Stunden schrieb er mir: an
meinem ungestörten Ueberdenken unsrer Unterredung liege ihm so viel, daß er sich genöhtigt sey,
diese Nacht abwesend zu bleiben: aber Morgen,
ganz früh, solte ich zu Schlitten ihm folgen. —
Ich vermute, daß nicht jede Frau so leicht als
ich sich hierin finden würde. Die Hand ans
Herz, Jettchen; zurük gedacht an deinen zweiten Hochzeitstag: und nun mäusgenstill.
Schlafen schlief ich nicht:*) aber, so
tief, wie ich konnte, drang ich in die Zerglie-
drung der vorgelegten Sache. Was sagte ich?
o ja! ich schlief, und erwachte erst um 9 Uhr
aus dem entzükendsten meiner Träume. Es
war das Bild des edelsten Auftrits in der christlichen Welt; das heißt: das Bild der aller-
äußer

*) Eine preußische Redart, für die nichts bessers:
„Schlafen that ich nicht.“

äussersten, in Gott himmlisch vergnügten, Armut. — Nun sprang ich auf und fuhr in meinen Pelz, nüchtern, wie du leicht denken kanst; (Ich seh, daß ich noch immer mit du und Sie wechsle:) denn, o wie sättigt die Freude! und so gings pfeilschnell aufs Vorwerk.

— Ich fand ein Billet, welchem zufolge ich noch zwei Meilen zu fahren hatte, in dem mein Mann durch ein wichtiges Geschäft abgerufen war. Immer noch mit seinem Auftrage beschäftigt, kam ich dahin, und fand ihn im Hause eines Bauern, welcher mit einem fast nakten Weibe und vier blaugefrornen Kindern vor ihm knieete, und um Erbarmen bat, weil er vor einigen Tagen von meinem Mann ausgepfändet war, und nun aus dem Bauerhof verstoßen werden solte. Starr von Schreken, wie diese Elenden es von Kälte waren, sah ich, daß der Amtsvoigt einen nach dem andern in den Schnee warf. „Ich habe euch gewarnet,“ sagte mein Mann mit der Gefühllosigkeit eines geizigen Predigers; „ich mus Kayserliches Interesse besorgen.“

„Ach, um Gottes Barmherzigkeit willen!“ schrie das Weib, welches auf eine Eisscholle gefallen, und, wie in der Kälte so leicht geschieht, mit Blut übergoßen war, „ach nur die Betten! gnädiger Herr Amtmann, nur die!“

„Hexe,“

„Hexe," schrie mein Mann, „weißt du, daß
„ich sieben Rttl. draus gelöset habe?" (denn
das Bett stand schon leer.)

„Nein! nur des Kinds Betten!" — Er
untersuchte sie; sie waren kaum einen rttl. werth.
„Pakt sie ein, Vogt," sagte er (mit spöttischem
Lächeln) „einen Gulden können wir ihm ja drauf
„abschreiben."

— Das Weib fiel mir zu füssen. Er riß sie
weg: „ich kan euch nicht helfen; macht mir den
„Kopf nicht warm; ich kan der Kayserin nichts
„vergeben." — Und so trug diese unglükliche
Familie ihren Jammer in das Bakhaus des
Dorfs, welches von ihrem Wehklagen erscholl.

Wir waren in der, durchaus ledigen, Bauer-
hütte, und beide allein. „O! mein Kind," rief
ich, und wagte nicht, ihn zu umarmen, „das
„geht über alle meine Vorstellungen!"

— Engelhuld strahlte hier von seinem Gesicht: Jehst du jenen Schlitten? er steht da,
„um diese unglüklichen, an welchen ich, (dies will
„ich hernach dir erklären) um mich zu retten, ein
„Exempel statuiren muste, meinem Vorgeben
„nach auf die Vestung, in der That aber ins
„volle Brod nach Bergshöfchen zu führen.
„— Ich habe diese Scene vor dir auftreten
„lassen, um ein Herz zu überzeugen, ob? oder
„ob nicht? zu meiner gestrigen Bitte zufolge
„nachgedacht hast, wie in der bittersten Armut
„dir zumuth seyn würde?"

— Ich

— Ich fühlte hier eine schrekliche Erschütte-
rung in allen meinen Kräften.

„Du sagtest," sprach er, „die innige Liebe er-
„seze dies alles; nu, inniglicher als diese Fa-
„milie, können du und ich uns wahrhaftig nicht
„lieben. Du sagtest, der veste Glaube mache
„in Noth und Tod getrost; und frömmre Christen,
„als dieses Ehpaar, kenne ich in meinem ganzen
„Amt nicht." — Er drükte mich hier vest an
seine Brust: „und nun sag, ob du versprochne
„Betheurung mir geben kannst?"

— Bey dieser zu harten Probe verstummte
ich. Traurig, wie ich, hob er mich in den
Schlitten, um weiter zu fahren, und ein unbe-
schreiblichdürftigs Mittagsessen bei einem verarmten Unterförster mit mir zu geniessen. Hölzerne
Teller, oder Scheiben, die das kaum waren...
Doch ich will dir den Hausrat des vollendeten
Mangels nicht beschreiben. Denk selbst, wie
das Essen beschaffen war.

„Könten wir nicht," sagte er, „wenn wir
„ganz arm wären, ganz arm, sage ich, in eben
„diesen Mangel fallen? eben so hart behandelt
„werden, als ich heute die Bauernfamilie be-
„handelte? könte man nicht" (er umschlang
mich, seine Hand auf mein Herz) „unser erstge-
„bornes Kind eben so seines Bettgens be-
„rauben?"

— Ich fühlte Stärke in meinem Herzen auf-
wallen: „Laß mich mich sammlen: ich werde
„dir,

„dir, wie ich sie dann finden werde, die War-
„heit antworten." — Aber wir waren noch
fern vom Clemmenhof, als schon mein Herz,
viel zu voll, mit gewaltigem Ergiessen, mit heiterm Hinsehn an die hellen Sterne, also gewiß
vor Gott, ihm betheuerte, daß ich — auch in
solcher Noth in der Liebe zu ihm glüklich, und
im Glauben an Gott selig seyn kan.

— Und das kan ich, Jettchen. Wer's
nicht fassen kan, der ist nichts weiter, als ein
Erdbürger. *)

— Der Abend am Camin war heut eine
fortgesezte Wonne (meine Mutter war nicht zuhause.)

*) Und wenn du, Reicher, es nicht fassen kanst: so hilf we-
nigstens Einem der Tausenden, von welchem das
dir so unbegreiflich ist, daß sie — leben! Hilf der
Wittwe, unter deren Pflege der Mann ein, mit
ihren Thränen beneztes, Brodt aß, dessen Klagen
du erwartetest und fürchtetest, und der, zu deinem
Erstaunen, nie klagte. Hilf seinem Kinde, welches seine einzige Freude war, indem er seine dür-
re Hand zum Segen auf das Haupt desselben legen,
und durch die Worte Pf. 37, 25. sich erquiken konte. Machte sein Wort oder seine Schrift dir je eine Freude: so empfind sie noch Einmal für die Sei-
nige, und thu etwas in dieser Freude. Du hast
wol eher in der Freude etwas gethan! du und deine Genossen zahlten ja für die Arbeit von etwa
zwei Stunden im bereitwilligsten Zusammenle-
gen die Summe von tausend Thalern an Herrn
Lolli.

haufe.) Sein Abendgebet war eine feierliche
Aufopferung unfrer beften Wünfche und unfrer
gröffeften Erwartungen, Eine, die aus dem
Herzen eines jungen Ehpaars nicht verbannt
werden kan, ausgenommen.

„Jezt ifts Zeit,“ fagte er beim Frühftük,
„meinem theuerften Juftchen zu fagen, daß ich
„nur fie, und nicht die kleinfte ihrer Münze, ge-
„heiratet habe. Ich reite auf die Jagd, um
„dir zur Durchlefung diefes Papiers Zeit zu
„laffen.“

— Hier ifts.

2.* XXXV. Brief.

Noch mehr Gefchichte.

Herr Bell ** an Herrn Puf.

(im vorigen.)

Mein Vermögen, würdigfter meiner drei
Freunde! mein groffes Vermögen ift nun,
wie Sie fo oft mir gefagt haben, ganz zerron-
nen. Unglüksfälle, welche keine menfchliche
Klugheit vorherfehen konnte, weil fie hinter
den fchwarzen Gewitterwolken der göttlichen Rache über den gewiffenlofen Sammler reiften;
Unglüksfälle, welche keine Macht abhalten konnte, weil fie, als Blize aus Gottes Allmacht,

auf

auf mich niederschlugen, haben alles verzehrt,
bis auf die vier tausend rttl., welche ich, wie
Sie wissen, als göttlichen Segen mit Recht
habe. Wie es der Sele, für welche ich jezt nicht
mehr beten kan, weil sie längst vor dem Richter
über das Böse dasteht, im Sterben ergangen ist;
der Sele, von welcher ich das Blutgeld bekam, das
weis ich nicht. — Ich wolte Sie nicht kränken,
als ich zulezt Sie sah; sonst hätte ich Ihnen alles
erzält. Doch, ich hätte es wohl nicht ge-
konnt. Denn mein Abscheu an Ungerechtigkeiten
macht mich fast stumm, wenn ich so was sagen,
auch wenn ichs nur — sehen mus. Gott sei
gelobt, der meine Hände so lange ausleerte, bis
sie vor ihm rein wurden.

Und nun, im unbeschränkten Vertrauen zu Ihnen, die Hauptsache.

Der unlängst verstorbne Amtmann zu Clemmenhof war der allerabscheulichste Blutigel.
Mager, wie sein Urbild im Glase eines nah-
rungslosen Wundarzts liegt, kam er vor zwölf
Jahren hieher; und in den zwölf Jahren sog er
mitten durch den Schweis der, schon ohnhin er-
schöpften, Bauern, wenigstens soviel tausend
Rttl. in sich; gierig, und von Mächtigen, in
deren Hand er war, sorgfältig geschüzt. Endlich schlug Gott das häßliche Ungeheuer ab. —
Aber die Wunde blutete: und o! wie viel ähnlichs Geschmeiß schlängelte sich hinan!

Ich

Ich hatte als Referendarius unaufhörlich Commiſſionen in dieſem Amt gehabt, und
kannte jeden Jammer, auch des geringſten Un-
terthans . . . . Doch die Zeit iſt edel: dies alles geſchah nicht, ſondern „iezt geſchiehts.“
In vierzehn Tagen tritt der erſte Licitations-
termin ein. Pachte Ich das Amt nicht, ſo
pachtet es der Meiſtbietende, das heiſſt: unter
den vielen Böswichtern der ärgſte. Nun meine
erſte Bitte: Theuerſter, zum Wohlthun ge-
ſchaffner Mann! „ſtellen Sie meine Caution!“

— Dank! Dank! und ewige Vergeltung
des, der kommen wird, und ſein Lohn mit ihm!
denn mein Geiſt hat jezt mehr als Ahndung, er hat Gewisheit, daß Sie gern mein
Bürge werden. Ich ſehe die helle Zähre der
Freude, die jezt Ihren Augen entrinnt.

Und nun weiter. Ich mus als Amtmann
in Clemmenhoff ſchlechterdings zugrundgehn,
weil ich bei dem ſchon ganzübertriebnen Pacht-
preiſe durchaus der Höchſtbietende ſeyn mus.
Folglich meine zweite Bitte: „unterſtüzen Sie
„mich, ſo lange Sie erfaren, daß mein Auf-
„wand ſo gering bleibt, wie er bisher war.“

Aber machen Sie ſich gefaßt, daß das lange
währen wird. Man fürchtet ſich (der Stolz,
mit welchem ichs ſage, iſt erlaubt) vor meiner
Rechtſchaffenheit. Das Finanzweſen, wie un-
erſchöpflich das Studium auch war, verſteh ich
aus dem Grunde. Nun will ich dem ganzen Amt

VI Theil. 3 helfen,

helfen, so daß es wenigstens ein Menschenalter
hindurch gegen jeden Blutigel gesichert bleibe.
Das heißt, ich will nach und nach einen Verfall
deßelben nach dem andern der Cammer unwi-
dersprechlich dociren; eine Remission nach
der andern suchen, so lange bis die Entkräftung
des Amts so sehr in die Augen falle, daß man
froh seyn soll, die Hälfte der bisherigen Pacht
zu bekommen; denn diese kan es kaum tragen.
Wird das Land nicht Preußisch: so werden Jahre dazu gehören.   Wirds, wie ich mit vielem
Grunde mutmahsse, zurükgegeben: so wißen Sie,
wie sehr man sich vor meinem mächtigen Gönner
in Berlin zu fürchten hat. — Dies ist eine Kleinigkeit, welche Sie mir nicht abschlagen können.

Und nun berufen Sie die Herren Gros und
T*. zusammen, und schreiben Sie mir, was
unter Ihnen vorgefallen ist, wenn Sie folgendes
zusammengelesen haben.

Sie wißen, daß ich mein Erbguth nie angerührt habe; es war eine viel zu sehr verfluchte
Summe, als daß mirs möglich gewesen wäre,
auch ihren kleinsten Theil mein zu nennen. Ich
sann immer drauf, denenjenigen, welchen sie
durch den abscheulichsten Wucher ausgepreßt
worden, sie einst wieder, auf welche Art es denn
auch seyn mochte, zurükzugeben.   Aber nur die
Allwißenheit kannte diese alle; und da offenbar
ein

ein göttliches Verhängnis diese Summen zer-
streut hat: so kan ichs sicher dem, der ins
Verborgne sieht, zutrauen, daß er dem Bedürf-
tigsten und Würdigsten sie zugeworfen hat. Aber
seit dieser Zeit, und genau durch diese Begeg-
nis äussert sich in mir ein, Gottlob nicht neuer,
aber unendlich verstärkter, Trieb, in Gottes
Hand ein Werkzeug der Gerechtigkeit zu seyn.
Ich glüh, wie ich schon gesagt habe, beim Anblik jeder Ungerechtigkeit in einem Feur, welches
zu mähssigen, auch da, wo die erlaubteste Weltklugheit es will, ich fast nie vermag. Ich habe diese Erscheinung, so dünkt mich, nun schon
lange genug geprüft, um zu meiner grössesten
Beruhigung mich überzeugen zu können. Gott habe mich bestimmt, zu demjenigen, was mir das
unschäzbare zu seyn scheint: entweder: das Böse, thätlichherstellend zu verhindern — oder:
ein merkwürdiges Opfer des christlichen Pa-
triotismus zu werden. Glaub mirs, du wür-
diges Dreiblatt! und glauben Sie mirs vorzüglich, edeldenkender Gros! daß michs nicht
kränkt, zwischen beiden Fällen keine Wahl zu haben; denn demjenigen, welcher in der Haushaltung Gottes angestellt ist, müssen beide, können beide nicht anders, als: völlig gleich-
seyn. *)

Z 2   So

*) Und diese, sehr gewisse, Behauptung kan wenigs-
tens das erklären, daß so mancher geschikter, nie

zu

So dachte ich schon ganz früh, schon als des
Clemmenhoffschen Amtmanns Tod noch nicht
zu erwarten war. „Könte Diebstal in ir-
„gendeinem Fall nicht Diebstal seyn:" (dachte
ich oft) „so knäbeltest du in dieser Nacht die-
„sen höllischen Baurnplaker, und theiltest
„sein gesamtes Guth unter den Bauern aus,
„welchen es gehört." — Das beiseitgesezt, was
hierin unmoralisch war, kan ich Ihnen gestehn,
daß ich dies oft, bis zum Schwärmen lebhaft,
dachte; und ein Wörtgen mus ich Ihnen zur
Erläuterung sagen.

Ich hatte als Referendarius alle Anschlä-
ge dieses Amts verglichen, und wuste also aufs
genauste den möglichen und würklichen Ertrag.
Ich kannte jeden Stein und jeden Baum. Ich
wuste die Geschichte jeder, auch der kleinsten,
Haushaltung. Kein Unterthan konte, bei dem
Vertrauen, welches Gott als die Erndte meiner
ganz im Stillen gemachten Ausfaat von sechs bis
acht-

zu ermüdender Mann nicht halb soviel erwirbt, als
seine, oft weniger bedeutende, Amtsgenossen; noch
mehr, daß er keinen einzigen Freund hat, so gewis keinen einzigen Freund, so gewis unzählige
Feinde, daß der Reisende beschämt wird, in dem
Wohnplaz des Manns nach ihm sich erkundigt zu haben, das Böse verhindern zu wollen,
und dabei ein öffentliches Opfer zu
werden. Heil dir, Leser! Heil deiner Unsterblich-
keit, wenn das die Geschichte deines Lebens war!

achthundert Rttl. mir zugewandt hatte, ein Geheimnis für mich haben. *) Und endlich hatte
der Alte, geschrekt durch mein rasches Hingehn
auf dem graden Wege, welches ihm ein drohn-
der Gang war, die Tramontane von zeitzu-
zeit so verloren, daß mirs leicht war, hinter
seine Sprünge zu kommen, ja sogar ein, seinem
Bedünken nach unzugänglich verschlosnes, Ver-
zeichnis seiner Erpressungen abzuschreiben. —
Nichts war mir also leichter, als die Wege zu
finden, auf welchen das ungerechte Gut den elend
gewordnen Eigenthümern wieder zurükgeschikt
werden muste: nur dem, vom Drachen bewahr-
ten, Schaz konnte ich ohne Gewaltthätigkeit
nicht beikommen.

So wartete ich auf seinen Tod, vest entschlossen, „zum Sachwalter aller Bauern des Amts
„alsdann öffentlich mich aufzuwerfen, und die
„Witwe so auszuleeren, daß nur ihr Eingebrach-
„tes, nämlich viertausend Thaler, übrigens aber
„kein Strohhalm, ihr übrig bliebe; ein sehr zu

Z 3 „befürch-

*) Und weh dir, Leser! weh deiner Ewigkeit, wenn
dein Leben dieses Vertrauen nicht zu verdienen gewußt hat! Wie viel fehlt dran, daß du ein Mensch
seist, wenn vor dir noch nie ein ausgetroknetes Auge zum Weinen aufschwall, und nie eine verschwiegne Brust im bangen Athmen klopfte, sich hob, und
den verborgnen Jammer nicht halten konte! Oder
wenn das geschah, und das dir nicht Wollust, sondern Pein war: wie wenig fehlt dann, daß du ein
Satan seist!

„befürchtender Fall aber, daß das mir mißglü-
„ke, mit Freuden ein Opfer des Rechts zu
„werden.‟

Die erste, etwas kältere, Stunde war lang
genug, mich zu überzeugen, daß, nicht zwar in
der Sache selbst, aber in jedem Plan der Aus-
führung, viel lächerlicher Roman war. —
Diese Entdekung erschütterte mich indessen gar
nicht; und ich fühlte und „ehrte‟ meinen grossen
Beruf nur mehr; und am meisten bei einer
zwoten Entdekung von so ganz andrer Art, daß
ich vor mir selbst erstaunte. Urteilen Sie selbst.

Der Alte ward krank. Ich war im Amthau-
se nie, sondern immer nur in der Amtsstube auf
einem eine halbe Meile entfernten Vorwerk, gewesen, hatte also nie mit ihm, und seiner, eben
so geizigen, Frau, ein Stük Brod gegessen, und
kannte sie fast gar nicht. Indem ich an den
Schirm vor seinem Bett mich hinseze, fällt die
schönste aller weiblichen Figuren mir ins Auge.
Es war Justchen, die Tochter des Hauses,
von deren Existenz ich nichts gewust hatte, indem sie in Memel erzogen war, und ich sie mit
ihrer, (auch ohne daß ichs erfaren hatte) vor
kurzem verstorbnen, Schwester, der Frau eines
der reichsten Wucherer in Tilsit verwechselt
hatte.

Ich übergeh hier viel, denn von meiner Liebe will ich nichts sagen.

Die

Die Krankheit des Alten ward langwierig,
und Jutchens Herz wuchs vest an das meinige.
Freilich kan die Leidenschaft nichts mehr thun,
als was meine that: gleichwol verstärkte sich
meine gesammte Begehrenskraft täglich durch
den Gedanken: »Du must dis unaussprechlich-
»liebenswürdige Mädchen haben, es koste, was
»es wolle, damit ihre unschuldige Hand es sei,
»welche ein Vermögen den Unglüklichen wie-
»der hinwerffe, deren Fluch eine so himmlische
»Sele nicht würde tragen können.« — In der
Hauptsache zwischen zween Liebenden verstanden
wir uns bald: aber für das, was mir Hauptsache ist, habe ich bisher nichts weiter thun können, als Jutchen Fragen vorlegen, deren selen-
volle Beantwortung mir zeigt, sie werde mit mir
auch den bittersten Mangel gern tragen.

Der Alte starb; — und, entselt vom Jammer, einen verschuldeten Geist so gräfflich entfliehn zu sehn, sank Jutchen in meine Arme. —
Es wäre mir leicht gewesen, auf der Stelle zu
der Bitte sie zu bringen, daß Gott durch Feuer
vom Himmel alles, was in Hinsicht auf einen
solchen Vater ihr Eigenthum heisst, urplöz-
lich verzehre, wenn ich seine lezten Worte
ihr gesagt hätte, welche, so schreiendlaut sie auch
waren, sie in der Betäubung nicht hörte. Er
zog nämlich . . . . aber meine Hand zittert! und
o! daß es möglich wäre, jemals zu vergessen,
daß ich hineingesehn habe, dahin, wo das ewi-

Z 4   ge

ge Verderben ist, vom Angesicht des
Herrn, und von seiner herlichen
Macht; *) daß ich Worte gehört habe ...
ich hoffe, daß ich sie vergessen kan.

Und nun bitte ich um Ihren Rath. Soll
ichs wagen, dis reiche Mädchen zu heiraten?
Soll ich (denn daß ichs thun werde, ist die
Bedingung, auf welche ich ihre Hand fordre)
soll ich vor oder nach der Heirat, die satanische
Geschichte ihres Vermögens ihr vorlegen? Und
soll ich alsdann, zufrieden mit dem Muttertheil, welches sie mit Recht hat, sobald ihre
Mutter tod ist, alles in integrum restituiren?

Ich bin viel zu aufrichtig, Ihnen verhehlen
zu können, daß wenn ich keinen Freund hätte,
ich alles dis ohn Bedenken thun würde: aber
da ich deren drei habe, so wars meine Pflicht —
frei heraus — es nicht ehr zu thun, als bis
ichs Ihnen allen Dreien aufs Herz gelegt habe. Ich kan nicht versprechen, daß ich Ihrem
Rath gewis folgen werde. Mich dünkt, wer
bei wohl überlegten Dingen das verspricht, mus
eine knechtische Sele haben. Mein Zwek ist:
alle Ihre Gründe, für und wider, zu erfaren, sie
alsdann zu wägen, und, wenn sie mich nicht
anders bestimmen, genau das zu thun, was
ich zu thun beschlossen hatte. Freunde, welchen

*) Worte der Schrift.

chen man das sagen kan, sind ausschliessend der
tiefen Achtung werth, mit welcher ich bin zc.

Johann Bell**

Madame Bell** zur Fortsezung.

Mehr als mancher erwartete.

Sie mögen nun, liebste Henriette, empfinden, was Sie wollen: so kans doch dem,
was ich empfand, in Warheit nur sehr wenig
analog seyn. Denn wissen Sie hiermit, daß
ich schon jedes Stük meiner, obwol ungewön-
lichbürftigen, Ausstattung, und jedes Gericht
meines, den Geiz unsers Hauses verrathenden,
Hochzeitmahls, mit derjenigen Furcht angesehn
hatte, welche, dafür sei Gott herzlich gelobt,
mich zu ängsten pflegt, wenn ich, als Evens
Tochter, meine Hand ausstreken will, zu irgend einer verbotnen Frucht. Meines Vaters
leztes Geschrei im Sterben hatte ich zwar nicht
gehört; aber wie ich seit einigen Jahren für ihn
gerungen habe, das hat der Engel gesehn, dessen wohlthuende Macht es vielleicht war, die
bei der lezten Verzükung meines Vaters mich
betäubt hat. Wie unser Vermögen erwachsen
ist, das hatte ich, im einzelnen nicht, aber im
ganzen mit der fürchterlichsten Gewisheit, gesehn. Längst hatte ich beschlossen, nur genau

so viel von meinem Vermögen mein zu nennen,
als Herr Bell** zur Caution brauchen würde; und Himmelswonne hatte mich ganz erfüllt,
so oft er mich gefragt hatte, ob ich aus Liebe
zu ihm, in Erfordernis des Falls, nothzuleiden,
bereit seyn könnte? Was ich mit dem Auswurf
der Hölle (so nannte mein, ich darf sagen frommer, Abscheu den Rest meines Erbguts) machen würde? das nicht beantworten zu können,
das hatte mich oft so viel Thränen gekostet, als
dagegen meine Brust in Jauchzen klopfte, sobald ich bei genauerer Bekanntschaft mit Herrn
Bell** untrüglich gewis wuste, daß ich die Lösung dieser peinigenden Frage so ruhig, als
stünde Luther selbst vor mir, diesem rechtschaffensten aller meiner Bekanten vorlegen
konnte.

Die Warheitsliebe — ihr schwor ich an
beiner Hand, Jettchen, als ich zuerst empfand,
was das sei, eine Deutsche zu seyn! — Die
Warheitsliebe will, daß ich dir gesteh, ich habe eben damals berechnet, was uns von Gott
und Rechtswegen übrig bleiben konnte, nachdem unser Haus von demjenigen gereinigt seyn
würde, was den Segen des himmlischen Vaters entfernen mus; und nur im angeführten
Traum hatte ich meinen Mann und mich zuerst
ganz ausgeleert mir vorgestellt. Jezt beschämte mich dis aufs heilsamste. — „Ich der
Herr will ihr Theil seyn, denn sie
„sollen

»ſollen kein Theil haben im Lande,«
das fiel jezt mir ein. »Wohlan,« rief ich aus —
und o welch ein Balſam waren meine Thränen! — »das ſagt der gnädige Gott zu den
»Kindern Levi, und was waren ſie? Kinder
»der Menſchen; aber Kinder des ewigen Va-
»ters, wie ich und Bell**.« Du kennſt, liebſte
Henriette, meine Art. Wenn ich, ſo wie ichs
jezt war, entzükt bin, vor Gott getrauert oder
gejauchzt habe, und nun wieder fühle, daß ich
in der Welt noch bin: dann eil ich an mein Clavier. Ich ſah jezt, wie es baſtand und ſeinen
ſüſſen Wohlklang mir darbot; ich flog hin, und
ſang, in der Fülle des wonnetrunknen Herzens, ſo,
als lägen die Worte wirklich unter den Noten:

Dir, der du einſt das ewige Verlangen
mit Sättigung der Freuden ſtillen willſt!
o! dir ſei Preis, daß du ſo ſchnell den
     bangen
verſchwiegnen Wunſch erfüllſt!

Was ſind vor dir die Güter dieſes Le-
     bens?
Was ſind ſie mir? da du mir Alles biſt!
Ich trau auch da (und traue nicht ver-
     gebens)
wo bittrer Mangel iſt!

Ich will das Kreuz mit hoher Freude
     tragen,
gern, wie ein Fürſt das Band des Königs
     trägt,

und.

und, groß vor dir in tiefer Demuth sagen:
„Du haft mirs aufgelegt!"

Und da, wo jezt so tiefe Wunden bluten,
da fliesse voll was ich dir opfre, hin!
Mir gnüge das, daß ich das Weib des
guten
des besten Menschen bin! *)

Ich betheure dir, meine Beste, daß ich nicht
aufhören konte, dies zu singen. Meine Bruſt
athmete mit jedem Ton neue, reinere Freude,
und jede Schwingung der Saiten vervollkomm-
te den Einklang meiner Empfindungen. — Endlich sprang ich auf, um den Brief an Herrn Puf
noch einmal zu lesen; und ich hätte nicht gedacht,
daß die Erquikungen meiner Sele noch herrlicher werden konten . . . doch warum rede ich
von Dingen, die sich nicht sagen lassen? Genung, mein Wille war jezt ganz der Wille meines Manns; und mein Herz glühte im Dank
an Gott, der diesen Gatten mir gegeben hatte.
    Nur noch die einzige Bitte hatte ich meinem
Mann vorzulegen, daß er vor meiner Mutter
Tode (welche schwächer war, als man in ihrem,
freilig sehr hohen, Alter sonst es zu seyn pflegt)
nichts unternehmen möchte, da ich wuſte, ihre
mir so beweinenswürdige Weltliebe, und ihr
Zusammenhang mit unsern Obern, würden alles

*) Zur Compos. von „Sie fliehet fort, es iſt 2c."

les hindern. — Ich weidete meine Einbildungs-
kraft an den Bildern des künftigen Glüks, welche in allen Dörfern unsers Amts hervortraten.
Ich entwarf den Plan meiner ganz beschränkten
Haushaltung, und ergrif einen Bogen Papier,
um ihn sogleich aufzusezen, oder in dem Gefühl
der Freude, welches mich beherschte, für meinen
geliebten Manne was aufzuschreiben — ich weis
heute nicht mehr, was ich eigentlich mit dem
Papier machen wolte; und als es zum Schreiben kam, sah ich, daß es Lagen des Gemüths
giebt, in welchen die Sele viel zu sehr auffer sich
ist, als daß sie mit den Armseligkeiten der Feder
sich abgeben könte.

„Ei!“ sagte ich auf Einmal, „nun noch die
„Antwort des Herrn Puf!“ — Ich suchte sie:
aber vergebens. „Es liegt nichts dran,“ sagte ich; „es kan doch nichts drin stehn, was nicht
„in meiner Sele jezt schon gewesen seyn sol-
„te.“ — Ich ging in die Küche, sang bei der
Beschäftigung, ein sehr frugales Mittagsessen
zu bereiten, ein Gerhardsches Loblied; kam,
froh wie ichs noch nie so gewesen war, zurük,
mit dem Bewustseyn, eine kleine, aber gute,
That gethan zu haben, und deren soviel als
möglich thun zu wollen, und sang am Clavier,
so, daß diesmal mein Zimmer schallte, mein
eignes Liedchen. — Beim lezten Wort fiel mein
Mann, der jezt ins Zimmer flog, — mit welcher

cher Entzükung, das kan ich nicht sagen — mir
um die Schultern.   Hievon kein Wort mehr.

Mein Lied selbst zeigte ihm deutlich genug die
Natur meiner Entschlüsse.   Wir beredeten alles, und auch darüber wurden wir eins, daß
meiner Mutter Tod abgewartet werden müste.
„Ein Wort,“ sagte er, „habe ich dir noch zu er-
„klären: du weist nämlich, daß ich dir gestern
„sagte, ich müsse, um mich zu retten, ein Exem-
„pel statuiren.   Das heist so viel: Ich habe
„das Wespennest aller meiner, zum Untergang
„der Bauern mehr als Eines Amts, verschwor-
„ner Obern, und einer großen Menge ihrer Un-
„terbedienten, rege gemacht; dadurch nämlich,
„daß ich nicht vorsichtig genug von ihrer Aller
„unterdrükenden Habsucht gesprochen, noch
„mehr nicht heimlich genug vielen alzusehr be-
„drängten Unterthanen geholffen habe.

„Nun gräbt die ganze Cammer an dem Ab-
„grunde, in welchen man mich stürzen will.
„Wer mich ansieht, ist ein Kundschafter; und
„vielleicht brennt die Lunte schon, welche mich
„in die Luft sprengen soll.   Jezt gebe mir Gott
„Weisheit, wenigstens so lange mich zu halten,
„bis ich dein Geld habe.   Du siehst jezt, daß
„wir dem gegebnen Fall, „in der eigentlichsten
„Bedeutung des Worts, nakt und gefangen zu
„seyn,“ sehr nah seyn können.   Was sagt dein
„Herz?“

„Mein

„Mein Herz ſagt: des Herrn Wille ge-
„ſcheh!"

„Wohl, meine Allertheuerſte, nun verdienſt
„du, des Herrn Puf Antwort zu leſen:" hier
iſt ſie:

3.* XXXV. Brief.

Viel wichtiges: aber nichts, was Triebfeder werden
konte.

Herr Puff an Herrn Bell **.

Hören Sie, erſt wolte mir das nicht einleuch-
ten. „Der Frauen Vermögen," ſagte ich,
„hinſchmeiſſen, als wärens Nueſchalen, das
„könnteſt, du Eſel, wol nicht; und doch biſt du
„reich.   Der Bell ** hat die Hypochondrie,
„oder er ſchwebt in den überirdſchen Sphären,
„oder wies da heiſt."

    — Indeſſen gefiel mirs ſo, als Roman be-
trachtet.

    Aber als ich das von des Alten Tode noch
einmal las, und ſo das Schauern fühlte, welches Sie hineingelegt haben: da legte ich meine
Müze neben mir hin, und — ich mus es wol
ſagen — betete, daß Gott mir armen Sünder
gnädig ſeyn möchte; kurz, es faſſte mir Herz und
Lunge und Nieren mit Einem Griff.

So

So ift mir auch jezt zu Muth: mich dünkt,
ich kan hier bei dem Papier nicht aushalten.

Also das Amt Clemmenhoff soll keiner mehr
schinden. Licitiren Sie drauf so, daß der Cammer Hören und Sehn vergeh. Wenn Sies
haben: so führen Sie Ihren Plan aus. Strei-
ten Sie wie ein Held für Gottes schuzlose Geschöpfe, und lassen Sie sich dabei nichts abgehn. Für beydes liegt hier angebogen Car-
ta bianca an Herrn Isaac L*. Dann nehmen Sie das Mädchen; und — was nun folgt
das ist nicht aus meinem Cranio. — Herr
Gros nämlich, und Herr T.* entbieten Ihren
freundlichen Grus anvor; und lezterer wäre
der Meinung: daß Sie es Gott vortragen sollen (worin auch, als in einer Hauptsache, Herr
Gros ihm zustimmt) daß Sie alsdänn der Jungfer haarklein alles sagen, und, sie wolle nun
ihr Erbgut opfern oder nicht, das Mädchen nehmen sollen; als in welchem leztern Fall, daß sie
nämlich ihr Erbgut vesthalten wolle, Herr T.*
tausend, Julchen, das Engelskind, zweitausend, die Gräfin *ow, nach advenant, und
ich für mich und Herr Gros das übrige zalen.

Herr Gros dagegen sagt, wo ichs recht zusammen bringen kan, es sei nicht in der weiblichen Natur, alles Hab und Gut aus dem Fenster zu schmeissen, blos aus Liebe zu einem Bräutgam, ohn daß solcher den geringsten Genies
davon habe. Aber das dagegen, (sagt er) sei
wol

wol drin, zu verstehn in der weiblichen Natur,
daß eine Frau, merken Sie eine Ehfrau, bewegt durch die Droiture des Manns so etwas
thue; wenigstens traue er der Menschheit zu,
daß das gar eigentlich einst sich gebühren
könne, mahssen er aus dem Lobe der Madam
L*. in Elbing, Ihre Braut für etwas gar grosses zu halten vermogt werde. — So sagte
der Mann eigentlich nicht: aber ich weis nicht,
wie ich da in den närrischen Styl komme? Er
sagt ferner, daß Sie also erst nach der Hochzeit sich expectoriren müssen, „zumal“ (sagt
er) „da ich gewis weis, daß Herr Bell** durch
„keine Gewalt bewogen werden könnte, ein rei-
„ches Mädchen zu nehmen, folglich positiv
„ehr des Löwen Mähnen als Justchens Vermö-
„gen angreiffen wird. Hiezu komt, daß wenn
„Justchen die ist, für welche Madam L*. sie aus-
„giebt, die Sache nach und nach,“ (ich Cornelius Puff aber, dächte gleich in den ersten Tagen, fussend auf das cudere decet) „vorgetra-
„gen, und, wills Gott, ausgeführt werden
„kann.“ Folglich — was jezt komt, das bin
Ich wieder — fangen Sie es weise und christlich an — und nun — ja heut prikelt mich
das Latein: nun folgen Sie einem Piscator
ictus; ich sag: hüten Sie sich vor Feinden.
Denn wenn Sie Ihren Vater todschlagen, das
fält der Welt bei weitem nicht so auf, als wenn
Sie und die Ihrigen eine grosse christliche That

VI Theil.   A a   thun.

than. Gehn Sie also ganz pomale zuwerf, nämlich im Wohlthun. Aber im Strafen, im Auspfänden im Herausschmeissen und andern hochbestallten Tugenden, müssen Sie wissen, als wären Sie die hochpreisliche Cammer selbst. (Das unter uns; denn es sei fern, daß ich das Kind mit dem Bade wegschütten, und auf „alle" Cammern losziehn wolle.)

Zum Retter des Clemmenhoffschen Amts sind Sie (denn wir Alle habens reiflich geprüft) sind Sie nun einmal auserkoren. Thun Sie durch Ihre Geschiklichkeit, was, wie mein Luther sagt, „die andern Finanzers" brav bleiben lassen. Thut Ihre Braut, oder nach Maasgabe Frau, das übrige nicht: so lassen Sie Endes unterschriebenen sorgen.

(Gros)

Prof. J*.

und ohne Rahm zu melden als Hauptperson in puncto der Pfennige; sonst als ein Stümper wie Einer auf Gottes Boden.

Ich Cornelius Puff VanVlieten.

Madame

Madame Bell * zur Fortsezung.

Nihil ad oftentationem, omnia ad conscientiam.
PLIN.

Ich kan mich dir nicht verhelen, meine Beste: meine Eitelkeit fand sich sehr dadurch geschmeichelt, daß ich alles, was mein Mann wünschte, aus freier Wilkür schon gethan hatte, ohne zu wissen, wozu Herr Puff sich erklärte. Hier fühlte ich, „daß der eigentliche Werth „eines Opfers in der Freiwilligkeit desselben „liegt.“ Sonst wärs unmöglich, wenigstens in Hinsicht auf das so sehr wandelbare des weiblichen Herzens, „daß nicht jedes theure Opfer „irgend einmal von uns zurük genommen wer„den solte.“ — Gern schrieb' ich dir hiervon mehr: denn ich biete jedem Schriftsteller Troz, hievon was rechts gesagt, und also (solte es auch nur zufällig seyn,) die Möglichkeit des Entschlusses zur Eh, der ausharrenden Liebe, des Gehorsams gegen den Mann, und der stillen thätigen Geduld im Creuz des Ehstands gezeigt zu haben.

In dem, was ich bis jezt erzält habe, ist der Grund meiner, allem Wechsel unzugänglichen, glüklichen, höchst glüklichen Eh. Ich bin arm, verfolgt, krank, und warhaftig aller Hofnungen beraubt; mein Mann ists noch

Aa 2 ungleich

ungleich mehr: und dennoch soltest du bei unserm Gebet zugegen seyn — Du würdest glauben, zwo nunmehr vollendete Selen zu sehn. So genau läſſt Gottes Kraft mich erfüllen, was ich verſprochen hatte: »ich will das Creuz mit »hoher Freude tragen!« Aber ich will meinem Mann nicht vorgreifen: er hat dem, was von dem Zeitpunct an, von welchem ich rede, in mir vorgegangen iſt, nachgeſpürt; und du ſolſt zu ſeiner Zeit ſeinen Aufſaz haben. *)

Nun fingen unſre eigentlichen Freudentage an: denk ſelbſt, Jettchen, in wie hohem Maaſs ſie es waren, da ſie mich verhindern könten, an dich zu ſchreiben. Mein Mann fuhr täglich mit mir im ganzen Amt herum: aber ich muſte bald beim zweiten oder dritten Mal ohne Sak und ohne Taſchen reiſen, weil, wo wir auch hinkamen, das ſtummſte Elend laut über meinen Vater ſchrie, und mein Mann dann merkte, daſs meine linke Hand allerdings nicht wuſte, was meine rechte that. Gott verzeih mir, daſs ich meiner Mutter Tod ſo ungeduldig wünſchte; denn ihr Leben war meinem Herzen das, was ein verſchüttender Erdſturz einem lebendigen Quell iſt. O wie kümmerlich war mirs, daſs, da mein Mann dem Herrn Puff ſo

wenig

*) Die Leſer mögen von der Freude urteilen, mit welcher wir dieſen Aufſaz unter dem Titel: „Geſchichte des Rühmlichſten in der weiblichen Seele,“ ſo bald möglich Ihnen geben werden.

wenig wie möglich das Theilhaben am Wohlthun zulassen wolte, (wie er denn auch bis jezt
die Vollmacht an Hr. Isaac L. noch gar nicht genuzt hatte, indem, ich weis nicht durch welche
innere Lenkung, meine Mutter mit ihrem Eingebrachten Bürge der Pacht geworden war) daß,
sage ich, auf diese Art meine ganze Thätigkeit
schlechterdings auf die Arbeit meiner Hände be-
schränkt werden muste, das that mir unglaublich
weh. Ich strikte Strümpfe, nä..e Hemden für
Kinder, und — wie unmöglich ist mirs doch,
dis zu verschweigen — eins oder zwei Gast-
betten ausgenommen, verschwand nach und
nach in meinem Hause jedes Kissen. „Hart
ist dis Bett,“ sagte mein Mann einst beim
Schlafengehn: „aber vielleicht segnet uns in
diesem Augenblik eine Mutter davor, ihr Kind
welch legen zu können.“ — Aufwand und
Haushaltung waren bei uns das, was, wenn
man die Worte des Zachäus recht überlegt,
beide bei ihm gewesen seyn müssen; denn wie
trugen als Sohn und Tochter gern die Miss-
sethat unsers Vaters. *) Wie lächerlich ists, wenn die Grosmut, die nichts als
Grosmut ist, das nachthun will! wie abscheulich ists, wenn die Heuchelei sich geberdet, als
ohne sie es! und wie unmöglich ists überhaupt
dem Menschen, den nicht die Liebe zu demjenigen bringt, welcher Alle würdigt, sie Brü-

Aa 3   hät-

*) Worte der Schrift.

der und Schwestern zu nennen! Wenn
ein solcher dis läse: so würde er es als Enthu-
siasterei verwerfen.   Ich schreibe nur für dich;
und wer weis, ob nicht selbst dich dieser Gedanke anwandeln könnte? doch nein, in eine Sele, welche das Christentum in dem, was auf Erden sein Thätigstes ist, recht kennt; in eine
Sele, welche fühlt, daß das Gesez der Liebe
zwar nicht in Hinsicht auf einen Zeitpunct, aber
sonst in jeder möglichen Beziehung neu ist, kan
dieser — aufs mindeste heidnische — Gedanke nicht kommen.   Man gafft das an, was
Yorik davon geschrieben hat — Was ists
denn im grunde? — — und doch frage ich:
wie, ums Himmelswillen, kam Yorik dazu?
„und wie kan mans da bewundern wollen“—
denn im grunde ists wol nur ein Bewundern-
wollen, — „da, wo es so wunderseltsam ab-
sticht: in gewissen Schriften seit Yorik bis auf
„Werthern?“ — Schriftsteller, die sichs zum
Zwek sezen, das wahre thätige Christenthum, so
viel an ihnen ist, zum Gespött eines jeden zu
machen, welcher lachen kan; Schriftsteller, welche durch verhaßte Persönlichkeiten zeigen, daß
sie leer sind von Bruderliebe; Menschen, wie
z. E. diejenigen sind, die den Nothanker geschrieben haben: was soll ich von ihnen sagen?
Schrieben sie den Seneca ab, oder puzten sie
ihre Schriften mit dem auf, was sie sonst im
Altertum Gedrechseltes finden: so würde ich lachen,

chen, daß Menschen, welche keinen Bart tragen, keinen Gözen sich bilden lassen, so weit
ausholen. Aber sie schwazen von Empfindungen und machen Empfindungen zum schönsten,
ja zum wesentlichen Theil ihrer Schriften, und
sezen Empfindungen in Handlung, welche —
was man auch sage — kein Heide haben
konnte — doch was gehn mich diese Ueber-
läuffer an? Friede sei mit uns, mit uns unmerklich wenigen, die wir bleiben beständig in
der Apostel Lehre und in der Gemeinschaft, und
im Brodbrechen und im Gebet *) — o, Jettchen, Jettchen, lies sie ganz, die entzükende
Stelle, den unwiderleglichen Panegyricus
der, vom Heidentum erlösten, Menschheit. Sie
steht Ap. Gesch. 2, 42-47.

Alles, was wir thaten, geschah, wie, wenn es
dem Herzen selbst nicht verdächtig werden soll, es
geschehn mus, in der tiefsten Stille: freilig
aber muste Gott uns auf eine Probe sezen, „da-
„mit uns gewis würde, es sei nicht Enthusia-
„sterei.“ — Ich sagte, Eine Probe? nein! im
Grunde unsrer Herzen sah die Allwissenheit so
mancherlei uns — mir wenigstens, viel ver-
borgnes, daß dieser Proben viel werden musten. Sie liessen alle in die Eine, gewönliche,
zusammen, daß uns die Welt haßte. — Das

Aa 4   ver-

*) Was κλάσις τῦ ἄρτυ eigentlich war, das konnte
die Verfasserin wol freilig nicht genau wissen.

verdient beinah nicht der Erwehnung, daß die
Frau Dramburg und ihre Tante *) ihren
Geifer darüber ausschütteten, unser ehliches
Glük durchaus unzerstörbar zu finden. daß meine Mutter bitter ward, Geheimnisse, von welchen
sie träumte, obwol das eigentliche ihr gar nicht
einfiel, nicht ergründen zu können. Gleichwol
kommt dis leßte doch mit in Anschlag; Es ward
(denn wir konntens nicht vermeiden) Zeuge der
grossen Dürftigkeit, in welcher wir lebten; Du
wirst mich allerdings fragen, warum mein Mann
das Erbieten des Herrn Puf gar nicht nußte?
So frug auch ich ihn. Er antwortete mir, außer dem, was ich auf dieser Blattseite gesagt habe: „Was ich von Herrn Puf erbeten habe, das
„suchte ich nur auf allen Fall; und bis jeßt hat
„ja die alles lenkende Regierung Gottes den Fall
„nicht kommen lassen. Was über mein Gesuch
„versprochen ist; halte ich für einen starken Ruf,
„so lange als möglich alles „um Gotteswillen“
„zu thun.“ — Meine Mutter nahm (wie bei
einem — ach, daß ichs sagen mus! — durch
unmäßige Weltliebe ganz verkehrten Herzen natürlich ist,) den schlechtesten aller Wege. Sehr
angesehn bei den Schlimmsten, folglich Mächtigsten unsrer Obern, brachte sie, ich hoffe, daß
sies nicht ganz wolte, es dahin, daß mein Mann
bittre Weisungen bekam; als ein in seinem Hause schlechter, folglich im ganzen Amt verdäch-

tiger

*) S. 46. 4. Th.

tiger Wirth. Das Kayserliche Interesse war
in der ganzen Commission (denn bis zur Commission kams) das Stichwort: Aber Eifersucht, Beschämung, und was im vorliegenden
Fall irgendsonst, noch den mächtigsten Haß
schärfen kan, war der Grundtrieb aller dieser
Männer.

Wer wolte nicht gern, (denn mein Mann ist
doch ein Mensch,) ihm es vergeben, daß er, getreten von den Schlechtesten, im Augenblik, da
er zertreten werden solte, seine wahre Würde
fühlte: „Meine Herren" sagte er, (obwol ich
betheuern kan, daß ers mit der ausdauerndsten
Vorsichtigkeit sagte) „ich darf Sie bitten, aus
„meinen Papieren mich zu richten, und dann
„hauptsächlich zu untersuchen, da Sie mich doch
„so sehr lange kennen, ob ich je gottesvergessen
„war?" — Er sah das hämische Lächeln, womit dis aufgenommen ward, und das augenver-
drehende Seufzen zweener verruchter Fröm-
linge voraus (mag doch dis Beiwort hier immerhin ungewönlich klingen; mir ists für den
Kopfhänger doch noch beiweitem nicht absprech-
end, nicht stark genug). Es machte ihn also nicht irre, und er kam aus der Commissions-
Stube heraus, frölig, wie die geschmähten Apostel *) frölig von des Raths Angesicht gingen.

Indessen ward die Pulvermine, welche uns
sprengen solte, von diesem Augenblik an gegra- ben;

Aa 5

*) Ap. Gesch. 5, 41.

ben; freilig sehr tief, und also uns, zu unserm
gröſſeſten Schaden, unsehbar. Mehr fiel das
uns auf, daß ein unmenſchlicher Undank ver-
ſchiedener, durch meinen Mann Geretteter, die
ſchwärzeſten Verläumdungen ausbreitete. Mein
Mann lachte: „Wart noch acht Tage,“ ſagte er,
„ſo lügt man zu dieſen Erdichtungen unaus-
„bleiblich das übertriebne, folglich unwahr-
„ſcheinliche, folglich widerlegende, dienſtfertig
„hinzu, und der Bau der Bosheit ſtürzt ein
„durch ſich ſelbſt.“ — Weh uns, daß wir das
glaubten! denn die Lüge wuchs; aber nicht ſo,
wie er geglaubt hatte: ſondern in den feinſten
allerwahrſcheinlichſten Zuſäzen der verſchmiz-
teſten Weltklugheit.

Noch verachtete mein Mann das: aber mir
wars fürchterlich, daß jezt in der Cammer alles
ſo ſehr ſtill ward. Man beſuchte uns, brachte
die ſchönſten Erfriſchungen zum Mittageſſen
mit, buhlte um unſern Umgang und Freundſchaft, und ſo weiter. Aber daß man ſo man-
nigfaltiger Angaben gar nicht erwänte, das
war uns bedenklich. Jedes freundliche Geſicht war unſern Erwartungen das, was das
ſanfte kühlende Säuſeln in heiſſer Sommerluft
in Hinſicht auf das, nun reife, Donnerwetter
iſt. „Las uns jezt auf unſrer Hut ſeyn,“ ſagte
mein Mann, als wir einſt von der Hofpforte zurükkamen, bis zu welcher wir einen der oben
erwehnten Frömmlinge begleitet hatten; „die-
„ſen

»ſer Mann muß ſeiner Sache gewiß ſeyn, denn
»heut hat er zum erſtenmal das Heitre des
»Weltmanns angenommen; in ſeinem Herzen
»ſiedet es bis zum Ueberkochen. Gleichwol keñ-
»ne ich unter ihnen allen keinen, welcher fein ge-
»nug wäre, der Erfinder jener immerzunehmen-
»den Lügen zu ſeyn, welche täglich wachſen, ohn
»unwarſcheinlich zu werden; denn zu ſolcher
»Bosheit gehört eine ſehr ſeltne Kenntnis.«

— Am Morgen drauf kam plözlich eine zwote Commiſſion. Veſtung oder Strik (deut das,
wie du kanſt) war auf der Stirn eines Jeden.
Die Schläge der ganzen Maſchine zeigten die
künſtlichſte Zuſammenſezung derſelben: denn ſie
trafen unfehlbar. Den Richtern muſte mein
Mann allerdings unerſchütterlich zu ſeyn ſcheinen: aber ich, die ich ſein Herz und ſeine Seele
bin, ſah in einem einzelnen Blik, welchen ich
von ihm haſchen konnte, daß er die Faſſung
verlor. — Es ſchien bei Aufhebung der Seſſion,
es ſei heut nichts entſchieden worden: aber zween
Referendarii blieben bei uns; und in der Nacht
ward mein Mann abgeholt, und auf meiner
Mutter, oder vielmehr mein eignes, Vermögen
ward Arreſt gelegt; und dis überlebte ſie nur
um wenig Stunden, indem der Schlag erſt ſie
ſprachlos machte, und dann ihren Lebensfaden
zerriß.

Was ich, während der, dreiwöchentlichen,
Verhaft meines Manns, in meinem brodloſen
Hauſe,

Hause, und was mein Mann selbst, unter den Klauen der Bösen, litt, das solst du einst bei Vorlegung seines Briefwechsels mit mir sehn. *) Heute genüge dir, zu wissen, daß ein Machtwort der würdigsten Frau in den Russischen Staaten, nemlich der Gräfin *ow. meinen Mann auf freien Fus stellte, nur mit dem unglüklichen Umstande „daß alle fernere Untersuchungen verbo„ten wurden."

Giebts ein Bild der Freude unsers Wiedersehns: so .... nein! die Natur hat nichts. Denk dir eine fromme Mutter, welche am Tage der allgemeinen Darstellung ihr, in den Wegen der Bosheit verirrtes, Kind als einen Seligen wiederfindet.

Nun fühlten wir alle Wonne, welche in die, noch nicht wiederhergestellte, Welt hineingelegt werden konnte. Die Unterthanen nahmen meinen Mann auf, wie die Provinzen Friedrich zujauchzen, wann der Friede über den Lorbeer seines gesalbten Haupts strahlt. Du wirst bald sehn, daß dis unser Unglük war, obwol mein Mann — (könnte ich doch sagen, auch ich! — das Resultat meiner Untersuchungen sagt, troz einem Etwas in meinem Herzen: Nein!) — in der tiefen Demut blieb.

Wir

*) Er enthält den Verfolg dieser Sache, und liegt als ein wichtiger Beitrag zur Geschichte des, weniger bearbeiteten, Theils peinlicher Rechtsfälle unter den Papieren des Herrn Gros.

Wir hoben, aber nur nach und nach, mein Vermögen, denn der schnelle Tod meiner Mutter machte dis mühsam. Wir vertheilten es unserm Plan und den längst gemachten Anzeichnungen meines Manns gemäs. Du siehst leicht, daß dis mit brennendem Herzen geschah; mit derjenigen Vorsichtigkeit, welche bei guten Thaten an den Satan unten in der Hölle und an seine Vertrauten über derselben denkt, konnte das also nicht geschehn. Ein zweiter, aber sehr stiller Quell unsers Unglüks!

＊ ＊ ＊

Wie lange habe ich, mein Jettchen, an diesen Papieren geschrieben! Freilig, sie waren mir, der sehr einsam Leidenden, ein labender Trost: aber ich würde nie fertig werden. Ich will schliessen.

Was wir von meinem Vermögen gehoben hatten, etwa die Hälfte, das hatten wir treu verwaltet. Du wirsts glauben, auch ohn unsern jezigen Hausrat und unsre Kleider zu sehn. Und jezt ward mein Mann vor die Cammer gefordert. So frölig als ich war, indem ich ihn bis an sein Pferd begleitete, ritt er hin. Aber er kam nicht zurük, hat auch Clemmenhoff nicht wieder gesehn — urteil, ob, da mirs freistand, ich ihm folgte, als ich dis Billet bekam:

„Denk

„Denk jezt den ganzen Sinn der Worte
„Herr du bist gerecht, und deine Gerichte
„sind recht:" so wirst du als eine Christin
„es tragen können, daß ich dir sage, mein
„nächster Nachbar sei der Erfinder der, dir
„bewusten, Anklagen. Da der Mann dazu
„fähig war; so kann ich dir nicht verspre-
„chen, daß wir jezt siegen, wenn auch das
„Unmögliche, nämlich noch mehr Unschuld,
„statt fände. Ich bin muthig, wie ein Held;
„denn unser Gewissen ist rein."

„Bell** "

Ich sagte eben, keiner unsrer bekannten Feinde habe Weltklugheit genug gehabt, um die un-
verschämteste, boshafteste Lüge in die, beinah
nur dem Dichter sichtbaren, Grenzen der Wahr-
scheinlichkeit zu zwingen. Aber auf einen Mann,
der auch schon sogar über die Armseligkeit des
Heuchelns hinweg war, waren wir nicht gefallen. Ungemein tiefe Erkenntniß der Lehren
des Christenthums, vielleicht einmal eine Uebung desselben, hatte diesen Mann zu dem gemacht, was man, unter den nährendsten Ein-
flüssen der Hölle, werden kan; so wie auch die
gründlichste Gelehrsamkeit; die, seiner sehr em-
pfehlenden Figur und Betragensart zu verdan-
kende, Leichtigkeit des Zutritts, bei den wirk-
samsten Menschen; der Aufenthalt an einigen
Höfen;

Höfen; viel Reisen; viermal wiederholte Ver-
ehlichung, und die oft glüklich durchgesezte Rei-
nigung von den häslichsten Anschuldigungen. —
Dies war — unser Beichtvater. Eben so ungern schreibe ichs, als ich mit Stärke eines
christlichen Verlangens wünsche, daß jeder
Böswicht, dieser Art, öffentlich bekannt
würde. Half es dem Christentum bei seiner
ersten Ausbreitung, daß Aller Augen auf die
Diener desselben mit scharfem Blik sich hefteten,
und daß diese dann freiöffentlich hervortraten: —
und wer ist so unwissend, zweifeln zu können,
ob ihm das half? so mus es — ich denke, unersezlich — ihm schaden, daß man die Prediger
jezt zu sehr verachtet, als daß man scharf sie an-
säh, und daß, wer die Bösen unter ihnen her-
vorstellen könnte, Gott weis warum? bisher
schwieg — und wer wohnt so tief in Höhlen
und Felsklüften, daß er nicht mit Händen griffe,
wie unsäglich dem Christentum, diesem, ich
möchte so sagen, allgemeinen Lebensodem der
Welt, diese Verschweigungen schaden. Hievon nichts mehr! Genug, dieser Prediger war
heimlich dadurch erbittert worden, daß man
nicht ihm, sondern uns, wahre Gottesfurcht zutraute . . . . Doch, wie gesagt; nichts mehr
hievon!

Gott lies zu — und weil er irgend einmal
zeigen wird, er sei gerecht: so konnte ers zulassen; und wir beten ihn an mit unaussprech-

licher

licher Freude — er ließ zu, daß, den Strik
ausgenommen, meinen Mann das Unheil des
schimpflichsten Rechtsgangs mit übergiessen=
dem Maaß hinschwemmte. Frei ward er; denn
nur mein Vermögen, so wie den Theil dessel=
ben, der jezt wieder im Amt umlief, und eben
so angelegentlich die Entfernung meines Manns,
hatte man gewollt.

Auch jezt, in der äussersten Beraubung,
wandte er sich nicht an Herrn Isaac L*, und
was sollte ich ihm antworten, wenn er sagte:
er hoffe viel zu stark auf die unendliche Güte Got=
tes, als daß er sich hinlänglich Rechenschaft ge=
ben könne, wenn ihm einfalle, die Annahme der
Pufschen Erbietungen selbst sei eine Art von
Vorgreiffen?

Der Schande entflohn wir indessen . . .
Wir wohnen in einem Hüttchen, unweit Me=
mel, wo mein Mann als Hägreuter *) mo=
natlich drei Rubel und Fütterung für ein Pferd
hat. — Hier kennt uns Niemand; und alles,
was wir zu unsrer Rettung gethan haben, ist,
ein umständlicher Bericht des ganzen Rechtshan=
dels an die Gräfin. „Kommt im erforderli=
„chen Zeitraum,“ sagt mein Mann, „von ihr
„keine Antwort: so werde ich es für Pflicht an=
„erkennen, von des Herrn Puf Vollmacht, zur
„Zahlung bei Herrn L*, Gebrauch zu machen.“
                                                    Aber

*) Waldbereuter, Buschwächter.

Aber diese Zeit ist verstrichen; schon längst
verstrichen! Ich bin nicht so stark, als mein
Mann, vielleicht nur — weil ich ein Leben, für
welches ich einst zu sorgen habe, mutmahße.
Nach langem Kampf, welchen ich, auch nachdem
dieses Blatt schon längst fertig war, fortgesezt
habe; habe ich an Herrn Puf geschrieben; aber
ich vermute, daß unsrer Feinde Hände bis ins
kayserliche Felleisen reichen können! *)

* * *

Jezt ists vest beschlossen. Dein Schwieger-
vater, liebes Jettchen, kennt mich nicht. Ich
werde dieses Pak ihm übergeben.

* * *

Ja, ich werde es thun; denn gestern hat
ein treuer Mann aus dem Amt verschiedne
Briefe an meinen Mann (wo er sie erhalten hat,
weis ich nicht) überbracht. Zwar keinen von
der Gräfin, keinen vom Herrn Puf: aber mehr
als Einen, voll des Trosts rechtschaffner Freunde, die jedoch nichts weiter wissen, als, daß
mein Mann seines Amts entsezt ist.

Niedergeschlagen war er nie: aber so heiter,
wie heut, ist er, seitdem wir hier sind, noch nicht
gewesen: so heiter, daß auch unsre, unter zeit-
lichen Dingen beste, Erquikung, Music und
Schachspiel heut nicht vorgekommen ist. —
Music?

*) Diese Vermutung war gegründet.

VI. Theil.   B b

Muste? ach! nicht mehr der Zauber meines
Claviers und seiner Flöte: aber doch unser ge-
meinschaftliches Singen solcher Duetts, deren
Worte mir, so wie ihr Gesang meinem Mann,
gehören. — Ich halte diese Briefe und ihre
Würkungen für die Morgenröthe unsrer Freuden; und werde, dies Pak in der Hand, eh
noch morgen mein Mann erwacht, dem Licht
entgegen gehn.

❊   ❊   ❊

Was ist, mein Jettchen! was ist das in
unsrer Sele, was gestern in mir vorging? Der
Haushofmeister der Gräfin * ow. hat heute
früh, in Ihro Excellenz Equipage, uns nach
Memel geführt.

❊   ❊   ❊

So sind einige Tage vergangen. Wir leiden
nicht Noth: aber ich seh nicht, daß meines
Manns Sache untersucht würde, und unsre
Feinde gehn Alle, mit trozender Stirn, vor unserm
Fenster vorbei. Was mich mehr kränkt, als alles, ist, daß unser ehmaliger Beichtvater, wie
das ihm, und vielleicht Jedem, nicht schwer
werden konnte, einige der hiesigen Geistlichen,
sogar einen würdigen Mann unter ihnen, gänzlich wider uns aufgebracht hat, so daß keine
Lästerzunge in der Stadt ist, welche nicht von
uns

uns spreche. Der Haushofmeister der Gräfin
hat uns — ich glaube: funfzig Rttl. gezahlt,
und so uns verlaßen. Mein Mann betheuert
mir aufs feierlichste, er wiße nichts vom Ausgange unsrer Catastrophe: aber er bittet mich —
ich mus es gestehn, er thuts mit der Heiterkeit
eines Enthels — mich ganz leidentlich zu verhalten.

Ich bin ein Weib, beste Henriette, ich kan
mir nicht helfen: und dies Pak fliege zu dir,
unter Einschlus des Herrn Isaac L*. —

Justa Bell*.

XXXVI. Brief.

Nachdem wir nun Julchens Schiksal, wie es scheint,
entschieden haben, versprechen wir in Absicht Sophiens
eben das, und noch mehr. Also gleich anfangs etwas
von Sophiens Gemal.

Sophie an Henriette L* zu Elbingen.

In diesem Augenblik bringt ein Knabe, der
im Handlangerschen Hause mich gesehn, und
nachher mich im Fenster erblikt hat, mir eine
Begrüßung von Herrn VanVlieten, der sich die
Erlaubnis ausbittet, mich zu besuchen. Gänzlich außer stande, diesen Mann jezt zu sprechen
(denn was kan ich ihm sagen?) habe ich diesen

Besuch

Besuch für heute verbeten, und ihn versichern
lassen, daß ich ganz gewis einen Tag benennen
würde.

Ich habe, seit meinem lezten Briefe, nichts von
Herrn Leff * * erfaren, der doch weis, daß Julchen mir Briefe zuschiken kan.   Ohne Zweifel
weis er noch nicht genau, wie ich mit Herrn
VanVlieten steh.   Ich habe dieser Sache lange
nachgedacht.   Ich glaube zwar, daß ich Julchen trauen darf: aber sie ist für ihren Oheim
parteilisch! und daher kan ich mir sehr leicht vorstellen, daß sie an den Auszügen etwas gekünstelt hat, welche sie aus Herrn Leff * * Briefen
und Unterredungen gemacht hat.   Ich weis immer noch, daß die Liebe dieses Menschen Ernst
war: freilig, dann ist er der meinigen nicht
werth, wenn er meine Standhaftigkeit in der
unwandelbaren Neigung zu ihm, nicht zu schäzen weis, von welcher des Herrn VanVlieten
Geschichte ihm doch, dächte ich, den entscheidendsten Beweis gegeben hat.   Sie ist so groß,
diese Standhaftigkeit, daß ich schon oft im Begrif gewesen bin, dem Herrn VanVlieten rund
heraus zu schreiben, ... doch ich habe mir vor-
genommen, dieses ewige Lied Ihnen heute nicht
vorzusingen.

❈   ❈   ❈

Ich habe einen Anblik gehabt, der das be-
unruhigendste Andenken, welches eine Unglükliche

che nur immer überfallen kan, in mir rege gemacht hat. Schön, aber schwach und auf eine Krüke gelehnt, kam des Handlangers Frau
zu mir.

„Erinnern Sich Ihro Gnaden noch an mich?“
sagte sie, indem sie meine Hände küßte.

Ich erkannte sie augenbliklich, und eilte, ihrer
durch ein Almosen loszuwerden; denn, liebste
Henriette, ich sah in ihr, einen Zeugen vor mir,
welcher aussagen könnte, ich sei Hrn. Leff **
Frau — sie ist die Tochter jenes Gastwirths,
zu Insterburg *) . . .

„Ich komme nicht,“ sagte sie, „ein Almo-
„sen zu suchen; ihr Freund, Herr VanVlieten,
„hat mich so glüklich gemacht, wie mans seyn
„kan.“ Sie erzälte mir hier ihre Geschichte...
„Aber,“ sagte sie hernach, „darf ich denn Ihren
„Herrn Gemal nicht noch einmal sehn? zwar
„ich habe vor kurzem bei Herrn VanVlieten ihn
„gesehn: aber entweder er konnte nicht, oder
wolte nicht sich auf mich besinnen.“

— Liebste Henriette, ich muste in ein andres
Zimmer gehn, um in einer so grausamen Catastrophe mich fassen zu können. Die plözlichste
Erinnerung an alle diese Begebenheiten stürmte
mein Herz; noch heftiger aber ward es
ch den Ausdruk Gemal bewegt. Ich ergriff
er Verzweiflung ein Mittel: „Frau,“ sagte
„ist Sie in der That verheiratet?“

Bb 3   „Ich

„Ich mus es bekennen, nein!"

„Hat Sie Kinder vom Handlanger?"

„Nein, ich bin erst so lange in Königsberg, als Sie."

„Würde Ihre Mutter Sie wieder aufnehmen?"

„Ja; selbst mein Stiefvater."

„Ich habe Ursache, niemand wissen zu lassen, was Sie weis; was soll ich Ihr geben, um Sie zu bewegen, daß Sie sogleich nach Insterburg reise?"

Sie lachte frech, und sagte: „Glauben Sie denn nicht, daß ich deutlich genug gemerkt habe, Ihr Begleiter sei so wenig Ihr Gemal, als Handlanger mein Mann ist?"

— Mein Herz wolte zerspringen: und doch muste ich dies einstefen; kaum konnte ich noch sagen: „Hierin könnte Sie sich irren." Sie lies sich bewegen, Reisekosten zu fordern, welche, so arm ich bin, ich ihr doch mit Freuden gab. Ich sah mich genöthigt, meine Gesellschafterin, diese treue Freundin, zu bitten, daß sie sie in ihr Haus, und von da auf die Post begleiten möchte, um gegen die Zunge dieser Frau gesichert zu seyn. — Dies ist zwar geschehn: aber wenn dies Weib schon vorher, vielleicht gegen Hrn. Puf, geplaudert hat: unwiederbringlich bin ich dann beschimpft! Es ist nicht entschieden, ob ich nicht am Ende des Hrn. Puf Hand annehmen

men kan; weis er meine Geschichte: o! ich kan nicht dran denken!

Wüste ich, wo Hr. Leff** logirte: ich weis nicht, ob ich ihm dann diesen Vorfall nicht schreiben würde.   Es scheint, er halte mich und Hrn. Puf für vest gebunden; aber ich glaube, er würde für seine und meine Ehre sorgen, wenn er wüste, wie sehr sie in Gefar ist.   Denn, kan nicht dies Weib, um noch mehr Wohlthaten von Hrn. Puf zu bekommen, ihm diese erschrekliche Sache schreiben?

Ich bin warlich in der Mitte der fürchterlichsten Irrgänge!

✳   ✳   ✳

O Freude! bis jezt weis Hr. Puf noch nichts. Sehn Sie hier einen Brief von ihm, welchen jener Knabe, sein Spion, mir bringt.

XXXVII.

XXXVII. Brief.

Possum ego in alterius positam spectare lacerto?
Nec mea dicetur quae modo dicta mea est?

PRO.

Herr Puf Van Vlieten an Sophien.

Verzeihn Sie, theuerste Freundin, daß ich es
noch einmal wage, an Sie zu schreiben.
Sie haben mir zwar mein leztes Schreiben nicht
beantwortet: aber ich habe mich darin Ihnen
gern unterworfen, obwol es natürlicher Weise
mir sehr schmerzhaft war, so lange in einer so
verdrüslichen Ungewisheit zu bleiben. Vergeben Sie, daß ich es eine verdrüsliche Ungewisheit nenne: ich bin schwach in der Feder, und
das schikliche Wort, das ich hier sezen wolte,
kan ich nicht finden; und wenn sichs mit dem
Gedächtnis (wie uns doch Herr Gros einmal
sagte,) so verhält, wie mit dem Vocabelnsal, in
einer gewissen Realschule: so ist das auch wol
kein Wunder, daß ich das Wort nicht finden
kan.

Lieber Gott! ich hätte nur nie mich ins Schreiben einlassen sollen!

Ich habe Ihr Stillschweigen, und auch das,
daß Sie sich verbergen, so ausgelegt, daß ich
glaube, Sie wollen meinen Respect und meine
Stand-

Standhaftigkeit auf die Probe sezen, oder sich in
die Einsamkeit begeben, um in einer so wichtigen
Sache, als unsre ist, ganz nach Ihrem Herzen,
und ohn Ueberredung Andrer, verfaren zu können. Doch kan auch die himmelschreiende Be-
leidigung meiner Schwester dran schuld seyn,
die ich nun erst erfaren, und auch gewis scharf
genug bestraft habe.

Ach! ich fürchte, daß mein Brief Ihnen misfallen wird! und wenn ich das nur dadurch
verhindern könnte, daß ich Ihnen sage, daß
niemand drum weis, was ich schreibe, und daß
auch niemand Ihre Antwort sehn soll.

Ich empfinde es am besten, beste Mademoiselle, welche ernstliche und standhafte Liebe ich
gegen Sie habe; ich will mich nicht auf die
Proben verlassen, die ich Ihnen davon gegeben
habe: aber mir ists gewis, mir, sage ich, daß
ich nun aus dem Grunde geprüft bin. Lesen
Sie, ich fleh sie darum an, alle meine Briefe
noch einmal, um zu untersuchen: für was für
einen Mann ich mich ausgegeben habe: und
dann mag Ihr Herz entscheiden, ob Sie bisher
mich so gefunden haben? Ein Matador bin
ich nicht, will ich auch nicht werden: aber ein
ehrlicher Mann denk ich zu seyn, und der, nach
seinem Mahs (vielleicht nicht Sentiments, aber
doch) Grundsäze und Lebensart hat, nach seinem Mahs, sage ich, Mademoiselle. Ich schik
mich drin, daß Sie mich so sehr lange haben

Bb 5 warten

warten laffen; denn ich feh wahl ein, daß ein Frauenzimmer, wie Sie, allerdings Zeit haben mus, sich für einen Mann zu erklären, wie ich. O wenn ich Sie nur davon überfüren könnte, daß ich mich im Grunde der Selen für wenig würdig halte, der Ihrige zu feyn! ich würde auch längst ganz niedergeschlagen worden feyn, wenn nicht das Wort wäre, das Sie kurz vor Ihrer Abreife mir fagten. Ich habe freilig nur spät eingefehn, daß Sie es zurüknehmen konnten, diefes Wort: aber das mufte mich immer wieder ermuntern, daß Sie es doch bisher wirklich nicht zurükgenommen haben.

Was foll ich nun noch fagen? doch das kan Sie unmöglich beleidigen, daß ich mich unterfteh, zu fragen, ob Sie nunmehr mit meinem Betragen zufrieden find: Ift das: fo findet einer von zween Fällen ftatt: Entweder es ift nichts da, was mich abwiefe; und in diefer angenehmen Vermutung beftätigt mich Ihr bisheriges Stillfchweigen: Oder es ift ein Hindernis von etwa einer andern Seite gekommen; und, in diefem Fall, urteilen Sie felbft, liebe Mademoifelle, was ich in diefem Fall thun kan! Wenn ich das Entweder und Oder hier nicht fo ganz richtig gefezt habe: fo formalifiren Sie fich darüber nicht, fondern denken Sie, wie es, (mit Herrn Domine zu fprechen) die ... wie hies es denn fchon? die ... Chofomiker fezen würden.

Bisher

Bisher habe ich Ihr Stillschweigen für ein
gutes Zeichen angesehn, aber diese Auslegung
kan falsch gewesen seyn. Würdigen Sie mich
nun einer Antwort; ein Mann, der Sie mit
Treue meint, kan sich das wol erbitten, zumal
da unser böses Herz so argwönisch ist, daß es
ihm leicht einfallen kan, das Stillschweigen einer Person, die man ehrt, für eine Verachtung
zu halten. Und Verachtung? o! ich müste
nicht mein Landsmann seyn, wenn ich die
trügen könnte; doch fern sei es, daß ich hier
trumpfen wolte! Nichts wird mich mehr
erfreun, als wenn ich Sie recht vest überzeugen
könnte, daß ich mit unwandelbarer Beständig-
keit bin

Ihr treugehorsamster

C. Puf.

N. S.

Ach, urteilen Sie doch aus meinem Schreiben auf nichts weiter, als auf meine Meinung
und Gesinnungen; denn mein Herz kan ich
schriftlich niemals zeigen: ich will sagen: meine
Empfindungen, und was ich im Herzen fühle.
Ich liebe Sie unaussprechlich; das heißt, beste,
liebste Mademoiselle, daß ich Ihnen gar nicht
sagen kan, wie sehr ich Sie liebe, was ich seit-
her ausgestanden habe, und besonders, was ich
empfinde, seitdem dieser Knabe mir gesagt, wo
Sie sind. Schreiben Sie mir nur wenigstens,

daß

daß ich auf ein Viertelstündchen Sie besuchen
darf; denn es giebt gar zuviel Anschein, daß
Sie für mich verloren sind.   O wenns mir doch
am Ende noch glüken solte, wie gern wolte ich
diese Pahr Monate, so schwer sie mir wurden,
vergessen, und wie schön würde die Freude mich
alsdann belonen; denn auch der heutige Tag ist
desto süsser, je öfter ich auf dem Punkt gewesen
bin, alle meine Hofnungen faren zu lassen.

Fortsezung

von Sophiens Briefe an Henrietten L *
zu Elbingen.

En quid agis? duplici in diuersum scinderis hamo:
Huncciñe, an hunc sequeris?

PERS.

Ich habe diesen ganzen Tag mein Pak liegen
lassen.   Freilig werde ich Ihnen die Waf-
fen in die Hand geben; aber ich kans doch nicht
verschweigen, daß wenn auch mein dem Herrn
Puf gegebenes Wort nicht bindend ist, ich dennoch durch mein Herz zu jeder Belonung einer
so standhaften Liebe getrieben werde.   Nur des
Herrn Leff * * Sache ist mir noch nicht deutlich
genug.   Es mus sich doch aufs späteste in acht
Tagen zeigen, ob seine Unterredung mit mir,

unb

und Julchens Nachrichten, nur Prüfungen gewesen sind? Ich fühle wol, daß ich Ihnen hier sehr albern vorkomme; es ist auch bedenklich, daß weder Herr Leß**, noch Julchen weiter etwas äussern: aber ich kan nicht anders; mein Verfaren scheine nun klug, oder thörigt. Allerdings ists ein Unglük, daß Hr. Gros noch abwesend ist.

In sofern ist nun mein Entschlus gefasst, daß, wenn ich Hrn. Leß** nicht zutheil werde, ich nicht unbillig seyn, sondern Hrn. Puf, und, wie ich frölig hoffe, mich selbst glüklich machen will. Hievon geh ich nun nicht mehr ab: ich will acht Tage auf die Entwiklung der Leß** Sache warten; ich denke, ihn bei unsrer Pflegmutter zu sprechen. Macht der Ausgang mein Herz wieder frei, so antworte ich Hrn. Puf unverzüglich. Bis dahin kan ich das weder schriftlich noch mündlich thun; seine Standhaftigkeit läßt mich hoffen, daß ihn dieses lezte Stillschweigen nicht befremden wird. Ich muß mirs gefallen lassen, liebste Henriette, wenn dieses Betragen Ihnen unedel zu seyn scheint: aber ich bin doch gewis, daß mein Herz gut ist. Ists schwach; bin ich verblendet: so haben Sie Mitleiden mit der

unglüklichen Sophie.

XXXVIII.

XXXVIII. Brief.

Ein Mann, von welchem einige unsrer Leser glaubs
ten, wir würden ihn unserm Julchen geben, verschwin=
det auf immer; denn wir könten nicht wider die
Warheit der Begebenheiten.

Jgfr. Nitka an Hrn. Malgre' zu Elbing.

Königsberg.

Unsre Sache, mein Geliebtester, geht sehr gut.
Der Herr VanVketen ist ungleich ruhiger,
seitdem Herr Leff** ihm gesagt hat, daß So=
phie frei ist. Er liebt diesen Mann; aber man
merkt es, daß er sich freut, ihn nicht wieder
auf seinem Wege zu finden; doch war die Tren=
nung sehr rührend. Aber noch rührender, in=
teressanter, als ich es Ihnen schreiben kan, war
Julchens Abschied von Hrn. Leff**. Urteilen
Sie davon, aus dem Beschlus dieser Unterre=
dung. Ihre Herzen schienen erschöpft zu seyn.
Endlich brach Julchen dies feierliche Stillschwei=
gen. Sie legte ein Blatt aufs Clavier; mit
dem reinen Blik der Unschuld führte sie ihn hin;
er spielte, und sie sang mit bebender, aber eben
soviel mehr bezaubernder, Stimme ein Lied auf
seine Abreise, welches sie vor einigen Stunden
aufgesezt hatte.

Eh noch diese entzükenden Töne aus ihrer
vollen Brust hervorbrachen, sagte sie: „Spie-
»len

»sen Sie jezt als ein Freund, der seine Schü-
»lerin zulezt sieht! ich, meines theils, kan den
»treuen Fleis nicht belonen, den Sie auf die
»Bildung meines Herzens gewandt haben: aber
»eine Feier bin ich Ihnen schuldig.«

Der schöne Mann neigte sich, gerührt, und
küsste ihre Hand, indem er die Noten des Blatts
spielte, und die Melodie nach und nach in die
allervortreflichste Ausfürung jedes Hauptgedan-
kens des Compositeurs verwandelte. Es
war schön; hier an zwo gleichgestimmten Seln
die sanfte Ausbreitung der Macht der Musie zu
sehn. Und jezt sang Julchen:

Verwirf es nicht das Opfer sanfter Thränen,
das dir am Saitenspiel die reinste Freundschaft bringt!
Sei glüklich, würdger Freund! Ich will nach dir mich
sehnen,
so lang der Silberton mir klingt.

Du nahmst mein Herz schon in der ersten Jugend;
das göttliche Gesez der Freundschaft lehr'st du mich.
Dies band mein junges Herz; und Redlichkeit und
Tugend
gewann ich lieb, und ehrte dich.

Las mich noch jezt die Ehrfurcht dir beschwören,
die mehr als Dankbarkeit, o! mehr als Liebe ist.
Sie sei dir so gewis, als schon von deinen Lehren
mein Herz die süsse Frucht geniesst.

Und will mein Gott den höchsten Wunsch erfüllen:
und mein gerührtes Herz sagt: „Ja! es wird geschehn!“

so werd ich dich — o Freund! sieh Freudenthränen
quillen! —
einst mit Entzükung wiedersehn. *)

Entzükt, wie mans unter solchen Umständen,
und beim Ausdruk der Melodie in dieser lezten
Zeile, seyn mus, sprang er auf, und umarmte
sie. Hier sah ich, wie schön es ist, wenn zwo
ganz Tugendhafte sich küssen.
— Sie konnte nicht reden.
„O! wie viel zu gros," rief er, „ist dieser
„Lohn! mein Julchen! wie versüssen Sie mir
„diese bittre Stunde!" — Mit sanfter Betrübnis sezte er sich sezt wieder ans Clavier, und
sang, ganz als Virtuose:

O hätten nur
des armen Lebens Tage
nicht Trennungen: so wär bei aller Plage
nichts trauriges in der Natur!

Welch eine Pein:
alsdann uns trennen müssen,
wenn, ganz erschöpft in stillen Thränengüssen,
wir sehn, wie könnten glüklich seyn!

Und welch ein Schmerz:
uns ungewis zu trennen,
ob je ein Kus uns wird erquiken können!
welch Leiden für ein feines Herz!

Die

*) Für Hrn. Hillers Composition von; „Wenn von
„der Flur die satten rc."

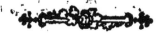
Du beßre Welt!
was mir im ganzen Leben
das Liebste war: wirst du mirs wiedergeben?
Gewis! sobald die Scene fällt!

Das wird geschehn!
und mit entschlosnem Herzen
bereit ich mich zum bittersten der Schmerzen:
mein Liebstes hier nicht mehr zu sehn! *)

Er führte jezt das Ritornel (ich weis nicht,
ichs recht schreibe) welches etwas muntrer
als die Arie selbst, durch etwa funfzig Tacte
; und so einfach auch der Gedanke desselben
so hinlänglich wars ihm doch zu den an-
ehmsten Reprisen. Julchen wikelte un-
essen ein schönes Gemälde, das sie hier hat
ertigen lassen, ins Papier, und gab es ihm
erjenigen Stellung, welche eine Grazie, die
Dichter den Lorber reicht, nehmen würde.
war eine Gruppe von Huldgöttinnen, wel-
sie im Flügelkleide, und an seiner Hand,
näherte, so daß beider Stellung nicht ent-
d, ob sie Ihn, oder er Sie, führte. Die
ungen waren nicht nur getroffen, sondern
ganzen Stük war noch überdem viel Kunst.

Was soll ich Ihnen geben?“ sagte er be-
nt.

Sie

*) zur Gräfschen Compos. von „Besiz ich nur rc.“

1 Theil.   Cc

Sie bat um sein Portrait, welches er ihr
versprach. Er zog ein Schmukkästchen hervor,
und bat sie, einen Ring anzunehmen. „Tra-
„gen Sie," sagte er, „diesen Ring zum Anden-
„ken einer Person, die Sie liebhaben, und über-
„zeugen Sie sich, so oft Sie ihn ansehn, daß ich
„Ihres Oheims Glük von ganzem Herzen
„wünsche."

— Jezt entfernte er sich, indem er, ohne zu
reden, ihre Hand küßte.

Sie reichte ihm die Wange hin, und sagte
in engelländischer Sprache einige Worte, unter
welchen er ihre Hand an sein Herz drükte, und
dann eilig in den Wagen stieg. Sie warf ihm
noch einen Kus nach, und sagte mit holder Miene: „Reißt Euch um ihn, ihr Mädchen! und
„Rosen müssen da aufblühn, wo Er geht!" *)

Ich habe geglaubt, Herr Leff * * sei mehr,
als Julchens Freund: aber es war bei aller
Zärtlichkeit, welche Beide gegen einander zeigten, sichtbar, daß sie mehr gegenseitige Ehr-
furche haben, als unter Liebenden, meinem Bedünken nach, sich finden kan. Ich merke auch,
daß Julchen einen Andern liebt: aber Sie mögen immer einmal rathen, wer das ist? und
wenn

*) — — — Puellae
Hunc rapiant! quicquid calcauerit hic, rosa fiat!
PERS.

wenn Sie es nicht rathen: so liegt nichts dran;
denn ihr Geheimnis wird sich wol so offenbaren,
als in kurzem das unsrige.

Fortsezung.

Ein Auftritt einer ganz andern Art, nebst Lieschens Portrait.

Herr Puf ist jezt lustig, wie ein Fink; ich glaube — ich wolte sagen: ich fürchte — daß
er mit Sophien wieder auf einem guten Fus ist!
Gestern kam Sophiens Cosak an. Sie selbst
hat ihn kommen lassen. Herr Puf hätte den
grämlichen Kerl beinah umarmt. „Sie ist
„jezt,“ sagte er, „nicht da, das liebe Kind; bis
„sie komt, kanst du hier bleiben, mein Sohn,
„und kanst dich drauf verlassen, daß du mir will-
„kommen bist!“ und das muste ich verdollmet-
schen. Er that viele Fragen an ihn, Sophien
betreffend, so, daß ich ganz klar sah, wo die
Gloken hängen. Er hat heute diesen Mann
polnisch, und sehr schön, kleiden lassen, und dieser spricht von Sophien mit eben der Andacht,
mit welcher er vom heil. Alexander Newsky
spricht. Ich erfare, weil er sehr richtig polnisch
spricht, sehr viel von Sophiens geheimer Geschichte; und ists alles so wahr: so ist Sophiens
Treulosigkeit ihr einziger Fehler; ich dächte aber,

sehr

sehr viel verdekten Hochmut an ihr gesehn zu
haben — wenigstens merkt man, daß Herr
Puf, ich, und andre ehrliche Bürgerleutchen,
ihr zu schlecht sind.   Er erzält mir auch, daß
Igfr. Pahl an eine Mennonisten-Gemeine nach
Holland abgeschikt ist, woselbst ihr Schiksal hart
genug werden kan.

Unter dem Vorwand, das Zimmer abzu-
schliessen, als Julchen den Herrn Leff * * bis in
die Hausthür begleitete, schlupfte ich hinein;
nicht aus Neugier, wie wol zu merken, sondern „blos um den Ring zu sehn."   Es ist
Sophiens Porträit, von einer Meisterhand
gemalt, und gefasst.   Ob er es von Sophien
selbst bekommen hat, weis ich nicht.   Ich würde schon so bösartig seyn, dies zu glauben, wenn
ich mich nicht aus ihren Erzälungen erinnerte,
daß auf dem Postwagen ein Maler mit ihr gereiset ist.   Soviel ist nun leider gewis, daß sie
wieder frei ist, und daß also unser lieber Herr
Puf mit ihr wird b e s a l b t werden. —   „Hört,
„Kinder," sagte er jezt, als er zu uns in Julchens Zimmer trat; „guten Mädchen helfe ich
„gern von einem schlechten Kerl: aber ich helfe
„ihnen auch gern zu einem guten Mann; Jul-
„chen? hee?"

— Julchen küsste ihm die Hand; und wenn
er so scharf säh, als ich: so hätte er ein Gesicht
gesehn, in welchem, so weise es war, leserlich
geschrieben stand: „Herr Oheim, wir wollen
„das,

das, weils so übel eben nicht ist, fleissiglich ad deliberandum nehmen."

"Und Sie, Mäuschen?"

"Je nun! es fände sich wol ein Gehorsamer; aber" (indem ich ihm die flache Hand hinhielt) "pflüken Sie mir da einmal ein Haar heraus?"

"Gut, gut, Wärmchen, dem Leidwesen kan, wie sie zu Wezlar schreiben, abhülfliche Nahsse geleistet, und die deshalb obwaltende Irrungen können des nächstfordersamsten abgestellt werden. Nur einen Burschen nach meinem Sinn; mein Wort werde ich schon halten."

"So ein Bursch," (sagte ich ihm ins Ohr) "wäre meiner Treu! Herr Malgre'!"

— Er sah mich mit grossen Augen, aber tiefsinnig, an; "der? Mamsell Hochmut," sagte er, der wird Ihr was brummen. Hören Sie, dessen Umstände haben sich gar sehr geändert! Gleichwol, damit des Redens von Loschchen einmal ein Ende werde; so wärs bei uns allen mir lieb, wenn Sie Ihr Rez auswürfe, oder Ihren Angel; den Pihras *), der drauf steken mus, will ich besorgen. Ich hoffe beinah, daß Ihr schon richtig seyd?"

"Werden könnten wir es in zwei Posttagen."

"Das wäre der Kukuk! ich hätte das doch nicht gedacht, daß Malgre' nichts weiter sucht,

Cc 3 "als

*) Regenwurm.

„als ein Plappermäulchen mit rothen Lip-
„pen, ein paar Schalksaugen, ein Stuznäs-
„chen, eine veste Schnürbrust und ein Gericht
„fette Arme.“

„Sie wären also im Nothfall erbötig, ihm
„sein christlich Vorhaben auszureden?“

„Ich bin ihm so gut, wie meiner Sele: aber,
„Kind, er wird Ihr die Ohren vom Kopf ver-
„spielen, und dazu habe ich Sie zu lieb.“

„Oho! meine Ohren sind mir auch lieb. Wol-
„len Sie es schriftlich haben, daß er nicht mehr
„spielen wird?“ (indem ich Ihre lezte Antwort*)
hervorzog) „aber fassen Sie sich: es ist etwas
„abscheulichs!“ und dann gab ich nach einer
kurzen Einleitung den Brief hin.

Er las ihn ganz, erblaßte, und sank vor
Julchens Prie-dieu auf die Knie, stand nach einem kurzen stillen Gebet auf, und verließ uns,
indem er die Augen abtroknete.

Er kehrte sich in der Thür um, und sagte vor
Rührung schluchzend: „Nun kan Sie ihn sicher
„nehmen, oder er müste kein Mensch mehr
„seyn! —“ „Noch eins,“ (da er nach einer
halben Viertelstunde zurükkam) „ich werde
„keine Summe bestimmen: Herr Malgre' kennt
„mich schon: genug Ihr sollt beide glüklich seyn.“

— Folglich, mein Geliebtester, beruht alles
auf Ihrer, wie ich hoffe, baldigen, Zurük-
                                            kunft.

*) S. 264. f. f.

kunft. Da werde ich Ihnen mündlich sagen, mit welchem Herzen ich bin

Ihre treuste und dankbarste
Elisabet Nitka.

XXXIX. Brief.

Quid plus videret, qui intrasset?

QVINTIL.

Herrn Gros an den Prof. T* zu Königsberg.

Capiau.

Nichts, mein T*, kan ich Ihnen von meinen Empfindungen beim Anblik meiner Mutter sagen; wie wär es möglich, ihre tausendfache Verschiedenheit, die sanfte Gewalt, mit welcher sie ausbrachen, und meiner Mutter wohlthuende Erwiederung derselben, zu beschreiben! Meiner Mutter Anrede an mich — ich hätte nie geglaubt, daß unsre Sprache dessen fähig ist! doch, was sage ich? das Herz macht ja die Sprache. Das ihre legte seine ganze Unordnung in die Wortfügung dieser Ersten Anrede. Ich möchte sagen, es war das

Per ego te fili &c. *)

Cc 4 Aber

*) Wollen unsre jungen Leser sich einmal etwas zu gut thun: so empfehlen wir ihnen die ganze Stelle zu lesen, im Livius B. 23. N. 9.

Aber beschreiben kan ichs nicht, und überhaupt
nichts sagen. — Genug, sie fängt an zu genesen, und ich hoffe, in wenig Tagen in Haberstroh zu seyn.   Möchte ich doch da Briefe
finden, um zu erfaren, was in Königsberg vorgeht!

Bereiten Sie sich zu einer sehr befremdenden Nachricht: aber niemand müsse etwas davon erfaren.

Ich war einige Stunden mit meiner Mutter
allein gewesen, als sie anfieng, grossen Unwillen gegen Sophien zu äussern; denn   Herr
Leff** hatte meiner Mutter die ganze Veränderung seiner Gesinnungen gestanden, und sie
vom Grunde und Ungrunde der Erwartungen
Sophiens belehrt. „Wir wollen,“ sagte meine Mutter, „unsre Hand nicht von ihr abziehn;
„aber überreden wollen wir sie nicht, den Herrn
„Puf zu nehmen. Entsagt Er ihr nicht: so
„ist sie um soviel glüklicher, je gewisser es ist,
„daß sie seiner nicht mehr werth ist.“

Ich bedaure Sophien, bei aller Misbilligung ihrer Sprödigkeit, (und, wie ich fürchte,
verbuhltem Wesen) von Herzen, und suchte meiner Mutter Herz für sie wieder zu wenden.

„Ich werde thun, was ich kan,“ sagte sie:
„aber du kennst meine, ohne Vergleichung wür-
„digere, Pflegtochter noch nicht. O mein
„Sohn, wenn sie dich lieben kan, und du frei
„bist . . . .“

— Ich

— Ich erschrak! Freilig, mein T*, bin ich frei: aber kan ich bei dem nagenden Kummer, für Julchen zu arm seyn, an Liebe denken?

Meine Mutter merkte meine Bestürzung. Sie lächelte, so krank sie war: „du müßtest sehr vest „gebunden seyn, wenn meine Pflegtochter dir „nicht, wie mir, gefallen solte,“ — und in diesem Augenblike klingelte sie.

Schön, wie Julchen, trat iezt eine Person von sechs bis acht und zwanzig Jahren ins Zimmer. Sie blieb plözlich stehn, legte die Hand auf die Brust, und sagte mit kaum hörbarer Stimme: Ists möglich, Herr Feind? ists möglich!“

„Meine Christine!“ rief hier mein Herz, und vielleicht auch mein Mund, und schnell ergrif ich ihre Hand, um sie auf einen kleinen Stul an meiner Mutter Bett zu sezen, welche über diese unvermuthete Zusammenkunft sehr bestürzt war: aber hier verlies, denn ich bin durch Gram matt geworden — die Stärke, welche ich mir zutraute, verlies mich hier. Ich küßte diese Hand, aber meine Knie wankten, und ich verlies mit Müh das Zimmer.

Ich darf Ihnen wol nicht erst zur Erläuterung sagen, daß dies jene Christine war, meines Leydenschen Wirths Tochter?*) Ihr Mann ist gestorben, eben da er im Begrif war, ihres Vaters grosses Vermögen, nachdem er sein eignes verschwendet hatte, anzugreifen. Sie hat es in die Bank gelegt; dies weis aber,

Ee 5   ausser

*) S. 27. f. f

auſſer meiner Mutter, niemand; und aus Gründen, welche auch dieſe nicht weis, lebt ſie in
einer Eingezogenheit und Enthaltſamkeit, welche bis zur Dienſtbarkeit gegangen iſt.

Ich ward bald wieder zu meiner Mutter gerufen. Sie ſagte mir mit vieler Ruh: „Ich
„habe oft mit Chriſtinen geſcherzt, und, (ich
„geſteh, es war unbeſonnen, wie wir Alten in
„ſolchen Dingen es oft ſind) in dieſem Scherz
„ſie Schwiegertochter genennet. Sie hat dies
„mit angenehmen Scherz erwiedert: aber jezt
„hat ſie ſehr ernſthaft mit mir geſprochen. War
„deine Beſtürzung, liebſter Sohn, eine alte Lie-
„be: ſo beklage ich dich! Chriſtine hat mir jezt
„mit einer ganz auſſerordentlichen Faſſung ge-
„ſagt: „Es giebt einen Mann, der ſich meiner
„erbarmte, als ich die Hungerleidende Sclavin
„meines Mannes war. Er weis nicht, wie
„reichlich ich ihn belonen könnte; er hat nie ei-
„ne Belonung gefodert: aber ich habe ein Herz,
„welches ihn belonen ſoll, wenn ich ihn je
„wiederfinde, und er es zu beſizen wünſcht.
„Ich kan nichts mit ſtärkrer Leidenſchaft wün-
„ſchen, als daß er lebe, und dieſer Wunſch
„iſt das Einzige, welches Ihrem Sohn ent-
„gegen ſteht. So lange mein Herz ſo ſteht,
„kan ich nichts weiter, als die beſte Freundin
„ihres Sohns, ſeyn. Sagen Sie ihm das: ſo
„können unſre Tage in Haberſtroh ſehr ſchön
„verflieſſen.“

Ich

Ich gesteh es Ihnen, mein T*, daß ich Christinen geliebt habe. Sie wissen was mich hinderte, sie zu heiraten: aber Sie wissen nichts,
was mich veranlaßt hätte, meine Liebe zurük
zu nehmen; und im grunde ist auch nie eine solche Veranlassung dagewesen. Mit Lorchen *) würde es mir nicht schwer werden, in
Einem Hause zu wohnen; denn meine Liebe zu
dieser ist, was auch die vorgeblichen Kenner
des Herzens dawider sagen mögen, Hochachtung und Freundschaft geworden. Aber hier
verhält sichs ganz anders! Wird nicht Christinens Gegenwart in meinem Hause meiner Ruh,
dem einzigen Gut, welches noch meine Wünsche hat, nachtheilig seyn? Ich bin ihr die allerhöchste Verpflichtung schuldig; denn sie ist
die Retterin meiner Sele, wenn ich auch das
Leben, welches ich ihr zu danken habe, nicht
rechnen will. Ich empfinde in meinem Herzen
die Gewalt dieser Dankbarkeit. Wird diese
nicht irgendeinmal meinem Herzen zu stark werden? Freilig bin ich sicher, so lang ich thörigt
genug bleibe, eine Erwartung zu unterhalten,
„welche Julchen aus Mitleiden vernichten wür
„de, wenn sie sie wüste;“ gleichwol liegt mir
dran, dieser thörigtsten aller Hofnungen als
ein Mann zu widerstehn, und ihrer loszuwerden. Geschieht dies: (o du schwaches Herz, ge

steh,

*) Kammerjungfer im von L*schen Hause s. den 2ten
Theil.

seh, daß das geschehn mus) darf ich dann je=
nes unschäzbare, die Ruh hoffen, so lang ich
eine Person vor mir seh, die so gewis, als ich,
weis, „daß sie mit mir ungleich stärker verbun=
„den war, als Bande der Freundschaft binden
„können?“ Und wenn vollends, ich will mich hier
einmal dem ganzen Zuge meiner Thorheit über=
laßen; wenn irgendeine Wendung eines Schik=
sals mich es einst wagen liesse, Julchens Herz
anzusprechen: würde dann nicht Christinens Auf=
enthalt in meinem Hause um soviel beunruhi=
gender für Julchen seyn, je mehr mein Herz
mich drängt, von diesem Augenblike an alles
erdenkliche zu thun, um Christinens unaus=
sprechliches Verdienst um mein ganzes Leben zu
belonen? O mein Freund, ich glaube nicht, daß
je eine Crisis meiner Lage derjenigen glich, in
welcher ich jezt bin.

Fortsezung.

Vollständige Beschreibung der bekandten Person.

Ich habe diesen ganzen Tag mit meiner Mut=
ter, und mit Besorgung einer grossen An=
gelegenheit eines meiner Freunde, mich beschäf=
tigt, und bin etwas ruhiger.

Man solte glauben, nichts könne liebenswer=
ther seyn, als Christine; Verstand, Gottes=
furcht,

furcht, Sanftmut, Redlichkeit; Demut —
doch das alles sagte ich ja schon in dem Wort
Göttesfurcht; — Belesenheit, Genie zu allem,
was ein Gegenstand des weiblichen, aber feinsten, Genie seyn kan, Offenherzigkeit, Frei-
mütigkeit, unveränderlicher Gleichsinn; hiezu
hohe Schönheit, Gesundheit, eine stille Heiterkeit, und dann eine Annehmlichkeit, die sich
über alles verbreitet: so gewis das Julchens
Bild ist, so gewis ists, daß Christine nur einzig durch jene unnachahmliche Kennzeichen eines
nicht mehr freien Herzens sich von Julchen un-
terscheidet.

Christine (denn so nennt sie sich immer noch)
schien gestern zu wünschen, mit mir allein zu
seyn.   Ihre Unterredung betraf die selige Geschichte der Aenderung meines Gemüts.   Welch
ein verehrungswürdiges Frauenzimmer ist meine Freundin! Gleichwol dünkt mich, sie wolle
mir sonst noch etwas sagen.   Ich bat sie, ich
weis nicht, in welcher Verwirrung, um Ihre
Geschichte: „Sie hatten,“ sagte ich, „nie Ge-
„heimnisse für mich . . .“

— Sie unterbrach mich: „Ich habe Ihnen
„Einmal ein Geheimnis entdekt; und so sehr edel
„Sie sich auch dabei verhielten, und so sehr mei-
„ne Hochachtung jedesmal zugenommen hat,
„wann ich hernach (und ach! sehr oft) an die-
„sen Auftritt gedacht habe: so sehr bin ich doch
„überzeugt worden, daß es Geheimnisse giebt,

„welche

„welche ein Frauenzimmer verschweigen
„mus.“

— Was heißt das, mein T*? und warum
sagte sie das mit einem starken, aber bezaubern-
den, Nachdruk, und warum brach sie plözlich
die Unterredung ab? „Das Einzige sagen Sie
„mir noch,“ sezte sie hinzu, „in welchen Län-
„dern und Städten sind Sie seitdem gewesen?“

— Ich sagte ihr das; meinen Aufenthalt
in Teschen muste ich ihr aufs umständlichste
beschreiben; denn der Umgang, den ich daselbst
mit den ehemaligen Zuhörern meines obersten
Klosterbergischen Lehrers gehabt habe, ist mehr,
als alles andre, zur Befestigung meines Herzens gesegnet worden. Ihre Freude war unbeschreiblich — und o was kan herrlicher seyn,
als eine heilige Freude ohne Schwärmerei! —
Wir sprachen sehr lange, und zulezt von andern
Gegenständen; und jezt ward sie zu meiner Mutter gerufen.

Aber, mein Bester! mein Herz wendet sich mit
Gewalt zum Gedanken an Julchen; wenigstens
auf eine Art, die mit denjenigen Erscheinungen
für die Selenlehre, die Ich gesehn habe, nichts
gemein hat.

Es erniedrigt mich, mir selbst bekennen zu
müssen, daß ich nach so mannichfaltigem Wechsel der Begebenheiten meines Lebens, und in
einem Alter von beinah dreißig Jahren, so thörigt bin.

Meine

Meine Mutter übertrift an Vortreflichkeit alles, was die aufs höchste gespante Einbildungs-
kraft angeben könnte. — Von Christinen hat
sie in diesen Tagen kein Wort wieder gesprochen.

Im Augenblik bringt ein durchgehnder Cou-
rier mir Briefe aus Petersburg. Welche Freude, Hrn. Leß ** so glüklich zu sehn! Vermutlich ist er Petersburg iezt schon näher als Königsberg. Ein fürstlich belohnter Tugend-
freund! welch eine Aufmunterung für die Welt!

Ihr Fürsten! welch ein Lobgedicht!

möchte ich mit Gellert sagen! Wie gern hätte
ich ihn noch Einmal gesehn, diese Seltenheit,
»einen Mann, der genau so glüklich ist, wie
»er es zu seyn verdiente!« Wie viel zu gut war
der Mann für Sophien! Wie offenbar ist sie
seiner unwerth!

Hunc optent generum rex et regina! *

*) PERS.

XL. Brief.

XL. Brief.

Spes facilem Nemesin spondet mihi, sed negat illa.
Hei mihi, ne vincas, dura puella, Deam.

TIB.

Hr. Puf Van-Vlieten an Hrn. Past. Gros zu Tapiau.

Königsberg.

Ich erfare eben jezt erst, daß Sie noch in Tapiau sind, und nun schreibe ich Ihnen vor Freuden, und vor Herzleid.

Vor Freuden; denn erstlich vertragen wir uns, wie ein Pahr Kaninchen, ich und meine Schwester; vors andre ist mein Julchen nun wieder frei, wie das Vögelchen auf dem Baum; herzlich vergnügt; vors dritte ist mein Freund Leß * * jezt ein ganzer Kerl geworden, (es muß doch da im Senat kluge Köpfe geben) und endlich ist mein Gefatter Malgre' frei von Schulden, und — arriche aures Pamfile — frei vom Spiel; nimmt sich auch, wie recht und billig, eine wakre Frau.

Aber nun auch ein Wort von meinem Herzleid.

Herr Pastor, ich glaube ich hätte mich mit Sophien nicht einlassen sollen; ich seh, sie wird mich dahin pflanzen.   Ich habe an sie

am

am Freitage geschrieben. Ich wolte ein bischen
von der Leber wegreden: aber es übernahm
mich; mein Herz wolte nicht so wie ich, und ich
muste schon so demüthig schreiben, als wenn ich
ihr gros Unrecht gethan hätte. Ich bat sie um
ein Zeilchen Antwort, oder daß sie wenigstens
mir erlauben möchte, auf einige Minuten zu
ihr zu kommen. Wie es mit Hrn. Less** und
ihr steht, das hatte mein treues Julchen ihr
klar heraus geschrieben. Nun lies ich es gut
seyn, bat auch Julchen, nicht mehr an sie zu
schreiben; denn Ueberredung kan ich in solchen
Dingen nicht leiden; wie?

Das sind gottlob drei Tage, und ich habe
nicht Stimme oder Antwort!

Das, dünkt mich, geht ins Ganze!

Hören Sie Herr Pastor, das habe ich ums
Mädchen nicht verdient!

Verschweigen Sie nur alles, was vorgegangen ist; ich will es auch so hinnehmen, als wenn
der Hund mich gebissen hätte.

* * *

Aber sehn Sie, wie wahr es doch ist, daß
alte Liebe nicht rostet! Ich habe mir nicht helfen
können, ich Narr, ich habe hingeschikt und
mich melden lassen. Lebensart hat sie, das
weis ich; und nun wirds ja nachmittag sich zeigen müssen, wie, oder wann? Dringen werde ich
sie nicht, so wenig, wie ich das schriftlich gethan

VI. Theil.   Dd   habe;

habe; von Herrn Leſſ ** werde ich auch nicht
reden; dazu habe ich das gute Kind vielzu in-
niglieb. Aber davon werde ich ſie heute zu
überzeugen ſuchen, daß ich ein ehrlicher Mann
bin, und daß ich das, was bisher geſchehn iſt,
ganz ruhig auf die Rechnung der Jugend, oder
der dummen Erziehung ſeze, da man den Kopf
der jungen Mädchen voll Eitelkeit gieſſt. Denn,
iſts nicht wahr, daß man die kleinen Geſchöpfe
immer zum Spiegel führt? ihnen vom hübſchen
jungen Bräutgam vorpapert? ihnen dumme
Romanen in die Hand giebt? und daß, wenn
das Töchterchen einem Menſchen, welchem die
Frau Mama nicht grün iſt, brav grob und
ſpröde (doch das Beides iſt wol einerlei) begegnet, daß, ſage ich, dieſe alte Butterhexe
vor Freuden und Lobeserhebungen dann gleich
auf der Ofengabel zur Feuereſſe hinaus fahren
möchte? Ich lege hier Ihrer würdigen Mama
nichts zur Laſt, ſondern Sophiens Mutter, die
heimlich mit dieſem wakern Mädchen Briefe ge-
wechſelt hat, wie ich von guter Hand weis, mag
wol ſo ein Kräutchen geweſen ſeyn. Doch,
Gott habe ſie ſelig; ich kan ihr vielleicht unrecht
thun. Wie dem ſei: Sophie hat ein gutes Herz
und Verſtand.

* * *

Nun ſage ich Ihnen kein Wort, Herr Paſtor!
Abgeſchlagen! In der That: „Sie würde ſich
„die

„diese Ehre ein andermal ausbitten.« — Wohl
an! des Menschen Wille ist sein Himmelreich;
und hör Puf: wenn du dich darüber kränkst: so
bist du kein Kerl. Was? das Käzchen solte dich
noch Einmal pöten und dann dich wegschleu-
dern? *)

Und so troken weg: „sie würde sichs ein an-
»dermal ausbitten!« keine Ursache angegeben;
keine Entschuldigung! Nun gut, gut, gut
Jungfer — meine Schwester sagte wol heute,
„sie wundre sich, daß ich so gar keine Fein-
»heit hätte, und es über mein Herz bringen
»könnte, mich noch einmal melden zu lassen, und
»mich einem refus auszusezen;« und das Wort
refus stieg mir auch gar sehr in die Krone: ich
dachte aber doch nicht, daß es so kommen würde. Daß ich das Mährchen der Stadt geworden bin, das jukt mir auf dem Wirbel. **)

*　　　*　　　*

Montags
Ich will jezt siegeln, und also vorher das
noch einmal durchlesen: — aber ich kan nicht.
Ich wollte, daß ich nicht so geschrieben hätte;

Dd 2　　　　　denn

*) Fallaci dominae iam pudet esse iocum!

PR.

**) Heu me! per vrbem (nam pudet tanti mali;)
Fabula quanta fuit.

HOR.

denn kan sie nicht sehr wichtige Ursachen und
Abhaltungen gehabt haben? wie?

Ich will noch so einige Tage warten; und
komt dann nicht ein Briefchen, oder eine Einladung: nun, alors comme alors.

XLI. Brief.

Eine Vergleichung mit einer Truthenne.

Henriette L* an Sophien zu Königsberg.

Elbingen.

Ich denke, daß ich Ihnen nur ganz wenig zu
sagen habe, denn ich mus und will heut
ernsthaft schreiben; und da las uns ja Herr D a-
g e s c h aus seinem allzeitfertigen Briefsteller, die
klügste Anmerkung die drin stand, vor: „Wenn
„man ernsthaft schreiben und schelten will: so
„thun kurze Briefe mehr Wirkung als lange.“
Ich habe heut auch Musse — so böse ich bin:
so mus ich doch hier noch den Bayle anfüren,
der einen langen Brief so schliesst: „Pardon ſi
„ma lettre est un peu longue; je n' avois pas
„le tems d'en faire une courte! *)

Wissen Sie demnach, daß mein Haus Ihnen
offen steht; (denn der Junge soll durchaus ein
Fran-

*) d. i. „Verzeihn Sie, daß mein Brief so lang ist:
„ich hatte nicht Zeit einen kurzen zu schreiben.“

Franzos werden, so, daß er nicht einmal deutsch
schreien soll) daß ich aber auf keinen Ihrer
Briefe mehr antworten werde, es sei denn, daß
Sie ihn Sophie VanVlieten unterzeichnen, wenigstens mich versichern, daß Sie nächstens so
heissen werden. O Sophie! Sophie! machen
Sie, daß Ihr Kopf wieder auf seine vorige
Stelle komme. Kan man deutscher reden, als
Herr Leff** auf dem Ball? und Sie verstehn
ihn nicht? bekommen einen Korb, und sehn nicht,
daß das Ding ein Korb ist? Kan man redlicher
seyn, als Julchen? und Sie glauben, sie habe
an den Auszügen aus Herrn Leff** Gesprächen
und Briefen gekünstelt? — Die Empfindung für
die Ehre meines Geschlechts, besiehlt mir, Ihre
Briefe nächstens zu — verbrennen.

Ihr lezter Brief läfst doch dem Herrn Van-
Vlieten Gerechtigkeit wiederfahren: wie kan ich
aber einem Herzen trauen, welches in eben der
Stunde verwirrt — das ist das gelindeste
Wort — verwirrt genug war, noch zu hoffen,
es werde Hrn. Leff** zu theil werden? Wo ist
denn Ihr übermenschlicher Herr Leff**? noch
immer in Königsberg, ohne daß er oder sonst
jemand, nicht einmal der Junggesell, Ihr Be-
schützer (das klingt auch erbaulich; obwol ich
merke, daß dieser Magister Kübbuts ein wakrer
Mann ist) es Ihnen meldete? Und doch lieben
Sie das unsichtbare (wenigstens, ich wette,
unsichtbar gewordne) Geschöpf, noch immer

stand-

standhaft weg? Doch so konnte man schon vor
fünf bis sechs Monaten, Sie fragen! Ich habe
Sie schon lange mit jener Truthenne verglichen,
die treulich über einem kleinen Stein brütete,
welchen sie für ein Ei hielt.

Ja Sophie, das mag Ihnen wol weh thun:
aber halten Sie mir nur still; zimpern mögen
Sie immerhin. Weiter also: was dünkt Ihnen
dazu, daß weder Herr Groß noch unsre Pflegemutter, noch Julchen an Sie schreibt? Sollten
diese Alle nicht des Tändels — ei! nur heraus:
— des kindischen (denn das ist doch sanfter
als: des unredlichen) Betragens müde geworden seyn? Ich, in meiner Unschuld, denke, daß
sichs in der That so verhält.

Ich habe — sehn Sie sauer, wenn Sie wollen — von der ganzen Sache hie und da ein
Wörtchen, unserm guten Nachbar, Herrn Wal-
gre, erzält. "Ich kenne," sagte er, "Hrn. Puf,
"ohn jedoch ihn in ähnlichen Umständen gesehn
"zu haben, eine kurze Zeit ausgenommen, da er
"in Hamburg im Begrif war, sich zu verlieben,
"wenn nicht die Schöne der Madame VanBerg
"zu arm gewesen wäre; und im Vorbeigehn sei
"es gesagt; die Madame VanBerg würde auch
"bald anfangs Sophiens Sache unterdrükt ha-
"ben, wenn Er nicht, als der Verdrus in Ham-
"burg abgebrochen zu haben, einst erwachte,
"mit grössester Strenge ihr untersagt hätte, sich
»je

»se wieder in seine Sache auf diese Art zu mi-
»schen. Nicht Rache, sondern die Warheit
»dringt mich, Ihnen zu sagen, daß diese Frau
»in Königsberg sehr falsch geworden ist; denn
»an den Gränzen sind die Einwohner gewön-
»lich falsch, und Preussen gränzt die Länge hin
»an Polen. Glauben Sie, daß sie es mit So-
»phien noch nie treu gemeint hat. Ich habe
»mich gewundert, daß die kluge Sophie das
»nicht gemerkt hat. Die Madame VanBerg
»schmeichelte ihr, um Herrn Puf dadurch zu ge-
»winnen, dessen Beitritt und Vorschub sie such-
»te, um die russische Lieferung übernehmen zu
»können. In diesen Zwek wandte sie alle er-
»sinnliche Ueberredung bei ihr an; aber als her-
»nach, wider ihre Erwartung, Sophie ihr Ja-
»wort gab da war dieser falschen Frau Bestür-
»zung sichtbar. — Ich wolte sagen, daß ich
»Hrn. VanVlieten genau genug kenne, um So-
»phien prophezeien zu können, daß er nunmehr
»schwerlich noch Einen Versuch machen wird.
»Er lies sich, wie ich zulezt nach Königsberg
»kam, und Sophie verschwunden war, von ei-
»ner Rükreise nach Hamburg etwas verlauten.
»Es war schon merkwürdig genug, daß er her-
»nach wieder so stark für Sophien seufze.«

— Und jezt, Kind, seyn Sie vernünftig. Antworten Sie Hrn. Puf, wo es noch Zeit ist, diesen Augenblik. Lassen Sie ihn zu sich kommen;
und eh er komt, falten Sie Ihre Hände und

Dd 4   dan-

danken Sie Gott, daß er die Liebe eines Manns
Ihnen erhalten hat, welcher noch jezt der gan=
zen Liebe werth ist; die Sie bei Ihrer Abreise
aus Königsberg ihm mit Freuden betheuerten.
Es ist unverantwortlich, daß Sie seinen Brief
nicht noch an demselben Tage beantwortet
haben! Wo Herr Leſſ** Sie liebt: so heiſ=
ſe ich Clas Niclas: doch es ist armselig, Ih=
nen beweisen zu müſſen, daß das Eis —
eiskalt ist!

Sie da! Jezt gleich hätte das ein Histör=
chen mit meinem Mann werden können! Seit=
dem ich in guter Hofnung bin, will er unter
andern mich nicht mehr Mittagsruh halten
laſſen: ich seh auch wol ein, daß der Knabe
auf diese Art eine Schlafmüze werden kan.
Jezt hatte ich (wie oft heimlich geschieht) mich
hingelegt; aus Verdrus über Sie, gläube ich;
ich hatte auch recht süs geschlafen. Auf ein=
mal höre ich ihn niesen. Ich hatte kaum die
Zeit aufzuspringen, und ehrbar, meinen Gel=
lert, oder so was, in der Hand, mich aus Ca=
min zu sezen, als er hochpreislich ins Zimmer
trat. — Waran er Unrath merkte, das
bringe ich nicht heraus. »Liefeſt du schon lan=
ge hier, mein Engel?«

— Es

— Es ist nun was impertinentes um das Lügen: und doch war ich — ich möchte nicht gern sagen, niedrig genug — ich war Gedankenlos genug, um zu antworten: „Seitdem „wir vom Billard gegangen sind.“

— Er sah mich liebreich, aber forschend an.

Da sahs ich, und sah aus — wie ein Narr.

„Schon so lange?“

— Hätte ich da nicht reden können? Ja wohl; ich redete: „Sie glauben vermuthlich, „ich habe geschlafen?“ —— Ach Sophie! ich „glaube, ich habe kein gutes Herz! ich warf die „Nase auf, indem ich dies sagte.

„Hier,“ sagte er, indem er die Blasröhre ins Kamin hielt, wo wärend meines Schlafs das Feuer bis auf eine oder zwo Kohlen verloschen war, „hier ists sehr kalt.“ Zugleich schlug er en Vorhang zurük, legte die Hand auf die Stelle, wo ich gelegen hatte, und sagte: „und „hier ists sehr warm.“

— Ich wolte hier etwas maulen: aber sehn Sie, wie wundernswürdig mein guter Schütz eist mir heraus half. Ich sprang lachend zum Flügel, faßte ihn bei der Hand, schlug ihm Noten auf, die er kannte; „Singen Sie geschwind einmal, eh Sie mich prügeln,“ und zugleich schob ich diese Stanze unter die Noten:

Der

Der Mann:

„Ich war ein holder Bräutigam:
„Wer untersteht sich, hier zu widersprechen?
„Mein Bräutchen war ein liebes Lamm:
„So mußte ihr und mir das Herz vor Liebe bre-
„chen!“

Jezt erhob ich meine helle Stimme, und
sang nach eben den Noten:

Die Frau:

„Still, Mann! denn jezt bist du ein Bär:
„und troz sei dem, der das mir läugnen solte!
„Und kämst du jezt als Freier her:
„du solltst mit Schrecken sehn, wie ich dich fegen
wolte!“

Fortsezung,

aus welcher die bezeichnete Stelle sehr füglich
im Calender des nächsten Jahrs abgedrukt werden
könte.

Es war entweder dem lieben Mann nie eingefallen, mich für ein Stükchen poet
zu halten, oder er hatte die Feinheit, diese Verse nicht ganz schlecht zu finden: kurz, die Sache
nahm die glüklichste Wendung von der Welt,——
Ich kan nunmehr wol mit Gewisheit glauben,
daß niemals wieder eine Wolke über unsern lieb-
lichen

lichen Ehtag hinbrausen wird. Nur eins möchte ich unsrer Pflegemutter abfragen: „Wie
„macht mans, um gutes Gesinde zu haben?"
Meine Leute, wie Sie selbst anmerkten, sehn
nicht wie Geschmeis aus: und doch kan ich mit
ihnen nicht zurecht kommen.   Je besser mein
Mann mit ihnen fertig wird, desto mehr mus
ich befürchten, daß ich die Kunst nicht versteh,
mit dem Gesinde umzugehn; und doch schäme
ich mich, meinen Mann das merken zu lassen.
Je künstlicher wir Frauen sonst unsre Schwäche
zu verbergen wissen, desto unangenehmer ist jeder, auch der kleinste, Vorfall mit dem Gesinde, weil wir bei jedem voraus sehn, daß wir
beim Ehherrn eine schlechte Rolle spielen werden, indem ihm nichts leichter zu seyn dünkt,
als das, sich bei Geringern Ansehn, Furcht und
Gehorsam zu verschaffen. Ich weis nicht, worin ich es verseh? ich bin liebreich und mildthä-
tig gegen das Gesinde: ich lasse sogar einige
Herablassung und Vertraulichkeit gegen diese armen Geschöpfe bliken: jedoch verzärtle ich sie
auch nicht; denn ich schelte nachdrüklich bei jedem Versehn, und höre gewis nicht eher auf, bis
ich das letzte Wort habe. . .

* * *

Von Hrn. L* Hand.

„Ich aber bin liebreich: aber nur insofern,
„als ich die Pflichten, die ich fordern mus,
„aufs

„aufs möglichste zu erleichtern suche. Mild-
„thätig bin ich nicht, denn das macht un-
„achtsam, und vielleicht undankbar; ich ge-
„be auch genau nur soviel Lohn, als Andre
„meines Standes. Dagegen aber gebe ich
„schriftliche Versicherungen einer Versor-
„gung auf Bedingungen, deren Erfüllung ich
„nur nach dem Mahs der Gesundheit, des
„Verstands und der Erziehung meiner Leute
„fordre. Ich glaube, ein Herr ist das sol-
„chen Menschen schuldig, die uns ihr einzigs
„Eigenthum, ihre Freiheit, verkaufen, und
„welchen die Geschäfte des Diensts nicht zu-
„lassen, sich andre Wege zum Glük zu öfnen.
„Ich habe diese Versprechungen schon erfüllt,
„folglich fussen meine Leute drauf. Freiwil-
„lige Dienste belohne ich. Ich lasse mich
„nie, zur Vertraulichkeit herab: aber ich er-
„laube dem Gesinde, mir Merkmale des Ver-
„trauens zu geben. Ich schelte niemals;
„ich bin aber, ohn unfreundlich zu seyn, bei
„Vergehn, die geahndet werden müssen, so
„lange zurükhaltend, bis das Gesind von
„selbst bekennt, und Abbitte thut; geschieht
„das nicht: so entferne ich solche Unempfind-
„liche. Ich droh nie; denn da ich muth-
„willige Beschädigungen meines Eigenthums
„am Lohn abziehn zu wollen mich stelle: so
„kan ich nichts als die Entlassung aus mei-
„nem Hause androhn; und das thu ich nie,

„um

„um nicht einer Auffagung von Seiten des
„Gefinds ausgefezt zu werden. Mus ich
„reden: so mus das Gefinde, bei Strafe der
„plözlichen Verabscheidung, nicht eher ant-
„worten, als bis ich es erlaube. Ich kleide
„und speise meine Leute sehr gut, weil ich be-
„merke, daß diese beiden Seiten ihrer Sinn-
„lichkeit, sehr reizbar sind. Uebrigens nehme
„ich niemand ohne vorher angestellte genaue-
„ste Erkundigung in meinen Dienst; ich re-
„de nie von meinen Leuten, und verhüte
„es, durch Andre etwas von ihnen zu erfa-
„ren . . .“

Von Henriettens Hand.

Gut! aber hätte der Ehren mann mir das
nicht längst sagen können? indessen will ich versuchen, ob ich das nachmachen kan?

Er ist weg. Wie er zu diesen Papieren gekommen ist, das mag ausgrübeln, wers kan.
Und, Sophie, wenn ichs recht betrachte: so ist
das da eine sehr satirische Lection! Er ist der
treflichste unter allen Männern; aber wenn er
ein Kaufmann wäre, wie Andre; oder, wenn er
nichts weiter gelernt hätte als schreiben und
rechnen: so dürfte ich vielleicht besser mit ihm
faren. Schade, daß das nicht mehr möglich
ist: sonst würde ich das Kreuz, „den gelehrten
„Herrn Less** zum ehlichen Sittenrichter zu ha-
„ben,“ Ihnen wirklich wünschen; denn das wäre

re in Wahrheit die angemessenste Strafe Ihres
Wankelmuths gegen den Hrn. VanVlieten.

Was ich oben sagte war Ernst: Sie sollen,
wenn Hr. Leß** deutsch heraus gesagt haben
wird . . . . doch das ist ja gesthehn! — wenn
Hr. VanVlieten betheuert haben wird, es sei
ihm leid, Sie beunruhigt zu haben, wenn Frau
E. und Herr Gros und Julchen gethan haben
werden, was ich von ihnen erwarte: dann sollen Sie dennoch höchstwillkommen seyn Ihrer

Henr. L*

N. S.

Nächstens wird Hr. Malgre' zur Hochzeit nach
Königsberg reisen. Ich schäze die Igfr. Nitka
sehr glüflich, denn Hr. Malgre' ist ein Mann, bei
welchem die Annehmlichkeit per Person, und die
vorzügliche Güte des Herzens alles, was wir
von ihm wissen, ersezt. — Ist Igfr. Nitka
wirklich so schön und einnehmend als mein Mann
sie mir beschrieben hat?

Sie sind vielleicht ohne Geld, Fiekgen! nehmen Sie beiliegendes in diesem Fall freundschaft-
lich an.

XLII.

XLII. Brief.

Nunc est ira recens, nunc est discedere tempus.
PR.

Hr. VanVlieten an Hrn. Past. Gros.

Königsberg.

Sie haben einen Sparren zuviel oder zu wenig, Herr Pastor, die Mädchen alle; und diese Sophie . . . kein Wort mehr von der. Ich wünsche ihr alles liebes und gutes; ansonsten aber bin ich von heut an ihr gehorsamster Diener: und nunmehr, lieber Puf, basta!

Ich mus Ihnen doch das erklären. Sie hatte mich doch durch den Knaben, der meinen Brief trug, wissen lassen, sie würde gewis einen Tag zum Besuch mir benennen? Oho! das hat sie aber brav bleiben lassen. Hernach lies ich mich doch noch Einmal melden? Auch da passierte nichts, und heute sinds, so der Himmel will, fünf Tage. "Ihr Herr Vierziger," sage ich nun, "laßt "die Mädchen, Mädchen seyn!" Ich, lieber Hr. Pastor, kenne eine Person . . . doch das werde ich Ihnen morgen sagen; denn Hr. Prof. T* (welcher, wie er ungefähr sagt, gar was wichtigs im Schubsak hat) und ich, werden morgen, früh, drei Fingerbreit vor tage, bei Ihnen seyn, und Sie und Ihre liebe Mutter bewillkommen.

Mir

Mir ist jezt ganz wohl, daß ich der Sache mit Sophien ein Ende gemacht habe. Wolte Gott, daß sie, so wie ich jezt, durch schaden klug würde. *) Ich meines theils, keine Zeile, kein Wort mehr!

⁕   ⁕   ⁕

Es ist nicht wahr! Glauben Sie, Hr. Pastor, daß die Liebe etwas Gewaltigs ist! **) Seit acht Uhr früh laufe ich umher; habe immer wollen Jutchen bitten, an sie zu schreiben, an Sophien; und endlich habe ich um 10 Uhr dies Zettelchen hingeschickt:

⁕   ⁕   ⁕

„Darf ich noch hoffen, liebenswürdige „Freundin, daß Sie so gütig seyn wollen, mir „einen Tag zu bestimmen, wo ich Ihnen sa-„gen könne, mit welch einem vesten attache-„ment ich bin

„Ihr

„immer treuer und gehorsamer

„C. Puf,“

Sie

*) Credet et illa suo docta puella malo.
                    PR.

**) Tu miserum torques, tu me mihi dira precati
    Cogis, et insana mente nefanda loqui! ⸺
                    TIB.

Sie ist nicht zu Hause gewesen; die andre Jgfr. aber läßt mir sagen, sie werde um eilf Uhr gewiß zuhause kommen.

Mein ganzes Herz erwacht wieder, indem ich bedenke, daß ich vermutlich diesen Nachmittag sie sprechen, und morgen Ihnen mein Glük erzälen werde.

Ich hätte mir doch ein ewiges Gewissen gemacht, wenn ich dies lezte nicht noch gethan hätte! Bei mir trift wol recht ein, was ich einmal wo heraus ins Taschenbuch geschrieben habe,

> Nam ferus ille suae plorabit sobrius idem
> Et se iurabit mente fuisse mala.

obwol ich es doch nicht mehr so recht exponiren kan.

Delicatesse hin, Delicatesse her! wenn sie mein seyn wird: so wird sich das alles geben, und meine Schwester selbst soll dann gestehn:

> ein Weib, wie Puf, mein Bruder, hat,
> ist ein Geschenk von Gottes Gnad. *)

XLIII.

*) Vielleicht nimmt man es dem Mann übel, daß er so schlechte Verse macht? Aber ist nicht mehr Verstand drin, als in diesem:

> Et male tornatos incudi reddere versus?

ich wenigstens begreife nicht, wie Horaz zwei solche Ideen zusammenbringen konte? Aber das ist

VI Theil.   E e   auch

XLIII. Brief.

Non bene diſtuleris videas quae poſſe negari!

MART.

Sophie an Henr. L * zu Elbingen.

Königsberg.

Meine Henriette; ich bin verloren!

Früh kam heut der Bruder der Madame Benſon zu mir, (deſſen Sie in Ihrem Briefe nicht
hätten ſpotten ſollen; denn dies iſt der zweite
Beſuch dieſes Ihr geſezten Menſchen.) Er meldet mir, Hr. Leſſ ** ſei ſchon vor ſechs Tagen

auch Horaz! Aergerlich iſts indeſſen, wenn der Unſinn Bewundrer findet; ſolte auch Cicero der
Gaffer ſeyn. Man höre ihn: Concinne, vt multa
Timaeus, qui cum in hiſtoria dixiſſet, qua nocte
natus Alexander eſſet, eadem Dianae Epheſiae tem-
plum deflagraſſe: adiunxit, minime id eſſe miran-
dum, quod Diana, cum in partu Olympiadis adeſ-
ſe voluiſſet, abfuiſſet domo. — Wir konten unſern Unwillen nicht bergen. Quintilian war
ſchuld an unſerm Spott über den Unſinn, „quorum
„vtrumque in iis eſt,“ ſagt er, „quae me iuuene vbi-
„que cantari ſolebant: *Magnorum fluminum na-*
„uigabiles fontes ſunt: et generoſioris arboris ſtatim
„planta cum fructu eſt.“ - - Quid eſt, ſagt er an einem andern Ort, tam furioſum, quam verborum
vel optimorum atque ornatiſſimorum ſonitus ina-
nis, nulla ſubjecta ſcientia.

gen von hier nach Petersburg gereiset. Er
weis zum Glük nicht, wie sehr er durch diese Nachricht mein Herz erschüttert. Ich hatte beim Anbruch des Tags einen Boten nach Hakerstroh
geschikt; dieser meldete jezt, Herr Gros habe gestern Abends kommen wollen, sei aber noch nicht
da! (Im vorbeigehn: Sie beurtheilen diesen
M. Kübbuts zu hart; denn sein Unglük verdient
Mitleiden. . . .)*)

Sobald ich allein war, sezte ich mit schwellen-
dem Herzen mich hin, Ihren Brief noch einmal
zu lesen, und las ihn nicht mehr, wie gestern;
denn gestern gos er warlich Bitterkeit in mein
Herz: sondern mit soviel Reue, mit so demü-
tigender Beschämung, mit so gegenwärtigem Zu-
sammenstürmen aller Umstände, daß meine Thränen wirklich strömten. Nicht Has gegen Herrn
Less** (wie ich sonst es erwartet habe) sondern
gründliche Ueberzeugung, daß er so handeln
muste; Unwillen über die Blindheit, in welcher
ich alle meine Freunde vor den Kopf gestoßen habe; ein Andenken an Herrn Puf, welches mich
sehr erniedrigte; die Empfindung der Hülflosig-
keit, da meine Freunde entfernt sind; und dann
ein heller Blik auf jene Quelle aller dieser
Widrigkeiten: das, liebste Henriette, stürzte
mich Stolze, mich Kindische und Treulose zu
boden.

Ee 2

Mein

*) Sie erzält hier die Geschichte seiner Krankheit, ob-
wol in kurzen Worten an dem Rand.

Mein Herz kämpfte noch gegen den Druk dieser Last, als meine Freundin ins Zimmer sprang:
„ach sehn Sie,“ rief sie, „da geht die Frau
„Handlanger!“

— Konte sie etwas schreklichers sagen? denn
wie ruhig war ich bis dahin gewesen, da ich dies
Weib nach Insterburg geschikt zu haben glaubte!
wie ruhig hatte ich den Mangel ertragen, welchem diese Ausgabe mich ausgesezt hatte. Ich
ergrif Saloppe und Muf, und ging ihr nach.
O wie gros war hier der Abscheu, den ich vor
mir selbst hatte! Ich erreichte sie in der Alt-
städtschen Kirche, denn sie blieb frech stehn,
und erwartete mich.

„Das habe ich gewolt, Madame,“ sagte sie,
„daß Sie mich erbliken solten. Ich brauche
„Geld. Ich weis, daß Ihnen dran liegt, mich
„zu entfernen. Geben Sie jezt mehr, als neu-
„lich, denn leer darf ich meinem Stiefvater nicht
„kommen: so steig ich vor Ihren Augen auf den
„Postwagen. Hier habe ich nichts zu verlieren;“
(indem sie ein Pak Wäsche und Kleider zeigte)
„dies ist meine ganze Habseligkeit, und die Post
„geht in einer Viertelstunde ab. Sehn Sie,
„was Sie thun wollen, oder müssen; denn,
„Madame, ich denke, daß wol zwischen mir und
„Ihnen nur der Unterschied ist, daß Sie jezt
„bessre Aussichten haben, als ich.“

Unwillkürlich und so zertreten, lies ich ihr meine Hand, an welcher sie mich bis zum Posthause

se führte. „Wollen Sie?" sagte sie. — Ich ließ sie einschreiben, und gab — verzeihn Sie es, Jettchen — gab Ihr Päkgen*) hin.

„Meinen Reisegefehrten," (sagte sie, da sie sich zwischen einem Officier und einer ehrwürdigen Matrone hinsezte) „darf ich es doch wol sagen?" — und jezt fuhr der Postwagen ab.

„Adieu, Herr von Poufaly!" rief sie in ein Fenster neben dem Posthause.

„Wohin? wohin? Frau Handlanger?"

„Nun, eine kleine Spazierreise."

Ich wundre mich, daß ich nicht niedersank. Ich gewann die Kirche wieder, und sezte mich in einen Stul: aber beten konte ich Aermste nicht. „Man weis," seufzte ich, „dein Geheimnis! wo „nicht! so wird dies Weib es bald genug aus- „breiten."

Krank — denn das konte wol nicht anders seyn — krank kam ich zuhause an; und fand dies Zettelchen des Herrn Puf - .**)

Die Freude — denn nichts gleicht meiner Freude — konte mich nicht gesund machen. Jede Entschuldigung würde diesen Mann nach dem, was vorgefallen ist, verdriessen; und lasse ich sagen, daß ich krank bin; so kommt er gewis, da es doch unmöglich ist, daß ich in dieser Ge- mütsfassung ihn aufnehmen könnte. Mein Wirth ist mit seiner Pathe ausgefahren, sonst würde ich diese bitten, zum Herrn Puf zu gehn.

Ee 3   Der

*) S. 430.   **) S. 432.

Der Ton seines Billets läßt mich hoffen, daß er mir verzeihn wird. Morgen werde ich früh zu ihm schiken, und mir seinen Besuch für den Nachmittag ausbitten.

Ich kan vor Bewegung nichts mehr sagen. Was wäre ich, wenn meine närrische Bethörung und meine grobe Sprödigkeit diesen Mann dahin gebracht hätten, nie wieder nach mir zu fragen! O Sie hatten Recht: es ist unverantwortlich, „ihn so lange aufgehalten zu „haben,‟ ihn, welchen zu lieben ich wahrhaftig nie aufgehört habe!

Für heute bin ich gegen die Frau Handlanger sicher; aber morgen will ich meinem Puf alles sagen. Müste ich nicht fürchten, Julchens Liebe verloren zu haben: so schriebe ich an sie; niemand ist fähiger, Herrn Puf diese niederdrükendste Begebenheit meines Lebens zu erzälen; und bis zur Ankunft der Frau E. kan ich doch die Bekantmachung derselben ohne Gefahr des Verlusts seiner Liebe nicht aussezen. Wirklich, Jettchen, nicht sowol meine Unpäslichkeit, als vielmehr diese Betrachtung ists, die mich hindert, heute schon mit Herrn Puf zu sprechen. Ich bin in einer bekümmernden Verwirrung.

Ich mus der Jgfr. Nitka, so sehr sie auch wider mich eingenommen ist, auf ihre Anfrage, die Gerechtigkeit erweisen, zu gestehn, daß sie nicht ohne Schönheit, und ausnehmend angenehm ist. Sie hat von Julchen sehr viel gelernt,

lernt, und weis die muthwilligste Munterkeit mit soviel Sittsamkeit zu versezen, daß ich mich nicht wundre, wenn sie Herrn Malgre' gefesselt hat; ich irre auch nicht, wenn ich glaube, daß er sie schon geliebt hat, bevor er sich um Kosch-chen bewarb.

* * *

Meine Henriette, ich bin jezt viel ernsthafter, als jemals. Zwar diejenige Art des Bruchs, diese beschimpfende Art, sich von mir loszuma-chen, mit welcher Herr Less** gegen mich ver-fährt, verdiem ich nicht, es sei denn, daß er meine kindische Wankelmütigkeit gegen Herrn Puf habe bestrafen wollen; denn es giebt Manns-personen, welche was drin sezen, Rächer ihres Geschlechts zu seyn, und fremde Beleidigungen zu bestrafen. Aber das hatte ich völlig verdient, daß Herr Puf — deutsch heraus — mich hätte sizen lassen.

Ich will Ihnen jezt gern bekennen, daß ich seit meiner ersten Abreise aus Pillau nie aufge-hört habe, mich vor mir selbst zu schämen. Wie ungerecht war ich! denn wie natürlich war meine Dankbarkeit gegen Herrn Puf ge-wesen! wie lebhaft an jenem Morgen mein Theilnehmen, da Herr Schulz den würdigen Mann ausgefodert hatte! wie vest mein Wort! wie schön die Ruh meines Gemüths auf der Reise bis Pillau! Wie närrisch war an der an-

Ee 4 dern

dern Seite meine jähling erwachte Liebe zu
Herrn Leß**! Ich will diese nicht entschuldigen; aber wenn sie auch entschuldigt werden
könnte: war es denn nicht doch unverantwortlich, daß ich an Herrn Puf nicht sogleich schrieb?
War es nicht noch — wie soll ich sagen? grö-
ber, oder falscher: daß ich auf seinen Brief,
auf diesen schönen Brief nichts antwortete?
War es nicht, aufs allerwenigste, falsch, daß
ich Herrn Gros auftrug, ihm zu antworten, da
ich doch gewis wuste, daß Herr Gros das nicht
thun würde?

O Henriette! versuchen Sie, ob Sie mich wie-
der lieben können, wenn ich Ihnen alles gesteh:
„Ich liebte Beide zugleich; aber seit jener un-
„glüklichen Stunde ging die lebhafteste meiner
„Erwartungen auf Herrn Leß**; und den
„Herrn Puf wolte ich aufhalten, bis ich Herrn
„Leß** Gesinnungen wissen würde.“

In dieser hämischen Stellung des Herzens habe ich bis heute gelebt; ich, die oft so laut wider die Falschheit geeifert hat!

Zulezt fing ich an, zu fürchten, daß Herr Leß**
edler dächte, als ich; und da — pfui, daß ich
es sagen mus! ich entwich damals aus des
treuen Herrn Gros Aufsicht aus dem Bensonschen Hause, blos um den Herrn Puf in seinen Bewerbungen um mich noch ämsiger zu
machen.

So

So glüklich auch die heutige Wendung meines
Schiksals ist: so bin ich doch schwer gestraft: ich
habe die Achtung der Welt, die Liebe meiner
Pflegmutter, des Herrn Gros, meiner Julchen,
und die Ruh meines Herzens verloren, welches
sich vor Herrn Puf immer heimlich schämen
wird. Hätte er gethan, was jeder andre
Bräutgam thun würde: hätte er seine Genugthuung drin gesucht, mich in der Noth zu sehn
(denn ich bin nur zu sehr in Noth) und mich
dann mit einer tiefen hönischen Verbeugung zu
verlassen: so wäre meine Geschichte werth gewesen, zur Warnung aller übermütigen Schönen bekantgemacht zu werden. Was half es
mir, den Ruhm zu haben, ich habe viele gute
Seiten! — Alle diese Betrachtungen kränken
mich! und mit welcher Stirn kan ich nun unsrer
Mutter, Julchen, und dem Herrn Gros vor Augen treten?

Daß ich nun eilen, und morgen alles thun
werde, was Sie so richtig mir anrathen, das
versteht sich: aber ich empfinde nur zu sehr, daß ich
als Madame VanVlieten ungleich glüklicher seyn
würde, wenn ich Pillau nie gesehn hätte! Könnte ich es doch vergessen, daß ich die unedle Neugier, die unverzeihliche Unbescheidenheit gehabt
habe, jenen verwünschten Brief an den Freund
des Herrn Leß** so durchzulesen, als sei er an
mich gerichtet!*) und was muß Herr Leß**

Ee 5 von

*) S. 503. 2 Th.

von mir halten, wenn er diese Papiere vermißt,
und hernach, wie ich nicht zweifle, von Marien
erfaren hat, daß sie in meinen Händen sind?

Aber nie komme ein Gedank an Herrn Leſſ**
wieder in mein Herz; ich ehre seine Tugend;
aber gewiß, sie war zu strenge!

Sie wollen nur auf die Bedingung mir antworten, daß ich Ihnen Gewisheit gebe, ich
wolle gegen Herrn VanVlieten gerecht seyn?
Jezt zweifeln Sie doch wol nicht mehr dran?
Sehn Sie —— und freuen Sie sich wie ich —
sehn Sie hier meine Unterschrift

Sophie

VanVlieten.

XLIV. Brief,

wo wir für unsern Günstling sehr viel, aber doch
nichts weiter, thun, als was das Glük in seinem
Spiel für die Seinigen thut.

Herr Professor T* an Herrn P. Gros
zu Haberstroh.

Königsberg.

Kan irgendein Zufall widriger seyn, mein
Gros? ich, der vor Begierde, bei Ihnen
zu seyn, brante,

ich, der schon im Voraus der Freuden beste
 entzükt genos;
 dich, o mein theurer Gros,
 viel glüklicher zu sehn, als deine Gäste,

ich erhalte Befehl, noch diesen Abend, noch Einmal zum Gouverneur nach Pillau zu kommen?

 Diese vier Verszeilen sind Ihnen ein Räzel,
auch dann noch, wenn ich Ihnen sage, daß unser wakre VanVlieten morgen früh zu Ihnen
kommen wird, und daß . . .

 Erweitre deine Brust zum freudigsten Gefühl.
 O Freund! wenn je ein Sommermorgen,
 still, heiter, zum Entzüken kühl
 dich wekte, und die Last der Sorgen
 dann schnell von deinem Herzen fiel;
 dann glänzt' in deinen Augen Wonne,
 hell, wie das reine Bild der Sonne,
 im Thau auf Blumen strahlt:
 allein dem Glük der nächsten Morgenstunden,
 der Freude, die kein Dichter malt,
 gleicht nichts, was du jemals empfunden.

 Ich will es Ihnen nicht verschweigen. Die
Freude würde, unerwartet, Sie zu heftig angreifen. Julchen, mein Gros, Ihr Julchen
wird morgen zu Ihnen kommen. Sie hat es
ihrem Oheim abgeschlagen. Merken Sie, im
Vorbeigehn, sich dieses gute Zeichen . . Er hat
sie endlich überredet, und ich habe es nicht verhindern

hindern können. Ich weis auch nicht, ob ich
es habe verhindern wollen?

Ich höre Sie hier betrübt rufen:

„Entfernt sie nur, die reizendste der Schönen!
„O laß sie mich nie wieder sehn!
„Mein Herz soll sich von ihr entwönen,
„und niemals ihr dies stille Sehnen,
„nie diesen stummen Schmerz gestehn.“

Klagen Sie aber nicht, und halten Sie mich
nicht auf; denn fast lasse ich aus Begierde, Ihnen Ihr und Julchens Glük zu sagen, die Feder fallen. Daß Julchen noch nichts weis, versteht sich.

O könnt' ich so geschwind schreiben, als Sie
lesen werden!

Warum muste der Gouverneur, der gern Alle
glüklich sieht, mich so unglüklich machen, Ihre
Entzükung nicht ansehn zu können:

Ersez du mirs, o Phantasie!
zeig mir den Blik der ruhigen Melancolie
der plözlich feuervoll sich hebt,
und jeden Zug des trauernden Gesichts belebt.
Laß mich die sanften Seufzer hören,
den frommen Dank,
den hohen Lobgesang,
und folg ihm bis in jene Sphären . . . .

Ich reisse mich jezt aus meinem gewönlichen
Paroxismus der gereimten Prose, um Ihnen

so kurz, wie möglich, zu sagen, daß Sie glüklich sind. Daß Sie es werden konnten, habe
ich Ihnen schon oft gesagt. Einst fing ich auch
schon an, eines Briefs Ihrer sel. Frau zu erwänen. Wie gut wars, daß ich damals ab-
brach! *)

Rufen Sie sich jezt jene glüklichen Tage Ihres ersten Jahrs zurük: die Pfingsttage, die
ich bei Ihnen zubrachte! Am Tage nach meiner
Zurükkunft nach Königsberg, erhielt ich diesen
Zettel von Ihrer Frau:

* * *

An Herrn Prof. T*.

"Waren das nicht himmlische Tage? Und
"wie viel entzükender wären sie gewesen,
"wenn nicht der geheime Kummer mich ge-
"quält hätte, meinem Mann das nicht ver-
"schaffen können, was ihm hauptsächlich
"fehlt: Instrumente für seine gelehrten Ver-
"suche. So sehr er sich freut, von Zeit zu
"Zeit sich eines der Ihrigen bedienen zu kön-
"nen, und so angenehm es ihm ist, daß ich
"an nichts soviel Geschmak finde, als an der
"Betrachtung der Natur: so rund hat er mir
"doch die Erlaubnis abgeschlagen, zu An-
"schaffung des gelehrten Hausraths,
"etwas

*) im vierten Theil S. 365.

„etwas Geld ihm anbieten zu dürfen; denn
„Sie wissen, daß er keine Geschenke von mir
„annimmt! Ihr Vorrath, sagen Sie, ist
„nur klein; ich gesteh auch, daß er für die
„Fähigkeiten und für den Beobachtungsgeist
„meines Manns allerdings viel zu unvollstän-
„dig ist: gleichwol kan ich jezt soviel nicht
„aufbringen, als zur Erkaufung eines ähn-
„lichen Vorraths erforderlich wäre. Solte, da
„ich nur das wünsche, meinen Mann als Christ
„und als Gelehrten glüklich zu sehn, solte mir
„Gott nicht etwas gelingen lassen? Hier ha-
„ben Sie den Werth von drei Losen in der
„holländischen Lotterie. Sagen Sie niemand
„etwas hievon; sagen Sie auch selbst mir
„nicht, ob Sie gewonnen haben: aber wenn
„eins gewinnt: dann sezen Sie das Spiel fort,
„bis wenigstens soviel heraus komt, daß ein
„ganz vollständiger Apparatus von Ma-
„schinen, Gläsern u. s. w. kurz, eine Sam-
„lung, wie ich mir die Spallanzanische,
„Büffon- und Bonnetsche vorstelle, ange-
„schafft werden könne. Diese besorgen Sie
„alsdann sogleich in Holland oder Engelland;
„und dann überraschen Sie meinen Mann —
„nein, melden Sie mir, daß alles fertig ist,
„damit ich ihn entfernen, und seine Studier-
„stube, oder eine Sternwarte im Gartenhause,
„mit dessen Erbauung ich umgeh, in Ord-
„nung sezen könne. Gewinnt das Los mehr,
„als

»als für diesen Behuf nöthig ist: so soll und
»mus mein Mann (weil er nur meinem Ei-
»gentum entsagt hat) sich gefallen lassen,
»den Ueberschus anzunehmen — Ich freue
»mich, wie ein Kind! Helfen Sie mir, liebster
»Herr Professor, auf diese einzigmögliche
»Art, meinem Mann eine daurende Freude
»zu machen.«

(Herr Prof. T.* Fortsezung.)

Sie hat nie wieder hievon gesprochen, aber
die Ziehungslisten hat sie immer emsig gelesen,
und um das zu können, hat sie fast für jede Zie-
hung gesezt, auch einst tausend Gulden gewonnen, welche, (jezt darf ich es wol gestehn) sie
unter fremder Hand Lorchen zugeschikt hat.

Von Ihren drei Losen fielen gleich zwei aus.
Das dritte verfolgte ich in kleinen Gewinsten,

> bis einst das blinde Thier, das Glük
> die ungeschikten Finger bog,
> ein Numero ergrif, und schnell die Hand zurük
> mit dreissigtausend Thaler zog!

Und das, mein Gros, ist nicht blos poetisch-
wahr, sondern so wahr, daß Sie in beiliegen-
den versiegelten Pak, alle dahin gehörigen
Papiere, einen Wechsel auf dreissigtausend
Thaler, und noch mehr finden werden, als in

des

den Vers paſſen wolte.   Denn in Allem haben
Sie fünf und dreiſſigtauſend Rthlr. gewonnen,
wovon ich vor der Hand fünftauſend auf Inſtru-
mente und Schriften verwand habe, — die Sie,
und ich, auſſerhalb Engelland nicht geſehn haben.   Ueberdem iſt jene Sternwarte beinah fertig.   Herr VanVlietenVan Vlieten (welcher ſich heut bei
Sophien hat melden laſſen, und mit ſtandhaf-
term Verlangen, als ich ihm je zugetraut hätte, ihre Einladung erwartet) wird das Gartenhaus kaufen; Julchen, die es weis, daß mir,
für die Speſen, Proviſion gebührt,
hält mir dann ein Reitpferd: dann komme ich,
früh wie die Sonne, zu Ihnen,

und täglich forſchen wir dann in der Weſen Tiefen,
und Welten zeigt uns dann der Sand;
wir zeichnen Bahnen ab, wo einſt Cometen liefen,
und hängen Tropfen auf, und weken an der Wand
Geſchöpfe, die im Meer des Tropfens ſchliefen.

Ganz früh, mein Liebſter, leſen Sie morgen
dieſe Papiere noch einmal.   Dann werfen Sie
alles beiſeit, und unterſuchen Sie vor Ihrem
Kamin, ob dies ein Traum iſt.   Und mag doch
alles Ihnen ein Traum zu ſeyn dünken,

bis ſie ſelbſt, ſchön, wie Morgenſtralen,
in ihrem Glanz ſich zu dir neigt,
aus dieſem Traum dich wekt, und dann in runden
Zalen
dir dreiſſigtauſend Thaler zeigt.

Und

Und dann? O Freund! machen Sie sich glüklich. Julchen, dies Mädchen, welches gelernt hat (wie sie, immer unglüklich, es lernen muste) ihre Sele hinter einen undurchdringlichen Schleier zu versteken, Julchen kan doch nicht länger verbergen, daß sie liebt. Sie ist auf dem Punkt gewesen, es ihrem Oheim zu gestehn; und dieser schwört bei seiner Ehre, daß er ihre Wünsche, wohin sie sich auch richten mögen, befördern will. Herr Leff ** ist nicht dieser Glükliche: also, dächte ich, ists Einer von uns Beiden — gut; hier ward Ihre Brust warm: wissen Sie demnach hiemit, daß ichs nicht bin — doch alle diese Scherze sind heut zu leicht für mein Herz, welches ganz der Wolluft sich ergiebt, die Beiden besten Menschen glüklich zu sehn.

Schiken Sie mir übermorgen Ihr Pferd; dann komt, schnell, wie das Unglük,

Ihr treuster

T *

* * *

N. S.

Ich komme noch einmal. Julchen gehört Ihnen. Ich habe die Madame VanBerg besucht. Dreissigtausend Thaler, die ich ihr in der Kiste vorzeigte, blendeten ihr die Augen. »Madame,« sagte ich, »neulich waren Sie gegen mich sehr unfreundlich. Sie sehn, daß

VI Theil.   Ff   »diese

„diese Devise: „für die Naturgeschichte" ſich
„ſo ziemlich für mich ſchikt. Geſezt, ich wäre
„der Beſizer dieſes, bei Herrn Commerzrath
„S * s zahlbaren, Looſes," (indem ich es ihr zeigte)
„dürfte ich dann eine gütigere Begegnung hof=
„fen?"

— Sie ſah es mit ſtarren Augen an . . .
(doch ich enthalte mich, ſo geizig ſie iſt, Ihrer
Schwiegermutter zu ſpotten; mir fiel des Plau=
tus Bemerkung ein:

> Me benignius
> Omnes ſalutant, quam ſalutabant prius
> Adeunt, conſiſtunt, copulantur dexteras;
> Rogitant me, vt valeam, quid agam, quid rerum
> geram. *)

„Verzeihn Sie, Herr Profeſſor, wenn ich Sie
„damals beleidigt habe. Ein jeder braver Mann,
„der Vermögen hat, darf von mir erwarten,
„daß meine Tochter . . . daß ich Julchen nie
„zwingen . . . und daß ich beſonders gegen den
„Rang, den die Gelehrten mit Recht behaupten . . .
„machen Sie mich doch ordentlich roth."

— Ich ſeufzte (denn ich bin ja wol erfaren
genug, um dann und wann den guten Ton an=
zunehmen?) „Wolte Gott," ſagte ich, „daß
„dies Loos mir nur ſo warſcheinlich gehörte, als
„es warſcheinlich iſt, daß der Beſizer ein Ge=
„lehrter

*) In AVLVL.

„lehrter seyn mus! wie glüklich,“ (indem ich ihre
Hand küſſte) „wie glüklich wäre ich dann!“

— Hier ward ſie in der Thatroth. „Sehn
„Sie, Herr Prof. wie ernſthaft Ihr Scherz mich
„gemacht hatte! Ich bedaure Sie! Sie waren
„werth der Beſizer dieſes Loſes zu ſeyn: aber
„S*s komt dieſen Abend zu uns; ich bin doch
„begierig, von ihm zu erfaren, wem es gehört;
„denn daß Sie mirs nicht ſagen, das weis ich
„doch ſchon.“

— Es war vier Uhr nachmittags, und Herr
VanVlieten hatte noch keine Einladung von Sophien erhalten. Er war gezwungenfreundlich,
und ſagte kein Wort.

„Schiken Sie doch hin,“ ſagte ich ihm heimlich, „ſie iſt vielleicht krank!“

— Er ſchüttelte den Kopf.

Ich geh jezt ab. Seyn Sie glüklich, mein
Beſter!

XLV.

XLV. Brief.

Primus quisque auribus oculisque haurire tantum gaudium cupientes.

LIV.

Jgfr. Nitka an Herrn Malgre, zu Elbingen.

Wunder! Wunder! mein Geliebtester! aber wie werde ich es machen, um Ihnen alles zu erzälen? Ihr und mein Glük hat der Herr VanVlieten selbst Ihnen geschrieben; und Gott segne den unvergleichlichen Mann; aber alles andre wissen Sie noch nicht. Lesen Sie, und brechen Sie ab, wofern Sie können.

Herr VanVlieten fuhr gestern, ganz früh, mit Julchen und mir nach Haberstroh, um Herr Gros und seine Mutter zu bewillkommen. — Hier machte ich einen langen Gedankenstrich, denn diese Lüke kan ich nicht ausfüllen. *)

Herr

*) Und bei dem, was dieser Gedankenstrich darbietet, fält uns die schöne Stelle des Plinius ein, wo er über Trajans Zurükkunft, (freilig leider als Schmeichler) sagt: „Alii se satis vixisse, te viso, „te recepto: alii nunc magis esse viuendum prae- „dicabant." denn so ungefähr gings her, als diese liebende Gesellschaft zusammen kam.

Herr Gros war freilig ſehr vergnügt, ſeine
Mutter ſo geſund zu ſehn, daß ſie uns bis ins
Vorhaus entgegen kommen konnte: aber ſein
Betragen gegen Julchen war ſo ſcheu, daß ich
beinah fürchte, der Mann liebt dies Mädchen.
Daß Julchen ihn liebt (wieder zu ihrem Unglük;
denn nimmermehr wird die Madame Van
Berg dies zugeben) das ward ſchon neulich,
durch ihre Weigerung den Herrn VanVlieten zu
begleiten, ſo ſichtbar, daß dieſer es gemerkt haben müſte, wenn er nicht Sophiens unheilbare
Thorheit ſich ſo ſehr zu gemüth gezogen hätte.
Doch ward er ſchon Abends ſehr ruhig; auf
der Reiſe heiterte er ſich ganz auf, und in Haberſtroh war er ſo luſtig, daß er oft ſagte „heute
„mache ich poſitiv noch Dummzeug!“

Frau E. fing ſehr bald an, von Sophien zu reden. Der Herr VanVlieten ſprach ſehr höflich
von ihr, hörte aber damit auf, daß er, ziemlich
kalt, die lezten Verſuche erzälte, die er gemacht
hat, und welche alle fruchtlos geweſen ſind.

„Daß ſie,“ ſagte hier die Frau E. „auch auf
„die lezte Zuſchrift nicht geantwortet hat, das
„werde ich ihr ganz beſonders anrechnen.“

„Thun Sie das nicht,“ ſagte er. „Laſſen Sie
„es alles gut ſeyn; der liebe Gott hat es nicht
„haben wollen, daß dieſe Sache nach meinem
„Sinn ginge: und ich denke, ich werde mich
„drin finden.“

Herr

Herr Gros sagte hiezu nichts: aber das sah
man, daß Er und Frau E. mit Sophiens un-
verschämten Betragen sehr unzufrieden waren.
Julchen, die, nach ihrem guten Herzen, Sophien
schon oft entschuldigt hat, versuchte dies auch
jezt noch: aber niemand antwortete, ausser der
Frau E. welche sie umarmte, und zu ihr sagte:
„ich muß ihr wenigstens dafür noch gut seyn,
„daß sie die Bekandschaft eines so lieben Mäd-
„chens, mir verschaft hat.“ — Julchen erwie-
derte dies mit äusserster Zärtlichkeit; — ich
muß auch gestehn, daß diese Alte eine unvergleichliche Frau ist.

„Komm,“ sagte endlich Herr Van Vlieten ganz
tieffsinnig zu Julchen, „um uns zu zerstreun,
„wird der Herr Pastor uns das Gartenhaus zei-
„gen, das ich für mich und Sophien gekauft
„haben würde, wenn alles so gegangen wär,
„wie es hätte gehn können.“

„Lassen Sie mich es nicht erst sehn, sagte
sie, ich seh nie ohne Betrübnis das Gebauer
„an, welches ich für unsers Herrn Pastors Ca-
„narienvogel machen ließ. Er starb, das ge-
„liebte Vögelchen, eh seine Wohnung fertig
„war!“

„Da haben wir die Schäferin, kommen Sie,
„Herr Pastor: ich wette, daß sie unterdessen
„ihm noch ein Liedchen am Clavier singt. Und
„zum Stern Julchen, jezt fällt mir ein: Je-
„baß

„haft ja so ein Ding auf einen Vogel; sing doch
„das."

— O hätten Sie hier Julchens Verwirrung
gesehn. Sie hat wirklich ein Lied voll Liebe, auf
den Tod dieses Canarienvogels: aber der unschuldige Oheim wußte nicht, daß sie es selbst
gemacht hat. „Ich kan es nicht mehr!" mit
dieser Lüge, gewis ihrer Ersten, half sie sich
glüklich heraus: aber ich glaube nicht, daß dem
Herrn Gros der geheime Sinn dieser Antwort
entwischt ist.

„Starrköpfe seid ihr Mädchen alle — kom-
„men Sie, Hr. Pastor."

— Wir Frauenzimmer, zu welchen sich hernach noch der Frau E. neue Pflegtochter gesellte,
(eine Person, deren Gestalt Sophien vielleicht
nachstehn muß, deren Herz aber um zwanzig
Procent besser ist) blieben bei der Frau E. —
Hier ward ich gewis, daß Julchen gegen Hrn.
Gros nicht gleichgültig ist; denn sie war sehr
zurükhaltend gegen diese Fremde, von welcher
uns die Frau E. doch unendlich viel gutes gesagt hatte. Vielleicht merkte es die kluge Alte;
ich seh aus den Leuten leider nicht so aus, als
wenn ich französisch verstünde: indem jene hinausging, sagte diese zu Julchen: „ist das nicht
„eine vortrefliche Person? ich dachte eine Schwie-
„gertochter draus zu machen: aber es wird
„nichts aus meinem Entwurf."

Ff 4   Ich

— Ich hörte es fast, wie tief hier der Stein
von Julchens armen Herzen herabfiel! und so=
gleich war auch dies liebe Mädchen voll Freund=
schaft, die von dieser Anwandlung der Eifersucht
bisher war unterdrükt worden; ja beide schie=
nen nun in ihrer Empfindung recht sympathe=
tisch zu werden.

Die beiden Herren kamen jezt wieder, und
wir gingen sehr vergnügt zutisch. Julchen frug
nach der angenehmen Fremden so lange, bis
sie mit der Anordnung des Gastmals fertig war,
und zu uns kam.

Hier entwikelte sich ein grosses Schiksal.

Fortsezung.

Intermezzi.

Die Fremde machte uns eine Verbeugung,
sezte bestürzt sich nieder, und verlies so=
gleich das Zimmer. Julchen sprang auf, und
lief mit einem Glase Wasser ihr nach, und Hr.
VanVlieten legte sein Messer nieder, rieb eben
so bestürzt seine Augen, und sagte: „Soll ich
meinen Augen trauen oder nicht? Hr. Pastor
=das, das ist die Frau Richter, von welcher
wir jezt aus des Hrn. Leff** und seinem Brie=
ofen *) geredet haben.“ — Er nahm hier die
Gabel,

Gabel, und klopfte tiefsinnig die Spize derselben leise auf den Tisch. Ich sah, daß ich hier zuviel war, und wolte Julchen nachgehn. »Bleiben Sie sizen, Jungfer Muhme« (denn so nennt der gütige Mann mich jezt immer) »denn auch Sie können mein Geheimnis wissen. Sagen Sie mir, liebste Frau E. heißt sie Richter?«

»Ja, sie heißt so.«

»Und,« fiel Herr Gros ein, »sind Sie der »Mann, der dieser würdigen Frau, bei Lebzeiten ihres Mannes, Brod gegeben hat; und ist »Ihr Unwillen gegen Sophien Ernst: so sind »Sie ungleichglüklicher, als Sie denken.«

»Was? ist sie Wittwe? wirklich Wittwe? »wie?«

»Ja,« rief die Frau E. mit sehr heiterm Gesicht.

— Er sah tiefsinnig auf seinen Teller: »Ich? »ihr Brod gegeben? das klingt zu hart: aber »wahr ists, daß der liebe Gott mir half, ihr »wesentliche — ich will sagen reelle — Dien»ste zu leisten. Aber ich habe immer geglaubt, »es habe mir geträumt, daß sie Wittwe ist. »Und gluklich? wie meinen Sie das?«

— Hr. Gros lächelte; die Frau E. stand auf; Hr. VanBlieten fing an, ein Weinglas zu füllen: »Bin ich nicht ein Narr? (indem er die Flasche wegsezte) »ist mir das Cranium »nicht schon verwirret genug?«

— Wir

— Wir ſtanden auf, und die Frau E. kam
ins Zimmer. Sie faßte ihn bei der Hand: „Es
„war nur,“ ſagte ſie, „ein kleines Schreken der
„Liebe.) Sie war Ihnen beſtimmt; vergeſſen
„Sie meine ausgeartete Sophie; die Frau Rich-
„ter ſolte, und will — Sie glüklich machen.“

— Er ſtand ganz erſtaunt da, und zog hernach Hrn. Gros in ein Cabinet, wo er ganz
laut ſagte: „O, Herr Paſtor! wenn das iſt: ſo
„iſt wol kein completteres Glükskind, als
„ich, in der Welt. Ich habe ſie herzlich lieb
„gehabt: aber ans Heiraten dachte ich damals
„nicht. Solte ſie frei ſeyn, und für mich?“

„Meine Mutter,“ antwortete Hr. Gros,
„hat ohne mein Vorwiſſen ſie mir zugedacht, ſo-
„gar mich ihr angetragen; und da hat ſich ge-
„zeigt, daß die Dankbarkeit ihr Herz ganz ein-
„genommen hat. Glauben Sie übrigens mei-
„nen Mutter“

„Aber, lieber Herr! käme ich denn da Ihnen
„nicht in die Quer?“

„Nein; ſeyn Sie darin ganz ruhig.“

„Ein Wort: Topp, die Hand!“

— Hand in Hand geſchlagen kamen ſie nun
Beide heraus.

„Wertheſte Frau E. helfen Sie nun weiter:
„aber denken Sie nicht übel von mir. Ihr Hr.
„Sohn iſt Zeuge; daß ich ſchon geſtern Abends
„von Sophien ganz frei geweſen bin. Auch
„geſtern Nachmittags mir nicht Stimme oder

„Ant-

»Antwort zu geben? das war zu arg! das Far-
»sch en ist mir zu bunt. Das ist Schavernak;
»Neken ist das. Ich habe diese Winkelzü-
»ge länger ausgehalten, als irgend ein andrer
»ehrlicher Kerl: aber länger, als bis gestern
»Abends, konte ich es doch warhaftig nicht
»aushalten. Denn was war ich bisher? So-
»phiens Narr! und was wäre ich willsgott
»geworden? Sophiens Nothknecht! und Bei-
»des ist nun wirklich nicht mein Casus. Hier,
»reden Sie Hr. Pastor! habe ich nicht dies al-
»les heute früh, bei einer Pfeiffe Tabak, Ihnen
»schon gesagt?«

»Glauben Sie zutraulich,« sagte Hr. Gros,
»daß wir Ihr Betragen gegen Sophien bewun-
»dert haben, und um so mehr die Veränderung
»desselben billigen, obwol wir das verblendete
»Mädchen bedauern . . . «

»Nein, lieber Sohn, ich bedaure sie nicht,«
sagte hier die Frau E. Schit, wenn du willst,
»ihr das hin, was ich und du versprochen ha-
»ben: aber in Absicht auf Hrn. VanVlieten ist
»sie unsers Mitleidens nicht werth. Ich, Hen-
»rietti, du, und ihr eigen Gewissen, haben sie
»genug gewarnt.«

»Nun,« (indem er sein Glas ergrif,) »böse
»bin ich nicht! Gott lasse es ihr wohl gehn! Se-
»tzen Sie mich, ich bitte Sie drum, in den Stand,
»ihr Dienste zu erweisen: aber darf ich dann
»nun die Frau Richter sprechen?«

»Ich

„Ich will Sie anmelden, rechtschaffner Mann!“ sagte die Frau E. indem sie hinausging.

Er ging im Zimmer auf und ab: „da werde ich,“ (indem er an der Weste zupfte und den Schoß des Kleides besah;) „da werde ich nun eine schöne Figur machen! — daß ich auch just die alte Jake anhaben muß!“ — Jezt winkte ihm die Frau E. Er räusperte, ward roth, und folgte ihr.

„Und Lieschen hinterdrein?“ Nun allerdings.

Fortsezung.

Quid multa? Imperat.
cic.

Mit der Zauberfarbe der Unschuld geschmükt, ging die Frau Richter unserm Herrn Van Blüten einige Schritte entgegen.

Er küßte, mit sehr gutem Anstand (denn o! wie geschikig ist ein liebendes Herz! Vor einigen Tagen gestand er selbst: er wisse es, daß er sich beim Frauenzimmer geberde, wie ein Podagrist auß dem Petol;) küßte ihre Hand: und „Sie sind so gütig gewesen, ich so lebhaften Anbethet um mich zu behalten!“

„Mein

„Mein Herz) hoffe ich, ist ohne Falsch, und
„wird seine Verbindlichkeiten ewig fühlen."
— Sie drükte ihm hier die Hand, und die
Thränen standen in ihren Augen.

Er ergrif ihr Schnuptuch, troknete ihre Augen, führte sie zu ihrem Stul, und sagte, indem
er sich neben ihr sezte, mit lebhafter Freude zu
uns: „So weint die Tugend. —— aber" (zu
ihr) „sagen Sie davon nichts mehr. Gottlob,
„daß ein Ungeheuer, wie Richter, sterblich war!"

— Sie schlug hier, sichtsam aber innerlich
sehr erfreut, die Augen nieder.

„Und Mademoiselle VanBerg" (sagte die
Frau E. um die Unterredung zu ändern) „haben
„Sie die Frau Richter zu Hamburg nicht ge-
„kannt?"

— Diese umarmte feurig ihre neue Freundin: „ach nur dem Namen nach!"

„Still, still" (unterbrach jene) „Sie müssen
„mehr gewust haben; das Päkchen Gold . . ."

— Julchen küßte die übrigen Worte von ihrem Munde weg: „ich habe Sie warlich nicht
„persönlich gekannt!"

— Von der Freude überrascht, rief die Frau
E. „und also mein Julchen haben Sie um Ih-
„res Oheims Liebe gewust!"

„Nichts," (rief Herr VanVlieten) „nichts
„hat sie gewust! Wie hätte sie das? ich selbst
„wuste es ja kaum! Aber nun es soweit ist:"
(er küßte der Frau E. Hand) „nun helfen Sie
nur

nur weiter! ich kan, wie sind denn auch dachte, keine Worte aufbringen.‟

— Die Frau Richter war in einer angenehmen Verwirrung.

Die Frau E. stand auf, legte Beider Hände
zusammen, und sagte: „Diese Herzen sind euch
und Gott, Gott segne Euch!‟

Die angenehme Braut küßte ihre Hand, machte uns eine Verbeugung — und Hr. VanVlieten zog sie ans Fenster; da war es denn wol bäßig,
daß wir Andern das Zimmer verliessen.

Fortsezung.

Sie füll, liceatque perire.

                    HOR. —

Herr VanVlieten kam uns bald nach — doch
Sie können sich besser, als ich es schreiben
kan, vorstellen, wie die Zeit bis zur Abreise zugebracht ward.

Wie wir zuhause kamen, und er mit Entzükung seiner Schwester alles erzälte, die auch mit
Entzükung zuhörte, weil sie mehr, als Er, das
nämlich wuste, „daß die Frau Richter ihr vä-
„terlichs sehr grosses Vermögen gerettet hat,‟
brachte ihm der Cosak einen Brief, welchen Sophie diesen Morgen früh geschikt hat. *) Er
sah

*) Er folgt.

sah gleichgültig das Siegel an, und sagte: „Wer
„zwei Hasen jagt, kriegt keinen!“ *)

— Die Madame VanBerg war unedel ge-
nug, zu wollen, daß er den Brief erbrechen solte.
„Wofür hältst du mich?“ sagte er unwillig;
„das einzige Recht, welches ich über diesen Brief
„haben könnte, wäre das: ihn zu beantworten;
„und dieses Rechts begebe ich mich gern. Ich
„bin der Mademoiselle Sophie gehorsamer Die-
„ner, und damit holla. Ob sie zween Män-
„ner haben wolte, das weis ich nicht; daß Ich
„nicht zwo Frauen haben will (sie mag mirs
„nicht übel nehmen) das weis ich. Aus Höf-
„lichkeit gegen die Haberströhschen hätte
„ich vielleicht jezt ein Ding gethan; wenn nicht
„zum Glük die Frau Richter sich, mit einem Her-
„zen für mich, gefunden hätte. Julchen, daß
„du verstehst die weibliche Sitte besser als ich;
„bring du die Sache ins feine. In meinen
„Beutel kanst du übrigens für Sophien greifen,
„so oft und so tief du willst. Was aber meine
„geringe Person betrift: mit dieser kan ich der
„Mademoiselle nun weiter nicht andienen;
„tant va la cruche à l'eau; oder wie es da
„heißt. Denn böse bin ich nicht; daß mir das
„Ding

*) Wir liessens in der ersten Ausgabe in Kupfer ste-
chen, haben aber einige Leserinnen und — Leser
gefunden, die weder Titelvignette noch Text verstanden haben.

„Ding im Kopf gekribbelt hat; und wol
ein bischen zu lange, das will ich nicht läugnen. Homo som, sagte Herr Waker; und im
„Grunde sind wir wol Alle homini; ich kom-
„me jezt nicht gleich auf das Schulsprüchelchen
„vom alzustark gespannten Bogen. Kurz ich
„versteh Sophiens Art nicht, und Gott behü-
„te, daß ich über ein Frauenzimmer urteilen
„solte.‟

    — Er würde noch mehr gesagt haben, aber
seine Schwester hing an seinem Arm, um Sophiens Brief zu erhaschen, den er in die Höh
hielt: „Pfe Federchen!‟ sagte er, indem er
blasend Julchen ihn hinwarf, welche ihn sogleich
in ihr Zimmer nahm.

    Ich möchte hier gern einige Anmerkungen
über die kostbare Sophie machen: sie würde
aber dann in meinen Augen noch unglüklicher
werden, als sie jezt ist; und ich will das schöne
Gefühl meiner jezigen Freude nicht dadurch
schwächen, daß ich mein Gedächtnis mit widrigen Eindrüken belästige.

    Von der Frau Richter Geschichte weis ich nur
das, daß sie nur wenige Tage vor ihrer Ankunft
ihres Manns Tod mit Gewisheit erfaren hat.
Sie ist von ihm heftig verfolgt worden, so, daß
sie ihre Tochter ins Danziger Fündelhaus gegeben hat, um sie in Sicherheit zu bringen. Diese abzuholen, schikte Herr Puf mit unmähssiger
Freude gleich bei der Zurükkunft einen Wagen
nach

nach Danzig, die Instruction, die er dem alten
Gärtner aus Bergshöfchen gab, welcher die Fr.
Richter von Haberstroh abholte, indem sie selbst
nach Danzig gehn muß, war sehr gemessen: aber
die Art, mit welcher er sie ihm gab, war, wie
man das nennt, zum todtlachen. *)

Nachschrift.

Ich weiß, daß Mad. L* Ihnen das Unglük
ihrer Freundin Madame Bell* und des Manns
derselben gesagt hat. **) Sagen Sie ihr doch
(denn die Sache ist so neu, daß sie es noch nicht
wissen kan) daß diese Unglüklichen die rechtfer-
tigens.

---

*) Man hatte uns ersucht, die Lehre von Eh und Eh-
scheidung „nach unserm Gewissen und nach unsern
„Ueberzeugungen“ so vorzutragen, daß alles in
Handlung gesezt, und denjenigen, welche anders
denken, zur Widerlegung Anlas gegeben würde. Wir
thaten das mit voller Muhsse, und rükten es ein
in den 3ten Theil von S. 507. bis 608. Aber wir
wollen mehr thun, als man gefodert hatte: wir
wollen auf eben die Art zeigen, „was die Gewis-
senhaftigkeit eines wahren Christen in demjenigen
„Fall thut oder thun kan, wo Gott die Ehschei-
„dung erlaubt:“ und da hörte, wie wir schon gesagt haben, unsre Muhsse auf. Daher diese kurze
Erzälung. Uebrigens kam die Fr. Richter gesund
von Danzig zurük . . . doch das wird zu lang.
**) S. XXXV. Br.

tigendste Genugthûung bekommen haben. Die
Sache ist auf Befehl der Gräfin *ow untersucht
worden. Da hat Hrn. Bell* unbestekte Unschuld, und seine christliche Grosmut sich gezeigt,
so, daß drei seiner Feinde, nämlich die beiden
Kopfhänger, und der Prediger, abgesezt sind.
Herr Bell* ist jezt, damit sein Triumpf vollkommen sei, wieder in den Besiz des noch stehnden
Theils des Erbguts seiner Frau gesezt, worüber
der Erste Rath, welcher es gröffesten Theils gezogen hatte, gesprungen, und Herr Bell* an
seine Stelle gekommen ist. Herr Puf hat heut,
wie ich von Julchen im Vertrauen erfare, das
Landgut ihm geschenkt, welches er bei Memel
hatte. Wenn Mad. L* den Verfolg dieser,
viel Aussehn machenden Sache erfaren wird: so
wird sie Ihnen die wichtigsten Dinge von der
Welt erzälen.

XLVI. Brief.

Gewis der lezten Erwartung unsrer Leser gemäs.

Sophie an Henrietten L* zu Elbingen.

Vorgestern sagte ich Ihnen, daß ich den
Herrn Puf für diesen Nachmittag einla-
ben würde, und das ist geschehn: aber mein
Brief

Brief *) hat ihn nicht gefunden. Er war zu
Haberstroh! Jezt ists 9 Uhr früh, ich wundre
mich, daß ich noch keine Antwort habe. Mit
äusserstem Verlangen erwart ich den rechtschafnen Mann: aber wahr ists, daß es mir lieb
seyn würde, wenn er abgehalten würde, auf
meine Einladung heute zu erscheinen; denn alsdenn gewönne ich diesen Nachmittag, um nach
Haberstroh zu gehn.

❋   ❋   ❋

Weinen Sie, meine theuerste Henriette, wo
ich noch Thränen verdiene! Ich kan nichts
mehr, als diesen Einschlus, welchen ich bekommen habe, einsiegeln.

XLVII. Brief,

worin wenig oder gar keine Geschichte ist.

Julchen an Sophien.

(im vorigen eingeschlossen.)

Wie gern, meine Sophie, käme ich zu Ihnen;
aber meine Mutter hat mir das schlechthin untersagt; und überdem traue ich meinem

Gg 2   Her-

*) Um nicht beschuldigt zu werden, wir hätten unsrer
Leserinnen zu wenig geschont, haben wir ihn aus-
gelassen — S. 463.

Herzen nicht zu, daß es nicht brechen solte, wenn ich Augenzeuge derjenigen Wendung Ihrer Umstände seyn müste, welche ich befürchte.

War Ihr Billet an meinen Oheim, welches er unentsiegelt hier zurükschikt, ein nochmaliger Korb; so ist Ihr Zwek erreicht. Wo nicht: und wie sehr fürchte ich jezt, was ich gestern früh hofte und wünschte, das nämlich, „daß Sie „endlich dem vortreflichen Mann, wo nicht die „Liebe, doch wenigstens die Achtung verspre„chen möchten, die er ganz gewis verdient;“ war das der Inhalt Ihres Briefs: so bedaure ich Sie. Sie haben ihn verloren, liebste Freundin, ihn, für dessen Verlust ich Sie so dringend gewarnt habe.

Fassen Sie sich, um diese Erzälung lesen zu können . . . . Ich wünschte nun, daß Sie sich jezt überzeugen könnten, mein Oheim sei Ihnen nicht bestimmt gewesen. Ich gesteh aber, daß, an Ihrer Stelle, ich das so wenig könnte, als jezt. Bekennen Sie nicht selbst, o Sophie, daß Ihr und sein Schiksal in Ihren Händen war, und so ganz in Ihren Händen, daß es schien, die Vorsehung habe nun selbst, zufrieden mit ihrem vollendeten Geschäfft, es Ihnen durchaus übergeben; denn was konnte sie noch anders von Ihnen fordern, als Gehorsam? — Gott! wie konnten Sie, wenn Sie nicht bittern Has gegen diesen Mann hatten; und den können Sie nicht gehabt haben: wie konnten Sie zögern?
Wie

Wie konnten Sie alles auf den späten gestrigen Tag ankommen, und nun auch diesen entscheidenden Tag noch vergehn lassen, da doch mein Oheim erfaren konnte, daß sie zuhause waren? Aber ich will Ihnen keine Vorwürfe machen; ist Ihre Lage jezt so, wie ich Aerinste sie mir denken mus: so wär es grausam, Ihnen welche zu machen.

Gleichwol bleibt mir noch ein schweres Geschäft, und ich kan es meinem Herzen nicht abschlagen, es zu übernehmen. Beste Freundin! ich mus Sie zu dem zubereiten, was Ihre Freunde zu Haberstroh thun werden. Für Herrn Gros möchte ich zwar stehn: von ihm haben Sie nichts, als die mitleidige Misbilligung des Freundes, aber von der Frau E. haben Sie vielleicht mehr zu befürchten. Dennoch mus ich Sie bitten, den Besuch bei derselben nicht aufzuschieben.

Ich brach hier ab; denn ich ward von einer Person überfallen, die Ihren Brief an meinen Oheim lesen wolte. Ich kan ihn nicht anders als dadurch retten, daß ich ihn geschwind in Ihre Hände zurük gebe. Wollen Sie mit einigen Zeilen mir eine Freude machen: so gescheh es durch Herrn Gros Vermittelung.

Sobald Ihr Herz wieder einiges Theilnehmens fähig seyn wird, erinnern Sie sich dran,

Gg 3   daß

daß ich glüklich bin, denn nicht nur von jenem elenden Schulz, sonder auch sogar vom Herrn von Ponfaly habe ich nichts mehr zu befürchten. Aber, o Fiekgen, es giebt einen Mann der mich liebt, und der eben dadurch genau so unglüklich werden wird, als ich ihm glüklich zu machen wünsche. Traurige Stunden! man vergißt sie gern, sobald sie unser Schiksal so oder anders bevestigt haben: und doch sind sie so unaussprechlich bitter, indem sie da sind; scheinen auf das ganze Leben einzufliessen, und stehn doch mit demselben wærlich in fast gar keinem Zusammenhange, sobald sie verflossen sind.

Mein mitleidendes Herz komt wieder auf das zurük, was Sie in Haberstroh zu gewarten haben. Hier ist ein Wechsel auf die 1800. fl. welche die Frau E. Ihnen versprochen hatte. Da niemand Ihre Wohnung weist, so hat sie mir es aufgetragen, denselben Ihnen zu übergeben. Ich schliesse draus, daß sie fürchtet, von Ihnen nicht mehr besucht zu werden: und desto dringender bitte ich Sie, hinzugehn.

Ich kan nicht schliessen, ohne Sie, meine theuerste liebste Sophie, zu beschwören, mir einen Ort zu nennen, wo ich Sie sprechen und, wo das möglich ist, — beruhigen könne.

XLVIII.

XLVIII. Brief.

Acta Eruditorum.

Herr Grob an den Prof. T* zu Pillau.

Königsberg,

Sie konnten wol vermuten, mein Theuerster, daß mein nächster Brief nicht von Haberskoh, sondern aus Königsberg kommen würde. Herr VanVlieten und Julchen sind bei mir gewesen. Ich bin glüklich; nichts ist gewisser. Noch war ich betäubt: denn was kan mehr betäuben, als das plözliche Reichwerden? Der Täuschungen gewohnt, suchte mein Herz Zweifel wider die Warheit Ihres Briefs. *) Diese war unläugbar. Wars Stolz? oder was wars, daß jezt mich bewog, auf einen Vorwand zu sinnen, unter welchem ich mich weigern wolte, diesen Reichtum anzunehmen? o! wenn es Stolz war: so ging er warlich vor Gott und vor meinem Gewissen zu weit! gleichwol glaubte ich, nichts zu verlieren, wenn ich dies Glük abwiese. Es ist wahr, daß meine Mutter meine Schwester völlig enterbt hat; und selbst mein Bruderherz gesteht, daß diese auch des empfangnen unwerth ist. Indessen fällt mir daburch kein Geld zu. Aber der Hausrath und der Schmuk

Gg 4

mei-

*) S. 442. f.

meiner Mutter, kan mich einst in den Staub
sezen, bei einer klugen Einschränkung ohne Brodsorge in Haberstroh zu leben; zumal da ich gewis bin, daß ich diese Gemeine nie verlassen
werde.   In diesen Gedanken wünschte ich, ja
warlich, es war ein recht heisser Wunsch: „Der
„Annehmung dieses Gelds überhoben zu seyn.“
Ich schwör es Ihnen, daß ein Herz, wie meins,
sich fürchtet, wenn es einen nahen Anschein,
glüklich zu werden, erblikt.   O wie gefärlich ist
schon ein mäßiges Glük! Ein grosses Glük ist
mir das, was einem ganz Erfrornen ein grosses
Feuer im Walde ist: er darf nicht sich plözlich
ihm nähern.

„Und an Julchen dachten Sie nicht.“

Nein, mein liebster Freund, an Julchen dachte ich warlich nicht eher, als bis ich gefunden
hatte, daß ich mit demüthigem Dank an Gott
den Gewinn des Loses annehmen muste.   Ich
will gern gestehn, daß ich vor einer beinah kindischen Freude über die mathematischen Instrumente, und vor Entzüken die Abendstunden des
Lebens meiner Mutter schön machen zu können,
auf jene (in Warheit sehr abgestudirte) Seite
des Herzens nicht acht hatte, wo die Empfänglichkeit zur Liebe sich findet.   Aber indem ich zu
meiner Mutter Zimmer eilte: da, ja da brach
das Wallen der kindlichen Liebe in jene verhüll-
te Gegend meines Herzens ein.   Wunderbar
kan diese Erscheinung seyn: aber ich meines-
theils

theils habe ich die Beobachtung derselben nach
der Topographie des menschlichen Herzens (wenn
ich so sagen kan?) schon ganz berichtigt.

Meine Mutter schlief schon. Auch die gestrige
Morgenstunde war zu kurz, als daß ich ihr hätte etwas sagen können; denn nun war die ganze Richtung meiner Gedanken so ganz zu Julchen
hingewandt, daß es unmöglich gewesen wäre,
meines Reichtums zu erwänen, ohne zugleich
von Julchen zu reden: und das konte ohn eine
sehr umständliche Einleitung nicht geschehn. Und
jezt kom Julchen.

> Ihr wallte sanft mein Herz entgegen,
> ganz war mein Blik auf sie gewandt!
> „O,“ dacht ich, „nähm ich diesen Segen
> „doch einst von meiner Mutter Hand!“

denn Julchen sank auf die Hand meiner Mutter,
sie zu küssen, und diese küßte jenen schönen Mund
wieder mit einem Gesicht voll Wonne. — Solchen Angriffen war mein Herz den ganzen Tag
über ausgesezt: ich hätte meinem Vorsaz, alle
meine Empfindungen, Julchen zu verbergen,
unmöglich treu bleiben können, wenn nicht die
Begebenheit des Herrn VanVlieten die Ausfürung dieses schwersten meiner Entschlüsse so sehr
begünstigt hätte . . . .*) Ich bedaure Sophien
minder, wenn ich bedenke, theils, daß Herr

Gg 5   Van-

*) Er erzält hier, was Jgfr. Nitka uns schon gesagt
hat.

VanVlieten verdiente, glüklicher zu seyn, als
sie bei einem so verwahloseten Herzen ihn machen konte, theils, daß, von ihm getrennt, sie
ihr jeziges unwürdigs Betragen einst wird vergessen können, welches nicht geschehn würde,
wenn sie mit ihm verbunden wäre. Es ist immer ein Gewinn, von Menschen ganz getrennt
zu seyn, die wir alzusehr vernachlässigt haben.*)
Vielleicht ist sie auch in sofern weniger zu bekla-
gen, als sie selbst schuld dran ist, Herrn Van-
Vlieten verloren zu haben. Hätten Feinde ihr
diesen Verlust zugezogen, so hätte ihr Leiden sich
um einen hohen Grad vermehrt: durch die Em-
pfindlichkeit, vielleicht gar Rachsucht, gegen die
Störer ihres Glüks. Jezt hat sie alles ihrer
eignen Thorheit zuzuschreiben: das Glük, und
vielleicht blüht ihr einst eins, das wohlthätige
Glük läßt uns Thorheiten einst vergessen, wenigstens Thorheiten der Jugend; denn härter
wolte ich ihr Verfaren nicht gern nennen.

Ich wolte den Abend dieses für mich so glüklichen Tags dazu anwenden, meiner Mutter
mein Glük und meine Hofnungen zu sagen, so
wenig es auch meine Art ist, von Dingen, die
ich

*) Und eben so ist ein Jammer unter den Augen
derjenigen leben zu müssen, welche uns vernachlässigt haben! Unsre Gegenwart ist eine Pein ihres
Gewissens, und eine Aufforderung, wo nicht uns zu
versagen, doch wenigstens durch alle Art der Be-
leidigung den Versuch dazu zu machen.

ich noch nicht ganz überdacht habe, zu reden:
aber das Gewicht meiner Grundsäze überwog
doch.   Ich schwieg; denn wie nichtig war nicht
noch die Hofnung,   im VänBergschen Hause
günstig beurteilt zu werden! und wie hätte es
bei einem unglüklichen Ausgange, meine Mutter
gekränkt, leere Hofnungen mit mir zetheilt zu haben! Schwer ward mirs, zu schweigen; denn
Sie können leicht denken, daß meine Mutter
von nichts als von Julchen sprach, sich auch
kaum drauf besann, daß die Madame VanBerg
sehr reich ist. — Ich empfal in stiller Andacht
diese ganze Sache demjenigen, dessen unermeß-
licher Grösse keine unsrer Angelegenheiten zu klein
seyn kan.   Zwar bat ich ihn nicht, die Herzen
zu mir zu lenken: daß er aber mir und Julchen
seinen Willen zeigen möchte, darum flehte ich;
und mit der aufgehnden Sonne war ich zugleich
in Königsberg.

Herr VanVlieten war ganz entzükt, mich zu
sehn: „Gott grüsse Sie, mein braver Herr ...
„doch mein Mädchen soll nicht später sich freun
„als ich: ruft sie doch, Julchen! und sagt ihr
„— nein, sagt ihr nichts; hört ihr! — Ich
konte es nicht verhindern: und Julchen trat in
ihrem Morgenkleide herein:

> so steigt aus dem Bade des Thaues
> ein Blümchen frisch hervor,
> das sich ein leichter Zephir
> zu seiner Lust erkor.

Es

Es deft noch mit Blättern den Busen
bis Phöbus Aug erwacht,
dem es denn bald die Freude
des schönsten Anbliks macht.

Julchen war — man kan nicht schöner seyn!
Sie war freilich bestürzt; aber da die Achtung
für sich selbst das Gesez ihrer Toilette ist: so
war in ihrem Anzuge nichts, was sie hätte beschämen können. — Herr Puf zog unsre Stüle
ans Camin. Sie fing bald an, von meiner
Mutter zu sprechen; und ihr Gesicht sah hiebei
aus, als wenn diese schmeichelnde Vorstellungen
der Inhalt ihres Morgentraums gewesen wären.
Man kan in der That nichts angenehmers sehn,
als ein Mädchen dieser Art, dessen Anzug noch
ohne den Zwang, der Kunst, und dessen Seele
noch ohne Puz ist — Doch ich seh, daß ich
hier die Sprache des Liebhabers rede: denn es
wäre zu weitläuftig, Ihnen zu erläutern, was
die unterstrichne Zeile heißt?

So angenehm diese Morgenstunde auch war:
so wünschte ich doch heimlich, daß Julchen eine
Ahndung meiner Anträge an ihren Oheim haben,
und uns verlassen möchte. Sie schien es thun
zu wollen: aber Herr Puf war mit ihr so beschäftigt, bald den Feuerschirm anders zu rüken,
damit die Wärme ihr frisches Gesicht nicht treffen
solte; bald ihr eine Schale Thee einzuschenken,
bald die Falten ihres Tuchs auf den Schultern
zu

zu beugen, so, daß sie blieb, bis die Madame VanBerg sie rufen ließ.

„Lächerlicher, Herr Pastor, ist mir nie etwas „gewesen," fing jezt Herr Puf an, „als daß das „Mädchen hier so in ihrem Nachtrok aushal-„ten muste? aber das Kind ist immer ein En-„gelchen, sie mag gepuzt seyn oder nicht; was? „habe ich nicht recht? Ich mus es wol sagen, „daß ich unterdessen so dran gedacht habe, wie „ich mit meiner Frau Richter des Morgens am „Camin sizen werde. Doch vielleicht nicht! denn „die Frauen sind nicht so bescheiden, wie die „Jungfern: ich habe welche gekant, die des „morgens herzlichschludrig ja recht lahks-„chig aussehn, und auch, willsgott, bis „Mittag so bleiben. Ich besinne mich auf Ei-„ne, die als Jungfer gepuzt war, daß sie nur so „knakte. Hoho! als Frau sah ich sie wieder. „Nun wirklich, hätte man sie an die Wand ge-„worfen: kleben wäre sie geblieben. Der jun-„ge Mann, faßte sie auch auf die Hüften, und „drehte sie vor mir herum, mit den Worten, die „irgendwo stehn mögen:

„Sieh dieses Weibgen, den Mund schön, wie die
　　　　　　　　　　　　lachende Rose!
„sieh dieses Wuchses bezaubernde Pracht!
„dies ist das Mädchen, das mich aus einem Narren
　　　　　　　　　　　　in Prose,
„zu einem Narren in Versen gemacht."

　　　　　　　　　　　　　　　　„Ei

„Ei nun," fuhr Herr Puf fort, „wenn sich
„die Mädchen hernach so ändern: so mags einem
„wol wunderbar vorkommen, daß man so ein
„närrischer Kerl hat seyn können. Und à propos,
„wie kleidet sich denn meine?"

— Dies gab Gelegenheit zu einer Unterre-
bung, die für ihn sehr unterhaltend war. Er vermied, Sophiens zu erwänen: aber desto mehr
sagte er von Julchen: „daß es mit dem Herrn
„von Poufaly so ein klaterich Ende genommen
„hat, verdriesst mich. Gott behüte, daß wir
„gegen die Catholiken etwas haben solten: aber
„ein Catholik geworden zu seyn, Herr Pastor,
„geworden zu seyn, das, dünkt mich, taugt den
„D e u t s c h e r nicht. Mags indessen doch seyn,
„wie es will; ich will dem lieben Kinde gern
„behülflich seyn, wenn sie mir nur sagen wolte,
„wohin sie so ungefähr denkt? Freilig, Geld
„mus etwas da seyn, sonst schreit mir meine
„Schwester die Ohren unter der Müze weg. Auch
„da könten wir indessen zu k o m m e n. Wenn
„Sie das Mädchen so etwas s o n d i r e n wol-
„ten; möchte doch der Mann arm seyn: sehn
„Sie, meine Schwester weis nicht, was ich
„habe; ginge die Sache durch mich: nun, so
„machte ich aus einem armen S c h l u k e r einen
„Kerl comme il faut; *) sie wüste den Kukuk,
„meine Schwester, woher ers hätte. Und auf
„allen

*) d. h. „wie sichs gehört."

„allen Fall beſſer ein kluger Armer, als ein dum-
„mer Reicher." *)

„Aber würde nicht gegen den Stand Einwen-
„dung gemacht werden!"

„Was? Julchen, Einwendungen wider den
„Stand? Ja, von meiner Schweſter, ſagen
„Sie? nun Herr Paſtor, nein; freilig, ein Bauer
„oder ein Handwerker wird nicht kommen: aber
„ſonſt wird den beiden Weibsbildern nichts an-
„ſtöſſig ſeyn. Nur einen Officier und einen Ad-
„vocaten werde ich für mein Theil dienſtfreund-
„lich verbitten: jener muß die Leute drüken; und
„dieſer? aufs wenigſte geſagt, kan er doch nicht
„immer geſchwind genug wiſſen, ob nicht irgend-
„wo ungerecht Gut mit unterläuft. Zudem
„fält mir auch immer jenes Dichters Auſter-
„ſchlukerin ein."

Des ſottiſes d'autrui nous vivons au Pa-
lais. **)

— Ich lächelte: „Ein Gelehrter alſo kä-
„me . . . ."

„nicht blind," unterbrach er mich, „käme
„nicht blind;" und indem er die Feuerzange hin-
ſeßte: „und, lieber Herr Paſtor, daß Sie über
„etwas drüken, das merk ich wol: aber es thut
„mir

*) Malo virum qui pecunia egeat, quam pecuniam
quae viro.

CIC.

**) BOIL. EP. II. 51.

„mir leid; was Sie denken, daraus wird nichts,
„hören Sie?"

— Ich konte mich nicht überreden, liebster
T*, daß ich mich verrathen haben solte: gleichwol merkte ich, daß ich roth ward.

„Es thut mir leid um Sie, liebster Herr Pa-
„stor. Wir Alten sind da: aber das Mädchen
„will nicht, so keklich ich auch drauf gewettet
„hätte."

Fortsezung.

— — Majora peractis
Inftant.

TIB.

Ich gesteh, mein T*, daß ich bestürzt war,
denn ich fühlte, daß mein Gesicht wärmer
ward. Er merkte es: „Es läßt, als glaubten
„Sie mirs nicht: ich habe aber noch gestern
„Abends mit ihr geredet; sie hat mirs rund ab-
„geschlagen. Die Krabbe gieng so weit, daß
„sie sagte: Ich weis ganz gewis, daß Sie
„durch diese Bewerbung ihm keinen Dienst
„thun; ich weis ganz gewis, daß er mich nicht
„liebt. Dies, Herr Pastor, können Sie glau-
„ben; und was ist nun zu thun? Ein wakrer
„Mann! das mus man sagen, obwol meine
„Schwester, eigentlich zu sagen, das erst aus dem
„Lotteriezettel ersehn hat."

— Jezt

481

— Jezt sah ich, und gewis nicht ohne merkliche Erleichterung des Herzens, daß nicht von mir, sondern von Ihnen, mein T*, die Rede war. »Julchen hat ganz recht,« sagte ich jezt mit gesammletem Herzen; »denn wenn der Herr Professor ein Anliegen entdekt hat: so war es gewis nicht seines, sondern des Mannes, in dessen Angelegenheiten ich heute selbst komme. Ich hätte,« fuhr ich mit einer Verbeugung fort, »mich längst deutlicher erklärt ....«

— Er unterbrach mich: »wie ist das: Mus man in solchen Dingen immer so weit ausholen, und so räzelhaft reden, wie Ihr Herrn Gelehrten: so habe ich gestern meine Sache bei der Frau Richter sehr links angebracht. Gerade heraus mit der Sprache! wer ist der Mann? so werden wir ja denn sehn.«

»Freilich konnten Sie ihn nicht rathen: er ist zu kurze Zeit Wittwer, als daß er schon wieder heiraten wolte: aber er fürchtet, daß ....«

»das Vögelchen ausfliegen möchte? Nun, da wüste ich denn doch nicht?«

— Ich umarmte ihn, ohn etwas zu sagen; denn ich konte nichts sagen.

Er sprang zurük und schlug sich an die Stirn: »O Puf, du blinder Hesse! Sie Herr? Allerliebster Herr Pastor, Sie? O gern! o ambabus, wie Herr Waker sagte. Und darauf bin ich nicht gefallen? das ist bedenklich, daß ich darauf nicht gefallen bin! Aber wer zum

VI Theil.   Hh   »Stern

„Stern konte das auch denken? denn haben
„Sie auch je ein Silbgen verlauten laſſen? Ge-
„wünſcht hab' ich es, ja; die ſelige Frau war
„kaum todt, als ich ſchon ſolche projecte mach-
„te: aber haben Sie nicht ſeit einiger Zeit mich
„und unſer Haus wirklich geſtohn? .. und
„Holla, das mag vielleicht eben ein gutes Zei-
„chen geweſen ſeyn? Ja, liebſter, beſter Mann,
„Sie, und kein andrer, ſoll ſie haben: ich will
„ſagen, Sie ſollen ſie haben. Kommen zwan-
„zig, und kommen ſie in Kutſchen: ſo ſollen
„zwanzig Kutſchen wieder abfahren.“

Er lies mich nicht zum Wort kommen. „Wie
„ſtehn Sie denn mit Julchen? vermuthlich iſts
„richtig?“

— In dieſem Augenblik kam Julchen, uns in
der Madame VanBerg Zimmer zum Caffe zu rufen. Er ſagte mir leiſe: „Das iſt kein böſes Zei-
„chen, daß ſie uns rufen läſſt; ich habe dieſe Eh-
„re der Frau Richter zu danken; und Sie? viel-
„leicht der Lotterie. Laſſen Sie alles gut ſeyn:
„ich werde Ihr Anliegen bei meiner Schweſter
„einlenken.“

Dieſes Einlenken, liebſter T*, war ganz nach
ſeiner Art. Julchen mochte was gemerkt haben:
ſie war auf ihr Zimmer gegangen. Nachdem
viel von der Frau Richter geſprochen worden,
ſagte er: „Hier dieſer Freund hat es auf ſich
„genommen, dir, liebe Schweſter, Anträge zu
„thun. Er iſt ſo der zweite Theil von Hrn. Prof.
„L,

»T., denn dieser ist nach Pillau gereiset. Der
»Mann, in dessen Namen Hr. T* geredet hat,
»würde sich eher erklärt haben! aber es ist ihm
»gegangen, wie vielleicht viel andern brafen Leu-
»ten, die von deinem Hause, welches man für
»unbändig reich hält, abgewiesen zu werden be-
»fürchteten: und so hätte wirklich am Ende ein
»Windbeutel dein Schwiegersohn werden können.
»Der brafe Mann, von dem wir jezt reden wol-
»len, ist in der That bisher ärmer gewesen, als
»ein Gelehrter es seyn solte; jezt hat er, wie
»du weisst, kleine dreissigtausend Thäler-
»chens; und weil er als ein Gelehrter nicht
»eben mehr braucht: so begehrt er vor der Hand,
»das heisst, so lange als du lebst, nichts weiter,
»als Julchens Person — denn, Hr. Pastor, ich
»darf doch hier in der Sele dieses Manns reden?«

— Ich bewunderte die Verschlagenheit dieses
Manns, und sagte: »er könne sicher versprechen,
»daß es auch in Absicht des ganzen Vermö-
»gens auf den lezten Willen der Madame Van-
»Berg ankommen solte.«

»Nun,« fuhr er fort, »bringt meine Braut
»mir ein schönes Vermögen zu; ich kan also mein
»Theil in deiner Handlung lassen, wenn du mir
»in Absicht Julchen zu willfaren, die Liebe für
»mich haben willst. Ich denke immer, ein gro-
»ser Gelehrter giebt einer Familie ein schönes re-
»lief, oder wie ich da sagen soll.

— Mit einer ernſthaften und doch zweideutigen Miene hatte ſie bisher zugehört. „Ich kan,“
ſagte ſie jezt, „nicht antworten, bis ich werde
„zwo Fragen gethan haben. Vorläufig muß ich
„geſtehn, daß es mir eine Ehre ſeyn würde, ei
„nen groſſen Gelehrten in meine Familie aufzu
„nehmen . . . .“

— Ich unterbrach ſie: „Sie müſſen nicht über
„raſcht werden, Madame: der, von dem wir re
„den, ſteht nur in derjenigen Claſſe der Gelehr
„ten, die gewönlich für die niedrigſte gehalten
„wird . . . .“

„Und iſt er,“ rief ſie, „in dieſer gros?

„Gros?“ ſagte Herr Puf lachend, „gros?
„ja, das denk ich! nomen et omen habet, ſa
„gen wir Lateiner; er iſt ſo gewis Gros als ich
„Puf bin.“

„Nun meine erſte Frage: kenne ich dieſen
„Mann?“

— Ich konnte für innrer Unruh nicht antworten.

„Ja!“ ſagte Hr. Puf, „ſo gut, wie du mich
„kennſt; ei zum Kukuk; Julchen kennt ihn auch,
„kan ihn auch leiden, denk ich.“

„Meine zwote Frage: wohnt er in Königs
„berg?“

„O Schweſter, ſo frägt man den Bauern die
„Künſte ab. Wir wollen es vor der Hand hier
„bewenden laſſen, denn die Sache iſt nicht eilig.
„Der Herr quaeſtionis iſt Wittwer, und ſo wer

„den

„den immer noch ein sechs Monat in die Welt
„kommen.“

— Sie lächelte: „Wohnt er in Königsberg?“

— Hr. Puf kam meiner Antwort zuvor; auf
eine drolligte Art sagte er: „ad Spectatores: sie
„hat den Floh im Ohr!“ (laut) „In Königsberg
„nun wol nicht: aber es ist nur ein Kazen-
„sprung bis dahin.“

— Sie machte mir hier mit der so sehr angenehmen Art, die sie in guten Stunden hat, eine
Verbeugung. — Wir Prediger sind zwar, (und
Dank sei der Mode,) des Händeküssens überhoben: aber hier sprang ich gern auf, um ihre
Hand zu küssen. Was ich sagte, weis ich nicht.
„Ich wünsche,“ sagte sie, „Ihnen von Grund
„der Selen Glük, zu der schönen Verbesserung
„Ihres Schiksals . . .“ — Sie meinte allerdings den Lotteriegewinst: aber Hr. Puf unterbrach sie: „Gottlob, Schwester! Ja wohl, Ver-
„besserung des Schicksals, und dich mus ich
„davor küssen, daß du ihm diese so bald, und
„so ohn Umschweife versprichst. Da!“ indem
er meine Hand in ihre legte, „da hast du einen
„Sohn, wie einen Daus! So lässts mich der
„liebe Gott also erleben, alle, die mir lieb sind,
„glüklich zu sehn! Das sagte uns Herr Leff**
„wol, daß wir uns noch Alle freuen wür-
„den!“

— Die Madame VanBerg schien gerührt
zu seyn, denn er selbst war es. „Gott macht es

„besser,“

»beſſer,« ſagte ſie, »als ich es angelegt habe:
»aber Herr Paſtor, beinah verdienten Sie, daß
»ich Ihnen die Sache etwas ſchwer machte;
»denn wie wollen Sie es verantworten, daß
»Sie, ſeit ſo langer Zeit, ſich meines Hauſes nicht
»mehr angenommen haben? und wie ein groſſes
»Unglük, und beſonders für Sie ſelbſt, hätte
»aus Ihrer Unthätigkeit entſtehn können?«

— Dies führte uns in eine ſehr ernſthafte
Unterredung, welcher Herr Puf ſtill zuhörte.
Sie erkandte ihr Verſehn, und geſtand freiwillig, daß ſie ſelbſt an den Widrigkeiten der lezten
Monate ſchuld geweſen ſei. »Das alles iſt
»überſtanden;« ſagte ſie endlich, »jezt iſt nun
»die Frage, ob Julchen ſo denkt als wir.«

— Und dieſe Frage, beſter T*, werde ich,
wie ich hoffe, morgen Ihnen beantworten.

XLIX. Brief.

Wie ſichs am Schlus einer Schrift wie dieſe gehört.

Herr Gros an Herrn Prof. T*
zur Fortſezung.

Königsberg.

Was Menſchen in den Abendſtunden dieſes
Tags, (eines meiner entſcheidendſten,)
von mir fodern können, das ſei ganz Ihnen
mein

mein treuster T * gewiedmet. Ich bin vollkommen glüklich!

Kaum hatte ich heute früh meinen Thee getrunken: so kam — können Sie das rathen? meine Mutter kam hieher nach Königsberg. Doch wie verwirrt bin ich? Habe ich da nicht einen ganzen Tag übergangen?

Fast ists mir lästig, in meiner Erzälung zurük zu gehn.

Vorgestern früh ging ich von hier nach Haberstroh. Eine Stunde nach mir, kam Sophie • • • *) So ist sie denn also noch einmal entflohn, diese beklagenswürdige Sophie, und jezt dürfen wir wol nicht mehr hoffen, sie jemals wiederzusehn! Ists Hize? oder ists ein übelgestellter Stolz? gewis nur eins von beiden kan sie dahin gebracht haben, so plözlich, und auf eine so unschikliche Art, mein Haus, und sogar Königsberg zu verlassen.

Ich kan heut in Warheit keine Ordnung in meine Erzälung bringen. — Ich sagte Ihnen daß Hr. VanVlieten ganz unvermutet in meinen Hof fuhr, und daß dann Sophie entsprang. Ich konnte ihr nicht sogleich nachsezen, weil die Frau Richter, die die Einzige ist, welche Sophien wegfahren gesehn hatte, durch ihre lezten Worte so gerührt worden war, daß sie nur erst

Th 4   in

*) Diese wichtige Lüke werden wir noch ausfüllen, eh wir Abschied nehmen.

in etwa einer halben Stunde zu uns kommen
konte, da ich unterdessen geglaubt hatte, sie sei
mit Sophien im Gartenhause. Auch jezt konnte
ich Sophien noch nicht nachreisen; denn ich
durfte Hrn. VanVlieten von ihrem Besuch und
von ihrer Entweichung nichts merken lassen.
Ich beruhigte mich dabei, daß ich ihn nach Königsberg begleiten, und sie dann gewis finden
würde; denn ihre Wohnung hatte sie mir gesagt.

Der Herr VanVlieten meldete mir mit einer
Freude, die ich nie bei einem Menschen gesehn
habe, er habe mit Julchen gesprochen . . . doch
dies alles mündlich, mein T *. Genug, überzeugt, daß ich heute das schönste Jawort, welches je ein Frauenzimmer gegeben hat, erhalten würde, reisete ich mit ihm hieher. — Julchen konnte sich nicht überwinden, mich diesen
Abend noch zu sprechen: aber von der Madame
VanBerg, ward ich äusserst gütig aufgenommen; ihr Herz hat in der That sehr schöne Stellen. Jezt kam Hr. Malgre' und seine glükliche,
und ihres Glüks würdige Braut. Versuchen
Sie, ob Sie es mir vergeben können, daß ich
in so schöner Gesellschaft, nur erst gegen Abend
dran dachte, zu Sophien zu gehn? . . . .

— Sehr betrübt, sie nicht mehr gefunden
zu haben, ging ich auf mein Zimmer: doch war
mein Herz den Freuden dieses Tags nicht ganz
verschlossen — sie sind ja die feinsten, die dieses

ses Leben geben kan! Ich versuchte es, Sophien zu vergessen:

Hic dies vere mihi festus atras
Eximet curas!

so dachte ich, und schlief ein. Heute früh kam, wie ich oben gesagt habe, meine Mutter. Wundern Sie sich nicht, mein T*! meine Mutter ist wieder ganz vergnügt. Sie haben Recht in einem Ihrer Gedichte:

»Nein, Liebe! du giebst nicht der Freuden feinste!
»Das Mutterherz fühlt unvergleichlich mehr!«

Meine Mutter fühlte meine ganze Freude über diesen unerwarteten Besuch; sie hatte sie schon vorher empfunden. Kaum ließ sie sich die Zeit, eine Schale Thee anzunehmen. »Du mußt,« sagte sie, »mir eine Freude lassen, die ich nicht »mehr hoffen durfte: meine Hand, liebster »Sohn, muß dir eine Frau geben. Ich will »Julchen für dich werben; ich selbst, mein Sohn. »Ihr werdet Beide mir danken, daß ich Euch »Bewegungen des Herzens erspart habe, die »heftig, und also minderwohlthuend seyn wür- »den, wenn Ihr jezt gleich ein tête à tête hät- »tet.«

Ich sah diese treue Mutter sehr gern abfahren; ich glaube gern, daß ich, nach Verhältnis, mich eben so vor der ersten Zusammenkunft gefürchtet habe, als Julchen. Es bleibt wol

Hh 5   dabei,

dabei, liebster T * daß ein solcher Auftritt, der
einzige seiner Art ist.

Ich folgte meiner Mutter und der Frau Richter in einigen Stunden. Sie stand vom Canape
auf, und hielt Julchen bei der Hand vest.
»Schikte sich das, liebster Sohn,« sagte sie:
»so würde ich dies unvergleichliche Kind dir ent-
»gegen füren.«

Julchens Blik sank, obwol ich nicht sagen
kan, daß sie die Augen niedergeschlagen habe.

Auf wenig Worte, die, indem ich ihre Hand
küßte, *ich ihr sagen konnte, und die ich, wie
Sie leicht denken können, jezt nicht mehr weis,
antwortete sie mit leiser Stimme: »Ich seh, daß
»ich durch schwere Bekümmernisse gehn muste,
»um mit desto entzükenderer Freude, Ihnen mein
»Herz geben zu können. Ich weis,« fuhr sie
fort, indem sie, mit unbeschreiblicher Anmuth,
mir ihre Hand noch einmal hinreichte, »ich weis
»daß wir für einander geschaffen sind.«

Und hier, mein T *, übergeh ich alles; Sie
würden nichts gewinnen, wenn ich Ihnen alles
umständlich erzälen wolte: denn diese Scene
musten Sie sehn.

Die Zeit verging bis zwei Uhr unter Auftrit-
ten, die nicht angenehmer seyn können, und
dann versammleten wir uns zum Gastmal, welches der Hr. VanVlieten uns, und dem Elbin-
gischen Brautpar gab. Dies war prächtig:
denn der Mann weis aufs genaueste, was zur

Deco-

Decoration des Lebens gehört. — Einer der Auffäze stellte das Glük auf einer Kugel vor. Die Göttin hielt ein G. und ein B. in durchschlungnen Zügen, und die Relizion und die Tugend unterstüzten die Kugel. — Nachher ward ausgemacht, daß Ein Tag unser Aller Schiksal bestimmen sollte, es fehlte selbst nicht viel, daß man sogar den Monath schon genannt hätte.

Soll ich Ihnen sagen, welche Figur wir hier machten?

Herr VanVlieten war sehr lustig; Herr Malgre' sehr vergnügt; ich sehr zufrieden; Frau Richter sehr heiter; Jungfer Ritka sehr lebhaft; und Julchen — hier fehlt mir das Wort, womit ich die sanfte Anmuth des Vergnügens, ausdrüken wolte; ich weis auch keine Umschreibung, die das Erquikende derjenigen Stralen bezeichnen könnte, welche aus Julchens innerer Freude hervorbrachen.

Ich erschrak sehr, als ein Bedienter nach aufgehobner Tafel, da wir Männer noch mit dem Glase Champagner im Fenster stunden, einen, unter Sophiens Petschaft eingelegten Schlüssel, dem Herrn VanVlieten überbrachte, mit der Nachricht, es sei ein Coffer abgeliefert worden. Aber es war bestimmt, daß dieser Tag durchaus schön seyn sollte. Meine Mutter nahm dem Herrn VanVlieten den noch nicht erbrochnen Zettel, weg, und sagte: »ich übernehm

»es,

»es, dieses, wenn es Zeit seyn wird, lesen »zu lassen, und den Coffer erlauben Sie mir, »bis dahin Julchen zu übergeben.«

»Gut, gut, liebe Mama,« sagte er, und küßte ihre Hand, »ich bin nun Ihr Sohn, und »küsche gern; es scheint wol, daß sie abge»reiset ist, und« (indem er die Gläser klingen ließ) »es geh ihr wohl!«

Sonst ward noch ausgemacht, daß der Herr VanVlieten meiner Kirche das Gartenhaus, und alles was dem Testament zufolge dazu gehört, abkaufen wird. Er wird alsdenn da wohnen; zwar nicht ganz sich aus den Geschäften ziehn, aber doch keine Seereisen mehr thun. Er bediente sich des Ausdruks:

Otiandi, non negociandi caussa

»und a propos« sagte er, »sagen Sie mir doch, »was ist in der Stelle schönes? Von zwei Wör»tern machte Herr Dypsychus immer ein »schreklich Aufhebens. Warens Diminutiva, »oder was es da war. Ich habs nie finden »können.«

»Ich auch nicht,« sagte ich. *)

Herr

*) Man frage nur einen zweiten Dypsychus. Hier ist die Stelle: Canius eques Romanus, nec infacetus et satis litteratus — dictitabat se hortulos aliquos velle emere, quo inuitare amicos, et vbi se oblectare sine interpellatoribus posset. Offic. 3.

Herr Malgre' wird sich vielleicht entschließen in
Königsberg zu bleiben. Die Madame Van
Berg hat sich schon seit einiger Zeit beklagt, daß
das Fahren ihr nicht zuträglich ist; sie wird
Julchen also ihren Wagen und den Zug Pferde
geben.

Nie ist der Abend, einer Gesellschaft so sehr
zu früh eingebrochen. Wir begriffen nicht, wovon es schon finster ward? Meine Mutter fuhr
mit der Frau Richter, bei Fakeln nach hause,
und Julchen war so gütig, sie zu begleiten. Ich
werde morgen sehr frühe meine Geschäfte aus-
richten, und dann fahren wir alle nach Haberstroh; nur weis Herr Puf nicht, ob er uns
wird folgen können: denn denken Sie, der Hr.
Magister Kübbuts ist verschwunden! Auf seinem Tisch hat er einen sehr unverständlichen
Zettel gelassen. Der arme Mann! Hr. Puf
hat überall nachgeschikt, und ist entschlossen,
morgen selbst Nachsuchung anzustellen; doch hoffe
ich, ihm das auszureden, und ihn morgen mit-
zunehmen. Ich hoffe, daß Sie morgen Abends
nachkommen können! wie sehnlich erwartet
Sie

Ihr glüklicher
Gros.

N. S. In diesem Augenblik erhalte ich Ihr
Billet! *) Kan etwas befremdender seyn, als

Ihre

*) Es kommt nicht vor.

Ihre Nachricht von Sophien! dies war die einzige Möglichkeit, ihr armes Herz zu beruhigen; sie blieb sonst ganz gewis untröstlich. Aber wohin konnte sie von Pillau reisen wollen?

Schlafen Sie wie ein Ermüdeter, und früh, früh, mein Bester, kommen Sie gestiefelt hieher. Mein Pferd ist so muthig, wie Sie es immer wünschen können.

L. Brief,

folgenden Inhalts.

Hr. Less*.* an die Herrn Puf, T*, und Gros.

Königsberg.

Ich kan nicht schlafen gehn, theuersten Freunde, ohn Ihnen zu melden, daß ich wieder in Königsberg bin, und das in einigen, durch eine mir begegnende Estafette, mir überbrachten Geschäften, deren Frucht ganz Preussen geniessen wird. Morgen früh (denn jezt ists Mitternacht) zum Gouverneur, und dann zu Ihnen, mein lieber VanVlieten. Machen Sie doch, daß ich die Herrn T* und Gros bei Ihnen finde, im Fall, wie ich befürchte, der Gouverneur diese Nacht nicht zurükkommt, und ich dann sogleich zu ihm nach Pillau gehn muß.

LI. Brief.

LI. Brief.

⸺ Heu! Sero flebis amata diu!

PR.

Sophie an Henriette L* zu Elbingen.

So nehmen Sie denn, theuerste Freundin,
die arme Sophie auf, und lassen Sie Ihr
Haus die Freistadt der unglüklichen Thörin seyn,
welcher jede Verhönung bittrer wird, seitdem
sie weis, wie sehr sie verspottet zu werden verdient! Ich bin wieder in Pillau, in demjenigen Posthause, wo mein Unglük, insofern ich
selbst es gemacht habe, sich anfing. *) Ich
werde

*) Meine Leser würden belästigt werden, wenn ich
die Beurteilungen dieser Schrift, hier beantworten wolte: bei dieser Stelle aber erhasche ich vielleicht einige bei einem Gedanken, den sehr viel Leser geäussert haben. „Was soll man,“ sagen sie,
„dazu denken, daß die mehresten Personen, die hier
„auftraten, in der Folge der Geschichte immer
„schlechter werden?“ Das (sage ich, anstatt aller
Antwort) das soll man denken, daß ich die Welt
schildere, wie sie ist; das heisst: wie „meine Leser
„sie gefunden“ haben. — Heisst denn das „gut
„seyn,“ wenn man „einen guten Schein an-
„nimmt?“ — Gut seyn; und: „gute Anlagen
„haben,“ Leser! kan das einerlei seyn? Und so
habe

werde diese Nacht hier ruhen, wenn ich kan.
Denn ich befürchte, unsinnig zu werden. Vielleicht ists auch gut, daß Sie durch diesen Brief
meine Ankunft noch vorher erfaren, eh Sie das
Schreken haben, mich zu sehn. Reden Sie
mit Ihrem würdigen Gemal, und diesem verbergen Sie nichts: aber wenns möglich ist: so
müssen Sie Beide die Einzigen seyn, die um
diejenige Thorheit wissen, welche mich verzweifeln läßt.

O Hen-

habe ich die Welt gefunden; und dann that mirs
weh, zu sehn, daß der Unerfarne dem guten Scheln
traute, und die gute Anlage für ein ganz aufge-
führtes, gutes Gebäude hielt. Ich glaubte, ihn
warnen zu müssen. Das habe ich hier gethan; ohne Bitterkeit, hoff ich; denn sonst hätte ich doch
warlich meinem Zwek entgegen gehandelt. Will jemand mich schelten, daß ich nicht eben so oft die
Ursach und die „Geschichte“ des Verderbens dieses
oder jenes Stands angebe, als ich „Beispiele“ dieses Verderbens aufstelle; will er nicht bedenken,
daß in fünf Bänden nicht so viel geleistet werden
kan, als in zwölfen; will er glauben, daß ich
„weniger“ als Herr Puf, Julchen, und andre, ein
Menschenfreund bin: so beruhigt mich das, daß
ich in Warheit mit dem Dichter sagen kan:

Si quisquam est, qui placere se studeat bonis
  quam plurimis, et minime multos laedere
In his poëta hic nomen profitetur suum.

DER.

O Henriette, ich merke, daß es kleinen Selen eigen ist, den Grund des Unglüks außer sich zu suchen. Seitdem das meinige so hoch gestiegen ist, als es steigen konte, will mein Herz jederman verklagen. Das kan ich indessen nicht läugnen, daß meine selige Mutter die Grundlage meiner Gemüthsart gelegt hat. Eigensinn, Hochmuth, und Eitelkeit, war das Bezeichnende der ihrigen; und wenn ich nur drei Dinge anfüre: meinen Eigensinn in dem Vernarren für Herrn Leß * *; den Hochmuth, mit welchem ich den Herrn VanVlieten aufgehalten habe; die Eitelkeit, mit welcher ich es bisher zugelassen habe, daß man mich für eine Engländerin hielt, „blos, damit ich Aufsehn mächen, und „meine Narrheiten auf Rechnung einer fremden „Nation sezen lassen könnte:“ so erstaun ich, durch das Unglük meiner Mutter so wenig gebessert, noch mehr, im Unglük ihr so ähnlich geworden zu seyn! O Vater, den mein Herz segnet, warum muste der Schmerz, über eine verblendete Gattin, dich aus deinen angeerbten Besizungen, in ein fremdes Land verbannen! warum mustest du . . . doch, lassen Sie mich von Dingen schweigen, die mir durch die Sele gehn! Das war mein Unglük, daß mein Vater schon in meinem zweiten Jahr Hannover verlassen muste, wo meine Mutter, mich mit unverantwortlicher Verzärtelung erzog, und wo sie, durch meines Vaters Abwesenheit in Freiheit ge-

VI. Theil.   Ji   sezt,

ſezt, das ſo ganz Zufällige: adelich geboren zu
ſeyn, „als die eigentliche Bezeichnung des Werths
„meines ganzen Lebens,“ mich ſchäzen lehrte.
Es war ein Glük, daß auch ich meine Vaterſtadt Hannover verlaſſen muſte: aber ach! ich
war nun ſchon beinah vier Jahr alt, ſchon voll
von dem, was man mit einem ſo beſondern
Namen Bauerſtolz, nennt! daß ich aber die
Thorheit begieng, meine Mutter meinen nach-
maligen Aufenthalt wiſſen zu laſſen; daß ich ſie
dadurch heimlich nach Memel zog; daß ich
mich durch ſie, zu der abſcheulichen Falſchheit
verfüren lies, meiner treuen Pflegemutter, dies
alles zu verhelen: das, Freundin, o! das hat
meinem Herzen dieſe verfluchte vielſeitige Geſtalt
gegeben, die es ſeit dem Maimonat gezeigt hat.
Daher meine unredliche Unbeſtändigkeit; daher
die vornehme Unthätigkeit gegen Herrn Van
Vlieten; daher die Trägheit, Anlagen auszu-
bauen die Gott mir gegeben hatte; und Grundſäze, die ich der vortreflichen Frau E. ſo gern
verdankte, zu befolgen — o! ich habe ſie
nicht befolgt! ſie waren in meinem Munde und
in meiner Feder; ihre Gewalt grif ſo oft mein
Herz an, beſonders in den erſten Monaten in
Königsberg — tükiſches Herz! wie haſt du mit
dieſen ſchönen Grundſäzen geprahlt, wenn du
die * räthin, das Fräulein des Brigadiers Tochter, die Frau Gros, Koſchchen und andre Elen-

de,

de, richtetest! wie verabscheue ich dich jezt, tükisches, tükisches Herz!

Mit diesem Herzen komme ich nicht zu Ihnen; das, theuerste Freundin, traue ich dem Erbarmen Gottes kindlich zu. Ein Tag hat alle Freuden meines Lebens zerstört! kan etwas schreklichers seyn?*) Bisher hatte ich meine prüfenden Leiden, auch meine lezten, nicht genuzt: aber sie haben sich gestern zu einer Last gehäuft, unter welcher das störrige Herz zu brechen anfängt. Störrig! ich weis in Warheit nicht, ob ich mein armes Herz so nennen soll? Bin ich in Ihren und in andrer Rechtschafnen, Augen so ein Contrast, wie in meinen: so weis ich nicht welches Wort einen Character ausdrüken soll „der unläugbar entweder ein nicht ganz verderbtes Innre, „oder glänzende Seiten hat." Sie, und Ihr würdiger Herr Gemal, werden mir helfen mein Herz kennen zu lernen: ich betheure Ihnen, daß es in der Besserung steht! es hat seine Genesung unendlich theuer erkauft: aber vielleicht gleicht es nun einem Kranken, der alle sein Gut den Aerzten gegeben hat, und der jezt gesund wird, weil eben durch die Erschöpfung seines Vermögens, die Sünden wider die Diät unmöglich geworden sind. Sie werden mir

Ji 2   nichts

*) — — omnia ademit
  Vna dies infesta mihi tot praemia vitae!
                          LVCR.

nichts nennen können, welches Gott, der mich
beſſern wolte, mir nicht abgefodert hätte! Die
Liebe der Frau E. und ihres vortreflichen Sohns;
die Achtung des Herrn VanVlieten, ſeines ganzen Hauſes, ach! aller Tugendhaften, alles dieſes iſt dahin! meiner Jahre Blüte, das Gefal-
lende meiner Bildung, das, was ich für gut
Gewiſſen hielt: alles iſt dahin! und, o theuerſte Henriette! habe ich nicht vielleicht auch Ihre
Liebe verloren? Werden Sie mich aufnehmen?
bin ichs werth, Ihre Kinderwärterin zu ſeyn?
bin ichs werth bis dahin, daß Sie Mutter werden, wenigstens geprüft zu werden. Koſten
werde ich Ihnen nicht verurſachen; ich kän ſo
gar die bisherigen Ihnen erſtatten: ich habe
das Vermächtnis der Frau E. annehmen müſſen — Sie können leicht denken, daß ich gezwungen ward, es anzunehmen. Herr Gros
wolte mir eben ſo einen Wechſel eines Unge-
nannten aufdringen, er war ſo gros, daß ich—
wie wallt hier die Wärme der Beſchämung durch
jede meiner Adern — glauben mus, er ſei von
Herrn Leſſ** oder von Herrn VanVlieten! ich
habe ihn vor ſeinen Augen zerriſſen — es ſei
Hochmuth oder Stolz: ich fühle noch heute, daß
ich ihn zerreiſſen muſte.

Vielleicht erlauben Sie mir, von den lezten in
Königsberg zugebrachten Stunden mit Ihnen nie
wieder zu reden, wenn ich davon einige Zeilen hier
werde geſchrieben haben? Ich wagte es nicht, Julchen

chen wieder vor Augen zu kommen, sondern reisete gestern früh nach Haberstroh. Herr Gros
kam mir im Hofe entgegen. Das sah ich aus
der Art, mit welcher er mich empfieng, daß er
immer noch der redliche Mann ist, und daß er
mein Schikfal noch mehr zu Herzen nimt, seitdem er weis, meine Wohlthäterin sei seine Mutter: aber das sah ich auch, daß er diejenige
Achtung für mich nicht mehr hat, die er hatte,
als ich derselben noch werth zu seyn schien.
Nachdem er nach einer kurzen Unterredung mich
im Zimmer allein gelassen, und ich soviel Beschämung gefühlt hatte, als ich kaum in Herrn
Leff** oder Herrn VanVlieten Gegenwart
empfunden haben würde, sagte er mir, die
Frau E. könne mich nur auf die einzige Bedingung sprechen: „daß ich verspräche, zur Ent-
„schuldigung meines Verfarens gegen Herrn
„VanVlieten, nichts sagen zu wollen.‟

„O,‟ antwortete ich, „ich will nichts, ich
„kan nichts zu meiner Entschuldigung sagen.‟

Nun führte er mich zu ihrem Zimmer, zwar
mit der Art des Freunds, ich möchte sagen: des
Bruders; aber dennoch mit sehr viel Zurükhaltung, und mit derjenigen Zurükhaltung, die
mehr beschämt als beleidigt.

Fort-

Fortsezung.

Semper ad euentum festinat.

HOR

Die Frau E. sas in einem Lehnstul, und trank ihren schönen Russischen Thee, der mir entgegen duftete, und vormals ihr nicht schmekte, wenn nicht i c h ihn aufgos! — Wie war mir zumuth, als ich mit dem ganzen Gefühl meiner Strafbarkeit mich ihr näherte — einer Strafbarkeit, die sie ganz kante!

„Ich freue mich,“ sagte sie mit einer unterbrükten, aber doch mäsig ausbrechenden Zärtlichkeit, „meine Sophie wieder zu sehn. Glauben Sie mein Kind . . .“

— Ich unterbrach sie; ich sank auf ihre „Knie: o! Mutter! ich habe viel Härte ver„dient: aber ich w..ge es heute zum lezten mal „vor Ihre Augen zu kommen; nennen Sie mich „nicht Sie! ich bitte Sie kindlich darum, aufs „unterwürfigste bitte ich Sie, schenken Sie mir „nur heute noch das Du einer Mutter.“

— Hr. Gros sagte ihr hier etwas in ihrer Landssprache. Es ging von unserm Plattdeutsch zu weit ab, als daß ich hätte den Sinn errathen können. Sie lies einige Thränen fallen; und hier kam die rührende Scene, da sie mich zwang, die 6000 Thlr. anzunehmen, deren Ver-

schrei

schreibung ich ihr zurükgeben wolte. — Diesen
Auftritt kan ich Ihnen weder heute, noch jemals beschreiben. „Sie vermied das Du, sorgfältig: aber man sah, daß es ihr schwer ward,
sich immer durch „meine Sophie‟ auszudrüken.

Hr. Gros glaubte dieser Zeit warnehmen zu
müssen, um mir den Wechsel des Ungenanten
aufzudringen. — Wie ich ihn zerris, sagte die
Frau E. unwillig: „Sophie hat nicht das Recht
„sich selbst so zu bestrafen; ein stilles Geständ-
„nis ihrer bisherigen Thorheiten, würde ein
„weit wohlthuenders Andenken zurüklaffen, als
„diese ungestüme Handlung. Ein solches wür-
„de meiner Sophie mein Haus in wenig Wochen
„wieder öfnen: aber . . .‟

Ich fiel hier ein: „Nein, nein, theuerste
„Mutter, mir solte Ihre Thür nicht — mir
„soll und mus sie nicht wieder geöfnet werden.‟

„Ja meine Sophie,‟ indem sie sich hob, um
mich an die Hand zu faffen; „ich wolte nach
„dem ganzen Eindruk meiner Misbilligung re-
„den: aber mein Herz kan das nicht. Viel-
„leicht kan vieles entschuldigt werden. Sobald
„die Frau Richter abgeht . . .‟

„Nein,‟ rief ich durch Scham und Reue zu
boden geworden, „nein, diese Thür ist keine
„memelsche . . .‟ und ich weis nicht, was ich
noch gesagt haben würde, wenn nicht Hr. Gros
gerufen hätte: „Hr. VanVlieten komt!‟

Ich entwischte in ein Cabinet.

Ich

Ich sah ihn aus dem Wagen steigen. ——
Nie sah ich diesen Mann so schön.

Sein schönes Haar floß in Einer Loke über
einer hochweissen nesseltuchnen Halsbinde. Er
trug ein dunkelaschfarbnes sammetnes Kleid,
mit strohfarbner Seide gefüttert, schwarz atlaß-
te Weste und Unterkleider, und Schnallen von
ganz ausnehmender Schönheit. Seine Wäsche . . . doch ich bin wol Närrin genug, um
sogar sein seidnes Schnupftuch, den goldnen
Knopf seines langen Rohrs, und seine strohfarb-
nen Handschuh zu beschreiben! Genug Henriette, ich empfand bei diesem Anblik die ganze
Schwäche unsers Geschlechts. Es war mir in
der That nicht gleichviel, daß vor seinem schönen Wagen zwei prächtige Pferde, und hinten-
auf ein sehr wohlgekleideter Bedienter mir in
die Augen fielen. Selbst sein Kutscher mit Fee-
Aufschlägen und Müze von Fee, mißfiel mir
nicht.

Mein Herz seufzte; ich gesteh es Ihnen: aber
lassen Sie mich es heute zum leztenmal gestanden haben!

Die Frau Richter, (welche ich bei meinem
Eintritt schon, doch als eine ihr Unbekante, gesehn hatte) kam ihm einige Schritte entgegen.
Kan ich es ohn Eifersucht: so werde ich Ihnen
diese Frau einst beschreiben. Bis dahin sei Ihnen gesagt, daß, so hell ihre Augen sind, und
so viel Munterkeit die ganze Stellung ihres Kör-

pers

pers verräth, sie doch den Eindruk einer ge=
wohnten Schwermut überall zeigt; aber zu ih=
rem Vortheil. — Mit welcher ungezwungnen
Artigkeit küßte Er ihre Hand.

— O Peiniger meines Herzens, verlaßt mich!
ja, Henriette, sie foltern mich, diese Erinne=
rungen, was sind sie? sind sie Reue? Beschä=
mung? oder sind sie Eifersucht?

Der Hr. Past. Gros kam durch eine andre
Thür in mein Cabinet. „Geben Sie mir Ihre
Hand," sagte ich, „bis zu meinem Wagen."

„Wie?" rief er bestürzt, „iezt wolten Sie
uns verlaßen? in dieser erschütterten Lage Ih=
res und unsers Herzens." Er verlies mich
lebhaft, um zur Frau E. zu eilen: aber mir
war zumuth, als wolte das Haus über mir zu=
sammenfallen. Ich eilte die Treppe hinab,
fand unten die Frau Richter, umarmte sie feu=
rig, ohne daß mein Herz es wuste: „O Gott!"
rief ich, „wie sehr müßen Sie verdienen, glük=
lich zu seyn!"

Ich sprang in meinen Wagen, eh sie mir ant=
worten konte. Mein Kutscher war so barmher=
zig, sogleich abzufahren; und jezt, da ich glaub=
te in Thränen zu zerfliessen, stählte sich mein
Herz bis zur unempfindlichen Härte. —

Fast ohne meiner mir bewust zu seyn, er=
blikte ich Königsberg, und dahin blieben meine
Augen gerichtet. Daß sie thränten, wuste ich
nicht eher, als bis ich vor meiner Thür ankam,

und eine Extrapost sah, mit welcher meine Gesellschafterin hieher, und von hier nach Wuzkow
gehn wolte, wo ihr Vater krank liegt. Mein
Entschlus war in einem Augenblik gefaßt, und
ausgeführt. Ich legte alle von Hrn. VanVlieten empfangne Sachen zusammen in einen Coffer, und siegelte die Schlüssel in dieses Blatt
an ihn.

* * *

„Ich hätte diese Sachen, so sehr sie auch ein
„Andenken an den rechtschaffensten und würdig-
„sten Mann sind, nicht behalten können, ohne
„mir täglich zu bekennen, daß ich die Undank-
„barkeit aufs äusserste getrieben habe.
Sophie Albertine von Hohen*"

* * *

Ich weis nicht, warum ich meinen Namen
voll ausschrieb? Seit meines Vaters Tode ists
nie geschehn. Vielleicht that ich es, um jezt,
da alles vorbei ist, ihm zu zeigen . . . Ich weis
nicht, wie mein Herz stand? Das weis ich, daß
indem ich es that, ich nicht fühlte, dies sei meinen Grundsäzen zuwider, nach welchen der Vor-
zug der Geburt uns nachtheilig wird, wenn
unsre Glüksumstände schlecht sind. Das Gefühl dieses Vorzugs bleibt indessen; und es
kan seyn, daß ich jezt zerdrükt genug war, um
den Schmerz dieses Gefühls zu empfinden. Doch
ich

ich verschwinde jezt: auſſer Ihnen ſoll niemand
wiſſen wo ich bin: es liegt mir nun nichts mehr
dran, daß der Hr. VanVlieten wiſſe, wer ich
bin. — — Gott! jezt fällt mir ein, daß der
Hr. Malgre' in Elbing wohnt! Beſte Henriette, verbergen Sie mich vor ihm! Als Sophie würde ich es nicht ausſtehn von ihm geſehn zu werden; als Fräulein von Hohen * würde ich in die Erde ſinken. Verbergen Sie mich;
der Friede iſt nah: ich will dann nach meiner
Vaterſtadt zurükkehren, gewis, daß dort kein
Menſch mich kennt.

Mein Herz zerſpringt unter der Laſt, die auf
ihm liegt!

Ich ꝛc.

Sophie ꝛc. ꝛc.

✻ ✻ ✻

N. S.

Wo bin ich? Ich habe das Blatt wieder auf-
gebrochen. Hr. Prof. T.* der jezt hier iſt, lies
ſich zweimal melden. Ich ſchlug ſeinen Beſuch
ab. Indem ich abreiſen will, bekomme ich dieſen Zettel von ihm:

✻ ✻ ✻

„Ich ſeh, es iſt unmöglich, Sie zu ſpre-
„chen. Ich weis, daß Sie den Hrn. Leſſ**
„noch lieben. Hören Sie auf, an ihn zu
„denken. Hr. Leſſ** iſt ein Hannöveriſcher

„Edel-

„Edelmann — Er iſt Ihr Bruder. Eilen
„Sie zum Traitor. In einer Stunde geht
„er ab, und jezt gewis nach Sibirien, denn
„der General Tſchernoy iſt todt. Traitor
„kan Ihnen alles ſagen. Er oder die Jgfr.
„Pahl hat Ihnen alles geſchrieben: aber der
„Brief iſt verloren gegangen. *)

T * *

❋   ❋   ❋

Traitor, liebſte Henriette, wird erſt dieſen
Abend abgehn. In einer Viertelſtunde ſoll ich
zu ihm geführt werden! Mein ganzer Körper
bebt! Ich fürchte für meinen Verſtand: aber
das fühlt mein Herz noch, daß ich einen Bruder wiederfinde — jezt kan ich es ruhig denken, daß ich an ihm einen Liebhaber verloren
habe. Das war mehr als mein lezter Verluſt,
den mein Herz heute bis zum Raſendwerden, gefühlt hat. Zu Ihnen komme ich vor der Hand:
aber dann geh ich ungeſäumt nach Rusland.
Mein Bruder! mein Ludewig! Wie zerrüt-
tend iſt dieſer Gedanke, o! Henriette! und wie
troſtvoll an der andern Seite! Zwar in meinem
ehemaligen Umgange mit ihm, kan nichts ſtraf-
bares ſeyn: ich empfinde mit Freuden, daß in
allem, was zwiſchen ihm und mir vorgegangen
iſt,

---

*) Hr. Puf empfieng ihn vom Bedienten der Jgfr.
Pahl, trägt ihn aber, ohn es zu wiſſen, im Un-
terfutter der Weſte ſeines Reiſekleids noch umher.

ist, keine Moralität seyn konte, weil ich nicht
wuste, daß er mein Bruder war. Aber das ist
wahr, daß ich den Verlust seiner Freundschaft
aufs allerinnigste empfunden habe. Hernach
(denn mit Ihnen rede ich nun frei heraus) hernach versties mich der Hr. VanVlieten. Ich
vergaß es jezt, eines vermeinten Hrn. Leff **
Freundschaft verloren zu haben; denn was der
Hr. VanVlieten für mich empfunden hatte, war
viel gewisser Liebe, als was jener mir bezeugt hatte. Jezt aber wird die Bruderliebe
mir alles ersezen. Henriette, ich fühl es nur
zu scharf, daß ich diesen Trost brauchte, wenn
mein armer Kopf nicht springen soll! Ich berge
Ihnen nicht, daß der Verlust der Liebe des Hrn.
VanVlieten, der Frau E, Ihres Sohns und
Julchens, anfing, die allerentsezlichsten Wir-
kungen auf mein Gemüth zu machen. Gott!
was stand mir bevor, wenn ich nicht meinen
Bruder wieder gefunden hätte! — Und wie
komts, daß ich davon keine Ahndung gehabt habe? da ich doch, wie ich mich jezt erinnere, beim
ersten Anblik, etwas mir bekantes in seinem
Gesicht entdekte. *) — Jezt zum Traitor.

* * *

Ich bin wieder in jenen grauenvollen Abgrund
gestürzt, und jezt hat mein Fall mich zer-
schmettert.

Leff **

*) 1 Th. S. 20.

**** iſt nicht mein Bruder. Er heißt nicht
von Hohen," ſondern von Hoch**. Sein Vater war der Vertraute des meinigen. — Ein
Bliz hat meine Nacht für einen Augenblik hell
gemacht. — aber er hat mein Leben getroffen!
In wenig Stunden bin ich bei Ihnen. — Nehmen Sie die allerunglüklichſte Ihrer Freundinnen mit Mittleiden auf!

LII. Brief.

Nunc deſiderium ſuper eſt!

TIB.

Frau Janſſen an Hrn. VanVlieten.

Grünwald.

Seyn Sie ganz ruhig, liebſter Freund. Des
Küſters Tochter hat die Sache ſehr übertrieben. Das erfur ich ſchon in Seedorf, wo
man mir ſagte, Hr. Radegaſt kränkle freilig;
aber in Lebensgefar ſei er nicht; er ſei nicht einmal bettlägerig. — Wir fanden Hrn. Ribezal
da, welcher eben von Lindenkirchen kam, und
daſſelbe uns ſagte. Doch geſtand er, daß wir
Müh haben würden, Hrn. Radegaſt zu erkennen, und daß alle Freunde zuſammentreten müſten, um ihn nach Königsberg in eine fortge-
ſezte Cur zu bringen. „Ich habe,“ ſagte er
noch

noch zu Mariannen, „auf den Strauch geschlagen, in puncto Ihrer.“ — Er schwieg.

Das Mädchen ward roth; und Hr. Ribezal wards noch mehr. — Ob das nicht was bedeuten solte?

„Und was haben Sie,“ sagte sie lächelnd, „aus dem Strauch heraus geschlagen?“ — Er küsste ihre Hand, konte aber kein Wort antworten.

— Unterwegs redeten wir von diesem Auftritt . . . . „So ganz auf den Kopf sagen Sie „mirs zu,“ rief sie, „daß der Mann Absichten „hat?“

„Und,“ fiel ich ein, „daß er sie erreichen „wird.“

„Ich gesteh Ihnen,“ antwortete sie mit Verwirrung, „daß, seitdem ich von Hrn. Radegast „getrennt bin, Herr Ribezal mir nicht ganz gleich„gültig gewesen ist, da er einst, wie ich über „sein Schönthun mit der Wittwe Bürger „und der Mlle. Kübbuts ihn nekte, ein sehr ver„fänglichs Wörtchen fliegen lies. Ich beant„wortete (ich weis nicht, wie ich zu der Narr„heit kam?) ich beantwortete ihm das mit dem „gezierten Wesen, welches dann und wann uns „anwandelt. Ist er das nicht gewont? oder „erwartete er es nicht von mir? ich weis nicht: „genug er nahms nach dem Buchstaben. Seit„dem hat er mich vermieden; und wenn wir „uns trafen, begegnete er mir mit derjenigen „Ehr-

„Ehrfurcht, welche freilich ihn immer mehr ent=
„fernen muste, die aber, weil sie ihn so ausser=
„ordentlich gut kleidet, mich ihm so sehr näher=
„te, daß ich in Versuchung seyn würde, ihn
„merken zu lassen, was in meinem Herzen vor=
„geht, wenn nicht Ein Umstand mich mir selbst
„wieder gegeben hätte. Er hat nämlich durch
„Hrn. Puf um Hannchen geworben, und er ist
„nicht abgewiesen worden.“

„Wissen Sie das gewis?“

„Ja; von Hannchen selbst; obwol ich nicht
„glaube, daß die Sache stattfinden wird. Hann=
„chen hat zwischen Zweifel und Erwartung ihn
„hingestellt; und ich bin Herrn Radegast Mei=
„nung: ein Mädchen, welches das thut, geht
„mit Verfertigung eines Korbs um, es sei denn,
„daß sie eins der gewönlichen Geschöpfe sei: ein
„Geschöpf ohne Sele.“

„Und wenn Herr Ribezal nun von Hannchen
„abstehn mus?“

„. . und zu mir komt: so werde ich thun, was
„mein Herz schon gesagt hat.“

„Für Hrn. Radegast sagts nichts?“

„Der Gedanke an ihn wird, so lange ich le=
„be, immer mit einer so fürchterlichen Beglei=
„tung kommen, daß ich bei meinem Entschlus
„alle Verbindung mit diesem unglüklichen
„Mann aufzuheben, bleiben müste, wenns
„auch weniger wahr wäre, daß ich ihn nicht
„glüklich machen kan, nachdem er bei Jucun=
„den

»den ein, das meinige so tief überwägendes,
»Glük kennen gelernt hat.« — Sie sagte dies
mit der innigsten Rührung; und mit sehr leiden-
schaftlichen Thränen sezte sie hinzu: »Ich be-
»theure Ihnen, daß diese Reise mir unsäglich-
»schwer wird. Ich werde mir einen Zwang an-
»thun, den ich nicht lange aushalten kan, und
»bitte Sie, den Besuch abzukürzen.«

— Ich versprach das: aber wie bang ward
mir, dies leidende Mädchen in ein solches Trauer-
haus führen zu sollen.

Wir fanden nicht Herrn Radegast, sondern
ein Gerippe, auf welchem ein schwerer schwar-
zer Rok hing. So saß er mitten in seiner Stu-
dierstube, und las in einem grossen Buch.

Er wolte aufspringen, als er so ganz unerwartet uns erblikte; er wolte die Freude ausdrüken, da sie den gewonten alten Weg zu seinen Augen nahm: aber er taumelte, und mußte, um nicht in die Knie zu sinken, die flache
Hand auf den Tisch stüzen, und so fiel sein grosses Auge halb starr uns entgegen. »Gott grüs-
»se Sie, meine Lieben!« sagte er mit hohler,
und über den wenig Worten so ermüdender Brust,
daß er die Hand auf den Magen legte, und sogleich anfing zu husten. Dies Husten währte
lange, und wir hatten Zeit genug, dieses schrekliche Schauspiel zu betrachten. So hager dieser
ehmals schöne Mann auch ist, und so deutlich
man auch den Frost ihm an den, alle Zähne

VI Theil.　　　　Kk　　　　zei-

zeigenden, blauen Lippen ansehn konte: so roth
von trokner aufsteigender Hize waren doch seine
Wangen.

Fortsezung.

Ore atque oculis eundem in locum directis cogita-
bundus, tanquam quodam secessu mentis atque animi
sacro a corpore.

GELL.

Nach dem Husten fiel er matt auf seinen
Stul.

„Und in dem Zustande," sagte ich, „musten
„Sie heut predigen?"

„O daß ichs könnte!" antwortete er.

„Ich schlos es, weil ich Sie angekleidet
„finde."

„Ich bins zu jeder Stunde des Tags! ich
„kan seitdem keinen Schlafrok, überhaupt keine
„Bequemlichkeit mehr, leiden!"

„Wie komt das?" sagte Marianne.

„Weil mich dünkt, ich fühle die Bitterkeit
„meines Lebens nur heftiger, sobald ich sie ver-
„süssen will."

— Die Miene, mit welcher er dies alles
sagte, läßt sich gar nicht beschreiben. Sein
Blik sank mitten auf den Tisch, sobald er etwas
gesagt hatte; und wenn er wieder mit Einer
von

von uns sprach: so sah er sie an, mit einem langsamen und heftendem, obwol schwachen Bkl, der ihm das Ansehn gab, als wolle er theils etwas sehr wichtigs sagen, theils laut aufschrein.

„Und was lesen Sie?“ sagte Marianne; und ihre Augen hingen voll Thränen.

„Ich kan ausser der Bibel, deren mein Herz „bedarf, und die leider auch jezt meinem schwa-„chen Kopf nicht vesthält, wo ich sie nicht he-„bräisch und griechisch lese . . . was wolte ich „sagen?“ (die Hand an die Stirn gelegt) „Ja, „vom Lesen: ich lese Eulers, Lamberts, „Condamine, Home; und hernach . . . und hernach v. Hallers Schriften.“

„Aber warum so tieffe Sachen?“ sagte ich, weil ich mich erinnerte, von Herrn T* ein Urteil über diese Art Schriften gehört zu haben.

„Meine Gedanken verliehren sich bei allem, „was . . . was leichtern Gehalts ist. Ich „schlafe ein mit ofnen Augen: aber es ist nicht „Schlaf! es ist die öde schreklichste . . . schrek-„liche Unthätigkeit einer ehmals so wirksamen „Sele. Ja, soweit ists mit mir gekommen, . . .“

„Das Reden ermüdet Sie . . .“

„Können Sie schlafen?“ fiel Marianne ein.

„Dann und wann gegen den Morgen: aber „es sind die Träume eines Kranken. Doch „kan ich nicht sagen, daß ich am Tage wach-

Kk 2 „te!

te! Mein verstufztes Leben hat alle Erscheinungen des Todes." *)

„Und die Nacht durch . . ."

„spielte ich anfangs auf dem Clavier. Jene
„Noten dort: aber jezt nicht mehr! sie dünken
„mich nicht mehr so traurig, als sie anfangs
„waren."

— Marianne öfnete das Clavier: aber es
war gänzlich in Unordnung. — Lassen Sie sich
diese Sachen, welche ich hier in Grünwald mir
abgeschrieben habe, durch Julchen vorspielen:
und sagen Sie, ob Sie eine so finstre Schwermut aushalten können? **)

„O ich bitte Sie," sagte ich, „lassen Sie ja
„das Clavier wieder zurechtmachen."

„Ich kans nicht ausstehn," antwortete er;
„sogar meinen Canarienvogel habe ich wegge-
„geben."

— Mariannen ward dies zu schwer: sie ging
in ein andres Zimmer, und hat, wie sie hernach mir erzält, die dortige Wittwe und ihre
Toch-

*) — — Mortis habet vices
Lente cum trahitur vita gementibus.
OVID.

**) Aber Bach, Wolf, Richter, Pobielsky
oder Müllendorf, müssen den Lesern sie vorspielen; ohne den Ausdruk dieser Männer sind sie
nichts. Sie stehn in der „Samlung kleiner Clavier und Singstüke zur — Werdauischen Armen-
schule, Leipz. 1774." S. 34. 50 — 51. 28 — 29.
vorzügl. das Audante und die beiden Trios.

Tochter gebeten, des elenden Manns sich anzunehmen. Beide haben ihr gesagt, Ihre Vorsorge, sogar ihr Besuch sei ihm lästig; es sei wenig Hofnung zu seiner Genesung, doch habe
das Consistorium schon ein Consilium medicum
über ihn halten lassen, und werde ihn nach Königsberg hineinnehmen, weil die Aerzte geurteilt haben, er könne in diesem Zustande noch
lange leben — Ich versuchte, Trost und Beruhigung in sein Herz zu bringen. Er hörte
mit mühsamgespannter Aufmerksamkeit mir zu,
antwortete aber gar nichts. Ich war verlegen,
denn ich sah, daß er allein zu seyn wünschte.
Indem ich drauf sann, ihn noch Einmal anzu-
reden, um sein — ich möchte sagen hartes —
Herz zu treffen, schlug er langsam die dürren,
mit langen Haren bewachsnen Hände, gefaltet
empor, und sagte mit bebender Stimme diese
Stelle eines Ihnen bekannten Gedichts. *)

So träumt' ich mir ein Glük ohn meinen Gott zu
fragen!
Wie schwer bezahlt mein Herz dafür!
Die Träume fahren auf, verwandeln sich in Klagen,
und fordern Sie von mir!

Ich bat ihn mit häufigen Thränen, dieser
entselenden Schwermuth sich zu entschlagen. Er
hörte mit einem tiefen Ernst mich an, indem
sein Kopf etwas zurük gebogen war, seine Augen mit Vestigkeit an meinen sich hielten, und

Kk 3   sein

*) Von Herrn Hering.

sein Mund etwas vorragte. Aber er vergos keine Thräne; und diese Miene bekam zulezt etwas so lebloses, daß ich mit Angst aufstehn wolte, als er selbst sich hob, mit seinen, bei brennenden Wangen doch ganz kalten, Lippen, meine Hand küßte, und sehr erschöpft mir sagte, er bedaure, daß er forthin nicht ohne Gedankenlosigkeit mir zuhören könne . . .

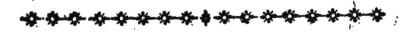

LIII. Brief.

Me, me, adsum qui feci, in me conuertite ferrum!
VIRG.

Der Verfasser an die Leser.

Breslau.

Schon vor vier Jahren fing ich an, dasjenige, was diese zwote Ausgabe ausmachen solte, wenn es schon fertig da lag, durchzusehn und zu ordnen, und wenns etwa erst geschrieben werden mußte, es zu schreiben. Die Messcatalogi haben gezeigt, daß, sobald ein Band zum Druk ganz fertig war, er auch sogleich gedrukt ward. Aber nur immer sehr spät ward ein Band zum Druk fertig. Theils dachte ich oft es sei Gewissensache, die allerdings wenigen Stunden, welche von Amtsgeschäften und Studieren übrigblieben, und also kaum Erho-
lungs-

lungsstunden helffen konnten, auf eine Schrift
zu verwenden, durch welche ich bei keinem der
Unzähligen, Dank verdiene, welche meinen Zwek
nicht prüfen können, oder nicht prüfen wollen.
Und so dachte ich oft Monate lang, bis die
Aufforderungen auswärtiger und auch hiesiger
Leser so lebhaft wurden, oder die Verlegenheit
meines Herrn Verlegers so grós, daß ich die Feder wieder nehmen muste. Theils bereute ichs
fast, zum zweitenmal an ein Werk mich gemacht
zu haben, welches ich nicht hoffen durfte, so
wie es angelegt war, vollenden zu können, indem „alle“ Capitel der Moral abzuhandeln, in
einer Schrift unmöglich schien, welche unter
meiner Hand zu stark wuchs, da das Ueberschla-
gen der Leser mich oft zwang, ein Erzäler zu
seyn. Leider hat Horaz recht, wenn er von einem solchen sagt:

Valdius oblectat populum meliusque moratur.

aber ein Buch wie meins muste dadurch zu sehr
ausgedehnt werden. Hiezu kam, daß die Zu-
schriften, mit welchen ich beehrt ward, mir oft
Anlässe zu Arbeiten gaben, deren einige, ohne
sie, diesmal unterblieben wären: und diese musten denn ihre Stelle haben. Ich sah wol, daß
das dem Freund Kunstrichter anstössig
seyn wird, will aber alles dadurch gutmachen,
daß, wenns zur dritten Auflage oder (wenn nämlich der Ehrsame und tugendbelobte Nachdruker

Kk 4

bei meinem Verleger gebührende An- und Zu-
sprache thut) zum Nachdruk komt, meine Schrift
nicht ihren jezigen Titel behalten, sondern diesen haben soll: „Episoden in sechs diken
„Bänden." Theils fürchtete ich auch, man
würde es dem Buch ansehn, daß mirs an Zeit
und Ruh und Heiterkeit gebrach: und so muste
ich langsam arbeiten. Dies alles hatte vorzüglich auf den fünften und sechsten Theil Einflus,
und so ging es — bis heute. Man sieht, welche Anlage ich zu einem sehr diken lezten Theil
gemacht habe. Aber jezt, „im September 1775."
mus ich sehr froh seyn, in meiner Arbeit bis
hieher gekommen zu seyn, und zugleich mus ich
stehnden Fusses sie beschliessen; so, daß ich,
was auch der Kunstrichter sage, den fünften und
diesen sechsten Theil, so wie sie hier neben mir
liegen, ohne noch zum leztenmal sie durchsehn
zu können, nach Leipzig schiken mus. Was hülfe es, hier zu sagen, was ich noch alles abhan-
deln wolte? Was hülfe es auch, in Absicht der
Begebenheiten summarisch anzuzeigen

   „Daß Herr Leff** in Elbing durch Trai-
„torn erfur, Handlanger sei in Königsberg,
„und werde (indem sich fand, Sophie sei
„diejenige nicht, für welche Traitor sie gehal-
„ten hatte) ohne Zweifel um Herrn Leff**
„Schwester wissen.

   „Daß Herr Leff** Handlangern sprach,
„und von ihm erfur, Pirscheus Weib habe
                „diese

„biefe bamals zweijährige Schwester gestolen,
„um auf bas schöne Gesicht derselben betteln
„zu können.

„Daß alsbann Marianne kein Bedenken
„trug, Hannchens Aufenthalt zu entdeken.

„Daß diese, nun froh ihres Adels durch
„ihren Bruder Leff** ehmals v. Hoch **,
„entlassen zu seyn, fand, sie sei mit Herrn
„Prof. T* eines Stands, und nun ihn hei-
„ratete, nachdem der Brief des Hrn. v. Käseke
„(V. Th. V. Br.) Hrn. Puf eingehändigt wor-
„den, und auf sie keinen Eindruk gemacht
„hatte.

„Daß Herr Riebezal Mariannen nun mit
„erwünschten Erfolg seinen Antrag that.

„Daß Herr Radegast die gewönliche Stra-
„fe der jugendlichen Torheit tragen, nämlich
„in seinem Elende verderben muste.

„Daß Herr Grob die Lieutenantswittwe
„zu Pillau heiratete, zwei Drittheile seines
„Vermögens verthat, und dann enterbt
„ward.

„Daß der Herr v. Poufaly, in allen vor-
„nehmen catholischen Gesellschaften verab-
„scheut, zurükging, unter den Conföderir-
„ten diente, und auf dem Bett der Ehren,
„als Obrister starb, ohn einen russischen oder
„irgendeinen andern, feindlichen, Schus ge-
„hört zu haben.

„Daß

„Daß Herr Jung ganz heimlich, doch
„mit thörigt gegebner Einwilligung der Witt-
„we Kübbuts, das liebe Töchterchen heira-
„tete, und jezt endlich zum Tabaksdi-
„stributeur kümmerlich gediehn ist.

„Daß der Cornelisjunge die dritte Jgfr.
„Kübbuts geheiratet und von Hrn. Puf eine
„gute Versorgung bekommen hat . . .“

Was hülfe es, sage ich, dies alles so troken
herzusezen? Man würde denn doch nicht zufrieden seyn, sondern auch das übrige wissen wollen, so gewis wir auch versichern, daß alles den
Gang ging, welchen man erwarten konnte.

Die Ursach aller dieser Unvollständigkeiten
ist: „daß ich als Schulmann meine Carriere
„jezt geendigt habe, und nun nicht mehr wie
„bisher in Verbindung zweier Aemter, sondern
„ausschliessend in Geschäften bin, welche mit
„dem Fach der schönen Wissenschaften auf keine
„Art Beziehung haben.“ — Diese Geschäfte
sind ohnhin von der Wichtigkeit, daß sie alle
meine Zeit hinnehmen. (Wenns indessen nicht
Vermessenheit ist, daß ich einigen Beifall dieser
zweiten Ausgabe hoffe: so kan ich versprechen,
daß ein Freund mit Herausgebung dessen was
fertig liegt, (wie die Leser einestheils schon wissen) in der Folge der Zeit sich vielleicht beschäftigen wird) Wenn also diese lezten drei Bän-
de nicht einmal eine Vorrede haben; wenn die
Ueberschriften hie und da vergessen, die Citationen

nen der Seltenzalen nicht überall berichtigt sind
u. s. w. so ist das nicht meine Schuld, und ich
darf hoffen, daß man prüfen will, ob die Furcht,
welche hieraus entstehn könnte, „die lezte Hälfte
„meiner Schrift sei nachläßig gearbeitet,“
Grund hat; und daß man, wenn dis der Fall
nicht ist, dasjenige, was ich liefere, lieber hinnehmen, als funfzehn bis zwanzig Bogen voll
unreifer Früchte noch begehren will. Zum Glük
liegt der Brief, welcher mein Buch beschliessen
solte, bereit, und es sei, damit ich doch in der
That so beschliesse, wie ich beschliessen wolte,
erlaubt, ihn ins Manuscript hier einzunähn.

Was in folgender Stelle schmeichelhaft scheinen könnte, darauf thu ich gern Verzicht. Aber
ich führe sie an, damit, wer „meinen Plan und
„meine Absicht“ nicht sah, doch nun sehen könne,
warum ich überhaupt so geschrieben, und besonders der Geschichte Sophiens diesen Ausgang
gegeben habe: „Nihil est aptius ad delecta-
„tionem lectoris quam temporum varietas
„fortunaeque vicissitudines. Ancipites va-
„riique casus habent admirationem, expecta-
„tionem, laetitiam, molestiam, spem, ti-
„morem. Si vero exitu notabili concludun-
„tur, expletur animus iucundissimae lectio-
„nis voluptate.“ *)

*) CIC. ad f. V. 12.

LIV.

LIV.* Brief,

in welchem doch noch dies und das vorkomt.

Henriette L* aus Elbing an ihren Mann, (damals) zu S. Petersburg.

Haberstroh.

*) Gut! hier bin ich! Ich habe deiner Erlaubnis, dir entgegen zu kommen, mich rüstig bedient, und — wie gesagt: hier bin ich.

Aber das ist ein abscheulicher Junge, wie er unterwegs geschrien hat! Ich habe mich geärgert, wie ein eingespertes Käzchen. Wir waren kaum aus Elbing, als des Arzts Befehl zuwider ich so thörigt war, ihm die Brust zu geben ... Sieh mein Theuerster! Ich könnte dirs verschweigen; denn ach es wird hier gleich etwas von Ammen vorkommen, welches dir weh thun wird. Und vielleicht würdest du es nie erfaren: aber ich kan nicht eher ruhig seyn, als bis du mirs vergeben hast; du musts also wissen. Ich gab, um den Jungen, wie Herr Puf das nennt, zu beschwichtigen, ihm die Brust. Frei-

llg

___

*) Wir nandten dies oben einen Brief. Das ists eigentlich nicht. Es sind Stüke aus zween im Zeitraum von beinah vier Wochen, geschriebnen, Briefen.

Hg lies ich den Kutscher anhalten: aber der kleine dike L*, störrig wie (beinah hätte ich gesagt: wie sein Vater) also störrig wie . . . ich kan in der Geschwindigkeit nicht so was störrigs finden, wolte durchaus nicht anziehn. Dann lies ich den Kutscher weiter fahren. Der kleine Galg schrie dann wieder; ich lies anhalten, ich lies fahren, ich lies endlich gar nicht mehr still halten: und so geschah es denn beim Stukern*) des Wagens, daß nach und nach der Junge mich jämmerlich zerris, so, daß ich froh war, zu Haberstroh anzukommen, um etwas heilendes auflegen zu können. — Das wolte die liebe Fr. E. schlechthin nicht zugeben; dagegen las sie mir den Text, im Faren getränkt zu haben. Ich sas, meines Unrechts offenbarlich überführt, trübselig da, und stand Höllenschmerzen aus. Unterdessen lies sich der Lümmel im Hause herumtragen, und schrie aus Leibeskräften allen Leuten die Ohren voll.

Nun kam Herr Puf und — nun wie du leicht denken kanst, — und blies in dein Horn: »Was? den grossen Kerl haben Sie noch nicht »gespänt?**) Junge . . . . das ist wahr, »wenn der Junge nicht so ein grämlich Gesicht »machte: so wärs alles, was man sehn kan! »Junge, wie alt bist du?«

— Es

*) Cahottage.
*) Sévré.

— Es wunderte ihn ordentlich, daß der Knabe noch nicht reden kan; und habe ich mich je geschämt: so wars hier, denn ich sah zum Erstenmal in meinem Leben deutlich, daß das Geschöpf zum Säugling wirklich zu alt ist.

„Er soll kein Tröpfchen mehr haben,“ sagte Hr. Puf: aber kaum hatte er den Rüken gewannt, als ich einen lezten Versuch machte, doch ohn es aushalten zu können. Die Frau Past. Gros nahm jezt den Blutigel (es war ihr anstössig gewesen, daß ich den Knaben so nannte) mir weg, und wolte eine junge Mutter aus dem Dorf holen lassen. —

Als ich vom Schmérz mich erhohlt hatte, und ihr nachging, hatte ich den rührendsten Anblik von der Welt, nämlich Madame Puf, welche meinem kleinen Jacob mit süsser Zärtlichkeit die Brust gab. Ich versichre dich, daß dasjenige, was ich vor dem vortreflichen Marienbilde im Kloster Linde empfand, nichts ist, gegen die Empfindung mit welcher ich sah, wie hold diese angenehme Frau einem fremden Kinde diejenige Nahrung gab, welcher ihr eignes Kind, indem es jezt erwachte, selbst bedürftig war, und wie mein Jacob, welchen der Hunger zahm gemacht hatte, ihr schmeichelte. Dem Hrn. Puf schien das nicht so ganz recht zu seyn; indessen nahm er sich wohl in acht, seiner Frau etwas zu sagen, und mir wards leicht, das Wölkchen auf seinem Gesichte dadurch zu zertheilen, daß

ich

ich sein Chriſtinchen (eine wahre Compoſition, ganz, nicht zur Hälfte, ganz des Vaters Geſicht, und eben ſo ganz das Geſicht der
Mutter) aus der Wiege nahm, mit ihr, obwol
der Schmerz mirs kaum zulies, herumhüpfte,
und von dem Kinde alles das Schöne ihm ſagte,
welches er in einer ſtattlichen Stellung erwartete, und dann mit heiſſen Freudenthränen anhörte. „Groſſer Gott!“ rief er, „was iſt doch al-
„les Andre gegen das: Vater eines zur Selig-
„keit beſtimmten Menſchen zu ſeyn!“ — indem
er die Augen troknete, und Herrn Paſt. Gros,
welcher eben hereintrat, um den Hals fiel: „lie-
„ber Herr Vetter, warum haben Sie nicht mit
„mir zugleich geheiratet? jezt könten Sie auch
„ſo glüklich ſeyn, als ich. Indeſſen, Frau Jul-
„chen, währt mirs doch ſchier zu lange:

Es komm doch bald ein kleiner Kerl,
Der ſeinem Vater gleiche,
Dem auch das Näschen lieblich perl,
Und der ihms Partschgen reiche, —
Der lächle dann den Vater an
Und küſſ ihn, was er küſſen kan.*)

— Nun

*) Torquatus volo paruolus
Matris e gremio suæ
Porrigens teneras manus
Dulce rideat ad patrem
Semihiante labello.
Sit suo similis patri.
TIB.

— Nun ward mirs über den Kopf genommen; ich muste einwilligen, das Kind auf der Stelle zu entwöhnen, und wie schwer mirs auch ward, (denn du weisst, daß ich aus dem Jungen einen deutschen Eichbaum bilden wolte) so schikte ich doch sogleich nach Königsberg, um Campferpflaster holen zu lassen. — Das konnte die Fr. E. mir nicht eher ausreden, als bis sie mir begreiflich machte, meine Eitelkeit werde unter der Wirkung dieses, nach seiner Schädlichkeit nicht genug bekannten, Pflasters leiden. Ich folgte ihrem Rath, und bediente mich blos der Bauden, so daß in der That meine Eitelkeit jezt mir dankt, durch Diät und Enthaltung vom Getränke ihrer geschont zu haben.

Aber mein Jacob schrie nun wie ein Regiment, welches Einschub bekommen hat; und Mutter E. schlug vor, daß wir, um ihm aus dem Wege zu gehn, samt und sonders nach Königsberg fahren, und uns da, theils bei Hrn. Prof. T*, theils bei Hrn. Capellan Ribezal ins Quartier legen wolten.

Dies geschah. Hr. Puf und Hr. P. Gros ritten; dieser so, daß er als Prediger verbarg, er habe es gelernt; jener so, daß er zeigte, er sei auch schon die lezten Lectionen durch. Las dir gesagt seyn, daß er beinah Jahr und Tag einen Bereiter zu Haberstroh gehalten hat; denn sein Schweisfuchs hatte ihn einigemal abgesezt. Im Vorbeigehn: der Bruder der Fr. Jannssen

hat

hat die Geschichte seiner Cavalcade *) in einer
Suite verschiedner Blätter ihm zeichnen müssen, welche jezt in seinem Cabinet prangen.
Noch mehr: er hat den Mann ganz absichtlich
nach Danzig, und weiter, geschikt, um die Gegend selbst aufnehmen zu lassen.

Du frägst nach unsrer Sophie. Sie grüsst
dich. Das ists alles. Sie ist mindertiefsin-
nig, als bisher, ohne daß ich wüste, wie das
gekommen ist. Sie trug mir auf, dir zu melden, daß deine Vorsprache beim Magistrat für
den armen Mag. Kübbuts hoffentlich etwas bewirken wird. Aber krank ist er doch!

Aus Königsberg kan ich nichts merkwürdigs
dir melden, doch mus ich überhaupt, eh ich davon rede, noch Einmal an Elbing denken. Du
weisst, daß dein Pastor zu Drausensee den
lezten dieses Monats die 200 rttl. zu zahlen versprochen hat. Warum du ihm eine längere Frist
verweigert hast, weis ich nicht: denn der Mann
ist wol gewis in Noth; und ich freue mich, daß
du keine Interessen genommen hast. Gewohnt,
mit deiner Erlaubnis alle Briefe dieses lieben
Manns zu öfnen, erbrach ich den, welchen unser Buchhalter mitbrachte. Hier ist er:

❊ ❊ ❊

„Ich hebe meine Hände zu Gott empor,
„vor welchem ich heut in der frühen Morgen-
„stunde

———
*) XVI. Br. IV. Th.

„stunde getrauert hatte, obwol ich ihm zu-
„gleich innigstgerührt dankte, daß er, mein
„gegebnes Wort zu halten, mich in den Stand
„gesezt hatte. Wie es nun bis Weihnachten
„werden solte, das ward mir immer dunkler,
„jemehr ich meinen Etat ansah, in welchem,
„wie mein magres und krankes Aussehn genug
„bezeugt, schlechterdings nichts mehr gestrichen
„werden konnte. Nun kam Ihr Buchhalter.
„Das Geld lag voll bereit. Vest entschlos-
„sen, keine einzige Bitte um Nachsicht mehr
„zu wagen, weil ich fühlte, es sei Unver-
„schämtheit, bei so richtiger Schäzung Ih-
„rer Verweigerungsgründe, und bei so herzli-
„cher Dankbarkeit für die, ein Jahr lang ge-
„noßne, Hülfe, noch Ein Wort zu schreiben,
„oder zu sagen, öfnete ich meinen Schreib-
„tisch: und noch eh er offen war, kam das
„liebreiche Erbieten: ich könne die Hälfte der
„Summe noch Ein Jahr behalten. O Gott!
„was ging in meiner, von verschwiegnen Kum-
„mer belasteten, Sele, vor! Nichts hiervon!
„ich will das Alles in der Ewigkeit Ihnen er-
„zälen — kan auch jezt nichts sagen; denn
„Anbetung an Gott, den Tröster aller Trau-
„rigen, und Dank an Sie, durch dessen Hand
„der Herr, welcher ins Verborgne sah, mich
„segnet, strömen voll aus meinen Augen. Die
„richtigste — ists möglich, noch vor dem Ter-
„min zu leistende, Zahlung, soll Ihnen zeigen,
„wür-

„würdigster Freund, wie mein Herz ist.
„Noch Einmal: ich, hebe meine Hände empor
„zu Gott! und Er sei Ihr grosser Lohn.
„Matth. 25, 40.

Wir reiseten also, oder habe ichs schon gesagt?
nach Königsberg.   Hr. Pr. T* konnte nur Hrn.
Puf und seine Frau aufnehmen, weil eben ein
General v. Käseke, ein sehr schwermüthiger,
sonst liebenswürdiger, Mann, da war. *) Es hies
Hrn. P. Gros Gesellschaft sei hier nöthig: mithin
blieb der da, und die Gesellschaft ging nach
Bergshöfchen, wo die Fr. Prof. T* sich befand,
um in der Landluft gesünder zu werden. Hr. T*
wird mit ihr nach Spaa gehn.   Ich weis es
nicht gewis: aber mir scheint des lieben Manns
Eh sei nicht glüklich. Ists, weil er sich in ein Herz
verliebet hat, ohne die Person zu kennen. Oder
war der Entschlus, nie zu heiraten, alzuvest gewesen?   Oder liegt der Fehler in seiner Frau
ehemaliger Jugend? In jedem Fall Unglük genug: mich dünkt, diese beiden Leute schikten sich
nicht für einander. —

Ich blieb mit der Fr. Past. Gros noch im
VanBergschen Hause, und mein Herz schwamm
in Freuden beim Umgange mit der Frau Jannß-
sen und der Frau Past. Gros.   Jene hat jezt einen Sohn —— ich kan mir nicht helfen, Mann!

Ll 2   er

*) Wir hatten davon so viel zu sagen.

er ist besser, o! viel besser als deiner. Diese
ist die glüflichste Frau auf unsrer Halbkugel, und
eben das ist Hrn. Gros ewige Mutter durch
sie auch geworden. Sie selbst sagt, sie fühle,
daß sie nicht sterben könne, so lange Julchen
lebt, so nennt sie sie, "denn Frau Tochter sa-
"gen, das können andre auch." Wir reiseten ab
und zu, nach Bergshöfchen und nach Königsberg;
und als mir vollends Hr. Gros mein Würmlein
Jacob schifte (wie Hr. Puf zum kleinen An-
stos seiner Niece ihn nennt) da wuste ich (wie
eben Er bemerkte) gar nicht, was ich für
Wohldage beginnen solte.

Fortsezung.

Nulla tam deſtabilis peſtis eſt, quae non homini ab
homine naſcatur.

CIC.

Unter andern machte ich mir die Lust, die Fr.
* räthin, Madame Grob, Hrn. und Frau
Domine und Consorten, welche alle zum Caffee
kamen, kennen zu lernen. Da gings nun ganz
blutgierig über Hrn. Ribezal her. Ihn haßt,
wie diese Alle, nicht ganz ohne Wahrscheinlich-
keit sagten, die ganze Stadt, besonders weil er
(so sagten sie) als ein überfluger Fremder bei aller Gelegenheit loszieht, um die Preußen herunter

unter zu sezen. Er sei, sagten sie, nie in Gesellschaft, ohne so von dieser Provinz zu reden, daß
einem wahren Patrioten die Augen übergehn
müssen. »Ich besonders,« sagte Frau Domine,
»möchte bersten, wenn ich in Gesellschaften sizen
»und sehn mus, daß man dem Menschen das
»ungewaschne Maul nicht stopft.« — Ich frug,
ob denn in solchen Gesellschaften kein deutscher
Mann sei, welcher Herz genug habe, ihn zur
Rede zu sezen, oder ob mans nicht dahin bringen könne, daß dieser wilde trozige Schlesier (so
nannte sie ihn) eine obrigkeitliche Weisung be-
käme? denn es hies, er schone keines Menschen,
auch der Obrigkeit nicht, und entheilige sogar die
Kanzel durch Schmähreden auf ein Land, wo
doch das Brodt ihm so süs schmeke. — Man
schwieg und zog die Schultern. »Aber,« fuhr ich
fort, »warum tritt denn nicht die Gemeine ge-
»gen ihn auf?«

— Man seufzte.

»Erklären Sie mir doch das,« sagte ich zu
Hrn. Puf, welcher eben kam.

»Liebe Madame L*! an dem allen ist, — Ihr
»Wort, Hr. Domine, in Ehren, und Mesda-
»mes Ihr Wort auch in Ehren, — an dem
»allen, sage ich, ist kein wahres Wort, wie?
»Ich kenne ihn ganz genau; er ist mir (ich kan
»mich nur nicht ausdrüken) — wie ein Sohn:
»aber wo ich je in Gesellschaften ein unziem-
»lich Wort aus seinem Munde gehört habe:

»so

„so will ich ein Narr seyn, so lange der Pregel
„fliesst. Sehn Sie" — er sezte sich in die
Stellung eines Menschen, welcher viel sagen
will, die eine Hand über die Kniescheibe ge-
spannt, und die andre aufs dike Bein gelegt —
„ich bin ein Fremder; ich habe mehr Menschen
„gesehn, als Er; ich habe so lange in der Welt
„gelebt, als die Kinder Israel in der Wüsten zu-
„gebracht haben. Für mich schikt sichs also,
„so dächte ich, eher, als für ihn, ein Wört-
„chen von preussischen Dollheiten, z. E. von
„Ihrer — wie sage ich? — Unfreund-
„schaftlichkeit zu reden, von Ihrer Unge-
„selligkeit, Falschheit, Schmähsucht, von Ih-
„rem Weiberregiment, Müssiggange etce-
„tra. Und ich kans nicht läugnen, wenns
„manchmal ausreisst, so trek' ich los, daß
„es eine Art hat. Aber dann zupft Freund
„Ribezal mich am Ermel: Thun Sies nicht,"
(sagt er) „das kan der Einwohner nicht tra-
„gen; das macht Feinde; und was das schlimm-
„ste ist: das bessert schlechterdings nichts. —
„Sehn Sie, so sagt er, der Mann; und so sizt
„er mir oft zur Wrakseite, wenn ich, wie
„irgendwo stehn mag, der Rede so voll bin. —
„Trumpf, Ihr Herrn und Dames! wer kan sa-
„gen, Ein Wort dieser Art, Einen spötti-
„schen und verachtenden Ausdruk von ihm
„gehört zu haben? Her damit! ich verspre-
„che in seinem Namen alle Satisfaction, wel-
„che

„che Stadt und Land von ihm fordern wol-
„len."

— Was dünkt dich, lieber Mann? sie waren alle aufs Maul gefallen.

„Sie, liebe Madame Domine," sagte die
schnippsche Frau Malgre' „werden den
„Trumpf wol annehmen müssen! Denken Sie
„doch, daß Sie beinah bersten mußten?"

„Misch dich in so was nicht, mein Herz-
„chen," sagte Herr Domine ganz verwirrt;
„dek nach der Liebe zu, was weißt."

Hr. Puf rieb die Stirn: „Alle Achtung für
„Ihr Amt, Hr. Prediger: aber hier ist eben was
„zu deken. Ich habe getrumpft. Das hät-
„te irgendein Ehrenmann längst thun sollen.
„Lieber Gott! es ist bedenklich, daß das noch
„keiner gethan hat! für die Stadt ists keine
„Ehre; wie? — Madame Domine, ich
„bitte."

Madame Domine saß nun da, wie ich,
wenn in einer Gesellschaft ein Floh mich in den
Nafen sticht. Du stellst es dir doch recht vor?
Das' saure Gesicht ein bischen roth, die Schultern erhoben, die Ellnbogen an den Rippen, und
dann auf Eine Eke des Stuls gerükt. So
saß sie da, und sagte stillschweigend uns ihre
Schande.

— Herr Puf ward warm, nahm die Tasse,
und sezte sie wieder hin, hustete, knipste einige Federchen von seinen rauchschwarzen Stie- ±

feln,

feln, sprang auf, und bewegte im Auf- und
Abgehn die geballte Faust, bis die sanfte Fr.
P. Gros, um alles einzulenken, mit ihrer ge-
fälligen Art das Wort nahm — Er hörte nicht
auf das, was sie sagte, sondern kehrte lebhaft
sich um: »Ich seh, wo der Knoten sitzt. Ken-
»nen Sie alle Ribezaln? —

Denk, Männchen, ausser Herrn und Frau
Domine kandte ihn niemand.

»Hoho! Schön! Heh, Cornelis — daß
»mirs noch immer in den Naken schlägt. — Hr.
»Licentschreiber, lassen Sie ihn doch rufen.«

— Die Frauen fingen an, sich zu bewegen, wie
in den Kirchstülen, wenn eine Fremde verscheucht
werden soll: »Geduld, Mesdames! es ist nur
»um die zweite Eke! er ist gleich hier! Corne
»— je so, Cornelis, und kein Ende,« — zu
mir leise, »es ist recht so, als weiland Sophie,
»die mir noch ein gut Weilchen auf der Zunge
»sas — Herr Licentschreiber, sie soll auch kom-
»men, Marianne, sage ich: die Frau Capella-
»nin, sie möchte doch auch so gut seyn.«

— Aber die Gesellschaft empfal sich dienst-
freundlich. »Welche Bitterkeit,« sagte Hr. Puf,
»einen ehrlichen Mann nicht einmal sehn zu wol-
»len, um nur desto ungescheuter von ihm lästern
»zu können.«

———————

Fortse-

Fortsezung.

Vera quidem moneo, sed profunt quid mihi vera?

TIB.

Herr Ribezal kam. Man erzählte ihm, was
vorgefallen war. "Es ist mir lieb," sagte
er, "die Gesellschaft verfehlt zu haben, denn ich
"kan mich, wie ich deutlich merke, seit Jahr und
"Tag auf den Ersten Eindruk, welchen ich bei
"solchen Erscheinungen mache, nicht sonderlich
"verlaffen. Meine Kränklichkeit giebt mir ein
"finstres Ansehn; und mein Stillschweigen fällt
"den Leuten auf, obwol ich es beobachten mus,
"weil mir oft die Worte im Munde verdreht wor-
"den sind. Ueberdem geht meine Sele auch in
"ihren äussern Erscheinungen viel zu sehr den ge-
"wohnten (wie ich hoffe graden) Weg, als daß
"ich mein Innres verbergen könnte, frölig thun,
"wenn ich nicht frölig bin, scherzen, wenn mei-
"ne Sele voll Gram ist, der Gesellschaft ein Lä-
"cheln vorlügen, und ein bekümmertes Herz am
"Wiz bei Pocalen weiden. *) Ich bin kein Men-

Ll 5 "schen-

*) Hei mihi! difficile est imitari gaudia falfa!
Difficile est trifti fingere mente iocum!
Nec bene mendaci rifus componitur ore,
Nec bene follicitis ebria verba fonant.

TIB.

„schenfeind: aber ich gesteh, daß ich Ursach habe
„die Gesellschaft zu meiden! Das will ich eben
„nicht sagen, daß die Welt ein Contumazhaus
„ist, (wie Seneca irgendwo sagt *) aber das
„finde ich, daß das Böse umherduftet, und je
„näher man komt, uns vergiftet; daß ich nie
„so gut zuhause komme, als ich ausgieng, in=
„dem was ich geordnet hatte, zerrüttet wird,
„und was ich fortgeschaft hatte, wiederkomt.
„Wenn ich finde, daß ein einzelner böser Ge=
„sellschafter, auch dem Redlichsten von seiner
„eignen Schwärze etwas anreibt: was mus
„denn in ganzen Gesellschaften geschehn! Mich
„machen sie, (wie jenen Alten die Schauspiele,)
„unmuthiger als ich bin, eh ich ausgeh; und in
„meinem Cabinet bin ich sicher, daß ich ihnen
„nicht gleich, und weil ich gern besser seyn wolte
„als sie, ihnen nicht verhaßt werde. **) Spa=
„zier=

*) De tranquill. an. C. VII.

**) Serpunt vitia, et in proximum quemque transi=
    liunt, et contactu nocent ... Nunquam mores,
    quos extuli, refero. Aliquid ex eo, quod compo=
    sui, turbatur: aliquid ex his, quae fugaui, re=
    dit ... Malignus comes quamuis candido et sim=
    plici, rubiginem suam affricuit: quid tu accidere
    his credis in quos publice factus est impetus ...
    quid me existimas dicere? — Crudelior redeo et
    inhumanior, quia inter homines fui ... Ne vel
    similis malis fias quia multi sunt: neue inimicus
    multis, quia dissimiles sunt.
                                    SEN.

„ziergänge sind also alles, was mir übrig
„bleibt."

„Wahr ists," sagte Herr Puf, „unsers theuern
„Radegasts Tod, hat eine starke Wirkung auf
„Sie gemacht, weil Sie ihn so gar nicht erwar-
„tet hatten: aber viel dieser Runzeln sind doch
„auch wol das Werk Ihrer Schule?"

„Nein! zuverläßig! Sie wissen nicht, welch
„eine wohlthätige Bestimmung das Erziehungs-
„geschäft ist, wenn man Gaben hat, und mit
„Treue gegen Gott, und Achtung, und Liebe
„für die Jugend, sie braucht! Auf Gottes
„weitem Erdboden sind nur zwo Stellen, wo
„ich allen Gram, auch den Gram über Rade-
„gasts bittern Tod, besiegen, vergessen kan:
„mein Kopfkissen, und mein Catheder; denn
„von der Kanzel versteht sichs von selbst. Die
„Liebe meiner Zöglinge sei Zeuge hievon."

„Nun, woher denn die Runzeln?"

— Er antwortete mit sehr trauriger Miene
lateinisch; denn ich vergas, dir zu sagen, daß
Herr Puf von seinem Reitmeister, der ein Un-
gar ist, und hernach von Hrn. Gros, soviel
lateinisch gelernt hat, daß er jezt nichts als die
Alten lieset. Er hat die ausgesuchteste Bibliothek, welche Herr P. Gros ihm formirt hat,
und die, wie dieser sagt, aus den besten Ausgaben der classischen Schriftsteller besteht. Die
Fortgänge welche er gemacht hat, sind unge-
wöhnlich, und seine Frau, sagt er, habe keine
gröffere

grössere Freude als die: alle Augenblik sie nachsehn zu lassen, wie die französischen Uebersezer,
über schwere Stellen, wie die Kaze über heisse
Castanien weggehüpft sind. „Dann solten Sie
„sehn,“ sagt sie, „wie er mit dem Amelot,
„Ablancour, Sanadon, Batteux,
„Tarteron und Sinner unter Einem, und
„den Tacitus, Horaz und Juvenal un-
„ter dem andern Arm, so, daß ihm oft das
„ganze Bündel auf die Treppe hinfällt, zum
„Herrn Pastor Gros hinüber springt, und
„jauchzt. Dagegen ist er auch auf den Kopf ge-
„schlagen, wenn dieser ihm zeigt, er habe die
„Stelle so wenig verstanden, als die Franzosen,
„über welche er lacht. Das unterhaltendste
„aber ist, wenn nach langem vergeblichen Be-
„mühn, er eine dunkle Stelle dem Herrn P. Gros
„vorlegt, und dieser ihm dann zeigt, daß in
„seinem Text ein Drukfehler war. Die grossen
„Fortgänge, welche er gemacht hat, würden
„unbegreiflich seyn, wenn er nicht in der Jugend
„ungewöhnlichviel gelesen hätte, so, daß er
„eine ungeheure Menge Wörter wuste, und nichts
„ihm fehlte als Grammatic und einige Ein-
„leitung in die Lectüre. Diese leztere hat Hr.
„Gros ihm gegeben, und jene hat er selbst da-
„durch sich verschaft, daß er wechselsweise die
„märkische und Cellariussche Grammatic studirt
„hat. Er verstand sie bald. Theils fand sich
„das wieder, was ein Herr Dypsychus ihn, ob-
swol

»wol unter alles verekelnder Schärfe, ehmals ge-
»lehrt hat; und gegen diesen, sonst schlechten,
»Mann ist er bis an den, vor kurzem erfolgten,
»Tod desselben, sehr dankbar gewesen. Theils
»gehört er auch zu den seltnen Menschen, wel-
»chen alles anfliegt, sobald sie mit deutschem
»Muth es wollen. Und so ist sein Muth. Eine
»einzige Stunde länger zu schlafen, dazu kan
»ausser mir, kein Mensch ihn bewegen. Die
»Spizbuben (sagt er) stehn vor tage auf, um
»den Leuten den Kopf einzuschlagen: und
»ich solte nicht aufstehn, um meinen Kopf
»klüger zu machen? *) In meiner Jugend,
sagt er, »bin ich gewesen was man *Ingenium*
»*praecox* nennt. Es gab eisgraue alte Kin-
»der, welche mich Kind anstaunten, **) aber
»zum guten Glük machte mich das so hochmü-
»thig, daß mein Töpfchen sehr geschwind sich
»auskochte« (und hierin liegt vermutlich eine
Anspielung auf jenen lateinischen Ausdruk) »sonst
»wäre ich entweder früh gestorben, oder ein
»Narr geworden. ***) Die Freude kan kein
»Mensch

*) Vt iugulent homines surgunt de nocte latrones:
   Vt te ipsum serues non expergisceris? —

**) Bis pueri, puerum qui stupuere senes.

***) Immodicis breuis est aetas et rara senectus.

MART.

„Mensch sich vorstellen, welche ich iezt am
„Leben habe.   Die Stunden schleichen mir
„so unmerklich hin, daß Einer wol recht hatte
„zu sagen, sie gingen auf den Strümpfen, oder
„wie es war. *) — Ich meines theils" (fuhr
Frau Puf fort) „freue mich unendlich diesen Ge-
„schmak in ihm erwekt zu haben; und das ge-
„schah ganz zufällig.   Daß ich die allerglüklich-
„ste Frau von der Welt bin, das weis jeder, so-
„bald er meinen Mann kennen lernt.   Aber ich
„fürchtete, daß Er minderglüklich seyn würde,
„weil er vielleicht allzuübereilt, sich aus den ge-
„wohnten Geschäften gezogen hatte; und es
„ward merklich, daß er in der Unthätigkeit etwas
„peinliches fand, nachdem wir die älteste Toch-
„ter, **) in die hiesige Jungfernschule gebracht
„hatten, indem das, was man Welt nennt,
„im Danziger Findelhause ihr nicht hatte können
„beigebracht werden.   Da las ich die Mü-
„lersche Uebersezung des Tacitus ihm vor,
„um gegen Langeweile, ihn zu sichern: und auf
„Einmal entstand der Trieb bei ihm, das latei-
„nische wieder soweit zu erlernen, daß er im
„Text diesen köstlichen Schriftsteller nachsehn
„könnte.   Herr Gros versicherte ihn, dies sei
„einem

---

*) „Μαλακαιποδες ωραι" sagt Theocrit, seltsam
genug.

**) Mademoiselle Richter. S. 507 2c. III Th.

„einem so fähigen und entschloßnen Mann leicht;
„und er ist sehr viel weiter gekommen, als er
„gehn wolte.   Der Gewinn für mich, in Ab-
„sicht des häuslichen Glüks ist klar; und ich
„habe überdem die tägliche Genugthuung eines
„verschönerten Lebens, indem er die besten Stel-
„len, welche Herr Gros und Herr Ribezal ihm
„bezeichnen, aus Schriften mir vorliefet, wo
„entweder niemand sie vermuthet, oder nicht
„das Herz hat sie zu suchen, z. E. aus dem Ca-
„tull, Martial, Tibull, Properz,
„Juvenal und andern verschrienen, und wie
„Er sagt, mit Recht verschrienen Schriften. *)
„Giebt uns Gott einen Sohn, (obwol er so lieb-
„reich ist, von diesem seinem Wunsch nichts ge-
„gen mich verlauten zu lassen) einen Sohn, mit
„dessen Ausbildung er sich beschäftigen könne:
„so wird man das unglaubliche sehn, daß die
„allerglüklichste Eh, noch glüklicher werden
„konte.   Ich seh mit Bewundrung der Wonne
„zu; welche er gegen den Schlus des Monats
„empfindet, wenn er zehn bis zwölf sehr fähige
„junge Leute, examiniren läßt, aus welchen er
„Schullehrer machen will.   Er sorgt — aber
„durch die dritte Hand — für ihren reichlichen
„Unterhalt, läßt ihnen durch die Herrn T* und
„Ribezal,

*) Uns dünkts denn doch unwarscheinlich, daß Eine
   Frau so gelehrt etwas sagen und die Andre so gelehrt es aufschreiben soll.

„Ribezal, Privatunterricht geben, und ver-
„schaft, durch Vorsprache und Geld, in den nie-
„dern Classen aller königsbergschen Schulen, ih-
„nen Gelegenheit, im Lehren sich zu üben; und
„dabei besuchen sie alle bräuchliche Vorlesungen
„der Universität. Dies einzige Seminarium
„seiner Art ist, ausser unserm Hause seine höch-
„ste Freude, und er hat einen sehr grossen Fond
„zu der Schule bestimmt, welche er stiften wird,
„wenn die tüchtigsten dieser Leute von gelehrten
„Reisen werden zurükgekommen seyn.“ *)

— So weit Frau Puf (denn den Namen
Van Vlieten hat der Mann schlechterdings
abgelegt) Aber das besonderste ist, daß ich,
wie merklich seine Veråndrung auch sei, in der
ganzen Zeit meines Umgångs mit ihm, auch
nicht den dünnsten Anstrich von Schulgelehrsam-
keit und Pedanterie gefunden habe. **) —
Aber zurük zu Hrn. Ribezal.

*) Wir haben schon (uns dünkt im Ersten Theil;
denn nachlesen können wir jetzt nicht) gesagt, daß
es des Manns Schuld nicht war, wenn sein Vorhaben nicht ausgeführt ward.

**) Zweite Unwarscheinlichkeit!

Fort-

Fortſezung.

Wo denn auch nichts, als was Herrn Ribezal betrift,
vorkommen konte.

Was er auf Herrn Puf Befragen, ſeinen geheimen Kummer betreffend, lateiniſch geantwortet hat, habe ich durch Hrn. Puf mir erklären laſſen.   Es iſt die Klage, bei einer ſo
liebenswürdigen Frau nach Ausſage der Aerzte
keine Hofnung eines Erben zu haben.   „Und
„das iſt auch wahr,“ ſagt mir Herr Puf, „Sie
„werden finden, daß ſeine ehmals ſo geſunde,
„Marianne, jezt ausſieht wie ein Marienbild
„wo das Gold herunter gekrazt iſt.   Das mus
„beiden allerdings unendlich ſchmerzlich ſeyn:
„denn ich weis von Beiden aus den gewiſſeſten
„Zeugniſſen, daß ſie von jeher die Tugend ſelbſt
„waren.   Ich kanns wol begreifen!   So lieb
„ich ſie habe: ſo mus ich doch ſagen, daß ſie
„den Tod des ſel. Radegaſt und ſeiner Braut,
„durch eine übereilte (obwol ſehr gute) That,
„befördert hat.   Hätte das arme Weib nicht ei-
„nen ſo wakern Mann, und wäre nicht die Fr.
„Jannſſen ihre Tröſterinn: ſo wäre ſie längſt
„im Gram vergangen.“

— Ich habe mit dieſer unglüklichen Frau
hievon nicht geſprochen.   Es war mir nicht
möglich, eine Saite dieſer Art zu berühren; ich

VI Theil.　　　　Mm　　　　　　kenne

kenne auch nichts grausamers als eine Anrede
dieser Art aus dem Munde einer Mutter — ich
weis, daß die Ewigkeit Tröstungen für diejenigen haben wird, deren die übermüthigen und
unbesonnenen unsers Geschlechts so wenig schonen. Ich begnügte mich zu sehn, daß dieses
Ehpahr sich herzlich liebt: aber des bejammerns-
würdigen Manns so wenig empfehlende, so ganz
absprechende, Miene, konte ich mir erklären,
sobald ich wuste, ihn drüke dieser gewis unerträgliche, Gram. Ich kenne nichts unmensch-
lichers als Menschen, welche sich freuen, keine
oder wenig, Kinder zu haben. Findet Gott
noch mehr als dieses, in ihrem Gewissen: so
mus allerdings „ein unbarmherziges Gericht
„über sie ergehn." *)

Ich weis nicht, was Herr Puf dem Herrn
Ribezal antwortete. Das weis ich, daß er
das Gespräch auf die auseinandergegangne Gesellschaft lenkte, und dann frug, woher das Geschrei komme, Herr Ribezal mache in Gesellschaften die preussische Einwoner lächerlich?

„Mir mus diese Lästerung meines Wandels"
antwortete er, „allerdings empfindlicher seyn,
„als jedem Andern. Denn Einmal: so gewis
„es ist, daß ich, auch unter den vertrautesten
„Freunden, zu einem solchen Leumund nie Anlas
„gegeben habe, es müßte denn seyn, daß ich
„meine

*) Worte der Schrift.

»meine Leute an meinem Tisch, nicht kenne: so
»macht man doch das Sprüchwort wider mich
»gelten: wo Späne fallen, da wird
»auch gehauen. Zweitens: es stand bei
»mir, die Stadt in die Unmöglichkeit zu sezen
»mich so zu lästern.«

»Mit dem Ersten hat es gute Wege, lieber
»Herr Capellan. Theils kan kein Mensch Sie
»im Verdacht haben, sobald er Sie nach Ih-
»rem Character, Ihrer Denkungsart und Ihrer
»Weltkentnis, nur einigermahssen zu beurtei-
»len fähig ist. Theils wird jede Lüge, wie das,
»Gott sei dafür herzlich gelobt, immer geschieht,
»in jedem Munde einen Zusaz krigen, und, wo
»nicht unwarscheinlich und widersprechend
»werden, doch gewis so wachsen, daß sie ein
»Coloss werde, der unter seiner eignen Last zer-
»malmt. Theils überlassen Sie das Ihren
»Freunden, und besonders mir. Ich bin der
»Kerl, der von heut an so trumpfen wird, daß
»aller Lärmtrompeten Mundstük verkrummen
»soll. Aber das zweite belieben Sie mir zu
»erklären, daß nämlich es bei Ihnen stand, die-
»ses Otterngezüchts Zischen und (ich kan mir
»nicht helfen; ich möchte gleich drunter schlagen)
»und sage ich, dieser Höllenhunde Bellen zu
»verhindern.«

Fort-

Fortsezung.

Dimidium facti qui coepit habet.   Sapere aude!
Incipe!

HOR.

Herr Ribezal wandte sich an mich: „Sie Ma-
„dame, als eine Fremde, sollen Richter
„seyn.   Hat nicht jede Provinz ihre, ihr eig-
„nen, Mängel?“

„Ich möchte sogar sagen,“ antwortete ich, daß
„jede etwas bedeutende Stadt die ihrigen hat.“

„Wessen Sache ists, diese Gebrechen zu rü-
„gen, und die allgemeine Vervollkommung zu be-
„fördern?“

„Ich dächte, dies sei die Sache jedes Hausva-
„ters.“

— Nun? rief Herr Puf, „das wird ja förm-
„lich ein Cätechismusexamen!“

„Aber,“ versezte Herr Ribezal, „diese wichti-
„ge Sache wird dadurch desto deutlicher. Der
„Hausvater soll die Nationalfehler anzeigen,
„und abstellen? Ich fürchte nur, daß er sie nicht
„sehn wird, weil er von Jugendauf sich an sie
„gewöhnt hat.   Ich fürchte auch, daß seine
„Frau und sein Hausgesind zu alt seyn wird,
„Lehre anzunehmen . . .“

„Nun, so thue das der Fremdling, der in
„der Provinz wohnt.“

„Ich

"Ich wolte Ihnen nicht alles nehmen, Ma-
"dame: etwas kan und mus der Einheimische,
"von welchem Sie sprachen, allerdings thun,
"zumal wenn er auswärts gewesen ist, oder
"durch Umgang, oder durch das Studium der
"Geschichte, sich gebildet hat. Ihr Fremdling
"als Einsasse: etwas kan und wird er thun:
"aber sehr wenig; zumal wenn Frau und Ge-
"sinde einheimisch sind. . . . ."

— Wie kams, lieber Mann, daß ich so
dumm war? "So lasse man die Provinz —
"wenn ich so sagen darf — in ihrem Sode!"

"Wie lebhaft! Sie unterbrachen mich wie-
"der; denn ich wolte noch sagen, daß Ihr
"Fremdling nicht nur etwas, sondern sehr viel
"thun kan: aber, da es doch nicht eigentlich
"sein Amt ist: so wirds ihm an Muth fehlen,
"indem er gleich sehn wird, man halte ihn für
"Gellerts Tanzbär. — Und nun soll man die
"Provinz lassen wie sie ist?"

— Ich schämte mich, das gesagt zu haben:
"Nein," sagte ich, "als Patriotinn, welche gern
"der allgemeinen Vervolkommung sich er-
"freut, kan ich dazu nicht rathen."

"Kurz," rief Herr Puf, welcher schon ungeduldig war: "so seze man Censoris morum . . . ."*)

"Wer wird sie sezen?"

Mm 3   "Die

*) Sittenrichter.

„Die Provinz selbst!

„Und wie wird diese drauf fallen? Wer wird
„sie überzeugen, daß solche Männer unumgäng-
„lich nöthig sind, wenn das Gute aus ganz
„Deutschland in jede Provinz und Stadt ge-
„bracht, und so ein Deutsches Volk, welches
„wieder Nation sei, gebildet werden soll?"

„Die Schriftsteller müssen hierauf dringen,"
sagte ich.

„Hören Sie," antwortete Herr Puf, „ich
„dächte, die werdens braf bleiben lassen;
„denn Gewissenspflicht ists für sie nicht: folg-
„lich werden sie sich der Gefar nicht aussezen
„wollen, ...dank zum Lohn zu haben. — Ja,
„Herr Ribezal, ich weis keinen Rath, Mada-
„me L* auch nicht."

„So erinnern Sie sich denn Beide, daß Sie
„mir zugaben, diese grosse Sache sei eine Va-
„terpflicht — folglich ist sie eben so eine Ge-
„wissenspflicht eines jeden, der an Vatersstel-
„le tritt, das heißt: unerlaßliche Pflicht des
„Schullehrers."

— Herr Puf klopfte mit gekrümmtem Finger erst an seine, und dann auch gelegentlich
an meine Stirn (wie du weißt, ist das sein
Gestus, wenn er sagen will: „wie dumm war
„ich doch!") „Nun frage mich einer, woher es
„komt, daß sie meinen armen Ribezal kreuzigen!"

„Freilig erklärt sichs von selbst. In Gesell-
„schaften, sage ich, wie Sie am besten wissen,
„von

„von Preuſſens Eigenheiten kein Wort, es ſei
„denn, daß ich als Prediger etwas ſagen mü-
„ſte; und in dieſem Fall ſage ich nichts anders,
„als was jedes rechtſchafne Landskind in glei-
„chem Fall auch ſagt.   Aber in meiner Cathe-
„der, es ſei in der öffentlichen Schule, oder in
„unſrer Erziehungsanſtalt für Frauenzimmer,
„rüge ich mit gewiſſenhafteſter und muthig-
„ſter Entſchloſſenheit, alles, was die Pro-
„vinz vor andern ſträflichs hat, und pflege oft
„zu ſagen, daß derjenige Preuſſe, kein ſeines
„Amts würdiger Mann ſeyn könnte, welcher,
„in meinem Vaterlande als Schulmann ange-
„ſtellt, Bedenken trüge, die Fehler meiner Pro-
„vinz herzhaft aufzudeken.   Dies, lieber Herr
„Puf, haben unſre guten Königsberger anfangs
„nicht tragen können; es war aber mein Glük,
„daß ich vorher wuſte, meine Zuhörer, und
„beſonders Zuhörerinnen, würden hiervon viel
„ſprechen: denn ſonſt hätte der Haß der Haus-
„mütter vielleicht die Freudigkeit meiner Amts-
„führung niedergeſchlagen. — Seyn Sie übri-
„gens unbeſorgt.   Ich danke Ihnen, daß Sie
„gegen dieſe und andre Verläumdungen, mich
„vertheidigen wollen, geſteh aber gern, daß
„das nicht eigentlich nöthig iſt.   Denn meine
„Verläumder ſind theils Perſonen jenes Ge-
„ſchlechts, welches, beſonders unter dem Pöbel,
„mit dem ichs doch nach beiden Aemtern eigent-
„lich zu thun habe, alles Neue gewöhnlich ver-

Mm 4

„gröſ-

„gröffert; folglich widerlegt sichs zulezt von
„selbst . . .“

„Nein,“ fiel Herr Puf ein, „nein; sondern
„Ihre gefärlichsten Verläumder sind — weh!
„daß ichs sagen mus — sind Personen Ihres
„Stands . . .“

„Das wars, was ich eben sagen wolte, zum
„Erweise, daß es keiner Apologie bedarf:
„denn die Lästerungen dieser Personen machen
„nur lärm, thun aber wenig Schaden, unter
„andern, weil zum recht giftigen Verläumden
„eine gewisse verschlagne Weltkentnis, eine fei-
„ne Politic gehört, welche nur durch den Ge-
„brauch der grossen Welt gelernt werden kan,
„folglich dem Gros meiner Amtsbrüder unbe-
„kant bleibt. Hiezu komt, daß ein gewisser
„Ton von Frömmigkeit, welcher solchen Per-
„sonen, wenn sie bösartig sind, eigen ist, die-
„jenige Wirkung jezt nicht mehr hat, die er eh-
„mals hatte, zumal da es jezt etwas gewöhn-
„lichs ist, meinen Stand des Neids zu beschul-
„digen, folglich die Quellen der Lästerung bald
„zu muthmahssen. Und endlich ist das mir gün-
„stig, daß meine Feinde sich selbst schlagen, so-
„bald sie gefragt werden, ob sie mich kennen!
„Nichts ist verdächtiger als das Urteil eines
„Feinds, dem ich nicht persönlich bekandt bin;
„und meine Erwartung schlug mir nicht fehl:
„ich lies gleich beim Antritt meiner Stelle bei
„allen meinen Amtsgenossen mich melden; und
„nur

»nur zween oder drei nahmen meinen Besuch
»an. — Uebrigens machen diese Widrigkeiten
»mir wenig Kummer, indem sie gegen mein ei-
»gentliches Leiden nichts sind; und da ich Gel-
»lerts grosse Regel im vorsichtigen Wandel
»vor Gott zu befolgen suche:

  Ich will mich vor den Fehlern hüten,
  Die man von mir „ersann,"
  Und auch „die" Fehler mir verbieten
  Die man nicht wissen kan.

»so hoffe ich, einst mitten in dem jezt feindli-
»chen Königsberg, recht ruhig zu leben, zumal
»da ich weder der Mann bin, der sich gemeldet
»hat, oder der zu höhern Aemtern jemals sich
»melden wird, noch auch der Mann, dessen
»Fähigkeiten oder Verdienste etwas hervorra-
»gendes hätten. Sie wissen, daß die „Be-
»sorgnisse" eingetroffen sind, welche ich in mei-
»ner Antrittsrede äusserte: *) warum solten
»nicht auch die „Hofnungen" eintreffen, welche
»damals mein Herz trösteten? Und wie es auch
»immer geh: meine Sele ist stille zu Gott, der
»mir hilft." **)

— Herr Ribezal sagte dies alles mit so
deutlichem Ausdruk der Ruh, daß Herr Puf,
wie aufgebracht er auch gewesen war, zulezt
ganz gerührt ihm sagte: »Gott erhalte Sie da-
»bei: aber ich schäme mich vor Ihnen, auf Ih-

Mm 5   »re

*) Sieh den VI Brief.
**) Worte der Schrift.

„re Feinde so böse gewesen zu seyn. O welch
„ungestümes Meer war ich, als man mir und
„der unschuldigen Frau Prof. T* damals Hann-
„chen, einen so bösen Namen machte! Wolan!
„es sei hiemit allen unsern Feinden von Herzen
„vergeben! — Sie führten vorher Gellert
„an; lassen Sie uns sein herrlichs Lied singen.
„Du, Frau Julchen!" indem er den Flügel öfnete. — Er vertheilte selbst die Stimmen der
Gräfschen Composition, und ich versichre,
daß der Ausdruk seines schönen Bas mein Herz
von allen Seiten traf. *) — Dies Gefühl ists
wol, welches mich vermochte, dir so viel hievon zu schreiben.

Eben habe ich unsern lieben Gros in einem
Fall gesehn, welchen ich dir erzälen mus. Ich
bat ihn, seine Kirche mir zu zeigen. Wir gingen sämtlich hin, und in des Küsters Wohnung
sagte man uns, die Kirche sei offen. Als ich
mit Hrn. Puf hineintrat, stand ein hübsch er-
wachsner Schüler des Hrn. Ribezal auf der Kanzel, und gesticulirte kräftiglich. —
„Den wird er fegen!" sagte mir Herr Puf. —
Herr Gros kam. Seine sehr ernste Miene machte den jungen Menschen sehr bestürzt; aber ohn
ihn

*) Es war das Lied: „Nie will ich dem zu
schaden suchen ꝛc. — und wie sehr viel der Ver-
folgten, welche vor Gott Ruh suchten vor ihren
Feinden, werden in der Ewigkeit unserm Gellert
für dies Lied mit Entzükung danken!

ihn erst zu einer Entschuldigung kommen zu lassen, sagte er ihm: "Gebe Er sich Müh, mein "Sohn, auch einmal eine Kanzel besteigen zu "können." — .

Fortsezung.

Luxus populator opum, quem semper adhaerens
Infelix humili greſſu comitatur egeſtas.

CLAVD.

Unter andre befremdende, wenigstens unterhaltende, Auftritte gehört gewis auch folgender: Ein Kaufmann Frank lies sich melden. Ich glaubte, es sei ein Mann, der mit dir zu thun habe, und ich lies mir wol nicht träumen, einen alten Bekanten zu finden. Am allerwenigsten dachte ich an Juſtchens treuen Frank. *) Und gesezt ich hätte, durch den Namen getäuscht, an diesen guten Chriſtopf gedacht: so wäre doch mein Gefühl eben das gewesen, welches es jezt war, als ich einen Mann mit einer saubern Perüke in feines engelländisches Tuch und Manchester gekleidet, kommen, und meine Hand küssen sah.

"Ich weis nicht," sagte ich, "mit wem ich die "Ehre habe . . ."

"Dies-

*) S. 60. 4ter Th.

„Diesmal, Madame, (bald hätte ich gesagt,
„Mademoiselle Jettchen —) ist die Eh-
„re auf Seiten des armen Christoph.“

„Himmel! sind Sie's, Herr Frank?“

„Ein Herr, und noch dazu ein „Herr Sie“
„bin ich wol nicht: aber Frank bin ich noch wie
„ehmals, nur daß ich nicht mehr Justchens Li-
„vre'e trage, und jezt, Gott sei Dank, ganz
„warm size. Ohne Herrn Puf müste ich jezt mit
„Kaddik in den Gassen umherschreien.“

— Wir sezten uns. — „Aber“ sagte ich,
„lieber Herr Frank, Sie hatten ja ein tausend
„Thalerchen?“

„Die hatte ich. Die legte ich an, zu einem
„kleinen Kram von Frauenzimmerpuz, und ge-
„wann Thaler auf Thaler, und — schmis
„um!“

„Ganz und gar?“

„Ganz und gar, wie der Töpfer auf einem
„Berge umschmeißt! denn sehn Sie, ich dum-
„mer Pümpel bedachte nicht, daß die Moden
„sich ändern; hatte, weils ging, wie warme
„Semmel, mir da ein Hauffen Schnurpfeife-
„reien verschrieben; komt ein Gänsgen von
„Berlin . . .“

„Gänsgens und dergleichen wolte ich
„wol verbitten, guter Frank!“

„Komt ein Püppchen von Berlin hieher,
„frägt, ob unsre Damen etwa eine alte Rüst-
„kammer geplündert haben; rümpft die Nase:
„kurz

„kurz, dreht mir die Köpfe so herum, daß kein
„Mensch mehr zu mir schift, und ich gepritscht
„bin. Nun aß ich Brodt und Salz, und auß
„meiner Heirat ward nichts."

„Und jezt sizen Sie warm?"

„Oho! warm wie ein Nestküken! Sehn
„Sie, eben wie ich, auf den Arm gestüzt, size,
„und mich entschliesse, diese Uhr hier, zu ver-
„kaufen (denn so gut und leichter als manches
„andre was schon gesprungen war, ich sie ent-
„behren konte:) so hatte doch das Handthieren
„mit Puzsachen mich so eitel gemacht . . ."

„Herr Frank, Herr Frank! Sie fangen schon
„wieder an!"

— Er schlug sich schalkhaft auf den Mund:
„indem ich also so size, komt Herr Puf, und
„will eine Sächsische Müze kaufen. — Leider!
„eh die Berlinerin gekommen war, galt kein
„Köpfchen im Hause was, wenns nicht eine
„sächsische Müze hatte: aber jezt war das ex-
„écrable, war das du ternier laid. — Meine
„Sache war indessen so still zugegangen, (durch
„Vermittlung der Frau * räthin nämlich, welche
„mit dreissig Rttl. mir restirte,) daß wenig Men-
„schen von meinem Unfall wusten. Rein her-
„auß wolte ichs also dem lieben Mann nicht sa-
„gen; denn Sie wissen, wie er loszieht, wenn
„jemands Nahrung stokt. „Lieber Herr Puf,
„(sagte ich) die Dinger sind nicht mehr Mode."

„Aber"

„Aber“ (antwortete mir Herr Puf) „meine
„Mode ist mein Geschmak, und meine Frau
„wirds kleiden, wie ein Engelchen.   Und je we-
„niger es Mode ist, desto billiger werden Sie es
„mit mir machen. Kommen Sie in den Laden.“

  — „Nun wars nicht anders. — „Scherzen
„Sie?“ (sagte er, als er in den ganz ledigen
„Laden trat.) „Was ist das?“ — Ich sagte
„ihm alles.   Ich weinte nicht: aber ihm wa-
„ren die Thränen nah; denn man war unbarm-
„herzig mit mir verfaren. — Er half vor der
„Hand, so, daß ich die Uhr noch rettete, und
„fing hernach allerlei mit mir an: aber nichts
„ging; denn es fehlte mir eben so an Muth als
„an Pfiffigkeit.   Ich verbarg es Hrn. Puf: aber
„er sah es selbst wol, so oft er in die Stadt kam,
„ — und auf meinem Kopfkissen lag es jeden
„Abend wie Hanbuttenstaub.“

  „Herr Frank“ (sagte er einst) „wir müssen
„das Ding anders angreifen.   Kommen Sie,
„und lassen Sie bei einer Bouteille Rheinwein
„uns das recht überlegen.   Diese Stelle (sagte
„er, und sezte sich mit mir unter einen Kron-
„leuchter,) ist ein Glükspläzchen; ich habe hier
„einmal ein prächtig Stükchen ausgesonnen. *)
„Erzälen Sie mir recht von vorn, wie es mit
„Ihrer ersten Entreprise ging.“ — Ich that es.
„Hören Sie (sagte er ...) aber liebe Madame
                                                      *

*) Die Rettung des Gen. Majors.

„k* ich fühle, daß ich mich in eine Erzälung
„einlaſſe, mit welcher ich mich ſchlecht einſchmei-
„cheln kan.“

„Gehts etwa über uns her?“

„Nur zu ſehr; denn daß ich jezt auf dem Trok-
„nen bin, das bringt den Königsbergerinnen
„eben nicht viel Ehre.“

„Zu denen gehöre ich nicht.“

„Nun, es geht ohnhin auf Herrn Puf Rech-
„nung. Wenn (ſagte alſo Herr Puf) unſer
„Herrgot den Schaden beſieht: ſo hat die
„Narrheit der Weiber Sie zum armen Mann
„gemacht; und eben dieſe ſoll, ſo ſpeculire ich,
„Ihnen wieder auf die Beine helfen. Ich ſtrek
„Ihnen ein Summchen vor. Sie ſind
„her, und kaufen alle mögliche Reſtchen Sei-
„denzeug, neues und beſonders altes, auch gan-
„ze Stüke, und die zerſchneiden Sie in Endchen
„wie Reſte. Zitz auch, nicht zu vergeſſen. Wir
„werden in kurzem ein Verbot aller fremden
„Waren hier haben. Das weis auſſer mir noch
„kein Menſch. Hören Sie nur weiter. Schiken
„Sie um Näherinnen und Puzjungfern herum,
„und kaufen Sie in reichen Häuſern Frauens-
„kleider von etwas altem Schnitt, doch nicht
„Robben, ſondern andre Kleider; denn Rob-
„ben werden jezt getragen. Das thun Sie al-
„les in der Stille und halten Sie ſich ruhig, bis
„ich weiter mit Ihnen reden werde. Das Ri-
„ſico

„sie ö übernehme ich." — Ich sah nicht ganz,
„wo er hinwolte: aber ich folgte blindlings "

„Gegen den Winter kam Herr Puf wieder. Jezt
„ists Zeit (sagte er) Jezt machen Sie durch die Zei-
„tung bekant, daß bei Ihnen von den schönsten
„auswärtigen Zeugen ältern und neuern Ge-
„schmaks, Reste zu haben sind. Sie werden sehn,
„welch Gedränge bei Ihnen werden mus. Ein-
„mal, die Weiber sind wie die Kinder: ihnen ist
„nicht wohl, wenn sie nicht alles zerschneiden
„können; folglich mus aus Einem Kleide wenigs-
„tens noch zweimal ein neues gemacht werden.
„Das Verbotne ist überhaupt süs, und ihnen mehr
„als uns. Jede will nun gern ihrem schönen
„fremden Zeug tragen: aber er soll neu aussehn;
„mithin mus die Facon desselben geändert
„werden. Die Robben sind jezt wie ich es vor-
„hersagte, abgekommen: und die man trägt,
„die fallen nicht mehr so weit zurük; folglich
„mus zu der alten Robbe und wie es weiter
„heißt, noch Zeug zugekauft werden, so, wie
„auch zu den Contuschen und Schwen-
„kern, denn die sind jezt kürzer in der Taille
„und im Ganzen nun eine gute Elle länger.
„Hiezu komt, daß alles bunte Schuh tragen
„mus, und dazu sind Ihre aufgekauften Klei-
„der, lieber Herr Frank, unvergleichlich. Frisch
„dran! geben Sie eine Feder her; ich will das
„Avertissement Ihnen aufsezen; und ich müste
„die Frauen nicht kennen, wenn Sie nicht in-
„ner-

„nerhalb eines halben Jahrs ein behaltner Mann
„sind. "

„Ich will es kurz machen, Madame. Mein
„Absaz ward so stark, daß ich ein sehr grosses
„Procent nehmen konte, und mit gutem Ge-
„wissen es nahm. Kurz, mein, so unansehnli-
„ches Verkehr, ist eins der einträglichsten, ver-
„dankt sei es der Albernh . ."

„Herr Frank?"

„Auch etwas, was Herr Puf nicht vorherge-
„sehn hatte, geschah. Leute, die entweder die
„Noth drükte, oder welche der Modegeist plag-
„te, schikten mir häufig altmodische Kleider vom
„schönsten Zeuge; so, daß ich diese einträglichen
„Geschäfte noch heute fortseze; denn ganz Kö-
„nigsberg trägt Schuh und Pelze aus meinem
„Laden. Noch mehr: mit dem Frieden kam die
„allgemeine Noth zurük, und mit ihr kam der
„rasende Luxus. Dies öfnete mir einen neuen
„Canal meines Verkehrs; denn ich sann nach,
„woher doch unsre Damen das Geld krigten?
„durch Hülfe meiner Puzjungfern erfur ich, daß
„sie Tischwäsche und Betten verkauften. Diese
„beiden Artikel nahm ich auf, und seze sie aus-
„wärtig so vortreflich ab, daß ich Ihnen sagen
„kan: ich hoffe über Jahr und Tag mich zur
„Ruh zu sezen. Doch bitte ich das lezte, von
„Tafelzeug und Betten, dem Hrn. Puf nichts zu
„sagen; denn nach seinen Principiis ist das Ge-
„wissenssache."

VI. Theil.　　　　　Nn　　　　　— Nun

— Nun weis ich wol, liebes Männchen, daß
du lächeln wirst, zu lesen, daß mir eine so derbe
Lection gegeben worden; denn wahr ists, daß
ich wol schon zwanzig Kleider habe umarbeiten
lassen, und daß meine bunten Schuh dich viel
Geld kosten; wahr ists auch, daß dies lezte so
arg ist, als wenn man wolte; daß jedes Tin-
tenfas von weissem Porcellan seyn solte: aber
ich dachte, es sei besser, daß ich dir diese Unterredung erzälte, als daß du, wie bei deiner Ankunft wol geschehn wird, von Hrn. Frank selbst
sie erfährst. Freilig, etwas befremdender ist ein
Vorfall, welchen ich morgen dir erzälen werde.

Fortsezung.

Alteri viuas oportet si vis tibi viuere.

SEN.

Also den gestrigen Vorfall. Ich machte der
Wittwe Bürger *) meinen Besuch. Ich
hätte sie kaum erkannt, so sehr hat sie seit ihres Manns Tode sich verjüngt. Doch sah ich
einen Ausdruk von Kummer in ihren Augen,
welcher mich so lange beunruhigte, daß ich zulezt einer Frage nach demjenigen, was sie krän-
ke, mich nicht erwehren konte.

»Meines

) Tante des Hrn. T.

„Meines Neveu, des Prof. T* Ehstand ists,‟
sagte sie. „Er ist unbeschreiblich glüklich. Bei-
„de lieben sich mit derjenigen Neigung, welche
„das Paradies auf die Erde hinabzieht: aber
„mein Neveu hat es im Anfange versehn. Er
„unterbrach seine Geschäfte, welche unermeßlich
„sind, nicht Einen Augenblik; gewis nicht aus
„Mangel der Liebe, sondern, ohn es zu wissen,
„durch diejenige Thätigkeit für seine Freunde,
„und jeden der seiner bedarf, welche er mit Hrn.
„Gros gemeinhat. So brachte er oft ganze Ta-
„ge in seinem Cabinet zu, entweder allein, oder
„mit ihnen beschäftigt und eingeschlossen. Er
„war, wenn sein Amt, welches eben nicht bin-
„dend ist, es erlaubte, oft einige Tage abwe-
„send; und war er zuhause: so war sein Kopf
„mit gelehrten Verrichtungen so beschäftigt, daß
„er das Schmakhafteste, was sie mit ungeduldi-
„ger Emsigkeit ihm zubereitet hatte, ganz zer-
„streut aß, und ein kaltes Ja antwortete, wenn
„sie ihn frug, obs ihm schmeke? — Sie wissen,
„Madame, daß uns Frauen dies wehthut. Das
„übelste war, daß sie es nicht merken ließ, und
„ich es nicht erfur. Noch mehr versah ers dar-
„in, daß er nur selten ihr was Schmeichelndes
„sagte, und am wenigsten über ihr Gesicht, und
„ihren Wuchs; da doch der lezte selten so schön
„gefunden wird. Auch dies merkte ich erst ganz
„spät, da sie einst, mit der Toilette noch nicht
„ganz fertig, zu ihm kam, und ihn bat, eine

„Nadel,

„Nadel, welcher sie nicht beikommen konte, aus-
„zuziehn. Sie war, was eine schöne Frau nur
„immer seyn kan: aber mein Philosoph sah, in
„die Tiefe seines Wissens vergraben, starr auf
„das Flekchen, wo die Nadel war, zog sie aus,
„und stekte sie in Gedanken auf den Ermel sei-
„nes Schlafroks. Ich schäme mich, es Ihnen
„zu sagen: die Thränen fielen dem guten Weib-
„chen aus den Augen, indem sie wegging. Die-
„ser Zeit nahm ich wahr: „Sind Sie oft so ga-
„lant?“ sagte ich, „und was machen Sie, wenn
„ihre Frau komt und frägt, obs grade sizt?“

„Dann sage ich ja, weil ich supponire, daß
„es grade sizt.“

„Und wissen nicht, daß Sie alsdann sie um
„die Hüften fassen, und ihr was Schönes sagen
„müssen?“

— Seine ganze Antwort war, „Sie haben
„wol Recht!“ — Auch darin hat ers versehn,
„daß er den vielen Adelichen, welche ihn schä-
„zen, sie bekantmacht, da sie ihm doch gesagt
„hat, sie seh das nicht gern; denn sie hat eine,
„dem Ansehn nach unüberwindliche, Widrig-
„keit gegen alle, die höher sind als sie. Hiezu
„komt, daß er ihre Liebe zur Einsamkeit nicht
„genug begünstigt, welche doch aus der Ge-
„schichte ihres Lebens, als ein nicht mehr abzu-
„ändernder Hang, leicht zu erkennen ist, we-
„nigstens durch keine andre als seine eigne, Ge-
„sellschaft zurükgelenkt werden kan . . . .“

„Und,“

»Und,« unterbrach ich, »Sie wundern Sich,
»daß die Frau Professorin nicht glüklich ist?«

— Sie erröthete; und allerdings begrif ich
nicht, warum?

Fortsezung.

Quippe vbi nec caussas, nec apertos cernimus ictus,
Vnde tamen veniant tot mala caeca via est.

PR.

Ich sezte also den Nachdruk auf das Wort:
»Bedenken Sie doch, eine Frau Profes-
»sorin solte glüklich seyn? ist das nicht so arg
»als eine Frau Magisterin?«

— Ihre Wangen wurden noch wärmer;
und meine wurdens auch, weil ich mit Verlegenheit sah, daß sie etwas zu misdeuten schien:
»Ich bitte Sie! ich spiele warlich nicht an auf
»Herrn T.*!«

»Ich weis es, Madame!« (mit bitterm Ver-
beissen.)

— Du kennst mich, liebster L*; du weist, wie
Misverständnisse mich ängsten.   Ich size denn
so kümmerlich da, als wenn ich in Gesellschaft einen Prediger, den ich zum Erstenmal
seh, auf den Stolz, die Habsucht, das Schleichen und die pedantische Menschenfurcht losziehn
seh.   Ich meinte nichts, als daß eines Gelehr-

Nn 3   ten

ten Frau wol überhaupt nicht glücklich seyn kan; denn, wiß es eben: wärst du ein hochgelahrter Herr: so würde — auch Herrn Kreuz Eheatechismus mich nicht halten. Doch rein heraus, ohne schmeicheln zu wollen: ich hätte, lieber Jacob, dich nicht genommen. — Liebe „Madame Bürger! ich will mich erklären . .“

„Es bedarf keiner Erklärung, wertheste Ma„dame L*; ich verbitte den Commentar, wer„theste Frau Commerzräthin!“ — Nun, hier kribbelte es mir denn doch aus den Schultern in den Naken hinauf: „So ists Ih„re Schuld, wenn Sie eine so alte, ich darf „es sagen — so bewährte, Freundin bearg„wonen.“

„Ei, Frau Commerzräthin, das heißt mich „narren! denken Sie, daß . . oder vielmehr „dachten Sie, daß ich ein gemaltes Gesicht, „daß ich kein für die Schande anfliegendes Blut „hatte? Sind Sie noch Henriette? — ich kan „mir nicht helfen: würden Sie Entschuldigun„gen, Einlenkungen, Ausflüchte annehmen, wenn „man von Ihrer Opusschen Historie redete? „Wodurch verdiente ich diese beschimpfende Rü„ge?“

„Ich schwöre Ihnen bei meinem demüthi„genden Rükgefühl für Herrn Opus, daß ich „Sie nicht versteh.“

— Sie antwortete mit sehr höhnischem La„chen: „Erniedrigen Sie sich nicht, Frau Com„merzrä

„merzräthin! Wozu! Wer schon auf dem Bo-
„den kriecht, kan sich ja nicht tiefer erniedri-
„gen.   Sie werfen mir meine unverzeihliche
„Narrheit vor; den schimpflichsten meiner
„Schritte, oder vielmehr," (indem sie eine hohe
„Miene annahm,) „den einzigen schimpflichen
„meiner Schritte werfen Sie mir vor."

„welchen . . .?"

„O ich troze Ihnen, deren mehr als einen
„mir nennen zu können."

„Welchen in Ihrem rühmlichen Leben? denn
„es nagt mir am Herzen, daß Sie mir Unrecht
„thun."

— Freilig weinte ich, indem ich dies sagte.

„Nun, den, daß ich dem Herrn Magister
„Kübbuts mich angeboten habe."

„Wo ich davon ein Wort . . ."

„Frau Commerzräthin . . ."

„O sagen Sie, „Jettchen," ich bitte Sie
drum, wenn Sie nicht glauben, daß Ihre treue
„Freundin ein Crocodill geworden ist."

„Ich wünschte jezt in einem Ihnen zugehöri-
„gen Zimmer zu seyn, um eine so unerträgliche
„Gegenwart . . ."

„Gott! Wie kan ein so unschuldiges Wort
„zwo Freundinnen, wie wir von Jugend auf
„waren, trennen?" — Beim lezten Wort ergrif ich mein Parasol: „Ich darf Ihnen keinen
„Kuß bieten?"

— Sie

— Sie trat zurük, und machte mir eine ungemein tiefe Verbeugung.

— Ich kehrte in der Thür mich um: „Ca-
„roline, ich bin unschuldig.‟

„Jsts möglich, Henriette?‟

— Nun, wie wir uns hier umhalseten, uns
küßten, verstummten, unsre Thränen gegenseitig trokneten: hör, Jacob, ich kann dir nichts
weiter anvertrauen, wenn du das dir nicht vorstellen kanst.

Und nun hörte ich mein Wunder! lauter
Dinge, welche der Ehrenmann, Herr Jacob L* Commerzrath zu Elbing, jezt an, wer
„weis welcher‟ schönen Dame zu Memel L'hom-
bretisch befindlich, längst gewußt, aber mit seinem Weibe Drusilla *) nie ein Wörtchen davon geredet hat. Dir also hatte Hr. Kübbuts
jenen unglüklichen Brief der Madame Bürger
anvertraut **) Dir hatte er aufgetragen, ihn
zu beantworten? Und das hattest du (ich mus
es freilig gestehn: mit soviel feiner Schonung)
gethan? Wärs da zu bewundern, daß sie jezt
nicht glauben konte, die ganze Sache sei mir
unbekant? Und was soll mich mehr befremden?
daß Hr. Kübbuts so unmenschlich seyn konte, von
meiner Freundin Sache dir oder irgendeiner
Manns-

*) Am Rande stand: „So nennt mich Hr. Puf we-
gen meiner jüdischen Bildung, oder, wie Jhr Herrn
Kenner sagt, griechischen Umrisses.‟
**) S. V. Th. LII. Br.

Mannsperson etwas zu entbeken? oder daß du
ohne mich zurath zu ziehn, diese misliche Sache so glüklich abmachen kontest? Doch Hr. Kûbbuts kan wol nicht anders als in einem Anfall
seiner Krankheit sich an dich gewant haben:
und o! was gäbe ich drum, zu wissen, was du
mit ihm geredet hast! Der Unwürdige! doch
wie gesagt, ich hoffe, daß er damals schon wieder krank gewesen ist; sonst wärs (wie es denn
auch selbst in diesem Fall so ist) — unverantwortlich wärs.

Madame Bürger erzälte mir den ganzen Verlauf der Sache, damals war mirs begreiflich.
Aus der mitleidigen Verpflegung eines Krauken
(dachte ich) kan wol Liebe werden.

Aber jezt kan ichs doch nicht so recht fassen. — Heiratet Hr. M. Kûbbuts jemals, das
heißt, findet sich (denn nunmehr kans keine Vernünftige thun) eine Närrin, die ihn nehme: so
ist Er nicht nur ohn Entschuldigung, sondern
ich mus auch für die Frau Bürger fürchten.
Denn, soltest du es glauben? ihr Herz ist noch
nicht heil! So lange sie das für Warheit hält,
was ich als Warheit ihr sagen konte, und durch
Anfürung so vieler Fälle ihr erwies, daß nämlich Hrn. Kûbbuts Krankheit schonlängst sich wieder geäussert hat, und jezt wol unheilbar ist:
so lange wird sie einigermahssen sich beruhigen.
Aber . . . . doch ich kan unsre Unterredung dir
nicht mittheilen — auch selbst dir nicht. —

Was

Was ist doch die vergaffende Liebe in gewiffen
ihrer Erſcheinungen! Oder vielmehr, in welcher Gefar ſteht eine junge Wittwe! Blos durch
das Beiſpiel, von welchem ich rede, wäre der
Stand einer ſolchen mir fürchterlich, wenn auch
der Wittwe Benſon anſtöſſige Auftritte nicht
vorgefallen wären; denn Frau Jannſſen (und
das iſt doch viel geſagt,) ſelbſt Fr. Jannſſen und
Herr Gros, haben dem Unweſen nicht ſteuern
können: Madame Benſon iſt mit dem, wie
du weiſt, caſſirten, Hofrath Schulz —
durchgegangen! Was mich tröſtet, iſt, daß Herr
Gros ihre Schweſter gerettet hat — Hr. Gros,
dieſer geſegnete Sterbliche, welchen die Vorſe-
hung braucht, um vor den Augen ſo vieler tauſenden, und in ſoviel tauſend Begegniſſen, zu
zeigen, was ſie durch einen frommen, und dabei weltklugen über das qu'en dira-t-on in reinem Gewiſſen erhabnen, Prediger, auszurichten
vermag. Nur Einen Zug, weil ich von ihm rede.

Fortſezung.

Quam gravis, quam magnifica, quam conſtans
conficitur perſona ſapientis!

CIC.

Er ward vor einigen Tagen zu einem Staats-
feſt bei dem ⸱ ⸱ ⸱ *) eingeladen. Man
ſpeiſte an drei Tafeln. „Herr Caplan!“ ſagte

*) Kurz, bei dem vornehmſten und wildeſten Mann
im Lande.

te der Wirth, sehr laut zu dem zweiten Prebb-
ger der *schen Kirche, *) freilig mit einem viel
unschiklichern Ausdruk als dieser ist: „wie stehts
„mit Ihrem Gewissen in puncto des Weibs-
„volks, als Sie jung waren?"

— Braun, wie eine Kirsche, und Geifer
an der Oberlippe, mit rollenden Augen, und
die geballte Faust aufs Herz gedrükt, antwortete der Caplan: „Ich habe je und je vor
„Gott und Menschen keusch gewandelt."

„Pfui, der unverschämte Lügner!" sagte der
Wirth, und ging an die dritte Tafel, wo Herr
Gros in weiter Entfernung am Ende saß. Er
that ihm dieselbe so höchst unbefugte Frage, zum
Schreken der ganzen, dem frommen Weisen jezt
schon zugethanen, Tafel, welche so wenig, wie
er selbst gehört hatte, was vorgefallen war.
Herr Gros schlug sanft die Augen nieder, und
sagte: „ich bete mit David: Gedenk nicht
„der Sünden meiner Jugend und mei-
„ner Uebertretung!"

„O Herr Pastor," (mit Thränen in den Augen) „Gott sei mir armen Sünder gnädig!
„Beten Sie doch auch für mich elenden Men-
„schen, wenn Sie es thun dürfen!" — und
von diesem Augenblik an herrschte im ganzen
Saal erst Stillschweigen, und dann eine allgemeine, wohlgeordnete, Freude. Und diesen

vor-

*) Die Leser kennen ihn aus S. 612. u. 624. des
Ersten Theils.

vortreflichen Prediger, und seinen Freund Ribezal, Männer, die ein jeder, der sie kennt,
in herzlicher Werthschäzung liebhat, verläftern
soviel Amtsbrüder und der ganze, diesen anhän-
gende, Pöbel hohen und niedern Stands.   Hr.
Ribezal hat am Wheinachtstage das so ganz natürliche Thema vorgestellt: »Stephanus
»mitten unter seinen Widersachern;« und beim
nächsten Coffe wird ein Wizling, (vermuthlich
einer der gepriesensten) gefragt, was der Mann
vorgetragen habe? — »Sein Thema,« (antwortet der Hochweise Herr) »war: Ribezal
»mitten unter seinen Widersachern.«

Fortsezung.

E machina deus.

Eben jezt bekomme ich deinen Brief, mit der
Nachricht, daß ich noch acht Tage auf dich
warten soll. —   Sehr gern, mein Geliebter,
denn hier (nämlich seit gestern wieder zu Haberstroh) bin ich in sehr guten Händen.

Wir haben den Herrn von Käseke hier, einen
treuen Freund des Dreiblatts Puf, Gros, und
T*, einen unbeschreiblichguten Mann, dessen
Lebensgeschichte ich dir mündlich erzälen werde,
so wie ich von Herrn Puf und von weiland
Hannchen, sie bekommen habe.   Hannchen und
Er sind Hausgenossen gewesen, haben aber, als
sie

sie in Königsberg sich wiedersahn, vermittelst der
Fr. Jannssen, den Bund errichtet, sich nie wieder zu sehn. —— Er hat wegen Kränklichkeit,
seine Entlassung erbeten, da ohnhin seine, unter
der hannöverschen Armee erhaltnen Wunden,
ihn zum Dienst unfähig machen. Jezt steht er
mit einem hiesigen Köllmer *) im Handel,
und wird dessen Gut seinem Stande, und sehr
grossem Vermögen gemäs, aufbauen . . .

✧   ✧   ✧

Was? zween Läufer und eine prächtige Jagd-
gesellschaft?

✧   ✧   ✧

So? lieber Mann? ein solch Schreken hattest du mir bereitet? Du siehst, daß Sein und
dein Entwurf vollkommen geglükt ist. Wer
konte sich auch einfallen lassen, daß „Se.
„Excellenz der Herr Baron,“ der Mann
seyn konte, welchen noch Einmal zu sehn, ich
recht mit Heishunger gewünscht hatte?

Von allem was ich ihm sagen wolte, werde
ich allerdings kein Wort ihm sagen. Ich höre
überdem, (denk selbst wie ungern,) daß er schon
übermorgen Nacht nach Potsdam abgeht.

✧   ✧   ✧

Wie sind wir hier so glüklich. Eine zalreiche
Familie aus Prag, hat Herrn Puf hier besucht,
eine Frau mit sechs reizendgebildeten Töchtern.
Es ward bald merklich, daß sie Juden waren,
und

*) Freischulz.

und als am Tage drauf der Vater kam, wards
an seinem Kinnbärtchen sichtbar. Heute trägt
ers nicht mehr; denn heute früh hat Herr Gros
die ganze Familie getauft. Gott welch ein Himmel waren diese beiden Tage!

Seiner Excellenz Schwester muste hier erwartet werden, das war natürlich: der Herr
von Käseke ging also nach Danzig. Nun kam
sie, die liebe Frau Prof. T*. — Ihr Mann
hatte, um die Ueberraschung recht vollkommen
zu machen, die ganze leztere Geschichte ihres
Bruders, folglich auch sein Hierseyn, ihr ver-
hehlt: auch war die Ueberraschung so schön,
daß sie vielleicht zur Genesung dieser so vorzüglichen Frau, beitragen kan. — Als sie das
Gefolge ihres Bruders, und die Zeichen seiner
Würde sah, (denn eben hatte er einen vornehmen Besuch aus Königsberg gehabt) sagte sie
mit einer Art eines klagenden Unwillens: „Du
„hast den Adel wieder angenommen? dein theu-
„res Versprechen vergessen?“ — „Nein meine
„Beste!“ antwortete er: „aber die Kaiserin
„hat mich geadelt; zu meinem Amt, und beson-
„ders zu dem Geschäft, in welchem ich jezt reise,
„war das unumgänglich nöthig, so, daß es nicht
„bei mir stand es auszuschlagen.“

— Ich habe jezt wirklich nicht Zeit, und mit
Gunst sei es gesagt — auch nicht Lust zu schreiben; denn den Auftritt zwischen dem ehemaligen
Juden und der Frau Prof. T* kan ich dir doch
nicht

nicht beschreiben.   Durch sie ist dies alles geschehn, und du solst alles umständlich erfaren.
Diese sehr reiche Familie sezt sich in Königsberg.*)

⸱ Der Baron Leff** ist fort: aber noch nicht
nach Potsdam. —   Aber du hast mich überrascht, und du sollst wieder überrascht werden.
Du weißt gewis nicht, was Rothschlos ist?
Nun gut, eben nach Rothschlos ist er gegangen. **) —   Herr Puf steht, legt die Hände in
einander, sieht Herrn Gros und Herrn T* an,
und hört nicht auf zu sagen: „Eine so stand-
„hafte Neigung zu alten Freunden ist mir noch
„nicht vorgekommen! und seht nur wie Jul-
„chens Augen waker geworden sind! Und daß
„ichs auch vergessen musste, meinen prächtigen
„Bentlei und Henninius, ihm zu zei-
„gen!“ ***)

---

*) Man kennt diesen Juden schon aus S. 623. und
   624. des Ersten Theils.

**) Er ging dahin zu seiner Vermälung mit der verwitt-
   weten Gräfin von *ow, welche Tags drauf aus S.
   Petersburg da eintraf.   Herr Puf rief hinter
   ihm her: Hymen! o Hymenaee, Hymen ades, o
   Hymenaee! CAT.

***) Am Rande stand: „Er hat mir hernach gesagt,
   „daß dies schöne Ausgaben eines Dichters sind.“ —
   (des Horaz und Juvenal.)

Fort-

Fortsezung.

— Occupet extremum scabies! — turpe relinqui est.

HOR.

Was soll ich jezt sagen? Wir sind Alle . . .
ich weis nicht was wir sind!

Der Postbote kam heute früh. Ich erhielt
einen Brief von Sophien, nach einem ungewon-
ten mehr als achttägigen, Stillschweigen. Lies
ihn, und urteil wie ich ausgesehn haben mus.

* * *

„Was Sie sagen werden, meine theuerste
„Henriette, das weis ich nicht: aber was
„es auch sei: Sie sollen es zuerst wissen;
„und durch Sie erfare es die ganze Gesell-
„schaft in Haberstroh, Königsberg und
„Bergshöfchen. Ich komme in diesem Au-
„genblik vom Altar. Meines Manns Ver-
„dienste, und Ihres liebreichen Herrn Ge-
„mals Fürsprache, haben das Amt ihm ver-
„schaft, über welches seine und meine Wün-
„sche jezt nicht mehr gehn werden: mein
„Kübbuts ist Subrector an unsrer
„Stadtschule geworden. — Nur derjenige
„fürchtet verachtet zu werden, der das ver-
„dient; und ich hoffe, daß ich in dem Fall
„nicht bin. Gleichwol dünkt mich, ich seh,
„daß Sie bei dem Ausdruk: „Mein Küb-
„buts" die Nase rümpfen. Thun Sie das
„nicht

»nicht, liebes Jettchen! thun Sie es nie!
»ach! Sie würden mich glauben machen, ich
»sei nicht glüklich. — Sträflich bin ich, ich
»bekenn es, Ihnen nicht gesagt zu haben,
»daß ich diesen Grund hatte, um Ihres Hrn.
»Gemals Vorwort für meinen jezigen Mann,
»so dringend zu bitten. Ich hätte allerdings
»Ihnen etwas sagen, wenigstens beim er-
»sten oder zweiten Aufgebot, mein Vorhaben
»Ihnen melden sollen. Aber ich wolte da-
»mals den Bedenklichkeiten, die ich bei Ih-
»nen voraussezte, und jezt einem Briefwech-
»sel ausweichen, welcher in dieser Lage der
»Sachen unnüz, vielleicht auch unangenehm
»seyn würde. Daß ich keines kindischen Ver-
»gaffens fähig war, das sagen Ihnen meine
»Jahre und meine Erfarungen; wie es in-
»dessen zugegangen ist, ob nämlich die erste
»Veranlassung von Ihm oder von mir kam,
»das kan ja gleichviel seyn: genug, ich glau-
»be, wir sind für einander geschaffen. Ich
»läugne nicht, daß die Anfälle seiner Krank-
»heit, mich lange in der Unentschlossenheit
»gelassen haben: aber Einem Briefe, welchen
»ich etwa vierzehn Tage vor Ihrer Abreise
»von ihm erhielt, konte ich nicht wider-
»stehn. Ich hoffe überdem, daß er ganz ge-
»nesen wird. Theils schmeichle ich mir, sein
»Leben soll Kummerlos seyn, indem ich zu
»deü hundert Ducaten, welche sein Amt, mit

VI Theil.   Oo   »Hülfe

„Hülfe einiger Privatstunden, ihm wol brin-
„gen wird, doch etwas zuschieſſen kan. Theils
„erwarte ich auch viel von derjenigen Pflege,
„deren er bisher, und besonders bei seiner
„Mutter, entbehren muſste, woburch seine
„Hypochondrie freilig wieder sehr mächtig
„ward. Ich habe über alles mich weggesezt;
„auch sogar darüber, daß diese wunderliche
„Alte bei uns wohnen wird. Sie hat dies —
„freilig schreibe ich es mit Erröthen — zu ei-
„ner Bedingung ihrer Einwilligung ge=
„macht. — Verschonen Sie mich nun, lieb-
„ste Henriette, mit Anmerkungen über den
„Schritt, welchen ich gethan habe, und gön-
„nen Sie forthin immer noch Ihre Freund-
„schaft, dem Hause Ihrer

treusten Sophie.“

Und nun, mein liebster Mann, wünschte ich
zu sehn, welche Figur du bei diesem Briefe
machst? Ich für mein Theil kan nicht anders
sagen, als daß Sophie....*)

) Herr L hatte seine Reise beschleunigt, und trat
ins Zimmer im Augenblik da seine Frau dies schrieb.—
Und nun meine Leser:

Viuite felices, memores et viuite noſtri:

Siue erimus, seu nos fata fuiſſe velint! **)

**) TIB.

Ende des sechsten und lezten Theils.

Drukfehler:

S.

Lightning Source UK Ltd.
Milton Keynes UK
UKHW031035200820
368550UK00011B/1450